Este trabalho *divinamente inspirado* nos faz lembrar de que a busca de conhecer a Deus só pode ser navegada com sucesso por aqueles que O buscam com humildade e sinceridade. Você será abençoado, quando o Espírito Santo te libertar do cativeiro e das correntes de religiões; Também serás encorajado com a iluminação da Palavra de Deus referindo-se a Sua unicidade e Sua natureza monoteística. Esta jornada através das páginas da história teológica nos dá uma vista detalhada da nossa origem Apostólica, e promove a unidade da fé, unindo-nos durante estas horas finais. Se você está procurando uma perspectiva única de ganhar um profundo entendimento espiritual, este ex-seminarista católico, tem para você.

Rev. Jeremy B. Tyler

DE ROMA À JERUSALÉM

D. G. Hanscomb

IDEAS INTO BOOKS: WESTVIEW®
KINGSTON SPRINGS, TENNESSEE USA/EUA

DE ROMA À JERUSALÉM
Por D. G. Hanscomb

(c) Direitos Autorais 2009, 2010, 2011, 2012, 2014   D. G. Hanscomb.

Sétima edição, Abril 2014

2018 Edição em Português: ISBN 978-1-62880-167-5

   Todas as Escrituras da Bíblia Sagrada são da Edição Revista e Atualizada no Brasil, traduzida por João Ferreira de Almeida.

   As datas que estão em parênteses representam as posses papais. Todas as outras representam o período de vida da pessoa citada, ou a declaração de algo.

   Os termos "*Igreja Universal*" e "*Igreja Apostólica*", referem-se à Igreja Santa dos que creem na Unicidade de Deus; aqueles que se recusaram a aceitar meios-termos sobre a natureza de Deus na sua doutrina Apostólica; estes são os que serão levados no arrebatamento para encontrar-se com Ele nos ares.

   Todos os direitos são reservados. Que não seja reproduzida nenhuma porção desta publicação, mantendo em sistema eletrônico, ou transmitir de qualquer forma, ou por qualquer significação, eletrônica, máquinas, fotocópias, gravação ou qualquer outra, sem a permissão do autor.

   Pequenos parágrafos podem ser usados em ensinos literários.

   Houve muito esforço pelo autor para que este material venha a ser publicado. Se qualquer material venha a ser incluído sem a permissão e o conhecimento do autor, será levado ao critério próprio e na impressão futura, depois de chegar ao seu conhecimento.

   Imprimido nos Estados Unidos da América em papel ácido livre.

   Ideas into Book: WESTVIEW®
   P.O. Box 605
   Kingston Springs, TN 37082 USA/EUA
   www.publishedbywestview.com

Para encomendar mais copias do livro
De Roma à Jerusalem
Ligue #1-866-819-7667
EUA

Íncide

Acerca Do Autor vii
Dedicatória ix
Prefácio xi
1. No Lar E Além 1
2. A Intervenção Divina 9
3. Em Pé Na Encruzilhada 27
4. Religião Cristã Vs. Salvação Apostólica 45
5. Minhas Chaves De Ouro 61
6. Sua Vontade Soberana 73
7. É Uma Questão De Confiança 89
8. Revelações Poderosas 103
9. Sacrifício Supremo 121
10. Marcado Para O Martírio 131
11. A Divindade: So Há Lugar Para Um 145
12. Concessão Gera Corrupção 163
13. O Violento Toma Pela Força 193
14. O Despertar Da Reforma 213
15. Perseguir, Processar, Purificar 225
16. Glória E Vergonha 241
17. Fé Inabalável 267
18. Controle De Danos 289
19. Dividir E Conquistar 337
20. Sinais Dos Tempos 359
21. Estava Morto E Reviveu 379
22. Parece Que Vai Chover 389
Glossário Da Terminologia Católica 415
Livros De Referência 421
Armagedon Har-Megiddo 423

Acerca do Autor

D. G. Hanscomb nasceu no hospital Hotel Dieu, na cidade de Perth, New Brunswick, Canadá. Ainda jovem, sentiu o chamado de Deus em sua vida, e por isso decidiu se alistar em um Seminário Católico.

Depois de muitos anos de estudos para o sacerdocio, através de intervenção Divina, ele foi levado ao altar Apostólico em Plaster Rock, New Brunswick, Canadá. Foi nessa igreja que ele se arrependeu, foi batizado em nome de Jesus Cristo e recebeu o dom do Espírito Santo.

Depois de ter completado um trabalho num Centro de Reabilitação de drogas em Geneva, Suíça, ele imigrou para os Estados Unidos da America. Foi lá que ele conheceu a sua esposa Mary Frances Buoco. Nessa época a irmã Buoco frequentava a Igreja Apostólica de Nashville, Tennessee, sob o pastorado do Rev. C.M. Becton, que era um ministro muito estimado entre o povo Pentecostal.

Depois de casados, Rev. e Sra. Hanscomb, tiveram dois filhos. Kevin Douglas e Kimberly Michelle servem a Deus na beleza da Sua Santidade.

"Não tenho maior alegria do que esta, ouvir que meus filhos andam na verdade".

III João 1:4

Dedicatória

Depois de muita oração eu decidi dedicar este livro à minha querida esposa Mary Frances (Buoco) Hanscomb. Ela tem sido uma grande ajuda e tem estado ao meu lado, incondicionalmente, tanto em nosso lar, como também no trabalho que Deus tem me dado em Sua casa. Também desejo dedica-lo à memória dos líderes Apostólicos que viveram através dos tempos, homens e mulheres que desafiaram as trevas intimidantes, mantendo elevada a eterna e inflexível tocha do monoteísmo.

A minha esperança é que nós que conhecemos a Ele no poder da Sua ressurreição, possamos escutar o grito dos seus sacrifícios e sofrimentos. Eu oro para que esta chama persistente seja segurada pelo povo que mantém com sabedoria, a revelação divina de quem Jesus Cristo realmente é.

D. G. Hanscomb

Prefácio

Minha oração é que pela graça de Deus esta carta a igreja possa ser um guia de estudo completo acerca da verdade do Monoteísmo Apostólico. Que possa ser uma fonte de sabedoria para os que encontraram refúgio na pura Igreja Apostólica de Deus, e que possa ser uma luz para guiar todos os que triunfantemente entram pela sua porta.

Gostaria de fazer alguns comentários acerca da foto na contracapa deste livro. Quando vi a foto, achei que a luz que aparece atrás da minha cabeça fosse resultado de uma mancha no filme, porém quando observei bem, ela tem uma aparencia de fogo.

Quando esta foto foi tirada em 1972 eu estava estudando teologia na Califórnia e tinha 22 anos de idade. Na foto os seminaristas Católicos que estavam comigo também estudavam acerca de Deus. Naquela época as minhas orações e veneração a mãe de Deus eram sinceras. Porém a minha devoção e louvor, por alguma razão, se voltava para o seu filho, Jesus. Em um lugar quieto e escuro, me encontrei sozinho com o Senhor. Eu simplesmente estava pedindo por uma direção Divina na minha vida. Na minha mente religiosa, esperava que Jesus Cristo intercedesse ao Pai em meu favor. Quando eu invoquei o poder do céu, não sabia que de fato eu estava falando com o Pai. O Pai respondeu-me com fogo. Aproximadamente três meses depois da foto ser tirada, Deus me encheu com o Espírito Santo num altar Apostólico, como no tempo antigo. Eu falei em línguas estranhas, como os 120 santos de Deus falaram no Dia de Pentecostes. Estava então, e ainda estou absolutamente persuadido que fui guiado a esta maravilhosa verdade Pentecostal através do Espírito de Deus.

Enquanto os propagandistas tiram vantagens, nós devemos ter o conhecimento da verdade e de como apresentar esta verdade. É através deste livro que eu desejo com toda a sinceridade, levar este trabalho abençoado sobre o verdadeiro e vivo, único Deus de Abraão, sem depreciar qualquer pessoa, ou qualquer fé em Deus. Nós devemos ter o conhecimento das verdades históricas que as vezes se tornaram inconvenientes a vários teólogos, os quais suas vozes ecoaram através da escuridão nos séculos passados.

A história documentada é um desafio, porém raramente muda.

Esperamos que este livro sirva de auxílio ao aprendizado e que as pessoas possam entendê-lo, ao ponto de tomarem uma firme posição, sabendo que a Palavra de Deus não é de interpretação privada.

D.G. Hanscomb

De Roma À Jerusalém

CAPÍTULO UM

No Lar e Além

Sendo criado em uma vasta fazenda de plantações de batatas situada no leste do Canadá, nós aprendemos a apreciar a companhia e camaradagem que nossa família providenciava. Eu e os meus seis irmãos e irmãs, aproveitando ao máximo o ar puro do campo e a beleza que estava ao nosso redor, decidimos superar aquela província primitiva de New Brunswick.

A província é um lugar de colinas arborizadas e de córregos rápidos borbulhantes. Esta maravilhosa paisagem se tornou o melhor lugar para caça em todo o país. No inverno, pode-se testemunhar o rio St. John, às vezes calmo, embora desenfreado, levar o gelo derretido entre os arbustos em direção a Bahia de Fundy e desembocar no Oceano Atlântico.

No verão, a província também era um lugar espetacular. Se via nas fazendas o gado repousando em baixo dos arbustos, enquanto os lenhadores embrenhavam-se no interior da floresta para a sua aventura do dia.

A história da minha família, através dos anos, apresenta o estilo rústico da vida de fazendeiros. Meu pai, ainda bem jovem, viu uma grande expectativa e potência na agricultura daquelas terras, e desejou ser fazendeiro ali.

A vida de fazendeiro em New Brunswick nem sempre era fácil, mas era uma vida sadia. Meus pais trabalharam com muita disposição por longas horas do dia, para nos criar e nos dar uma vida confortável.

Uma alta moral e distinta integridade eram as características dos meus pais, as quais, eles empunham no nosso lar. Pensando nos dias passados, lembro de quando estava aproximando a primavera, e eu estava preparando-me para as longas caminhadas que dávamos até a escola. O café da manhã no nosso lar nunca era uma refeição qualquer, mas sim uma experiência bem satisfatória.

Parecia que nossa mãe sempre tinha preparado o que era de melhor, manteiga feita em casa, sucos frescos, e bastante das suas compotas. Sempre havia abundância para todos nós. Nunca saíamos insatisfeitos da sua mesa.

Meu pai não era apenas um bom fornecedor para a família, mas por algum tempo foi soldado no exército Royal Canadense. Ele lutou ao lado dos seus companheiros contra os soldados de Adolph Hitler na Europa, durante a Segunda Guerra Mundial. Quando estava para viajar insistiu que aprendêssemos a ser responsáveis e levássemos uma vida satisfatória no dia a dia, não importando como ela viesse a apresentar-se. Ele tinha um ditado que mais tarde eu tomei como mérito na minha vida: "Enquanto você é jovem economize o seu dinheiro, para que quando for velho possa ter os prazeres que somente jovens podem gozar".

O verão era realmente um tempo maravilhoso, mas no inverno, somente o Senhor sabe como era difícil levantar de manhã, sabendo que lá fora estava vinte e cinco Fahrenheit abaixo de zero. Podíamos ver os flocos de neve como um cristal branco, cobrindo as campinas e colinas canadenses; até as janelas ficavam cobertas de gelo, tirando a visão de fora.

A escola primária que frequentávamos ficava mais ou menos uma milha da nossa casa, e estava longe de ter as conveniências modernas dos nossos dias. Não havia banheiro dentro do prédio, e a água que tomávamos era depositada dentro de uma caixa de isopor que situava na parte esquerda da sala. O aquecimento da escola vinha de um fogão a lenha bem antigo, situado no centro da classe. Também usávamos o fogão para descongelar os nossos sanduíches de pasta de amendoim que trazíamos para o lanche.

A professora da escola rural tinha que lecionar da primeira a sexta série na mesma sala de aula. Ela era protestante e cada manhã antes da aula começar, lia a bíblia e orava com a classe. Porém, os alunos que eram católicos, ficavam atrás da porta, e tapavam os ouvidos para não à escutar. Só entravam depois da oração. Eles agiam assim porque acreditavam que o padre era a única pessoa com autoridade de administrar a Palavra do Senhor.

Meu amigo que morava ao nosso lado queria ser padre. Em muitos lares católicos as pessoas se reuniam em volta do rádio para rezarem o rosário. Me lembro muito bem, quando eu e meu amigo, junto com outras crianças vizinhas, nos reuníamos para brincar de igreja. Nós nunca batíamos tamborim ou louvávamos a Deus. Se alguém por si mesmo se apresentasse para pregar ou ensinar não era aceito. Porém se um de nós fossemos eleitos para representar o padre, então ele poderia presidir o rebanho.

Na minha opinião, o meu amigo não tinha autoridade nenhuma. Este ditador mal-educado, de dez anos de idade, tomava vantagem dos que não tinham tanto privilégio, enquanto eu costumava ser silenciado tendo sido vítima da democracia. Ainda que ele não tenha seguido os seus sonhos de ser um padre, mais tarde estudou comigo, por pouco tempo, no Grand Seminary of Theology em New Brunswick.

Quando tinha quatorze anos de idade, minha mãe me perguntou se eu queria estudar arte com as freiras em Perth. Parecia que eu sempre estava pronto para um desafio e mesmo sendo bem jovem, tinha um desejo tremendo de conhecer a Deus. A igreja Católica que era situada perto da cidadezinha de Aroostook, naquela época era supervisionada pelo padre Sam. Ele era de idade um pouco avançada e estava precisando de alguém para limpar a sua biblioteca que era bem grande. Concordei com a tarefa, mas fui pago pouco para limpar as estantes, e tirar a poeira dos livros que provavelmente tinha acumulada desde o Século XVI.

Um dia quando estava jogando basquete na escola de segundo grau Southern Victoria Regional, fui ferido no joelho direito e fui levado para o hospital Hotel Dieu. Este hospital não foi somente o lugar onde me ajudaram a recuperar do acidente no joelho, mas foi também onde nasci há quinze anos atrás.

Foi durante a minha estadia no hospital que conheci um estudante do Haiti, nas ilhas do Pacífico. Fiquei muito interessado nos seus estudos.

O nome dele era Gaston e estava no segundo ano de teologia. Gaston estava hospitalizado com pneumonia. Durante esta semana, fiquei ligado a cada palavra que tinha a dizer referente ao seu serviço à igreja como um futuro sacerdote. Oh como eu queria conhecer melhor a Deus. Fazer algo para Deus seria para mim a maior honra que a vida poderia me oferecer.

Quando meu recente amigo, Gaston, recebeu alta do hospital, me convidou para visitar o Seminário. Ele arranjou com o diretor para encontrarmos no pátio do Seminário. Quando cheguei me senti emocionado pelo fato de estar na companhia de seminaristas vindos de toda parte do mundo.

Este era um seminário internacional que treinava homens para servir a igreja mãe através do mundo. Aparentemente haviam estudantes de vários países do mundo, que estavam estudando neste local. Eles tinham uma ambição na vida: ser sacerdote na Igreja Católica, o qual era bem familiar para mim, porque tinha o mesmo desejo. Para um jovem dedicar-se a tal ambição, o de ser sacerdote e intercessor para o seu povo, provavelmente é o mais alto elogio que pode dar a sua família.

O diretor me designou um quarto privado para as minhas visitas nos fins de semana, e se quisesse também poderia usá-lo nos dias de semana. Este diretor, que hoje é o diretor geral daquela instituição, colocou a minha disposição os centros de aprendizagem. Por horas e horas me encontrei fazendo pesquisas e estudando nesta biblioteca muito bem organizada, situada no porão da igreja. O desejo de adquirir sabedoria queimava dentro de mim, e ainda que estivesse exausto de tanto estudar, nada matava minha sede de aumentar meus conhecimentos. A medida que estudava, sonhava que Deus possivelmente pudesse chamar este jovem fazendeiro para ser um servo no Reino de Deus.

Não sabia se Deus estava me guiando, ou até mesmo se queria guiar-me. Uma coisa era certa, precisava fazer algo para Deus. Eu tinha um desejo irresistível de estar em Sua vontade. Havia uma chama queimando dentro de mim.

Ainda hoje, queima dentro de mim aquele presente maravilhoso, que é o desejo de aprender mais do Senhor. Nunca devemos deixar envelhecer nas nossas vidas este presente de Deus. Alguém que não tem o desejo de comer, perecerá. Sem o desejo de alcançar à vontade Deus em nossas vidas, também pereceremos espiritualmente, independentemente dos anos de serviço no Seu Reino.

De certa forma posso visualizar uma pequena porção do que Jeremias viu na casa do oleiro, no capítulo 18 do seu livro. No entanto naquele tempo não tinha ideia do que estava procurando. Agora entendo que o Senhor das Alturas, tinha as Suas mãos estendidas sobre mim, e Ele estava disposto a fazer sobre a própria roda de oleiro um vaso imortal de honra para a Sua glória eternal.

Douglas G. Hanscomb y Gastón Piere Louis
Seminario de Teología

Num dia de verão, estava conversando com um dos meus amigos do seminário, que hoje é padre. Eu casualmente mencionei que gostaria de ser um sacerdote na igreja. Ele pareceu ter simpatizado comigo, mas relutou em me ajudar na causa. Porém, sabendo que queria devotar minha vida a ajudar pessoas necessitadas ao meu redor, ele me informou que o diretor geral do seminário estaria no município Vitória naquele fim de semana, e que eu deveria arranjar um encontro com ele. Ainda adolescente, nunca tinha me encontrado com um alto oficial da igreja, e francamente fiquei muito nervoso, pensando em marcar o encontro.

Meu encontro com ele foi uma destas oportunidades raras na vida. Eu ocupei meu lugar no escritório imenso e atapetado, sem saber exatamente o que esperar. Senti um pouco cauteloso quando vi o padre entrar usando uma batina preta com um colarinho branco. Ele apertou minha mão e apresentou-se como sendo o diretor. Dentro de pouco tempo de conversação, descobri que ele era um homem francês ocupando um cargo importante na sua igreja.

O padre queria saber o que desejava com ele, então rapidamente lhe informei sobre o meu desejo de entrar no sacerdócio. Expliquei-lhe, porém, que não tinha condições financeiras para estudar na universidade. Depois de meditar no assunto, o padre me olhou por cima dos óculos e disse: "Eu te convido para estudar no nosso Seminário na Província de Quebec".

Ele explicou que eu deveria terminar o ginásio, então começar os estudos para o sacerdócio. Respondi ao padre que ele não tinha entendido o que eu estava dizendo; eu não podia pagar pelos estudos. Então ele me disse: Você é que não me entendeu.

Estou te convidando para atender o Seminário, e os seus estudos serão pagos pela igreja Católica. Que poderia responder? Agradeci e parti do suntuoso escritório. Sempre apreciarei o fato dele ter me oferecido aquela oportunidade. Desde o início, esse padre me encorajou muito, e me ajudou a desvendar os fios emaranhados de um futuro tão incerto.

Quando fiquei de fora do escritório do diretor, notei que no fim do corredor comprido, havia uma luz vermelha de saída. A luz estava meio apagada. Lágrimas brotaram nos meus olhos e através dessas lágrimas pude ver uma porta de oportunidade que se abria a minha frente. Com o meu rosário na mão, eu saí do prédio e fui direto para o santuário da igreja. Ali sozinho dobrei meus joelhos em frente da estátua da Santíssima Virgem Maria. Com profundo agradecimento rezei para que ela me fizesse um dos melhores padres enquanto também me guiasse através dos meus estudos.

CAPÍTULO DOIS
A Intervenção Divina

Teologia é o estudo acerca de Deus, doutrinas religiosas, e é claro, questões relativas a Divindade. A palavra teologia é derivada de duas palavras gregas: *"Theos"* (Deus) e *"Logos"* (palavra). Eu tive o privilégio de estudar teologia, assim como, filosofia, enquanto estava na igreja Católica. Tanto teologia quanto filosofia são matérias mandatórias para todos aqueles que escolhem seguir a carreira ministerial.

Contudo, porque alguém se chama teólogo, não quer dizer que seja qualificado como sendo um cristão que conhece a verdade. Sem Deus não há esperança, e da mesma forma, sem a doutrina dos Apóstolos não há esperança. Houveram teólogos que nunca admitiram que há um Deus vivo.

Nos anos de 1960, houve uma Teologia do Ateísmo Cristão que floresceu por algum tempo. Essa teologia sugeriu que a realidade de um Deus transcendente, na melhor das hipóteses, não poderia ser conhecida, e que na pior das hipóteses, não existe. Há uma variação nas definições da teologia da morte de Deus mas, esta teologia sugere que Deus esta morto na medida em que Ele cessou de existir como um ser supernatural transcendente. Esta teologia passou rapidamente do cenário cristão. Na realidade e pelas Escrituras, esta teologia deve ser considerada absurda, apesar de ter sido categorizada como uma teologia cristã.

Outra teologia é a de Aniquilacionismo. Essa doutrina assume a posição de que algumas, se não todas as almas humanas deixam de existir depois desta vida, também acredita que todos os seres humanos são naturalmente mortais. Deus transmite aos redimidos o dom da imortalidade, e permite que o resto da humanidade desapareça no nada.

"Hipóstase" é uma palavra grega que significa substância; a natureza ou essência de alguma coisa. Esta palavra é usada pelos filósofos como também pelos teólogos. No campo da filosofia,

ela significa a parte essencial de qualquer coisa. Como um termo teológico, usamos para descrever qualquer uma das três substâncias distintas, em uma substância indivisa de Deus.

Chegou o momento de visitar a cidade de Three-Rivers, Quebec, no Canadá. Ali iria continuar minha educação e prosseguir na minha ambição em relação ao sacerdócio. Apesar da êxtase e desafio que estava à minha frente, eu não queria deixar New Brunswick e a língua inglesa.

Em uma manhã de primavera, me despedi da minha família, e fui para um lugar que nunca tinha ido antes. Fui um dos dezesseis passageiros viajando em uma van, em adição a nossa bagagem. Quando a van estava subindo na rampa que levava à rodovia Trans-Canadá, nós pegamos os nossos rosários e começamos a rezar à Virgem Maria para que tivéssemos uma boa viagem até Quebec. Fomos advertidos que a viagem seria longa. Apesar de que a viagem com todos os seminaristas prometia ser muito amargurada, me senti seguro entre amigos.

Na estrada para Three-Rivers, enquanto desfrutávamos um senso de segurança, quase partimos para o outro lado da vida. O motorista dirigindo a 112 quilômetros por hora, decidiu ultrapassar, enquanto que o motorista de trás estava com a mesma intenção. Antes de entendermos o que estava acontecendo, vimos um caminhão no lado direito da nossa van e uma van no lado esquerdo. A van nos espremeu para a direita para evitar bater no carro que vinha da outra direção. Todos nós, consequentemente, saímos da estrada e caímos em uma vala indo mais ou menos a 96 quilômetros por hora.

Nós saímos pela porta do lado da van, nos matos que estavam ao lado da vala na estrada. No estado em que estava, desorientado, peguei o meu rosário com esperanças de que Maria pudesse de alguma maneira acalmar o meu coração que batia tão rapidamente. Eu bati a cabeça durante o incidente, mas felizmente ninguém teve nada grave. O seminário nos enviou outra van e assim pudemos continuar a nossa jornada.

Para chegar ao Seminário de Filosofia em Three-Rivers, tivemos que viajar muitas milhas em uma estrada de cascalho. Aquela estrada empoeirada parecia que nunca ia acabar, me fez sentir que estava em um safari em alguma parte obscura da África.

A Intervenção Divina

Os primeiros meses no seminário foram cheios de otimismo e aventura. A excitação dos seminaristas de países estrangeiros era realmente contagiante. Luzes acesas as duas horas da manhã, era coisa comum na biblioteca do prédio onde morávamos.

Quando entrávamos nas salas de aula e de palestras, nos sentíamos muito zelosos e seguros de termos conquistado as barreiras culturais e de linguagem. Críamos na nossa missão, e não víamos razão alguma para ocultar o que seríamos no futuro. O bispo via o internacionalismo daquele seminário como uma rede de extensão missionária. Completei o curso ginasial antes de fazer dezessete anos de idade, e estava ansioso para começar o meu curso de filosofia.

Uma das irmãs dedicadas da igreja era também professora de filosofia no seminário. Ela nos informou que não haveriam conversas durante a sua classe. None... (que significa "nenhuma") daí foi bem clara que a ortografia da palavra não era "nun" (que quer dizer freira). Nós rimos de sua sagacidade, mas sempre respeitamos sua coragem intelectual. Tínhamos uma classe de palestras, porém dependíamos da nossa própria fonte de informações.

Eu lembro, no entanto, o lado mais sombrio da vida no seminário em Quebec. Nunca tinha experimentado o drama da vida longe de casa, apesar de que fui para o seminário com o desejo ardente de agradar. Minha educação em língua inglesa Victoria Country não me preparou para enfrentar a surpreendente sensação entre os franceses. Contudo, os seminaristas de outros países que tinham os mesmos sentimentos, e ficaram desanimados antes da minha chegada, aparentemente sobreviveram a experiência.

Uma noite no seminário, eu tive uma experiência peculiar. Estava sozinho, rezando o rosário na capela escurecida, quando de súbito senti a presença de alguém. Eu sabia que estava sozinho, mas podia sentir a respiração de alguém ao meu lado, porém quando olhei, não vi ninguém. Então corri e liguei a luz da capela, mas como não havia ninguém fiquei muito assustado. Não conseguindo explicar o que tinha acontecido, fui para o meu quarto, pensando que o incidente era um fragmento da minha própria imaginação.

Chegando ao meu quarto estava pronto para me jogar na cama e dormir. Desliguei a luz e procurei uma posição confortável na cama pequena. Não tinha passado cinco minutos quando escutei alguém chamar meu nome no quarto. Não sou do tipo que se assusta facilmente, mas aquela noite eu tremi ao escutar a voz misteriosa, tentei prender o folego e ficar em silêncio total. Achei que talvez algum seminarista tivesse no meu quarto tentando me assustar. Então escutei o meu nome outra vez. No fundo sabia que não era fruto da minha imaginação, como tinha pensado na capela, mas que estava entrando em contato com o sobrenatural. Alguém, em algum lugar, estava intervindo por mim. Tremendo de medo, finalmente consegui ficar de cotovelos na cama. Engolindo sêco, fui para o interruptor para acender a luz. Mais uma vez, não tinha ninguém no quarto. Achando que era brincadeira dos meus colegas, comecei a olhar em baixo da cama e dentro do guarda-roupa, mas cheguei a conclusão de que estava sozinho. A voz era divina.

Alguns teólogos dizem que o Espírito Santo não falará com pecadores. Apesar de que era bem familiarizado com religião, no íntimo da minha alma imortal, eu sabia que não estava pronto para encontrar-me com o Senhor. Coisas como esta aconteceram enquanto eu estava estudando; Até hoje eu não posso explicar, a não ser que era Deus querendo quebrar as correntes do ritualismo na minha vida para me libertar. O Espírito Santo estava confirmando a Sua Palavra. No dia 6 de junho de 1965, no domingo de Pentecostes, ironicamente a nossa instituição de aprendizado elevado, foi promovida a "Associação de Perfeição". O Bispo Romeo Gagnon de Edmundston foi quem encorajou esta promoção.

Depois de completar meus estudos, eu deveria sair do Canadá e juntar-me aos religiosos da Ordem do Beneditino na California, nos Estados Unidos. Não demorou muito, eu me encontrei em Riverside, uma cidade com uma população de mais ou menos 171.000 habitantes, naquela época. Foi uma mudança impressionante entre a Região dominada pelos Franceses no Canadá, a qual eu me acostumei, e a cidade de Riverside onde se fala o inglês.

A Intervenção Divina

Ainda que foi evidente a minha aceitação, me encontrei trabalhando sob uma sensação crescente de isolamento, consternado por uma manta de restrições. Este estilo de vida permitiu pouco espaço para procrastinação. Com um desejo ardente de refletir a vida de soldados cristãos que lutaram para preservar a igreja através dos tempos difíceis em que viveram, mais uma vez me encontrei com um desejo muito forte de fazer o que considerava a vontade de Deus na minha vida.

O tempo que passei em Riverside foi um teste real de tolerância. Um dia quando entramos na igreja, pegamos nossos rosários para rezar à Virgem Maria. Cada seminarista teria a oportunidade de fazer o seu pedido de oração. Quando chegou a minha oportunidade, eu obviamente fui muito devagar para o diretor, que me disse abruptamente para me apressar. Então fiz o erro de trocar o pedido para "sermos pacientes uns com os outros," achando que a minha resposta era justa e considerando a audacidade do diretor. Esta simples solicitação fez transparecer um espírito indesejável no diretor. O meu pedido realmente se tornou um problema. Este diretor era um homem de rotina meticulosa, que tinha, em minha avaliação, pouca imaginação.

Na manhã seguinte, ouvi meu nome ser chamado na sua folia notória. Estando em pé na presença do líder da igreja, tinha esperança de encontrar uma personalidade amável, no entanto, suas bochechas afundadas, maçãs do rosto proeminentes e sobrancelhas profundamente enrugadas sugeriu uma pessoa temperamental. O ar era de intimidação. Depois de ter sido avisado pelos colegas seminaristas de possível consequências, eu não estava ansioso para descobrir a punição que me seria infligida. Minha intenção era certamente de não cair em desfavor com aquele líder, e fiquei persuadido de que não havia necessidade de evitar as acusações.

As atribuições extras pareciam continuar para sempre, adicionando a minha carga já pesada. Apesar de que havia eletricidade e grande tenção no ar e uma das minhas tarefas infames era plantar um jardim enorme de cactus, fiz o que pude para acomodar. Porém, enquanto retirava os espinhos dos cactos das minhas mãos, pensei: "tanto tumulto por um simples pedido de oração."

Apesar da minha franqueza, e do fato que fui repreendido muitas vezes, tentei desesperadamente colocar em ordem minha vida emocional.

Fomos ensinados que submissão é a essência de fazer a vontade de Deus. Uma das maiores ambições da minha vida, era ter uma caminhada completamente autoritária com Deus. Tinha um grande desejo de trabalhar em conjunto com a igreja e seus dignitários. Depois do meu encontro com o diretor, um prezado seminarista, que era calmo na sua maneira de ser, e que hoje é padre em Anahein, California, com o intento de cultivar em mim o meu potencial, passou horas assíduas em discussões filosóficas comigo. Não querendo abrigar o espírito de rebelião, mas querendo questionar cada movimento, eu me encontrei como uma pessoa cega procurando por luz numa profunda escuridão.

Na California, os prédios no complexo eram lindos, feitos com pedra e decorados com madeira. O seminário florescia com doações recebida das pessoas de elite na cidade. Querendo ou não, estávamos empolgados com tudo o que estávamos vendo. Os colarinhos romanos, as batinas formais, a história e a sabedoria dos seminaristas não eram para serem questionadas. A nossa própria existência era consumida pela causa, nos preocupando com os estudos e meditações, desejando o dia dos votos perpétuos, ainda sem culpa.

Vinho era usado cerimoniosamente na igreja. O vinho fermentado que se usava na missa, era guardado em um armário alto e de boa qualidade que ficava no canto da sala. Sem o conhecimento do diretor, este armário era assaultado com bastante frequência para animar as noites que as vezes pareciam tão compridas. Me lembro que uma noite, dois galões do líquido inspirador foram tirados do armário.

Olhando para trás, me lembro também de alguns dias obscuros no seminário. Não é minha intenção de bater em teclas desafinadas, mas percebo que alguém pode ser despertado grosseiramente por trás das cenas, ao explorar as avenidas que o ritualismo tem para oferecer.

Um dia de verão fui convidado a participar em uma cerimônia de casamento na igreja Católica de Santa Catherine. Era uma igreja de alta reputação em Riverside. Fiquei chocado com o que presenciei. Durante a recepção, o padre que oficializou o casamento ficou completamente bêbado. Embora este padre tenha as vezes, exibido amor pela igreja mãe, achei que ele poderia ter sido sociável sem fazer tal espetáculo de si mesmo. Também, sentindo que um ato tão indesejável e comprometedor para o sacerdócio, acabaria trazendo censura para minha fé Católica. Seu comportamento errático, enquanto aceito por alguns, definitivamente trouxe embaraçamento a outros.

À medida que a noite avançava, vi sugestões dos níveis mais baixos dentro da existência humana que têm uma maneira de penetrar alguns reinos sacerdotais. Nada menos que uma profunda hipocrisia em nome de nosso Deus. Eu pessoalmente prefiro ver meus esforços falharem ao lado de pecadores do que ao lado de fariseus. Por causa de quem sou, decidi não escrever sobre assuntos que raramente caíram sob as luzes brilhantes do escrutínio público, ainda que estas sombras clamam por esclarecimento. Almas eternas estão perecendo no crepúsculo de fábulas.

Para tornar-se um padre ou uma freira na igreja Católica, três votos devem ser feitos: O de pobreza, o de celibacia, e o da obediência. O voto de pobreza significa que o seminarista não pode possuir nada neste mundo. O voto de celibacia significa que nunca poderemos casar, e o da obediência representa sujeição total à autoridade da igreja. Eramos encorajados a confessar regularmente enquanto no seminário da California.

Gostaria de mencionar rapidamente. Durante o sacramento da confissão, o padre é vinculado por um voto para não repetir o que outro tenha confessado. Depois de absolver a pessoa dos seus pecados, se ele vier a comentar a confissão de outrem, estará sujeito a ser excomungado pela igreja.

Absolvição, derivada da palavra latina "*absolvo*," significa soltar ou deixar livre, é o termo usado pela doutrina da igreja Católica para a remissão dos pecados, apenas disponível atraves da igreja e dos sacramentos.

Minha opinião é que para nós os que conhecemos a Deus no poder do Espírito Santo, tanto os ministros como os membros, temos uma lição a aprender com este ensinamento. Devemos compreender plenamente, o significado da palavra confidencial.

Douglas G. Hanscomb
"Auctor trinitatis, Patris, Fili, Sanctique Spiritus"
(Um promotor da trindade, Pai, Filho e Espírito Santo.)

O verdadeiro espírito democrático, possui um direito forte à privacidade, além de respeito pelo mesmo. Porém ultimamente, muitas vezes expomos este tesouro para os elementos em nome de abertura e auto expressão. Hoje em dia as pessoas não guardam segredos, é como se segredo fosse uma parte escura na vida de uma pessoa; que não é sadio guardá-lo e corrói até que seja exposto para a luz do público. Qualquer pessoa hoje reivindicando privacidade é vista como suspeita, alguém que tem alguma coisa a esconder. Com este espírito, acompanhado com a falta de remorso, confessores compulsivos, que somente contribuem luz para o trabalho contínuo da escuridão, precisam lembrar de que temos o direito nesta sociedade, de manter silêncio e cultivar privacidade, sem confirmar, negar ou explicar.

Muitas vezes, quando uma pessoa se abre em confissão para nós, em vez de mostrarmos amor e compaixão, somos inclinados a dar conselhos, opiniões ou simplesmente levar numa conversa, somente para aliviar a nossa consciência, deparando-nos com o sofrimento de outrem. Ao invés de dar conselhos, a melhor cousa a fazer, é escutar. Porém, as vezes alimentamos nosso ego com a possibilidade de que Deus está nos chamando para ser conselheiro, enquanto ao mesmo tempo usamos a nossa sabedoria da situação com outros. Fazendo isso, nós desprezamos o bem-estar do sobrecarregado. A minha pergunta é simples. Quando é que a inflição de vítimas da santidade se torna irrelevante enquanto nós, em nossas próprias mentes, heroicamente pensamos em enfrentar o inimigo em Nome do Senhor.

Cristãos devem guardar a privacidade de outros, assim como guardam sua própria. É imperativo que aqueles que estão iniciando no ministério apostólico, entendam que a confiança que lhes é imputada, nunca deverá ser traída. Se nós os ministros da fé Apostólica, decidimos balançar um machado proverbial em toda a casa do Senhor, enquanto proclamamos o nome de Jesus, não devemos então ficar surpresos quando pessoas vierem para nós com os corações feridos e sangrando.

Uma tarde, enquanto eu estava de joelhos, com o meu rosário nas mãos, venerando a Virgem Maria, pode parecer estranho, mas senti que alguém em algum lugar, estava orando por mim. Alguém estava prostrado perante o antigo altar Apostólico, e entrou no lugar Santo dos Santos, intercedendo ao meu favor. Porém eu estava envolvido no ritualismo e no modo formal de adoração, achando que estava fazendo a vontade de Deus, eu não podia entender o poder do Espírito Santo. Assim sendo, não entendia o porque daquele sentimento.

Depois de ter recebido o batismo do Espírito Santo, fiquei sabendo que havia uma igreja Apostólica em Riverside, e que esta intercedia pelas almas daquela cidade. Os santos de Deus, clamavam pelo sangue do Calvário, que a presença de Deus fosse derramada sobre as pessoas que não conheciam a Deus e o poder da ressurreição.

Enquanto eu sentia o poder da oração, e meditava na possibilidade de um dia fazer o meu voto perpétuo, de repente escutei uma voz mansa, porém insistente que dizia: "Não faça estes votos". Sem dúvida nenhuma, era a voz de Deus dirigindo a minha vida, tirando-me das trevas para a Sua maravilhosa luz. Quando escutei aquela voz, senti todo o meu corpo formigar.

Estava grandemente assustado pela voz que ouvi e meu corpo tremia todo, por causa da mensagem que escutei. Rapidamente liguei a luz, mas não vi ninguém, lembrei-me da Escritura onde Saulo encontrou-se com o Senhor na estrada de Damasco, meu coração estava disparado. Desliguei a luz e voltei a orar e meditar. Novamente escutei aquela voz positiva dizendo: "Não faça estes votos". Dessa vez eu não levantei, porque sabia que em algum lugar havia um poder maior do que eu. Confuso e com muito medo, comecei a chorar, então encontrei-me seguro nas mãos do Altíssimo. Tendo sucumbido ao Espírito que estava sentindo, por um momento ritualismo foi ignorado ou esquecido. A voz era divina.

Na manhã seguinte eu fui ao escritório do diretor, sentindo-me ferido emocionalmente e profissionalmente, por causa do misterioso encontro. Eu anunciei a minha decisão de retornar ao Canadá, em busca da vontade de Deus para a minha vida.

Na vista do diretor eu era um seminarista cansado. Ele me disse que eu já estava na vontade de Deus, e sugeriu-me que fosse passar alguns dias na casa de repouso em Banning, California, assim eu poderia descansar. Eu respondi ao diretor que não estava cansado, mas que estava precisando de algumas respostas na minha vida. Então ele relutantemente atendeu ao meu pedido.

Os sinais de Deus estavam se tornando mais e mais diretos para serem rejeitados e ignorados. Na minha mente confusa, achei que Maria, João, José, São Benedito, Deus ou alguém, estava tentando desesperadamente guiar-me a outra direção.

Na minha opinião, eu tive o previlégio de estudar com alguns dos melhores teólogos do mundo. Eles eram pessoas sinceras, que devotaram a vida a igreja mãe.

O irmão David, que hoje é padre e trabalha na California, foi o meu melhor amigo enquanto eu estava estudando em Riverside. Ele tinha um conhecimento surpreendente que cobria assuntos da história da Igreja, as exportações principais de Bangkok até a chuva tropical anual da Bacia Amazônica. Durante as muitas discussões teológicas que tivemos, ele era realista e simples, culpando minha insensibilidade com relação aos assuntos da igreja à inexperiência.

Eu e David, ganhamos passagens de volta de Los Angeles à Montreal. Apesar de sermos bons amigos, e as vezes, na brincadeira, insultármos um ao outro, senti que ele foi instruído a encorajar-me para voltar ao Seminário de Riverside. Quando chegamos ao Aeroporto Internacional de Montreal, ele quase insistiu para que eu voltasse com ele. Eu já tinha explicado a ele o que tinha acontecido em meu quarto na California e informei-lhe que estava indo descansar no Mosteiro Oka, que se situava ao oeste daquela cidade. Tentei tranquiliza-lo enquanto o avião chegava ao terminal, afirmando-lhe que tudo estava bem.

Depois de desfrutar de um almoço modesto, mas saboroso, para minha grande surpresa, o jovem ministro, me elogiou pela decisão que tomei, apertou a minha mão e balançou a cabeça me desejando tudo de bom.

Minha percepção era que Deus estava me guiando a profundidades mais profundas ainda, a medida que caminhava rapidamente no vento frio que atravessava os espaços abertos do grande aeroporto. Apesar do Mosteiro Oka ser o meu destino, eu estava independentemente no meu caminho, sem saber onde minha jornada teria fim.

Quando entrei no mosteiro, percebi que o santuário era tão silencioso quanto o seu passado histórico. A cordialidade do nosso relacionamento passado no mosteiro foi homenageada quando entrei no complexo.

No dia 8 de outubro de 2008, o Papa Benedict XVI, aceitou a resignação do Bispo Clement Fectean, e apontou Yvon Joseph para tomar o lugar dele. Ao completar 75 anos de idade, pela lei canônica o Bispo Fectean teve que se aposentar. O Reverendo Morean, que tinha tomado o lugar do bispo era um abade no Mosteiro.

Ainda jovem, me encontrei cantando os salmos com os monges trapistas. Naquele tempo eu achava que toda teologia precisa ser provada de forma lógica e racional, ou seja, pela Palavra de Deus. Eu reverencio a Palavra de Deus, e acredito que será estabelecida no céu, muito depois deste mundo está em chamas. Até hoje eu rejeito a ideia de colocar outro livro em cima da Bíblia Sagrada, e fico perturbado quando vejo alguém fazer isso.

O começo do Monarquismo cristão foi no ano de 271 D.C. no Egito, quando o Santo Anthony of Thebes foi sozinho para o deserto, para levar uma vida isolada e consagrada. Monaquismo tornou-se especialmente influente na Europa durante a Idade Média. Neste tempo, a Europa tinha milhares de mosteiros.

Existem muitos Mosteiros Trapistas no mundo, porém, somente sete tem suas próprias cervejarias. A cerveja Trapista é bem famosa em muitas partes da Europa. Para que a cerveja seja produzida parte dos critérios é que a cerveja deve ser preparada dentro dos muros de uma abadia trapista, por ou sob o controle de monges trapistas. Teve uma época em que as casas de cerveja de mosteiro existiam em toda a Europa. Hoje em dia existem seis na Bélgica e uma na Holanda. O conteúdo do álcool varia entre mosteiros.

Monarquismo cristão inclui um elemento muito importante que se chama regra, um conjunto de diretrizes pelas quais os membros do grupo monástico vivem. A Ordem de São Benedito da Mursia, o qual foi escrito no ano 500 D.C., é o modelo para a maioria dos grupos de clausters católicos (separados).

Além de seguir a regra ao pé da letra, monges e freiras tomam os três votos de pobreza, castidade e obediência. Vida na comunidade monástica envolve trabalho, oração e meditação. O mosteiro Oka estava cheio de teólogos sendo eles mesmo clausurados do mundo. Estes homens e mulheres, dedicaram as suas vidas totalmente para escrever e estudar. Muitas das transcrições bíblicas originais foram traduzidas pelos monges Beneditos.

Um mosteiro ou convento pode ser situado na cidade ou em zonas rurais, mas a finalidade é de isolar seus membros de um mundo cheio de espíritos fora de suas paredes.

Apesar de que não podemos nos isolar da realidade, precisamos estar cientes de que o espírito das trevas desde o início tem sido vibrante neste mundo. Uma religião ou uma seita religiosa geralmente considerada extremista ou falsa, com seus seguidores freqüentemente vivendo de maneira não convencional, sob a orientação de um líder autoritário e carismático, não é uma extremidade, como alguns vêem, é o plano de Satanás para enganar a Igreja Universal (Católica) com crenças mentirosas. Se um grupo de pessoas alimentarem o espírito ditador em sua igreja, eles devem ser avisados da possibilidade de se tornarem seitas religiosas.

Através da história, a Igreja Católica é conhecida por ter um espírito dominador acerca dos seus servos, porém a Igreja Católica que eu fazia parte, não é a única igreja que tem espíritos indesejáveis. Com todo respeito ao ministério, não há lugar na igreja de Deus para senhores ou ditadores. Não entendo a lógica de reconhecer tais ditadores em púlpitos Apostólicos.

A Bíblia nos adverte acerca dos falsos profetas, e cristos na dispensação da Igreja. Podemos ler acerca destas advertências no livro de Mateus.

"Então se alguém nos disser: Eis aqui o Cristo! ou: Ei-lo ali! não acrediteis; porque surgirão falsos cristos e falsos profetas operando grande sinais e prodígios para enganar, se possível, os próprios eleitos.

Vede que vo-lo tenho predito. Portanto se vos disserem: eis que ele está no deserto! Não saiais: Ei-lo no interior da casa! Não acrediteis. Porque assim como o relâmpago sai do oriente e se mostra até no ocidente, assim há de ser a vinda do Filho do homem."

Mateus 24:23-27

Alguém pode dizer que este incidente foi coincidência, porém na minha opinião é sem dúvida o cumprimento da Palavra de Deus acerca dos falsos profetas e falsos cristos.

"Acreditamos que vinte e quatro crianças estão mortas e sessenta e dois adultos com elas."

Estas foram as terríveis palavras que o jornal da América publicou na página da frente, no dia 20 de abril de 1993. O acontecimento foi na cidade de Waco, no Estado de Texas, onde o líder da seita, David Koresh e seus seguidores colocaram fogo no acampamento. Koresh acreditava ser "o Filho de Deus." Isto não é exagero; ele também se chamava a "Ovelha de Deus."

Esse homem que se proclamava Messias, levou muitos dos seus seguidores à morte, homens, mulheres e crianças, invocando a Jeová. David Koresh também morreu queimado aos trinta e três anos, a mesma idade de Jesus, quando Ele foi levado ao gólgota para a morte cruel na cruz.

David Koresh é um dos muitos que quiseram tomar a posição de senhor no Reino de Deus. Em 1978, em Jonestown, na Guiana, houve um suicídio em massa de um grupo de mais de novecentos membros de uma ceita religiosa que tinham por líder Jimmy Jones. Ainda que este homem usasse o Nome do Senhor, o espírito que o liderou veio das portas do inferno. Deus não permite tal controle humano na Sua Igreja Universal Apostólica.

A vida monástica é altamente de conservação. Monges que não falam (pela sua própria vontade) vivem na atmosfera do século XIII recusando-se a modernizar-se, enquanto muitas vezes suas vidas são roubadas pelos de fora, de credibilidade. Com todo o respeito, o povo Apostólico deve reconhecer a sinceridade entre as pessoas de outras religiões à medida que se apresenta.

Os monges em Oka, começam seus dias às três horas da manhã. Eles rezam para a Virgem Maria e falam os Salmos por duas horas antes de tomarem o café da manhã. Eles não têm nenhuma conexão com o mundo lá fora. Não têm televisões, rádios, telefones, jornais ou comunicações verbais. Se um membro da família falecer, não é permitido ao monge ir ao funeral, e ele só pode escutar os fatos acontecidos através de uma tela escura que os separa da outra pessoa que trás a notícia. Se qualquer um de nós tivermos problemas em dar o dízimo,

A INTERVENÇÃO DIVINA

nosso dez por cento, para o suporte financeiro à pura verdade Apostólica, precisamos considerar viver em um mosteiro, dando cem por cento de tudo para o suporte da religião Cristã.

Durante a minha estadia no Mosteiro Oka, o Senhor me deu a honra de ter uma experiência fora do corpo. De fato, aceito criticismo, porque quando cheguei aquela porta da Igreja Apostólica pela primeira vez na minha vida, e fui introduzido ao culto pentecostal, também fui muito crítico.

E aconteceu que quando eu estava no trilho do altar rezando o meu rosário, me ajoelhei ao pé da estátua da Virgem Maria, então escutei mais uma vez a voz de Deus. O Senhor falou-me: "Suba mais alto". A voz era divina. De repente encontrei-me a quinhentos pés do Mosteiro Trapista. Enquanto estava na presença do anjo Santo, eu podia ver tudo o que estava acontecendo lá em baixo.

O anjo disse: "Olha". Eu olhei e vi um caixão, e dentro estava o meu próprio cadáver. Vi um grande grupo de pessoas no funeral. Sabia que minha mãe não queria chegar perto do caixão. De repente, duas mulheres entraram com ela no recinto onde havia o funeral. Ela tinha um pano de prato sobre seu rosto, enquanto estava sendo levada para o meu lado. Eu tentava comunicar-me com ela, mas aparentemente ela não me via, e tão pouco ouvia a minha voz. Eu queria dizer a ela que não estava morto, mas foi Deus que separou o meu corpo da minha alma, mas que eu estava bem vivo.

Então o anjo disse: "Olha" e eu vi um campo de trigo que não tinha fim, e estava sendo queimado, mas não estava sendo consumido. E o anjo disse: "Olha," apontando para as portas do inferno. Os anjos santos do Senhor, estavam entrando e saindo daquele lugar, com graça e sem esforço. E o anjo controlou tudo sem nenhuma resistência. Então perguntei ao Senhor, porque o anjo santo do Senhor caminha em um lugar horrível como aquele? E o anjo respondeu que o inferno é o lugar de julgamento dos desobedientes, não de Satanás. Ele disse que aquele que tem a chave da casa, é o dono da casa. Estando o corpo mortal do Senhor pendurado, suspenso entre humanidade e Divindade, o Senhor caminhou livremente no inferno que tinha criado. E o anjo disse que Satanás não será quem controla o inferno, mas será prisioneiro para a eternidade. E o anjo disse que Deus criou o inferno para o diabo e seus anjos, os quais se revoltaram contra Deus, mas por causa do pecado e a fraqueza na terra, Deus alargou as fronteiras do inferno.

E o anjo disse: "Olha". Eu olhei e vi uma longa fila de pessoas, esperando entrar no tormento eterno. Imediatamente olhei para os seus rostos e vi a incrível dor e medo que os seus olhos transmitiam. Os seus joelhos batiam um no outro, como os joelhos do rei Belsazar da Babilônia, quando ele viu o dedo de Deus escrever na parede. Imediatamente me achei na presença do anjo. Não posso dizer que foi fração de segundos o que vi, porque na eternidade não há segundos. Eu perguntei ao anjo quem era o povo que estava na fila para entrar no inferno. Ele me respondeu desta forma; Estes são aqueles entre os meus pastores ungidos, os quais escolheram ser senhores da minha herança e sobre o meu sangue.

Eu gritei, "Não"! Eu estava tentando proteger o pastorado, então escutei o meu "Não" ecoar através da eternidade. Eu perguntei ao anjo se eles eram padres ou monges, apesar de que estavam vestidos como se fossem homens de negócio. O anjo disse: Não, eles não são padres, nem monges. Só depois de Deus ter me batizado com o Espírito Santo, uns dias depois na Igreja Apostólica, é que entendi a visão; Aqueles indivíduos, por algum tempo pertenceram ao grupo de ministros Apostólicos, mas se fizeram senhores da herança de Cristo, e sobre o Seu sangue. (Será que é possível para um Ministro Apostólico, ungido por Deus promover segregação Apostólica?)

O anjo me disse então para subir mais alto ainda. Imediatamente me encontrei mil pés acima do mosteiro. A distância não foi medida, porém na visão recebi a sabedoria da medida. Todas as coisas eram tão claras. A única diferença que podia ver entre os anjos santos e eu, era que eles moviam livremente, enquanto eu era movido pelo poder de Deus.

O anjo do Senhor disse: "Olha", e eu contemplei um anjo lindo que estava na beira do mar. Então perguntei: "Quem é ele Senhor?" E o anjo respondeu que aquele era o anjo que um dia colocaria um pé na terra e outro no mar, e nunca mais haveria tempo mortal. De repente apareceram, não somente dez mil, mas dezenas de milhares de anjos. São inumeráveis os anjos que Deus criou. Estes anjos eram tão lindos, e cada um tinha a sua própria identidade. Eles estavam ansiosos pela redenção dos remidos e prontos para inaugurar o Senhor dos Exércitos como o noivo da igreja. Então o anjo disse: O tempo ainda não chegou. E da mesma maneira que eles apareceram, rapidamente desapareceram.

Deus estava me dando um sinal do futuro arrebatamento da Sua Igreja. Atrás do exército de anjos eu podia ouvir um mar de línguas. Parecia que eles estavam cantando, então perguntei se eram padres ou monges. Ele respondeu que eram almas ao longo dos tempos que me precederam em morte. Eu disse, mas Senhor, eles não têm rostos. O anjo disse que na ressurreição eles terão faces glorificadas. Ainda que não conhecesse o poder que há no Nome de Jesus, Deus estava me introduzindo a uma família eternal que não conhecia. Ainda que não tivesse o batismo do Espírito Santo, eu estava cercado por um Espírito amável.

Então o anjo me disse "Olha" e eu vi um relógio grande sem ponteiros. E o mesmo anjo que estava à beira do mar, apareceu mais uma vez. E eu disse: Senhor o relógio não tem ponteiros. E o anjo disse: Muito breve o tempo não será mais, e o Pai reunirá as almas que estão no céu, e na terra, as quais tomaram o Seu Nome.

Assim que o anjo anunciou a breve vinda do Senhor, eu me encontrei em frente do altar, olhando as contas do rosário. Minhas mãos tremiam muito. Todo o meu corpo mortal estava consumido. Meu rosto estava banhado em lágrimas que escorriam como um doce córrego de água.

As vezes na igreja cantamos este hino:

> "Oh Senhor tu sabes que não tenho amigo como tu,
> Se o céu não é meu lar, Senhor que vou fazer?
> Os anjos me convidam, da porta aberta do céu,
> E não posso mais me sentir em casa neste mundo"

Hoje sou casado. Deus me deu uma esposa santa, e dois filhos, cheios do Espírito Santo. Eu não podia encher meus filhos com o Espírito Santo, pois tal é o trabalho de Deus, mas eu guardo no meu coração a memória maravilhosa do dia em que os batizei em Nome de Jesus. E regozijo-me por poder desfrutar este glorioso Espírito Santo em minha vida. Eu tenho tudo para viver. Se o Senhor não voltar logo, eu quero usar todo o tempo do resto da minha vida, até o último fôlego, para anunciar a verdade acerca do homem da Galiléia. Ao mesmo tempo, vendo o que eu vi e sentindo o que senti, estou dez milhões de vezes mais entusiasmado com a morte do que já estive a viver aqui na terra. Quando a alma de uma pessoa cheia do Espírito Santo, parte do corpo mortal, ela voa para aquele mar de línguas que soavam como doces correntes de águas.

No jardim do mosteiro Oka, em um canto escuro, estão as pedras que humildemente marcam a sepultura dos monges falecidos. Eu estava caminhando entre os mortos, com meu rosário na mão fazendo orações, quando o sol refletiu fortemente nos meus olhos das pedras pequenas e redondas cobertas de geada. Eu me encontrei repensando as prioridades e desejando fazer uma obra para Deus, algo mais do que o ritualismo tinha para oferecer, algo espontâneo.

O Mosteiro Oka, foi o meu lar por um tempo, e depois de passar algum tempo lá percebi que estava menos sintonizado com as atividades dos monges, do que a dos seminaristas. Apesar de que nunca esquecerei o que o Senhor fez por mim no Mosteiro Oka, eu me senti um pouco claustrofóbico. Eu sabia que fui levado àquele lugar com um propósito, e agora era o tempo de mudar e seguir em frente. Antes de sair, conversei com um monge Trapista e lhe informei que algo estava queimando dentro de mim. Eu lhe disse que queria conhecer a Deus pessoalmente, e como Davi, dançar na presença dEle. Eu contei ao monge acerca da minha visão e a experiência fora do corpo, o que não fiz em Three-Rivers ou no Grand Seminary of Theology da California. A resposta do monge foi que Deus estava me guiando. Nós dois estávamos pensando acerca do sacerdócio na Igreja Católica. No entanto, menos de uma semana, depois de eu ter tido a visão e experiência fora do corpo, Deus me encheu com o Espírito Santo no altar de uma Igreja Apostólica.

Nem ele nem eu sabia o que Deus tinha reservado para mim, mas o monge sendo de personalidade jovial, sorriu e afirmou que sim com a cabeça, retornando ao seu posto de trabalho. Eu sairia do mosteiro ao romper do dia. Depois de juntar minha bagagem, eu parti para New Brunswick.

CAPÍTULO TRÊS

Em Pé Na Encruzilhada

Indo em direção a New Brunswick, eu parei em Thee-Rivers, na Província de Quebec. Visitei mais uma vez o Seminário de Filosofia, e fiquei dois dias na cidade de "Cap-de-la Madeline". No centro de Cap-de-la Madeline, está situada a multimilionária basílica chamada "Our Lady of the Cape". A crença é que Maria, a mãe de Jesus, no inverno guiava as pessoas através do rio, usando uma pequena igreja, à medida que o gelo ia quebrando ao redor deles. A basílica foi construída em honra a Maria.

Alguns podem ficar completamente fascinados pela beleza da estátua da Madonna (representação de Maria, sozinha ou com o filho Jesus), a qual está erguida na pequena igreja construída na propriedade da basílica. Através dos anos, muitas novenas foram feitas em honra a "Our Lady of the Cape". Eu já vi pessoas andarem de joelhos no estacionamento da basílica, como também subirem de joelhos nas escadas, rezando seus rosários até chegarem à venerada imagem de Maria, a mãe de Jesus.

Na realidade, muitas vezes, nós julgamos pessoas tão sinceras como aquelas, e eu paro para pensar: Quantas pessoas estão lá este momento, venerando as imagens? Aquelas imagens não podem ouvir ou responder as suas orações. Estas pessoas estão envolvidas em rituais fúnebres, pensando que estão agradando a Divindade.

Após alguns dias de visita na área de Three-Rivers, eu continuei a minha jornada para casa. Ao meu regresso, uma atmosfera de piquenique prevaleceu por uma temporada. Foi bom visitar minha família e amigos mais uma vez, mas havia uma fome dentro de mim, a qual os membros da minha família, não podiam saciar. Confesso que em minha confusão, eu senti que em algum lugar, e de alguma maneira, havia uma resposta para o meu maior desejo na vida, o de conhecer Deus.

Depois de ter visitado minha família, voltei ao Seminário de Teologia. Estava encorajado pela minha visita. Um padre e amigo meu, ficou chocado por ver-me na Província. Com a mão estendida me disse: "O que... O que está fazendo aqui?"

Em defesa à minha causa, eu contei detalhadamente ao padre meus encontros espirituais, mencionando as vozes que escutei em Three-Rivers, Quebec, e na Califórnia. Ao sentar com o líder que estava prematuramente ficando calvo, notei que o seu sorriso poderia ser rapidamente transformado em desprezo. Em minha confusão, insisti que estava na vontade de Deus, apesar de que no decorrer da conversa, minha mente muitas vezes voltou-se a Califórnia. O ministério era minha vida. Eu estava procurando, mas procurando o quê? Eu estava buscando, porém, buscando o quê?

Este homem era caracterizado por sua originalidade e gênio, dotado com a capacidade de se apropriar e de fazer bom uso de todos os métodos de observação e especulação do que acontecia com ele. Enquanto tomava outro trago do Export-A-cigarettes, em seu inglês quebrado, mas identificável, ele insistiu que eu estava procurando uma coisa que não existia.

Eu escutei educadamente, minha voz desaparecendo em minha garganta ao ver a minha procura dissolver-se na frente dos meus olhos. Sabendo a habilidade dele para estimar fatos, minha luta interna estava se tornando quase impossível. Experimentando reservas quanto à minha volta a Riverside, eu finalmente balancei a cabeça em resignação quando meu amigo persistentemente perguntou-me acerca do meu estado espiritual. Achando meu entusiasmo difícil de conter, percebi a seriedade correr pelo rosto do padre. Repentinamente a minha visão escureceu-se em minha frente. Me sentindo muito envergonhado, comecei a fazer planos para retornar a Riverside, Califórnia. Minha afirmação espiritual parecia não ter significado nenhum para o padre. Depois de horas questionando o padre, eu percebi que minhas avaliações foram totalmente rejeitadas.

Preparado para viver o meu destino, recebi uma confirmação do poder superior. Dentro de mim sabia que estava rejeitando o conselho do homem.

Apesar de que os teólogos ainda não tinham voltado para o semestre no Outono, o padre estava com muitas tarefas no seminário, e assim sendo, não pôde levar-me até Perth. Então disse-lhe que andaria até a estrada principal, e pegaria uma carona para Perth, e de lá iria de ônibus até Montreal, e depois até Los Angeles, Califórnia, de avião; E no aeroporto, eu arranjaria um dos seminaristas para me pegar e levar-me à Riverside.

Já havia anoitecido quando cheguei na estrada principal e muito poucos carros passavam por ali. Esperei em vão, pois não encontrei ninguém que me desse uma carona para Perth. Então lembrei de alguém ter me falado acerca de um lugar chamado Plaster Rock, era uma cidadezinha que ficava há algumas milhas na direção oposta de onde eu estava planejando ir. Nunca havia ido à cidade de Plaster Rock mas sabia que era conhecida pelas fábricas de papeis e polpas que empregavam muitas pessoas. Estava receando a longa, e tediosa viajem de ônibus à Montreal, por isso decidi ir a Plaster Rock primeiro. Apesar de que pretendia voltar à Califórnia, resolvi arranjar um emprego na cidade das polpas, e comprar uma passagem de avião, da Ilha de Presque, Maine, até Montreal, depois Los Angeles.

Atravessando a rua, minha busca pela vontade de Deus foi instantaneamente reavivada. Enquanto eu estava olhando a cidade como sendo um lugar para trabalhar, o Senhor olhou como um lugar de refúgio. Jesus preparou ali uma estação para salvar a minha alma. Eu não sabia, mas o farol estava acenando para minha alma cansada que tinha sido jogada sobre o mar religioso e implacável da vida.

Quase instantaneamente, os faróis de um carro penetraram na escuridão. O carro parou ao meu lado. Eu abri a porta e o motorista me perguntou para onde estava indo. Eu disse que o meu destino era Plaster Rock. Ele disse entra, como se soubesse exatamente onde eu estava indo. Enquanto viajávamos, quietamente sentado ao lado dele, eu comecei a pensar; eu conheço este homem, já o vi em algum lugar, este rosto me é familiar. Era um sábado à noite.

No dia seguinte, depois de Deus ter me enchido com o Espírito Santo, é que eu percebi o fato maravilhoso que havia acontecido. O homem que dirigia o veículo, não era um homem comum, e sim era o anjo que falou comigo no Monastério de Oka, em Quebec, na minha visão e experiência fora do corpo. Os anjos são reais. Assim como Deus tem o poder de se encarnar,

Ele dá o poder aos anjos para se transformarem e aparecerem como homens mortais, e depois, instantaneamente voltarem à imortalidade.

Quando chegamos a Plaster Rock, que era apenas algumas milhas de distância, o motorista me deixou no centro da cidade. Embora não houvesse um diálogo entre mim e o motorista do seminário para Plaster Rock, senti uma irradiação distinta do cavalheiro. Também senti que ele me conhecia, enquanto seu sorriso insistia que tudo ficaria bem.

Onde paramos havia um grupo de jovens. Eu perguntei a eles onde poderia encontrar um hotel barato que eu pudesse pernoitar. Então um dos jovens explicou-me que havia uma conferência de polpa e que os dois hotéis da cidade estavam cheios. Então me disse que seu pai possuía uma cabana de madeira mais ou menos um quarto de milha dali, em uma área arborizada. Ele insistiu que eu poderia ficar ali enquanto desejasse. O convite me pareceu bom. Eu precisava de um lugar quieto para colocar os meus pensamentos e prioridades em ordem. Enquanto alguns dos adolescentes, não levando a sério seu amigo, expressaram dúvidas sobre a autenticidade do lugar, eu concordei em segui-lo.

Fui conduzido através de bosques por uma trilha que eventualmente terminou na antiga cabana de madeira. O jovem disse boa noite e partiu na direção oposta. Permanecendo sozinho nos degraus da minha morada humilde, vi o rapaz desaparecer no meio da noite.

Quando entrei na cabana velha, comecei a observar as paredes. A minha acomodação não tinha nada de bom desta vida. Era uma cabana bem primitiva. Não havia nenhuma tecnologia moderna.

Eu senti como se fosse um trem correndo nos trilhos, destinado a destruição, enquanto questionava minha presença nesta situação irremediavelmente inadequada.

A cabana estava cheia de latas vazias de cerveja as quais representavam festas que aconteceram nos tempos de inverno, quando jovens vinham para andar de "snowmobile" (pequeno veículo que dirige na neve). Não havia eletricidade, aquecimento ou comida. Havia uma cama sem colchão.

Minha acomodação, no entanto, foi de pouca importância. Não estava cansado. Não estava com frio ou com fome. Estava precisando de uma resposta para minha vida relacionada ao ministério.Escutando o vento bater os galhos contra a janela, anunciando o inverno rigoroso que estava para vir; comecei a rezar.

Mais ou menos as duas horas da manhã, depois de ter rezado boa parte da noite para a Virgem Maria, e lido o meu catecismo à luz de velas, senti que deveria ficar quieto, enquanto sentia a própria essência da vida derreter-se ao meu redor.

Quando as pessoas que se dizem Apostólicas orarem, precisam entender que Deus não honra orações repetidas. O Senhor quer que nossas orações sejam sinceras e espontâneas, querendo que nossas cerimonias e ritualismos exteriores se tornem experiências do interior, do coração.

"E, orando, não useis de vãs repetições, como os gentios; porque presumem que pelo seu muito falar serão ouvidos".

Mateus 6:7

Sabendo que poucas pessoas são convertidas através de estudos teológicos e discussões doutrinais, devemos ser ultrassensíveis à liderança do Espírito de Deus. Corações sinceros, respondem automaticamente quando o Espírito Santo começa a mover, e estes indivíduos buscarão uma caminhada mais próxima com o criador e sustentador de suas vidas. O poder do Espírito Santo inigualável.

"Não por força nem por poder, mas pelo meu Espírito, diz o Senhor dos Exércitos"

Zacarias 4:6

Coloquei meu catecismo ao lado do meu rosário na mesinha humilde. Sem vergonha nem arrependimento, eu me ajoelhei ao lado da cama e comecei a chorar como se fosse uma criança. E no desespero eu orei: "Se há um Deus no céu, eu preciso de algumas respostas para a minha vida". Eu estava tão cansado quanto o próprio edifício em ruínas aparentemente parecia ser. Meus olhos queimavam com a exaustão que sentia.

O Sonho

Logo caí no sono naquela cama velha e sem colchão, usando a minha mala como travesseiro. Através daquela luta feroz, dentro de mim começou a gerar uma fome espiritual tão forte que eu estava pronto para lutar até a morte. Satanás mantinha a minha alma encarcerada, porém o Espírito Santo estava intimidando-o.

Depois de cair de sono, eu tive um sonho. Eu estava num lago durante um temporal fortíssimo. As montanhas em volta do lago eram altas, e no céu haviam nuvens escuras que se moviam rapidamente. Eu tentava nadar para a beira do lago, mas quando estava chegando perto, era empurrado para o meio novamente, por pessoas que estavam na beira do lago. Enquanto a tempestade violenta se enfurecia e as ondas me afogavam, encontrei-me descendo pela última vez. De repente, eu vi uma mão extremamente grande vir sobre o topo das montanhas. Era uma mão de homem que estava estendida com grandeza e poder. Eu pensei imediatamente que aquela mão viria sobre mim, e me faria afogar. Mas, ao aproximar-se a mão tornou-se do tamanho da mão de um homem normal. A mão forte, porém, amável, livrou-me da tempestade. Era Deus revelando-me a Sua força e mostrando-me o quanto eu era fraco. Jesus Cristo, através daquele sonho, me mostrou pessoalmente que Ele era a mão de Deus, que se fez carne, para libertar o homem mortal do mar da vida, onde não há piedade.

Na manhã seguinte, o Senhor mostrou-me a Sua encarnação, ao cobrir meus pecados com o Seu sangue. Foi um sonho divino. Depois de ter procurado tanto a salvação, em menos de oito horas depois do sonho, ia encontrar-me ajoelhado num altar em uma igreja Apostólica. Neste altar, eu testemunharia o trabalho do sangue de Cristo e a revelação de Sua encarnação.

"(Jesus) Estava no mundo, o mundo foi feito por intermédio dele, mas o mundo não o conheceu." (como sendo o Pai)

João 1:10

"Os vinte e quatro anciãos prostrar-se-ão diante daquele que se encontra sentado no trono, (singular) adorarão ao que vive pelos séculos dos séculos, e depositarão as suas coroas diante do trono, proclamando: Tu és digno Senhor e Deus nosso, de receber a glória, a honra e o poder, porque todas as coisas tu criaste, sim, por causa da tua vontade vieram a existir e foram criadas."

Apocalipse 4:10-11

   Relativamente cedo na manhã seguinte coloquei o meu rosário no bolso. Com a minha confiança abalada e abrigando minhas lealdades, eu permaneci um católico devoto. Algo estava acontecendo comigo, porém eu estava determinado a não ser dissuadido da minha fé. Saí da cabana com o meu breviário na mão. Estava indo para a missa. Era uma linda manhã de domingo; os raios do sol batiam na neve que cobriam os galhos das arvores. Antes de ir para a igreja, fui até a ponte que atravessava o Rio Tobique. Com o olhar fixo nas águas que fluíam rapidamente, tentei desesperadamente concentrar. O que eu não sabia, era que eu estava prestes a entrar diretamente aos braços surpreendente do Mestre. Naquela linda manhã, eu estava para encontrar a Rosa de Sarom e o Lírio do Vale.

   Quando cheguei ao pé da colina, onde estava situada a Igreja de São Tomaz de Aquinas, percebi que a missa havia começado. Uma série de carros já estavam estacionados ao redor da igreja. Parei ali, com os olhos cheios de lágrimas. Eu disse ao Senhor que estava cansado de formalidades e ritualismo. Estava cansado de confessar, receber o perdão do padre, e voltar a cometer os mesmos erros. Mas estava pronto, naquela manhã, para confessar mais uma vez, e receber a penitência pelas minhas transgressões.

   Penitência, é uma palavra que vem do latim "poena", e quer dizer penalidade. Penitência é a medida disciplinaria adotada pela Igreja Católica, contra os transgressores. O termo foi aplicado inicialmente somente contra os que cometiam transgressões como assassinato ou adultério.

   A crença de que o padre tinha poder de perdoar pecados e dar penitências "tranquilizava a consciência". No entanto eu ia aprender naquela manhã que Jesus Cristo não veio a este mundo para nos dar uma consciência tranquila, pelo contrário, Ele veio a este mundo, para salvar as almas imortais dos seus pecados.

Igreja Católica de São Tomaz de Aquinas
Plaster Rock

Até então, havia um braço imortal, abraçando minha alma empobrecida, que não a deixava partir. Uma batalha feroz estava sendo travada para a libertação da minha alma, que se encontrava em profundo encarceramento espiritual. Enquanto estava em pé na encruzilhada naquela pequena cidade, uma fome esmagadora de conhecer a Deus envolveu a minha alma. Eu precisava de um poder maior em minha vida. Estava procurando algo em que acreditar, algo real.

Foi então que ouvi a mesma voz que tinha ouvido no Seminário da Califórnia. Desta vez a voz disse: "Nesta rua há uma Igreja Pentecostal". Virei para ver quem estava atrás de mim, mas não vi ninguém. Parecia que eu estava em outro reino quando ouvi a voz. Ela era divina. Comecei a chorar na presença do Senhor, e admiti que não sabia nada acerca de Pentecostes. Não entendi, mas senti que valia a pena investigar. Não queria desfazer da Igreja mãe, mas senti que havia algo mais, e assim comecei em direção à igreja.

O Senhor fala a pecadores, e algumas vezes fala com voz audível. O Espírito do Senhor atrai pessoas que estão famintas e sedentas pelas coisas justas. Não há nada que possamos fazer para nos salvar, a não ser procurar a santidade de Deus. Ninguém me convidou à Igreja Pentecostal. O meu convite à casa de Deus, veio d'Ele, e foi bem pessoal.

Depois de ter passado por várias igrejas, sem encontrar a Pentecostal, fiquei um pouco desencorajado. Estava quase voltando para a missa, quando olhei para o vale e vi uma igreja. Olhei para a placa que dizia: Igreja Santa Pentecostal Apostólica. Era a Igreja Apostólica de Plaster Rock, fundada pelo irmão W. J. Rolston e sua esposa. É esta! O culto já tinha começado. Eu não sabia se entrava ou procedia na direção oposta.

Criou-se um ânimo dentro de mim, porque sabia a experiência real que tinha tido, e sabia que Deus era responsável por eu estar ali. Ainda que eu estivesse animado, também estava cauteloso. A Teologia Moderna Católica ensina que o "Magisterium" (autoridade de ensinar) da Igreja Católica, era dada aos Pôncios e Bispos, só eles tinham autoridade para autenticamente interpretar a "Palavra de Deus". Eu estava me perguntando: Quem está interpretando a Palavra de Deus ali?

Rev. and Mrs. W. J. Rolston

As pessoas fazem muitas decisões nas suas vidas. José decidiu esquecer. Moisés escolheu não ser chamado, o filho da filha de Faraó. Abraão escolheu obedecer ao Senhor. Naquele domingo de manhã, decidi entrar. Ao entrar na porta da igreja, senti grande expectativa e esperança. Nunca tinha entrado em uma igreja Pentecostal. Nunca tendo ido a uma destas igrejas, eu me agachei no banco de trás, tentando ser o mais pequeno possível. Eu não precisava de programa ou de show para me entreter. O que precisava era de um toque real do próprio Deus.

Que Deus possa proibir show ou programa que tome o lugar do Seu poder nos cultos. Tenho medo de que estamos nos tornando muito sociais e preocupados em entreter. Muitas vezes, no esforço de entrar na presença de Deus, nós buscamos fazer o que é agradável a carne, ao invés de satisfazer o espírito.

Assim que entrei, logo notei que não havia estátuas no Santuário. As Igrejas Católicas mais modernas, pelo menos tinham a estátua da Madona (Virgem Maria). A segunda coisa que notei, é que na plataforma não havia um altar para ser oferecido o Sacramento da Eucaristia.

Fui ensinado que o sacrifício de Cristo, corpo, sangue, alma e Divindade estavam em cada hóstia que era dada na oferta da Eucaristia. Sabendo da insegurança e instabilidade que religião oferece e tentando não ser dramático, com todo coração, olhei por esta janela excepcional de oportunidade.

Houve um momento de silêncio, quando um homem, levantando-se triunfantemente ficou em pé atrás do púlpito. Ao invés de usar a vestimenta tradicional que os padres católicos usam para fazer a missa, ele estava usando um terno comum. Quase sem fôlego me preparei para escutar o que o homem iria dizer. Para minha surpresa, em vez de falar, ele começou a cantar os hinos de Sião. Todos ficaram em pé, enquanto eu fiquei sentado. Eles começaram a cantar de uma maneira que eu nunca tinha visto antes, nem mesmo os monges de Oka cantavam assim. Começaram a bater palmas com vivacidade e graça. Vi lágrimas escorrendo no rosto de alguns redimidos. O que mais me admirou foi a união das pessoas louvando a Deus, a maneira em que louvavam em um só acordo.

O primeiro hino que os santos de Deus cantaram naquele domingo de manhã foi "Jesus vem vindo na estrada". Ainda que eu não pudesse entender tudo o que estava acontecendo ao meu redor, as palavras e a unção do hino, estavam me dando uma mensagem clara.

Ele salva e Ele cura,
Apenas creia, e Ele fará.
Jesus está vindo na estrada.

A mensagem do hino, imediatamente tocou o meu coração. Entendi que o Senhor, não somente me deu a direção perfeita para onde queria que eu fosse, quando eu estava na frente da Igreja Católica de São Tomaz de Aquinas, mas Ele me levou através da estrada. Eu nunca esquecerei o hino que os redimidos do Senhor cantaram no Santuário do Alto e Sublime, naquele dia maravilhoso da minha vida. Quando não sabia exatamente o que queria, ou para onde eu iria, Deus me guiou pessoalmente para a porta da Sua casa.

Olhando ao redor, observei que os homens eram barbeados e seus cabelos eram curtos. A minha mente religiosa me fez lembrar da história do século II D.C., depois que os padres começaram a usar cabelos compridos, e o Papa Anicetus (155-166 D.C.) proibiu que ministros na igreja deixassem o cabelo crescer. Por que pelos preceitos do Apóstolo Paulo, homens não devem usar cabelos compridos.

"Ou não vos ensina a própria natureza ser desonroso para o homem usar cabelo comprido?"

I Coríntios 11:14

A emoção de conhecer a Deus literalmente inundou a minha alma, me levantei tentando interpretar com sensibilidade e precisão o Espirito atraente que estava sentindo. Pela primeira vez em minha vida, tive o privilégio de sentir com o povo de Deus a Sua gloria Shekinah. Ali em pé na presença de Deus, fiquei maravilhado com o Seu Espírito. Naquele momento, eu sabia que a minha vida estava sendo observada pela fonte de toda a vida. Deus não faz nada contrário à Sua natureza, e é apto para governar tudo o que Ele criou e sustenta. O Senhor sabe de todas as coisas. Ele conhece os nossos pensamentos mais profundos e os nossos atos. Ele sabe quando estamos com fome, ou não.

Muitas vezes lembro do hino escrito por G.T. Haywood (1880 - 1931 D.C.), ministro unicista.

> Eu vi seu sangue carmesim
> Que corre do calvário,
> As ondas que tocam o trono de Deus
> Estão movendo sobre mim.

Senti meus olhos embasar e encher de lágrimas. Fiquei surpreso pela minha sensibilidade nos primeiros momentos da minha conversão. Eu não chorava nem mostrava emoções em público, mas nesse dia, as lágrimas correram livremente quando me encontrei de forma inadequada diante Dele. Esta foi a experiência mais sensacional da minha vida, quando vi a luz confrontar-se com as profundezas das trevas.

Eu estava faminto e sabia que estava prestes a alcançar uma nova experiência no meu ministério. Fiquei tão feliz quando finalmente entendi a natureza do Homem da Galileia. Eu observei que as pessoas voluntariamente se ajoelhavam para orar. Hoje, eu estou grandemente animado, e muito emocionado, pois tenho planos de continuar até o fim desta jornada terrena. Se você escolheu não aceitar a Cristo depois de ter recebido a revelação de quem Jesus realmente é; não insulte sua inteligência, escolhendo ser rei em algum castelo carnal de pedras.

Senti como se estivesse sozinho, e mais uma vez não sabia o que fazer. O homem no terno saiu da plataforma e veio em minha direção. Comecei a chorar descontrolado quando ele colocou a mão no meu ombro.

O homem sem saber quem eu era, e de onde vinha, me perguntou: "Filho você quer ir ao altar?" Eu respondi, "Senhor, não sei onde está o altar, mas sim, quero ir".

Com calma e confiança, caminhei ao lado do homem até a frente do santuário. Ele me pediu para ajoelhar. Ao me ajoelhar, Deus levantou dos meus ombros o peso do sofrimento. Pela experiência que tinha com o sacerdócio, sabia que não estava em um confessionário, onde do outro lado estaria um padre mortal, em vez disso, estava perante o Senhor dos Senhores e Rei dos Reis.

Douglas G. Hanscomb
"Auctor unius, Dei, veri vivique, Jesus Christus"
(O promotor da verdade sobre Um só, Deus vivo, Jesus Cristo)

Quando o Pontifício de Roma fala em "ex-cathedra" (do trono), acredita-se que ele fala numa língua infalível. Eu logo aprendi no altar da Igreja Pentecostal e continuo persuadido que há somente um que é infalível. Não é o Papa assentado no seu trono em Roma, nem o monarca no seu trono em Londres. O único infalível é o Deus Jeová, que ousou se tornar o sacrifício supremo. É o Messias que está assentado no Seu trono no céu. Ele audazmente descobre as feridas que sofreu no Calvário aos anjos que Ele sozinho criou. Hoje eu creio que Ele é o Cordeiro de Deus, que desde a fundação do mundo, estava preparado para ser morto pelos nossos pecados.

Nunca na minha vaga imaginação, pensei que naquele dia, me acharia em um altar me arrependendo. O meu plano era de ir à Igreja Católica de São Tomaz de Aquinas para confessar, mas ao invés disso, fui introduzido ao Sumo Sacerdote.

Eu fui batizado em Nome de Jesus Cristo para remissão dos meus pecados, e recebi o Batismo do Espírito Santo, com a evidência de falar línguas estranhas, como o Espírito de Deus assim concedia. Esta é a mesma experiência das cento e vinte pessoas em Jerusalém descrita no capítulo 2 do Livro de Atos dos Apóstolos. Simbolicamente, eu também, finalmente fiz a minha viagem de Roma à Jerusalém.

A medida que o sonho que o Senhor me deu na noite anterior foi se cumprindo, eu estava rapidamente me tornando uma nova criatura em Cristo Jesus. Imediatamente compreendi a encarnação de Deus. O título associado ao Seu Nome salvador de "Pai Eterno" (Isaías 9:6). Jesus é o Pai encarnado.

"Porquanto nele (Jesus) habita corporalmente toda a plenitude da Divindade".

Colossenses 2:9

Na minha longa jornada, eu recebi o que o mundo e a religião criada por homens não puderam me dar, e hoje sei, que essa experiência, eles não podem me roubar. O que poderia compensar os anos que passei sem conhecer o Senhor e o poder do Espírito Santo? Nada, nada compensaria. Anos vividos fora da vontade de Deus, são anos perdidos. Uma hora vivida na perfeita vontade de Deus é muito maior quando comparamos com a longevidade sem sentido de qualquer ser mortal que viva fora de Sua vontade.

"Atentei para todas as obras que se fazem debaixo do sol, e eis que tudo era vaidade e correr atrás do vento."
Eclesiastes 1:14

CAPÍTULO QUATRO
Religião Cristã vs. Salvação Apostólica

Assim como no Dia de Pentecostes, nós os crentes da fé Apostólica, oramos a Deus de maneira espontânea, e não somos forçados a seguir tradições de igrejas. Nós louvamos espontaneamente porque fomos divinamente libertos das algemas do pecado.

Eu nunca fui um indivíduo desapontado na Igreja Católica. Eu simplesmente bati na porta do entendimento espiritual, e creio que através das persistentes intercessões e orações dos santos de Deus, Ele abriu aquela porta para mim. Eu não senti o ferrão da excomunhão da Igreja Católica como alguns sentiram no passado. Eu saí de livre e espontânea vontade. Uma pessoa não pode desviar da cristandade, antes que ele se torne cristão, e ele não pode tornar-se cristão até que obedeça a doutrina dos Apóstolos. Lembre-se, obediência é melhor do que sacrifício.

Tratando-se da obediência às Escrituras Sagradas, aparentemente os pastores podem dedicar muito tempo e energia. Se a mente do pastor está envolvida em murmúrios de pessoas desobedientes, o seu trabalho de alimentar as ovelhas, e alcançar os perdidos, grandemente será atrapalhado. Não é a vontade de Deus que pastores usem os anos de suas vidas tentando apaziguar cabras. Porque depois de todo trabalho, ele ainda terá um campo cheio de cabras que precisarão ser apaziguadas. A santidade vem através do conhecimento de Deus e o desejo de fazer a Sua vontade, não pelo conhecimento do homem e o desejo de agradá-lo. Deve haver uma mudança na nossa natureza. Esta mudança somente ocorre através da caminhada pessoal com Deus e aceitação da vontade dele para sua vida.

No segundo capítulo do Livro de Atos dos Apóstolos lemos que eles "perseveravam" na doutrina dos Apóstolos e na comunhão. Isso significa que eles fizeram de acordo com a instrução dos Apóstolos.

Um dia um pastor em Belfast, Irlanda, foi no centro comercial, subiu em uma pedra grande e começou a dizer, "Se arrependam, há uma maneira melhor de viver".

As pessoas ficaram surpresas. Elas pararam para ouvir sua mensagem, mas depois de algum tempo alguém começou a rir. Aos poucos todos retornaram às suas compras.

Todas as semanas o pregador retornava ao mesmo local para chamar o povo ao arrependimento. Logo ele foi ignorado completamente.

Anos depois um menino aproximou-se do pastor, puxou o seu casaco para chamar a sua atenção, e disse: "Porque você vem aqui toda a semana e prega sem que ninguém te escute? O pregador respondeu: "Primeiro vim porque queria que o povo mudasse, mas agora venho para que o povo não venha a mudar-me".

É necessário que a Igreja Apostólica, continue cada dia firmada na doutrina dos Apóstolos, se vamos manter nosso entendimento no caminho de Deus em relação à santidade. Deus se faz conhecer aos homens através de revelação Divina. Não podemos entender as coisas relacionadas a Deus com nossa mente humana. De fato, estávamos alienados de Deus e éramos inimigos Dele em nossas mentes. (Romanos 8:7-8). Para compreender os Estatutos de Deus, e fazer completamente a Sua vontade, devemos renovar as nossas mentes. Isto só pode ser alcançado se escolhermos diariamente não nos conformar com os caminhos do mundo presente.

No Livro de Romanos, o Apóstolo Paulo nos adverte que é perigoso nos conformar com este mundo. Se vamos começar a conhecer o caminho de Deus deve haver uma mudança no nosso modo de pensar.

"Rogo-vos, pois, irmãos, pelas misericórdias de Deus que apresenteis os vossos corpos por sacrifício vivo, santo e agradável a Deus, que é o vosso culto racional. E não vos conformeis com este século, mas transformai-vos pela renovação da vossa mente, para que experimenteis qual seja a boa, agradável e perfeita vontade de Deus".

Romanos 12:1-2

Religião Cristã vs. Salvação Apostólica

Nossa salvação não começa conosco, ou com o que podemos fazer. Somente Deus pode salvar o pecador, e a Ele seja dado incondicionalmente e de todo o coração, a honra e glória desta grande salvação. Roubará o homem a Deus?

Nunca deveria ser aquilo que eu fiz. Porém sempre o que o Senhor tem feito! Salvação não começa com um pastor Apostólico, ou um santo de Deus, um convite para vir a igreja, ou até mesmo um estudo bíblico. Salvação começa, quando o Senhor responde a um coração faminto. O novo nascimento não é o que eu faço, mas o que Deus faz através do sangue do Cordeiro.

É essencial que os redimidos do Senhor continuem a ter um coração faminto. Nós não cremos na doutrina de João Calvin - uma vez salvo, sempre salvo – assim sendo, quanto mais perto chegamos a este mundo, mais vamos diminuindo o desejo de servir a Deus, e o mais cético nos tornamos quanto à atividade de Deus nos cultos. Não é certo esperar que Deus dê Suas bênçãos em completo, enquanto você escolhe dar somente uma parte da sua vida na igreja e no seu trabalho, enfim na cristandade.

Jesus Cristo é o fundador da igreja que leva o Seu Soberano nome. Enquanto as religiões cristãs criadas pelos homens caem, a Sua Igreja ungida, irá adiante, e será restaurada à medida que as nuvens das últimas chuvas, formem em redor dela.

Igrejas cristãs fabricadas, carregam os atributos dos homens mortais, que em todos os aspectos da sua natureza, é imperfeito. A "Igreja Pura Apostólica" que foi criada e estabelecida pelo "Pai" em 33 D.C., tem os atributos do Pai. É Deus quem escolhe quem Ele redime e coloca o Seu DNA neles. Esta Igreja sincera e ungida, que sobreviveu dois milênios ainda é única, ainda é universal, ainda é santa e ainda é muito poderosa!

Assim como Deus, Sua Igreja "Apostólica Pura" a qual tem passado pelo fogo, é possuidora da verdade e tem toda a autoridade. O povo que é cheio do Espírito Santo, e que recebeu o Seu Nome em batismo, não deve ceder ou ficar intimidado pelos espíritos incessantes e assustadores do cristianismo fabricado pelos homens. A Igreja Apostólica não pode funcionar corretamente sob essa tal escravidão.

Esta antiga e monoteísta igreja de Jesus Cristo agora atravessou o último limiar da experiência humana. Agora em uma terra virgem que conhece apenas os sons reverberantes dos últimos dias do tempo mortal. O fim está muito próximo!

Entre os Romanos e Ortodoxos tradicionais há milhões de pessoas sinceras que estão buscando conhecer o Senhor no poder do Espírito Santo.

Eu sei de onde o Senhor me trouxe e não tenho desejo algum em rituais e cultos formais. Não são as rezas, ou as novenas vespertinas que agradam ao Senhor, e sim os louvores espontâneos no "Espírito" e na "Verdade".

Oh! O som do clamor de um lavado no sangue, e da igreja santificada, pode ser ecoado diariamente nos montes da antiga Judéia. O clamor e a petição do nosso primeiro amor.

Eu concluí que o entendimento espiritual, não vem através de estudar, ler ou pensar sobre Deus. Nem de exercitar a Sua vontade e impor-se a ter um conhecimento mais profundo dele, nem abrir suas emoções para senti-lo. Você não poderá se achegar a Deus, com a fórmula de ir a uma igreja, ou ser chamado de "homem santo". Não há intermediários! Você entende a Deus quando Ele te dá a revelação. O homem constitui de corpo, alma e espírito. Somente o espírito humano pode compreender a Deus.

A vontade de Deus é que o povo do Nome de Jesus busque dentro de seu próprio espírito, explorando e executando potencial inato, identificando consigo mesmo e com o Divino.

"O espírito é o que vivifica; a carne para nada aproveita; as palavras que eu vos tenho dito, são espírito e são vida."

João 6:63

"Deus é espírito; e importa que os seus adoradores o adorem em espírito e em verdade."

João 4:24

Me deixe parafrasear, a essência de "Deus é Espírito, e os que querem ter comunhão com Ele, deverão faze-lo com o espírito humano" Esta é a essência da vida cristã. Não é acerca de doutrinas, ensinamentos, comportamento, ou ir à igreja e Escola

Dominical. É acerca do relacionamento com Deus! Não se trata de aprender, estudar, pensar ou meditar. Trata-se de tocar em Deus com o seu espírito humano.

A luva é feita com o modelo de uma mão, porém o propósito da luva somente será desempenhado quando for colocado na mão. Da mesma forma: O homem foi feito a imagem de Deus (Gênesis 1:26), mas o homem não tem nenhum objetivo até que Deus preencha o vazio em sua alma - o espírito humano é avivado e habitado por Ele. Por causa do pecado e da queda do homem, a terça parte do nosso ser, o espírito humano morreu.

Então o que acontece quando nós somos salvos? Nosso espírito humano é avivado, e é literalmente "nascido de novo", à medida que o Espírito de Deus traz vida ao espírito humano e faz nele a sua residência. Depois que recebemos esta experiência, temos dentro de nós a revelação Divina. De repente passamos a compreender nossa condição humana e o que Deus fez através do Deus-homem, Jesus Cristo. Nos encontramos atraídos, gratos e amando à Ele. Há uma mudança, uma vida vibrante em cada novo convertido. Não é uma experiência intelectual, ou emocional, mas é uma experiência espiritual, que não poderá ser explicada racionalmente.

Com a revelação do Espírito que habita em nós, quanto mais lemos a Bíblia, mais ela faz sentido. Agora podemos entender o plano de Deus, e o Seu propósito, como desde o começo do Antigo Testamento, Ele tinha um plano para trazer o homem de volta à comunhão consigo mesmo.

Considere o exemplo da luva. Para que foi feita, para ser enchida de sal? Não, o propósito da luva é para colocar a mão do homem. Os animais não foram feitos a Sua imagem - somente o homem!

Mas homens orgulhosos e arrogantes tentam encher este vazio com tudo, exceto Deus - sabedoria, possessões, prazeres etc. E pelo contrário, querem transformar Deus em sua imagem. Nós sentimos que lá no alto há um "Ser Supremo", então fazemos Deus do jeito que nós queremos que Ele seja. O homem adora o sol, a lua, os elementos, ensinamentos e doutrinas. Eu descobri que se não aceitarmos o plano de Deus, e deixarmos que nosso espírito se vivifique, teremos só imaginações vazias e talvez religiões, mas não teremos a verdadeira revelação.

A Bíblia diz "... os que me procuram me acham" Provérbios 8:17. Se você o procurar, com certeza vai achá-lo. Ninguém pode fazer por você. Não é uma questão de seguir a uma igreja, aceitar estudos bíblicos ou mudar de atitude. É uma questão de abrir o seu coração e pedir a Deus que Ele se revele a você; Então deverás aceitá-lo de todo o coração, entregando-se completamente à Ele, e aceitar os planos que Ele tem para sua vida. Se você quiser conhecer a Bíblia e o Seu autor, você deverá avivar o seu espírito através do "Novo Nascimento". Aí então terás a revelação da Palavra e o verdadeiro relacionamento com o próprio Deus! Cristianismo é "relacionamento" e não religião. Cristianismo é o relacionamento com Deus que permite que Ele te transforme dia a dia. Religião te faz ficar acomodado. A salvação através do sangue de Jesus te liberta.

Agora, não estou dizendo que o homem não tenha reduzido o cristianismo a uma religião morta. Francamente o sistema clérigo, os prédios de igrejas adornadas com cruzes e janelas grandes de vitrais, o grande coral e os grupos de adoração não têm nada a ver com a igreja verdadeira. Você pode imaginar a primeira igreja com um boletim imprimido, com a agenda dizendo o que iriam fazer e quando? Onde está a liderança do Espírito Santo? Será que poderemos antecipar a manifestação do Seu Espírito uma semana antes, quando o boletim está sendo imprimido, e os hinos e orações estão sendo selecionados? Não, isto é, mera religião e não verdadeiro cristianismo!

O cristianismo religioso feito pelo homem funciona muito bem para as pessoas que desejam fazer melhor, mas não querem mudar. Salvação funciona muito bem para aqueles que desejam não somente fazer melhor, mas serem transformados por dentro e por fora.

Eu descobri que no cristianismo nem sempre é o que alguém concorda ou discorda, mas o que alguém concorda a fazer ou não fazer. Para suceder nas coisas de Deus, um desejo que todos temos, devemos humildemente, honestamente, e sinceramente auto reconhecer nossa própria identidade spiritual. É como se o verdadeiro eu se apresentasse. Na realidade, uma fantasia é colocada para pretender ser um indivíduo em particular. Mas quando uma pessoa se veste em um uniforme, aquele uniforme automaticamente se torna a sua identidade!

Para ser salvo, deixar de fazer as coisas mundanas não é opcional. Eu pessoalmente acho que a questão é muito simples: Queremos o velho homem ou queremos o novo nascimento?

A Igreja Primitiva era formada por homens e mulheres comuns que estavam entusiasmados com a vida interior que haviam descoberto, prontos para entregar tudo, até mesmo suas vidas por amor do seu Salvador. O problema com as religiões cristãs de hoje, é que se conformam com rituais. Os hinos que a congregação canta e as orações pastorais são raramente espontâneas e não representam o trabalho do Espírito Santo no Seu corpo, que é a igreja. O padre ou o pastor fica em pé para pregar ou ensinar, e a maioria das pessoas se assentam obedientemente para escutar as mesmas coisas semana após semana, mês após mês, e ano após anos impassíveis e inalteradas. Se todos os ministros fossem cheios do Espírito Santo, como eram no princípio da igreja, eles fariam um grande impacto nos membros. Nenhum ministro pode ser um bom juiz da Palavra de Deus, até que ele seja dotado com o mesmo Espírito Santo que os homens que escreveram a Palavra de Deus eram.

Uma vez que conhecemos a Deus, tudo se esclarece automaticamente. Quando escutamos uma mensagem da Bíblia, automaticamente obedecemos, porque amamos ao Senhor. Seremos obedientes à Palavra de Deus, e aos quais Deus concede autoridade sobre nós, porque um dia queremos fazer do céu o nosso lar.

Desde o dia em que o Senhor me encheu com o Espírito Santo, a minha vida nunca mais foi a mesma. Quando me viro para a direita sinto as bênçãos do Senhor, e quando me volto para a esquerda, Ele está tão perto quanto a menção do Seu nome. Quando estou no santuário posso sentir o que os redimidos sentem. Eu posso me identificar com o poder que há no Seu Nome e ter conhecimento de quem Ele realmente é. Procurei por toda a minha vida o que possuo hoje, por isso guardo como se fosse uma pérola de grande valor. Não tenho necessidade de continuar procurando. Não estou olhando para denominacionalismo porque isso nunca esteve na mente de Deus. Nem tão pouco estou olhando para as várias religiões deste mundo que adoram deuses que não podem ouvir, nem responder a orações.

Naquele altar apostólico recebi tudo o que precisava para ser feliz. Estou convencido de que se não posso ser feliz com o Único, Verdadeiro Deus que formou o universo com um gesto de Sua mão, então para mim felicidade não é atingível. O poder de Deus que transborda como um oásis dentro de mim é suficiente para me suster nesta vida, e me levar ao lar celestial quando esta terminar. Enquanto lamento só ter uma vida para oferecer ao Senhor, muitas vezes me pergunto onde estaria hoje se não tivesse encontrado a Rosa de Sarom naquele domingo de manhã.

Meu novo pastor, Reverendo James D. McKillop, era um príncipe de um homem, que com paciência me explicou detalhadamente a fé Pentecostal. No tempo que passei morando na casa dele e de sua esposa Joyce, aprendi a importância de amar a "Casa do Senhor".

É lá que recebo instruções de como caminhar com Ele. Na casa do Senhor eu posso sentir Sua presença em grande medida e posso ter comunhão com pessoas da mesma fé. Eu não me permito, ou dou permissão a minha família, para ficar no conforto do nosso lar quando devemos estar na casa de Deus. O verdadeiro Cristão Apostólico não procura desculpas como os pecadores e cristãos informais para não ir à igreja; eles aceitam o seu dever de ser pontual como soldados purificados da cruz.

"Porque os filhos de Israel e os filhos de Levi devem trazer ofertas do cereal, do vinho e do azeite; porquanto se acham ali os vasos do santuário, como também os sacerdotes que ministram, e os porteiros e os cantores; e assim não desampararíamos a casa do nosso Deus".

Neemias 10:39

"Consideremo-nos também uns aos outros, para nos estimularmos ao amor e às boas obras. Não deixemos de congregar-nos, como é costume de alguns; antes, façamos admoestações, e tanto mais quanto vedes que o dia se aproxima".

Hebreus 10:24-25

Religião Cristã vs. Salvação Apostólica

Pastor James D. McKillop

"Então contendi com os magistrados, e disse: Porque se desamparou a casa de Deus?"

Neemias 10:11

Esaú enraivado entendeu que ao comer o guisado de lentilhas que Jacó preparou, ele estaria alimentando a carne, mas perderia o direito da primogenitura. O meu pastor enfatizou que a santidade interna e externa, não são opcionais na fé Apostólica.

"Segui a paz com todos, e a santificação, sem a qual ninguém verá o Senhor".

Hebreus 12:14

Deus se chama Santo, porque é completamente separado, único e sem igual em toda a Sua criação. Nada se compara com Ele, porque Ele é inigualável; Ele é o Criador do Universo e de toda a existência. Portanto Ele é diferente de tudo que existe. É nesta luz que os redimidos desta terra são separados, tanto no andar entre os homens, como na adoração a Deus.

"Agora pois, fazei confissão ao Senhor Deus de vossos pais, e fazei o que é do seu agrado; separai-vos dos povos de outras terras..."

Esdras 10:11

No ano de 1961, o presidente dos U.S.A., John F. Kennedy, sendo católico, perguntou ao Cardeal de New York sua opinião sobre o presidente da Cuba. É comunismo realmente?

O cardeal respondeu à pergunta do presidente desta forma: "Quando eu vejo um pássaro que parece com um pato, caminha como um pato, e faz o som de um pato; tenho certeza de que é um pato."

"Portanto a graça de Deus se manifestou salvadora a todos os homens, educando-nos para que, renegadas a impiedade e as paixões mundanas, vivamos no presente século, sensata, justa e piedosamente, aguardando a bendita esperança e a manifestação da glória do nosso grande Deus e Salvador, Cristo Jesus, o qual a si mesmo se deu por nós, a fim de redimir-nos de toda iniquidade, e purificar para si mesmo um povo exclusivamente seu, zeloso de boas obras."

Tito 2:11-14

No mundo em que vivemos modas vêm e vão, porém com Deus, a santidade está sempre na moda. O Pastor McKillop, insistia que um espírito humilde deve acompanhar a santidade. É bem possível que alguém se vista modestamente, cobrindo dos pés à cabeça, mas tenha problemas com um espírito corrompido de justiça própria.

Também fui ensinado pelo meu pastor, que não há "grandes homens de Deus", mas servos humildes que fazem grandes coisas para o Senhor. Credito deve ser dado a quem merece, Deus não permita que eu venha a me vangloriar das minhas realizações para o Reino de Deus nos meus últimos dias aqui neste mundo. Pela graça de Deus, me considero Apostólico. No dia do juízo nosso trabalho só receberá mérito se aprovado pelos olhos de Deus.

"Para que a santificasse, tendo-a purificado por meio da lavagem de água pela palavra, para a apresentar a si mesmo igreja gloriosa, sem mácula, nem ruga, nem coisa semelhante, porém santa e sem defeito."

Efésios 5:26-27

Nesta fase, minha vida era consumida por estudos, e o meu estudo da Palavra de Deus estava longe de ser terminado. Gostaria de compartilhar alguns dos ensinamentos do meu pastor.

Nós Pentecostais Apostólicos acreditamos que a experiência com o Espírito Santo foi a força motriz dos apóstolos nos dias da primeira igreja. Era o combustível no qual o poderoso zelo apostólico operava.

Entre os domínios cristãos, pentecostalismo é conhecido como a terceira força do cristianismo. O que faz parte da fé Pentecostal, não pode se descrever como Protestante, Católico, ou como parte das Igrejas Ortodoxas. Uma pessoa não se junta à igreja, mas nasce na igreja, ou seja, da água e do Espírito.

Se alguém escolher identificar-se com a primeira igreja que foi estabelecida pelo próprio Senhor, ele terá que se preparar para se identificar com os ensinos da Igreja Primitiva. A Igreja Apostólica não muda. De acordo com Atos 2:38, era e ainda é arrependimento, batismo em Nome do Senhor Jesus Cristo para remissão dos pecados, e o recebimento do Espírito Santo com a evidência de falar em línguas estranhas.

Se uma pessoa viver de acordo com os ensinamentos dos Apóstolos, ela automaticamente se tornará um discípulo na Igreja de Deus, sabendo que o caminho de Deus é firme, enquanto que os caminhos dos homens fracassam.

Dentro da estrutura de trabalho da Igreja Apostólica, Deus tem muitos esforços organizados. Mas nenhuma destas organizações receberam permissão ou autoridade para alegar um monopólio baseado na verdade da Palavra de Deus. Nem mesmo aquelas que alegam independência das várias organizações, mas são organizadas em sua própria irmandade.

É imperativo que os crentes que foram nascidos de novo, entendam que o Senhor tem uma única igreja que está tentando fervorosa alcançar as almas eternais deste mundo, que está cada vez mais escuro, para livrá-las dos tormentos de um inferno vivo e real.

"Também eu te digo que tu és Pedro, e sobre esta pedra edificarei a minha igreja, e as portas do inferno não prevalecerão contra ela."

Mateus 16:18

Da mesma forma é imperativo que aqueles que O conhecem no poder da Sua ressurreição, entendam que organizações dentro do movimento Apostólico, são veículos de condução e não os frutos que produzem. Ainda que respeitamos o veículo nós não nos alimentamos dele. Quando uma alma pecadora se arrepende e tenta alcançar justiça e purificação, ela come do fruto que o veículo produz.

No mundo do denominacionalismo, em doutrinas feitas pelos homens, se entende que haja divisões, porém na presença de Deus, é um pecado vergonhoso que o Seu povo venha a ter divisão na sua preciosa fé. De alguma maneira eu escuto o grito do homem da Galileia que ressoa entre os montes da Judeia.

"E a favor deles eu me santifico a mim mesmo, para que eles também sejam santificados na verdade. Não rogo somente por estes, mas também por aqueles que virão a crer em mim, por intermédio da sua palavra; a fim de que todos sejam um; e como és tu, ó Pai, em mim e eu em ti, também sejam eles em nós; para que o mundo creia que tu me ensinaste."
João 17:19-21

"Se um reino estiver dividido contra si mesmo, tal reino não pode subsistir; se uma casa estiver dividida contra si mesma, tal casa não poderá subsistir."
Marcos 3:24-25

Será que Deus pode reunir os seus redimidos da terra embaixo de um teto, para juntos adorá-Lo em um só pensamento e um só acordo, como foi no dia de Pentecostes? A resposta está no Livro de II Crônicas.

"Se o meu povo, que se chama pelo meu nome, se humilhar, orar e me buscar, e se converter dos seus maus caminhos, então eu ouvirei dos céus, perdoarei os seus pecados e sararei a sua terra."
II Crônicas 7:14

Neste mundo moderno em que vivemos, somos gratos pelas organizações tanto do presente como do passado, as quais têm mantido aceso o fogo do monoteísmo, desde o nascimento da Igreja Apostólica; honestamente, sabemos que estas organizações, não importa se grandes ou pequenas, estão carregando a verdade acerca de Jesus, de quem Ele realmente é, para esta geração perdida e moribunda. Prezados ministros, nós estamos nos desempenhando tanto para a Sua glória. Precisamos parar e orar, deixando que Ele faça a Sua vontade. Enquanto nós que somos mortais sentimos necessidade de controlar, Deus na Sua imortalidade, sente necessidade de libertar. O antigo navio de Sião não nos pertence, porque está escrito na sua proa o

Nome que é acima de todos os nomes, e o seu leme está sendo guiado há mais de dois mil anos, pelo mesmo fogo do Espírito Santo.

Dentro de alguns domínios ministeriais, a necessidade de controlar um indivíduo cheio do Espírito Santo é na verdade uma doença espiritual que acena de cantos sempre escuros, passos tangíveis para erradicar o óbvio. Visões espirituais sendo escurecidas por escândalos, sem consideração do alcance e dos efeitos duradouros da palavra falada, descartando a possibilidade da responsabilidade eterna, com certeza será distorcida quanto o próprio Senhor é eliminado da equação. Oh, vamos considerar as almas eternais de pessoas sinceras, que com confiança nos procuram para uma direção eterna.

Alguns redimidos do Senhor muitas vezes são vítimas de servidão espiritual por pastores que abraçam motivos e ideias contrárias ao propósito da Palavra de Deus. Se o movimento Apostólico tivesse sido cultivado cuidadosamente através dos tempos, por causa do seu começo doloroso, união não seria uma questão entre os redimidos do Senhor.

Sabendo de onde o Senhor me tirou, e sabendo como a minha vida tem sido enriquecida com a presença do Espírito Santo, esta questão de divisões, me faz chorar. O trabalho de Deus é unir. O trabalho de Satanás é dividir.

O povo do Nome de Jesus tem o potencial de levantar-se acima da existência física transitória. Deus não nos levará onde a Sua graça não nos poderá manter.

Deus quer que a visão da Sua igreja monoteística seja uma. A comunhão apostólica é pura e deve permanecer sem contaminação. Se realmente abraçarmos a unidade do coração e a unicidade da visão em promover a pura fé dos Apóstolos de Cristo, o espírito de competição não encontrará morada entre nós. Não estaremos ansiosos para pregar, mas estaremos ansiosos para nos humilhar diante d'Ele.

A verdade é simples e transparente, Deus não aceita hipocrisia. Com toda honestidade, você deveria me chamar de irmão se você realmente não me ver como o seu irmão no Senhor? Mas, se de fato você me ver como o seu irmão Apostólico, não deveríamos entusiasticamente compartilhar o mesmo púlpito unicista? Não foi, e nunca será a vontade de

Deus, que os verdadeiros ministros Apostólicos da igreja vitoriosa andem em separação. Não pode ser ao meu respeito e o que eu desejo. Deve ser a respeito do Senhor e da Sua vontade. Eu sei muito bem de onde o Senhor me tirou. Nós somos o povo Apostólico Unicista, que foi enxertado na igreja por intervenção Divina.

Eu não creio mais que o papa em Roma é infalível, nem tão pouco na infalibilidade de qualquer outro homem nesta terra. Será que não devo olhar para a perfeição de Deus, que oferece verdadeira santidade, ao invés de olhar para os servos mortais que lutam pela perfeição assim como nós?

"Mas todos nós somos como o imundo, e todas as nossas justiças como trapo da imundícia; todos nós murchamos como a folha, e as nossas iniquidades como uns ventos nos arrebatam."

Isaías 64:6

Ao mesmo tempo entendemos que a Palavra de Deus nunca se contradiz. Portanto, a comunhão Apostólica nunca deve custar o Evangelho. "Assim diz a Palavra do Senhor," continua sendo o fundamento da nossa fé, que ensinamos, cremos, e observamos dentro da igreja sincera do Senhor. Nós que somos pastores, de forma nenhuma podemos fazer leis para mudar os corações. Porém, com amor e paciência, através de orações intercessoras, podemos promover um caminhar com Deus que encoraja a verdadeira santidade. Com a direção do pastorado da igreja, o Espírito de Deus dá entendimento Divino e traz convicção aos corações famintos que buscam a perfeição n'Ele.

Se os meus irmãos estão vivendo de acordo com um padrão de santidade básica que são definidos na palavra de Deus, eu não devo me separar deles simplesmente porque a minha igreja decidiu viver em um padrão de santidade exterior mais elevada. Nós não devemos nos enganar. Existe um perigo de que santidade se torne justiça própria. Nós sendo homens e mulheres de Deus, devemos ficar firmes em nossas convicções espirituais sem abrigar atitudes de que somos melhores que outros. Enquanto lutamos pela perfeição, vamos ser um bom exemplo para outros que também amam este caminho Apostólico.

CAPÍTULO CINCO

Minhas Chaves de Ouro

As chaves que Jesus deu a Pedro, não eram chaves literais, e sim representavam o plano de salvação para todos os que viriam a crer. O livro de Mateus registra a transação entre Jesus e o Seu ungido Apóstolo Pedro.

"Também eu te digo que tu és Pedro, e sobre esta pedra [revelação da Natureza de Deus] edificarei a minha igreja [singular] e as portas do inferno não prevalecerão contra ela. Dar-te-ei as chaves do reino dos céus: e o que ligares na terra, terá sido ligado nos céus; e o que desligares na terra, terá sido desligado nos céus."

Mateus 16:18-19

Quando Pedro pregou às multidões em Jerusalém que haviam reunido para testemunhar o movimento do Espírito de Deus, eles foram compungidos nos seus corações. Eles perceberam que haviam apreendido o Filho de Deus por mãos perversas e O crucificaram abertamente. Eles então perguntaram a Pedro o que deveriam fazer para serem salvos das suas transgressões. Na realidade, eles estavam pedindo a chave do reino de Deus, a qual Jesus tinha dado a Pedro. A entrada no reino de Deus significa libertação do poder das trevas. O Senhor não nos salvou para que continuássemos nos nossos pecados, pelo contrário, Ele veio nos salvar dos nossos pecados.

Neste capítulo vamos estudar as chaves que foram reveladas por Pedro, as quais chegaram até a mim. Meu pastor me ensinou a significância de entender Atos 2:38-39.

Chave # 1 – ARREPENDIMENTO

Está registrado no Livro de Atos que o arrependimento não é uma alternativa e sim um mandamento. Para receber perdão dos pecados cometidos ontem, precisamos nos arrepender hoje.

"Ora, não levou Deus os tempos de ignorância; agora, porém, notifica aos homens que todos em toda parte se arrependam;"
Atos 17:30

Quando alguém tem um arrependimento genuíno, haverá uma mudança óbvia no estilo de vida dessa pessoa. Tais pessoas não falarão do modo que falavam antes, nem tão pouco irão aos locais que costumavam frequentar quando estavam no mundo. A pessoa nascida de novo, se torna uma nova criatura em Cristo Jesus.

Quando nos arrependemos das nossas transgressões, devemos fazê-lo com sinceridade! A libertação dos pecados não é simplesmente a ausência de tirania e opressão. Nem tão pouco é uma licença para fazer o que desejamos. A liberdade possui uma lógica interna que a distingue e capacita. Ela é ordenada pela verdade, e é cumprida na busca de uma pessoa que deseja conhecer e amar a verdade.

"E assim, se alguém está em Cristo, é nova criatura: as coisas antigas já passaram; eis que se fizeram novas."
II Coríntios 5:17

Chave # 2 - BATISMO

Jesus o Messias, sendo um excelente exemplo, foi batizado no rio Jordão pelo seu primo João Batista. Ele não foi espargido, nem derramaram um pouco de água na Sua cabeça, como o artista Leonardo da Vinci sugeriu na sua pintura, "O Batismo de Cristo". Este artista dos anos de 1400, famoso pelo seu trabalho, "The Mona Lisa", estava obviamente imerso nas tradições vãs dos homens ao invés da Santa Palavra de Deus. Mateus 3:16

registra o evento do batismo de Cristo, por imersão no rio Jordão.

"Batizado Jesus, saiu logo da água..."

Eu fui ensinado pelo meu pastor que o batismo é essencial para a salvação. Se nós escolhemos acreditar na Bíblia, saberemos que o batismo realmente é essencial para a nossa salvação. O batismo, conforme registrado no livro de Marcos, é estritamente obediência ao mandamento incondicional de Deus.

"Quem crer e for batizado será salvo; quem, porém, não crer será condenado".

Marcos 16:16

Na primeira igreja, o batismo era tão importante, e a forma tão particular que muitos foram rebatizados em Nome do Senhor Jesus Cristo.

"Aconteceu que estando Apolo em Corinto, Paulo, tendo passado pelas regiões mais altas, chegou a Éfeso e, achando ali alguns discípulos, perguntou-lhes: Recebestes, porventura, o Espírito Santo quando crestes? Ao que lhe responderam: Pelo contrário, nem mesmo ouvimos que existe o Espírito Santo. Então Paulo perguntou: em que, pois, fostes batizados? Responderam: No batismo de João. Disse-lhes Paulo: João realizou o batismo de arrependimento, dizendo ao povo que crescem naquele que vinha depois dele, a saber em Jesus. Eles tendo ouvido isto, foram batizados em o nome do Senhor Jesus. E, impondo-lhes Paulo as mãos, veio sobre eles o Espírito Santo; e tanto falavam em línguas como profetizavam".

Atos 19:1-6

Assim como o batismo é essencial à salvação dos que creem, também é a forma de batismo essencial para os que estão sendo batizados. Não havia absolutamente ninguém no novo testamento que experimentou o batismo nos títulos, Pai, Filho e Espírito Santo. Eles sempre eram batizados em Nome de Jesus Cristo para remissão dos seus pecados.

Jesus era o nome do Pai. O filho herdou o nome do Pai. Por isso Jesus disse: Eu vim em nome do meu Pai. Hebreus 1:4 diz:

"Tendo-se tornado tão superior aos anjos quanto herdou mais excelente nome do que eles".

As instruções do Messias aos seus Apóstolos foram bem claras em Mateus 28:19. Os ministros da primeira igreja sabiam muito bem quem era o Pai, o Filho e o Espírito Santo. Eles sempre batizaram no Nome de Jesus Cristo.

Títulos não são nomes. Se eu fosse no banco para retirar dinheiro da minha conta, a transação teria que ser feita corretamente. Eu não poderia assinar o cheque filho, pai ou esposo, apesar de ser todos os três. Estes são títulos. O banco requer o meu nome. Os Apóstolos nunca batizaram nos títulos. Eles sempre batizaram em Nome de Jesus Cristo para remissão dos pecados. Deus era o Grande Eu Sou para Moisés e para o divino Apóstolo João Ele era conhecido como o Alfa e o Ômega. Deus tem muitos títulos, porém um só Nome que salva.

"E não há salvação em nenhum outro; porque abaixo do céu não existe nenhum outro nome, dado entre os homens, pelo qual importa que sejamos salvos".

Atos 4:12

Alguns dos títulos que foram dados a Deus, os quais encontramos na história dos hebreus são:
1) Jeová-Jiré, O Senhor proverá
2) Jeová-Rafa, O Senhor que cura
3) Jeová-Nissi, O Senhor é a nossa bandeira
4) Jeová- Makadesh, O Senhor que santifica
5) Jeová-Shalom, O Senhor é paz
6) Jeová- Sabaoth, O Senhor dos exércitos
7) Jeová-Tsidikenu, O Senhor nossa justiça
8) Jeová-Shamá, O Senhor está presente
9) Jeová-Eliom, O Senhor é Altíssimo
10) Jeová-Rohi, O Senhor é o meu pastor

Há três manifestações de Deus mencionadas especificamente na Bíblia em três dispensações de tempos, cada dispensação diferente da outra, porém um só Deus, uma só pessoa, e um só nome salvador.

Uma noite eu e minha esposa recebemos um telefonema da prisão de mulheres em Nashville, Tennessee. Haviam cinco prisioneiras que queriam ser batizadas em Nome de Jesus Cristo para remissão dos seus pecados. Todas as cinco foram batizadas, quatro delas saíram das águas falando em outras línguas conforme o Espírito lhes concedia. Ser batizado em Nome de Jesus não é somente uma posição Unicista. É a posição da Bíblia Sagrada.

Chave #3 - ESPÍRITO SANTO

Na tradição do Rito Latino da Igreja Católica, no domingo de Pentecostes são usadas vestimentas vermelhas, simbolizando as línguas como de fogo que foram derramadas pelo Espírito Santo. As Orações da Novena tomam o nome dos nove dias "novem" que os Apóstolos e os discípulos do Senhor continuaram a orar em um só acordo.

O Senhor sabia que se os redimidos iriam viver uma vida vitoriosa para Ele, eles iam necessitar de um poder maior do que o poder neste século presente. O profeta Joel, filho de Petuel, profetizou acerca do derramamento do Espírito Santo.

"E acontecerá depois que derramarei o meu Espírito sobre toda a carne; vossos filhos e vossas filhas profetizarão, vossos velhos sonharão, e vossos jovens terão visões; [As mulheres não podem profetizar se não lhes é permitido falar na igreja]
Joel 2:28

O Livro de Zacarias também nos fala do grande derramamento do poder de Deus.

"E sobre a casa de Davi, e sobre os habitantes de Jerusalém, derramarei o espírito de graça e de súplicas; olharão para mim, a quem transpassaram; pranteá-lo-ão como quem pranteia por um unigênito, e chorarão por ele, como se chora amargamente pelo primogênito."
Zacarias 12:10

O Espírito Santo é essencial para a salvação? Sim, o Espírito Santo é de fato essencial para a salvação. Este mandamento incondicional foi dado pelo próprio Senhor a um homem chamado Nicodemos.

"Havia entre os fariseus, um homem, chamado Nicodemos, um dos principais dos judeus. Este, de noite foi ter com Jesus e lhe disse: Rabi, sabemos que és Mestre vindo da parte de Deus; porque ninguém pode fazer estes sinais que tu fazes, se Deus não estiver com ele. A isto respondeu Jesus: Em verdade, em verdade te digo que se alguém não nascer de novo, não pode ver o reino de Deus.
Perguntou-lhe Nicodemos: Como pode um homem nascer, sendo velho? Pode por ventura voltar ao ventre materno e nascer segunda vez? Respondeu Jesus: Em verdade, em verdade te digo: Quem Não nascer da água [que é o batismo] e do Espírito [que é o Espírito Santo] não pode entrar no reino de Deus."

João 3:1-5

Ninguém quer viver em uma casa que não há comunicação. Se não houver amor acompanhado com respeito, a pessoa sente-se rejeitada. Assim é com o Senhor. Ele passou por muitos templos para habitar no seu. Isso significa que, se você tem o Espírito Santo, é porque um dia você encontrou favor com Deus. Nós somos honrados por tê-Lo nesta casa de barro. Vamos guardar a nossa honra e herança como uma joia de alto preço. Se Deus escolheu viver com você, Ele escolheu também se comunicar e ter um relacionamento pessoal com você, assim como Ele teve com Adão e Eva no Jardim do Éden. O Espírito Santo não poderia ter se manifestado de uma forma mais pessoal do que esta. No nosso caminhar com Deus é imperativo aceitar a nossa responsabilidade de manter um relacionamento pessoal com Ele.
A medida que lembro das minhas visitas a bibliotecas e seminários em dias passados, concluo que só existe um pastor no movimento Apostólico.
Este pastor tem liderado e guiado seu povo por diversos lugares há mais de dois mil anos. Enquanto damos honra e

respeito aos pastores locais, é vital que reconheçamos o poder Divino que os motiva.

Pastores Apostólicos não se consideram super espirituais e não têm problema em dizer que não são indivíduos perfeitos. Contudo, eles veem Jesus Cristo como um Deus superpoderoso que tudo pode fazer! Seu poder ultrapassa todas as fronteiras mortais.

Logo depois que Deus me encheu com o Espírito Santo, o irmão McKillop me advertiu contra duas coisas em particular. Primeiro de tudo ele me disse para nunca deixar as minhas lágrimas secar. Até hoje, as minhas lágrimas ainda correm livremente na presença do Senhor. Em segundo lugar, ele me disse para não deixar que homem algum tome a minha coroa. Eu gostaria tanto que meu pastor tivesse sido mais específico. Como um novo convertido na igreja Pentecostal, eu estava pensando que teria perseguições de pessoas mundanas, ou talvez de igrejas Protestantes que adota denominacionalismo, porém nunca imaginei que as perseguições viriam pelas pessoas da própria fé. Parecia que eu estava destinado a aprender uma dura realidade.

Luta de poder no mundo religioso, bem como no mundo secular, com a imprensa e a iniciativa livre é compreensível, mas a luta pelo poder na Igreja Apostólica é completamente inaceitável por Deus. Nós pentecostais, precisamos ser conduzidos pelo Espírito Santo, para saber quem eram os nossos inimigos em tempos passados, e devemos continuar sendo conduzidos para saber quem são hoje. Queria Deus que fossemos um, como foram os santos no Dia de Pentecostes.

Crendo que o povo Apostólico eram um, como eram um aqueles presentes nas primeiras horas da igreja, me entristeci muito. Minha mente estava lutando para compreender como nós, a igreja, poderíamos lutar contra o inimigo fora da igreja, quando estávamos alimentando a ele dentro. Não estou escrevendo isto para satisfazer um espírito vingativo. Isto não vem ao caso. Eu estou tentando consolar pessoas do povo Apostólico que foram vítimas de tais atrocidades, que o julgamento de Deus está às portas. Os tais não poderão escapar o julgamento e justiça de Deus. A memória de péssimas atividades sem arrependimento, tem o poder de criar feridas. O mal é mal aos olhos de Deus, e quem teme ao Senhor deve lembrar-se que

Ele não faz acepção de pessoas. Ele não nos livrou do pecado para sermos participantes do pecado.

"Porque, pois, desanimais o coração dos filhos de Israel, para que não passem à terra que o Senhor lhes deu?"

Números 32:7

"Certamente os varões, que subiram do Egito, de vinte anos para cima não verão a terra que prometi com juramento a Abraão, Isaque e a Jacó, portanto não perseveraram em seguir-me;"

Números 32:11

Deus não estava falando com pessoas que não o conheciam. E sim com pessoas que estavam desencorajando outras de fazerem a Sua vontade. Aqueles entre nós que querem se fazer de Deus, sem dúvida um dia encontrará o mesmo.

A maior irresponsabilidade na vida de uma pessoa do Nome de Jesus, é negligenciar o chamado de Deus.

Quando eu estava na Igreja Católica, suporte moral não era problema. Talvez nós estivéssemos errados em promover doutrinas de homem, mas dávamos grande suporte uns aos outros. União pode trabalhar para o bem, assim como pode trabalhar contra as coisas que são boas.

Já fazem mais de 40 anos que estou na Igreja Apostólica. Eu pessoalmente fui profundamente machucado duas vezes durante esse período. As vezes parece que as pessoas que você ama e confia mais, são as que têm capacidade de te ferir mais ainda.

Uma vez eu fui ferido por um ministro da Igreja Pentecostal Unida, e outra vez, por um santo de Deus. Porém sei que muitas outras pessoas são feridas com mais frequência e pior do que eu. Depois do meu confronto com o irmão, uma filha de Sião orou pela proteção da minha família.

Agora eu tenho uma pergunta para você. Como que uma pessoa possuidora desta fé preciosa pode orar pela proteção de uma família que possui a mesma fé preciosa, contra pessoas que também possuem a mesma fé? Sinceramente eu olho para este quadro, e me pergunto: O que está faltando aqui? Nós temos que parar de ferir uns aos outros!!

A irmandade que é tão comum entre os cristãos neste mundo, as vezes me parece superficial. No natural, irmãos de sangue podem intencionalmente prejudicar uns aos outros. Quando o Espírito do Senhor me guiou à Igreja Apostólica pura, eu era acostumado a ouvir irmão e irmã. Naquela manhã, eu precisava de um amigo em quem pudesse confiar!

Quando os cinco dons ministeriais de Deus citados em Efésios 4:11 se encontram, é imperativo que eles se encontrem como amigos. Se eles estão competindo e distantes uns dos outros, pelo que estão competindo então, se não for por vã glória?

Da mesma forma, quando os santos se reunirem para louvar em Nome de Jesus, todos devem vir a casa de Deus, e pelas portas de Deus como amigos. Nós devemos ser amigos de todos! Se alguém é gordo ou magro, se a sua estatura é alta ou baixa, rico ou pobre, jovem ou velho, e até mesmo salvo ou perdido, como servos do Senhor, devemos ser amigos e nos mostrar amigáveis para com todos.

Se o Senhor aceitasse alguma forma de segregação, talvez eu não estaria aqui hoje, escrevendo acerca da unicidade do Deus de Abraão.

"O homem que tem muitos amigos sai perdendo; mas há amigo mais chegado do que um irmão."

Provérbios 18:24

Temos experimentado no mundo natural e mesmo no mundo cristão, que irmãos e irmãs às vezes nos decepcionarão, mas um amigo verdadeiro jamais nos abandonará. "O que tem a noiva é o noivo; o "AMIGO" do noivo [a noiva] que está presente e o ouve, muito se regozija por causa da voz do noivo,"

João 3:29

Às vezes o Senhor foi duro com os judeus, os romanos, e até com Pedro e Judas, mas Ele foi seus amigos até o fim. O mestre do universo sofreu muito castigo causado pela sua própria criação, mas escolheu levar a sua amizade até o túmulo. Jesus não estava zombando Judas quando chamou ele de amigo.

"Jesus, porém, lhe disse; "AMIGO", para que vieste?
Mateus 26:50

Penso nas palavras do teólogo francês Sebastian Castellio (1515-1563 D.C.) "Nós só poderemos viver em paz, quando controlarmos a nossa intolerância. Apesar de haver diferença de opiniões de vez em quando, podemos, de qualquer forma, chegar a entendimentos gerais, podemos amar uns aos outros e podemos entrar nos laços da paz, esperando o dia em que alcançaremos a unidade da fé."
Deve ser o dever de todos os cristãos Apostólicos de serem sensíveis ao Espírito Santo do Senhor e aderentes à sua santa palavra. Devemos fazer um esforço continuo para escutar, aprender e respeitar uns ao outro, e finalmente, procurar e comunicar uma comunhão Apostólica.

"A morte e a vida estão no poder da língua;"
Provérbios 18:21

Quem dera que as igrejas monoteísticas Cristãs fossem lugares para conduzir o desenvolvimento espiritual e humano. Que fossem abertas, lugares de acolhimento, onde a oração sincera, respeito mútuo e solidariedade são normais, reforçando a atividade pastoral.
Um dia, estando ajoelhado perante a Eucaristia no Monastério da Oka, eu clamei a Deus, e Ele ouviu o meu clamor. Porque Ele ouviu o meu clamor naquele dia, quando ainda estava distante d'Ele, eu creio que Ele me ouvirá mais ainda, agora que sou um membro da pura Igreja Apostólica.
Se nesta vida, decidirmos seguir o caminho da verdadeira santidade, é imperativo que vivamos vidas santas, ou separadas. Não se engane santos de Deus, santidade ainda é a doutrina dos Apóstolos, e ainda é santidade ou inferno. Não devemos nos acomodar com a fumaça de meio termos religiosos se nascemos no fogo do Espírito Santo. Deus separou a igreja deste mundo e o diabo está tentando infiltrar o mundo na Igreja.
Pelo mundo a fora, o povo de Deus está correndo aos altares e sacudindo as portas do inferno, implorando que o sangue do Calvário cubra os seus entes queridos que estão perdidos, em

uma última tentativa de ganhá-los para Cristo, enquanto eles mesmos se preparam para sua jornada através do antigo Rio Jordão.

Através dos tempos, o amor de Deus e Sua misericórdia, tem estendido as asas de longanimidade. Enquanto o navio da humanidade está afundando em toda a sua devastação, o antigo navio de Sião, está navegando os santos através desta pornográfica, rebelde, e opressiva geração que está se preparando para se lançar em um vasto mar da eternidade.

A Bíblia Sagrada tem si tornado para mim *"A Palavra Viva de Deus."* A Escritura Divina não é simplesmente um outro livro na sua biblioteca. O Espírito Santo me levou a ver a teologia Católica, pelos padrões da Bíblia Sagrada. Antes disso eu sempre vi a Bíblia pelas lentes da doutrina e teologia católica. Tradição é o que nos é ensinado. Salvação é o que nós experimentamos. Religião fará com que os seus entes queridos que estão perdidos sintam-se acomodados. O Espírito Santo os libertará.

CAPÍTULO SEIS
A Sua Vontade Soberana

Com notas do passado e agora com o conhecimento de quem Jesus Cristo realmente é, eu criei um gráfico que mede o tempo mortal, para nos ajudar a entender melhor a operação do Espírito de Deus na história deste mundo, e como o homem mortal muitas vezes tem interrompido. À primeira vista o gráfico parece ser complicado, mas na realidade é bem simples. Os dois lados são A.C. e D.C. refletindo o tempo mortal. A parte central do círculo é autoexplicativa, enquanto que a informação no exterior do mesmo representa eventos históricos apontando para a próxima vinda do Senhor. Este gráfico reflete as muitas coisas que aprendi na minha jornada de Roma à Jerusalém, e está localizado nas últimas páginas deste livro. Se você decidir ampliar o seu gráfico, sinta-se à vontade para fazer e distribuir cópias. Laminação é recomendada.

Sinto em meu espírito a necessidade de conhecer a minha herança Apostólica, que tem sido passada para mim através dos tempos. Esta tocha fraternal e eterna, foi vagarosamente transferida através dos séculos, com muito amor, pelas mãos dos verdadeiros santos de Deus. Quando compreendemos a Cristandade do passado a atual atividade religiosa torna-se genuína.

"O meu povo está sendo destruído, porque lhe falta o conhecimento."
Oséias 4:6

"Procura apresentar-te a Deus, aprovado, como obreiro que não tem de que se envergonhar, que maneja bem a palavra da verdade."
II Timóteo 2:15

A Escritura Profética tem advertido que as religiões Cristãs criadas por homens estão destinadas a cessar no final dos tempos. Depois de séculos de concessão Apostólica, muitos dentro dos círculos cristãos permanecem desconectados de seu passado Apostólico.

A medida que os livros com os recordes históricos são abertos, vamos observar a "**Pura Herança Apostólica**", com uma perspectiva acadêmica séria.

Este gráfico não é profético em natureza, mas histórico, apontando o caminho da volta do nosso criador e aquele que nos sustenta por toda a vida, Jesus Cristo. O gráfico desenhado foi criado para ser usado como guia, enquanto você ler "De Roma à Jerusalém".

Algumas datas podem variar um pouco entre historiadores e estudiosos bíblicos, especialmente durante os séculos antes do nascimento do Messias. Se você está pronto, vamos orar para que sejamos inspirados e guiados pelo Espírito Santo, para começar esta longa jornada através dos tempos com o próprio Deus.

A adoração de Jeová é a fé mais antiga na terra e é monoteísta na sua totalidade. Deus, criador de todas as coisas, é um. O povo cheio do Espírito Santo, deve entender que Ele, o Senhor, criou e sustenta o universo por conta própria, como é ensinada na fé judaica. Jesus era e é Jeová. Ele estava no mundo e o mundo foi feito por Ele.

Jeová sendo um, não quer dizer que é um par, nem que é um como uma espécie (que abrange muitos indivíduos), nem que é um como um objeto singular que é feito por muitos elementos, nem é um objeto singular que é infinitamente divisível. Em vez, Deus é singular e único. Isto é referido no Tora: Escutai ó Israel, o Senhor é nosso Deus, o Senhor é um.

O livro de Gênesis começa dizendo que só existe um Deus verdadeiro.

Esse entendimento é mantido em ambos os Testamentos Bíblicos, com a realidade de Deus, não como alguma premissa especulativa, mas como universalmente manifesto na natureza, na razão e na consciência do homem e na Divina revelação.

Pelos séculos, os letrados tentaram penetrar nos relatos bíblicos relacionados ao monoteísmo de Israel. De acordo com as interpretações tradicionais da Bíblia, o monoteísmo fazia parte da promessa original de Yahweh (Jeová) no Monte Sinai.

Idolatria, subsequentemente criticada pelos profetas, foi devido ao fato de Israel ter desviado de sua própria herança e relacionamento com Deus.

"E Ezequias orou perante o Senhor, dizendo: Ó Senhor Deus de Israel, que estás entronizado acima dos querubins, tu somente és o Deus de todos os reinos da terra; tu fizeste os céus e a terra".

II Reis 19:15

"Lembrai-vos das cousas passadas da antiguidade; que eu sou Deus e não há outro, eu sou Deus e não há outro semelhante a mim;"

Isaías 46:9

Deus é único, e a Sua Palavra é favorável à sua natureza monoteísta. Desde o início dos escritos de Moisés, Gênesis 1:1, "No princípio Deus..." até os escritos de São João o Divino, em Apocalipse 22:13, "Eu sou o Alfa e o Ômega, o primeiro e o último, o princípio e o fim." Há somente um Deus, uma igreja, e há somente uma linha de sangue. O universo e tudo que vive nele foram criados pela Divina orientação de Jeová.

Um pouco antes de sair da Califórnia, completei um estudo com os seminaristas do Imaculado Coração de Maria sobre a evolução. A questão que nos foi colocada naquele tempo foi: Há realmente um Deus amoroso que perdoa, ou nós estamos seguindo uma miragem que nos leva ao desapontamento? Deus cria e mantem, ou é a nossa realidade um processo da natureza?

Se alguém fosse explorar a terra e sua história, ele automaticamente iria estudar as áreas de ciência. Existem diferentes estudos científicos conhecidos por nós. Existem os estudos de matemática e lógica, de ciências físicas, ciências biológicas e ciências sociais.

Os antropólogos estudam a evolução da cultura humana das tribos primitivas as complexas sociedades industrializadas. Nos campos de Antropologia, há dois tipos de cientistas - os criacionistas e os evolucionistas. Os criacionistas sendo a minoria dos dois grupos, acreditam que a terra não tem milhões de anos, mas pelo contrário, creem que tem apenas milhares de anos. Por exemplo, o ano de 1993, no calendário judeu, é o ano de 5.760, enquanto que no calendário chinês, é o ano de 4.630. Essas datas seriam ainda mais próximas se não fossem as variações nas eras registradas de alguns profetas hebreus.

Em 1795, um médico naturalista, Erasmus Darwin, concebeu mentalmente a teoria da evolução. Porem a teoria não foi desenvolvida por Erasmus Darwin, mas pelo seu neto Dr. Charles Darwin.

Charles Darwin estudou medicina na Universidade de Edinburgh, e teologia em Cambridge. Apesar de que Charles Darwin tenha estudado teologia, um estudo relacionado à Divindade, ele rapidamente rejeitou a história da criação e em 1858 apresentou a sua teoria da evolução a um grupo dos mais renomados cientistas do mundo.

Darwin rejeitou o fato de que cada espécie foi criada separadamente por um ato Divino. A teoria da evolução crê em um processo pela qual espécies evolui gradualmente. Uma crença parecida com a de muitos astrônomos que creem que as estrelas e os planetas evoluíram das nuvens e dos gases quentes.

Nos Estados Unidos da América, a maior controvérsia sobre evolução foi na questão da teoria ser ensinada ou não no sistema escolar público. Alguns estados da união rejeitando a teoria de evolução passaram leis que baniam o ensino nas escolas públicas.

Em 1925, em um julgamento famoso em Tennessee, um professor ginasial chamado John T. Scopes foi condenado por ensinar a teoria de Darwin. Em 1968, a Suprema Corte dos Estados Unidos da América, decidiu que tais leis contra a teoria de Darwin eram inconstitucionais.

A Corte federal defendeu a teoria de Darwin porquê é considerada ser ciência. Por outro lado, a história da criação foi proibida nas escolas públicas, porque é considerada ser parte de religião.

Os gays podem marchar livremente na nossa capital, e aqueles que são a favor do aborto podem bloquear as portas das igrejas. (A igreja não se opõe ao homossexualismo apenas por causa da moral da maioria, mas simplesmente porque o estilo de vida desafia, ou profana a própria natureza humana).

Enquanto estas atrocidades, claramente são praticadas, os Cristãos que honestamente creem em um só Deus vivo e verdadeiro, não podem orar num evento público escolar, porque a oração pública é considerada contra a constituição da América, que foi formada por homens e mulheres de oração. Imediatamente depois do ataque terrorista do dia 11 de setembro de 2001, o presidente George W. Bush pediu para que todos os americanos buscassem a Deus de todo o coração. A corrente de intercessão Apostólica permanece intacta. O nosso Deus é o mesmo. O povo pentecostal ora nos tempos de guerra, e nos tempos de paz.

A teoria da evolução é simplesmente uma crença (religião) acerca do passado, baseada em palavras de homens que não conhecem tudo, porque não estavam presentes na criação, porém tentam explicar como a evidência que só existe no presente, chegou lá. Um simples esforço para explicar tudo sem envolver a Deus. Os evolucionistas tentam remover a Deus como seu criador, porém precisam ser advertidos que, eles nunca removerão a Deus como o seu juiz.

A história dos macacos sulistas, era bem popular nos anos de 1800. As primeiras criaturas com aparência humana, conhecidas pelos cientistas que acreditam na teoria da evolução de Darwin, são conhecidas como "australopithecines" ou macacos sulistas. É dito que essas criaturas viveram milhões de anos atrás e que se desenvolveram em seres humanos. Porém ninguém é capaz de explicar o processo.

Certas coisas nunca mudam. No início de 1600 A.C., o rei da Babilônia, Nabucodonosor, teve um sonho. Ele ficou tão perturbado com a experiência, que não pode dormir. Este rei convocou os astrônomos e os sábios da Babilônia para revelar e interpretar o seu sonho. Todos os astrônomos disseram: "Nós achamos que é." Eles não sabiam o que o rei havia sonhado, e tão pouco eles sabiam o que significava.

Porém Daniel, um dos cativos de Judá, e um profeta de Jeová, riu da falta de conhecimento deles, e fez saber ao rei que somente o Deus de Israel tinha poder para revelar e interpretar o sonho dele.

Se alguém deseja saber a idade da terra, ele não deve ir à um cientista agnóstico, mas à Deus que estava presente no princípio.

"No princípio criou Deus os céus e a terra"

Genesis 1:1

Tudo o que Charles Darwin poderia fazer, é dizer como os astrônomos e os homens sábios ao rei Nabucodonosor, eu acho que o mundo tem 5 milhões de anos, ou eu acho que o homem evoluiu de um único organismo. Se Deus quisesse, Ele poderia criar um universo em momentos que pareceria ter bilhões de anos.

Muitas pessoas rejeitaram com raiva a teoria da evolução nos anos de 1800, ficando ofendidas com a ideia de que eles haviam evoluído de macacos. Eles também criam que a teoria de Darwin, diminuiu o papel da orientação divina no universo.

O evolucionista Dr. Charles Darwin, ganhou reconhecimento mundial com essa teoria polêmica. Na verdade, há uma cidade grande na Austrália chamada Darwin City. Charles Darwin faleceu no ano de 1882, e foi enterrado com honras no Westminster Abbey em Londres, na Inglaterra. No dia 12 de fevereiro de 2009, muitos conselhos acadêmicos em todo o mundo, abraçando a teoria da evolução, comemoraram o aniversário de 200 anos do Dr. Charles Darwin.

Os seres humanos foram criados à imagem de Deus, e não à imagem de macacos, e assim foram elevados acima de todas as outras formas de vida. Os cientistas que acreditam na criação, rejeitam a teoria de evolução orgânicas e químicas. De acordo com o criacionismo científico, a terra e todas as formas de vida, incluindo o ser humano, foram criados essencialmente como o são hoje.

O pecado entrou nos reinos humanos através dos primeiros seres humanos criados e colocados por Deus no lindo Jardim do Éden.

Sendo cauteloso e tentando não criar rixas teológicas, eu quero afirmar que há somente um pecado que o ser humano pode cometer, e este é o pecado da desobediência. Se os filhos de Israel tivessem obedecido o seu criador, suas consciências nunca teriam deixado que eles transgredissem. Assim sendo, não teria sido necessário os Dez Mandamentos para governar Israel. Deus poderia ter poupado Moises de subir a montanha.

Onde estava o pecado no jardim? Foi o ato de comer o fruto proibido, ou foi a desobediência ao Senhor? Se Adão e Eva tivessem dado ouvido a voz do Todo-Poderoso em seus corações, eles nunca teriam permitido fazer o que fizeram. O verdadeiro pecado que separa a humanidade da Divindade, é a desobediência.

"Porém Samuel disse: Tem porventura o Senhor tanto prazer em holocausto e sacrifícios quanto em que se obedeça a sua palavra? Eis que o obedecer é melhor do que o sacrificar, e o atender melhor do que a gordura de carneiros. Porque a rebelião é como o pecado de feitiçaria, e a obstinação é como a idolatria…"

I Samuel 15:22-23

Vamos considerar a destruição das cidades de Sodoma e Gomorra. A desobediência dos residentes não permitiu que eles enxergassem o julgamento eminente de Deus. Eles fizeram concessões da Palavra de Deus, e estavam tão vazios espiritualmente que não puderam perceber que a destruição se aproximava rapidamente. É por isso que, a posição do povo Apostólico em relação ao pecado de Sodoma e Gomorra não é diferente do povo Apostólico dos dias de Paulo, o qual escreveu claramente sobre o assunto no livro de Romanos.

"Por isso Deus entregou tais homens à imundícia, pelas concupiscências de seus próprios corações, para desonrarem os seus corpos entre si; pois eles mudaram a verdade de Deus em mentira, adorando e servindo a criatura em lugar do Criador, o qual é bendito eternamente. Amém. Por causa disso os entregou Deus a paixões infames; porque até as suas mulheres mudaram o modo natural de suas relações íntimas, por outro contrário a natureza; semelhantemente os homens também, deixando o contato natural da mulher, se inflamaram mutuamente em sua sensualidade, cometendo torpeza, homens com homens, e recebendo em si mesmos a merecida punição do seu erro. E por haverem desprezado o conhecimento de Deus, o próprio Deus os entregou a uma disposição mental reprovável para praticarem coisas inconvenientes."

Romanos 1:24-28

Vale a pena notar, que no livro de Genesis está escrito que tanto a esposa de Ló, quanto Abraão, olhou para traz em direção a Sodoma e Gomorra, enquanto as cidades queimavam com a ira de Deus.

"Saía o sol sobre a terra, quando Ló entrou em Zoar. Então fez o Senhor chover enxofre e fogo, da parte do Senhor, sobre Sodoma e Gomorra. E subverteu aquelas cidades e toda a campina, e todos os moradores das cidades, e o que nascia na terra. E a mulher de Ló olhou para traz, e converteu-se numa estátua de sal. Tendo-se levantado Abraão de madrugada, foi para o lugar onde estivera na presença do Senhor; e olhou para Sodoma e Gomorra e para toda a terra da campina, e viu que da terra subia fumaça, como a fumaça de uma fornalha."

Genesis 19:23-28

Me pergunto, porque Abraão não se tornou em uma estátua de sal, como a mulher de Ló, sendo que os dois olharam para traz? A diferença é que Abraão olhou para traz com o coração grato ao Senhor, enquanto que a mulher de Ló, olhou para traz com o coração cheio de cobiça pelas cidades.

Deus não destruiu as cidades somente pela desobediência do povo à Ele, mas porque eles recusaram se arrepender da desobediência contra Deus. Fazendo como Abraão fez, vamos agradecer a Deus pela nossa salvação, vamos colocar nossas mãos no arado não olhando para os nossos dias de desobediência que ficaram para trás.

"Mas Jesus lhe replicou: Ninguém que, tendo posto a mão no arado e olha para traz, é apto para o reino de Deus."

Lucas 9:62

Para aliviar a consciência e não perturbar sua alma, o homem tem classificado a sua desobediência, racionalizando o grau de seu pecado. Os ensinamentos nos círculos cristãos em relação ao pecado imperdoável provêm dos ditos de Jesus nos três Evangelhos sinópticos (Mateus 12:31-32; Marcos 3:28-29 e Lucas 12:10). O pecado imperdoável não é um ato que a pessoa mais tarde vem a se arrepender, mas é a hostilidade contra Deus e a séria rejeição contra Jesus Cristo, e do fato d'Ele ser Divino, depois deste indivíduo já ter tido o conhecimento da verdade eternal Apostólica, através da revelação do Espírito Santo.

Na Igreja Católica, eu fui ensinado e ensinava que há dois tipos de pecados - venial e mortal, o pecado venial tem menos consequência entre as duas categorias.

O venial é perdoável ou desculpável. Se alguém morrer tendo cometido um pecado venial que não tenha sido perdoado, esta pessoa não poderá ir para o céu, porém Deus na Sua misericórdia não mandará esta alma para o inferno. Condenaria Deus a uma alma imortal por ter roubado um pão? Os Católicos acreditam que a graça de Deus cobre este tipo de transgressão.

Agora, esta crença acerca do pecado cria um problema. Se a alma não pode entrar no céu por estar impura, e não está manchada suficiente para ser lançada no inferno, o que acontecerá com ela? A Igreja Católica crê que deve haver um lugar de purificação entre as duas habitações eternais. Este lugar é chamado pela Igreja Católica, ou "igreja mãe" de purgatório. A Escritura usada para justificar este lugar se encontra no Livro de Mateus.

"Em verdade te digo que não sairás dali, enquanto não pagares o último centavo."

Mateus 5:26

A Igreja Católica crê que depois da morte, o pecado mortal não é coberto pela graça de Deus. Se alguém morrer sem confessar um pecado mortal, aquela alma está correndo o risco de ser jogada eternamente no inferno. Um exemplo de pecado mortal seria tirar a vida de outra pessoa.

Um dia, quando eu estava no Seminário de Filosofia em Quebec, uma senhora devota ao catolicismo me fez uma pergunta. A pergunta dela referia à oração pelas almas no purgatório. A pergunta foi: Se alguém paga o padre para rezar uma missa por alguém da sua família que foi para o purgatório, e essa alma já foi purificada e subiu ao céu, o que acontece com o sacrifício? A minha resposta foi que o sacrifício beneficiaria as almas que ainda estão no purgatório. A Reforma Protestante, começada por Martinho Lutero entre outros, foi principalmente por causa do dinheiro que os padres da Igreja Católica recebiam de membros sinceros, para rezarem pelos seus entes queridos e tirá-los do purgatório.

A verdade é que, para Deus não há pecado pequeno ou grande. O Senhor não categoriza transgressão. Para Deus, pecado é pecado. O problema não está só no pecar, Deus quer saber se estamos na Sua vontade ou não. O Livro do Apocalipse fala acerca de assassinos e de mentirosos. Será que as almas terão que sofrer as dores excruciantes do inferno, só porque falaram uma mentira? Se a Bíblia é verdade, eles sofrerão.

"Quanto, porém, aos covardes, aos incrédulos, aos abomináveis, aos assassinos, aos impuros, aos feiticeiros, aos idólatras e a todos os mentirosos, a parte que lhes cabe será no lago de fogo e enxofre, a saber, a segunda morte."

Apocalipse 21:8

Do trono de Deus, alguém pode ser sentenciado tanto por matar, como mentir.

O que é pecado? Pecado é a desobediência à Deus. No jardim do Éden, o Senhor falou a Adão e Eva para não comerem do fruto proibido. Esse mandamento que foi dado a Adão, era tão importante como os Dez Mandamentos, que foram dados no Monte Sinai por Moisés, aos filhos de Israel.

Em Romanos 5:19, Paulo explica os efeitos da desobediência dos homens.

"Porque pela desobediência de um só homem muitos se tornaram pecadores..." (A Escritura não diz que por um homem ter comido do fruto proibido, mas por sua desobediência.)

Podemos ver que a Lei de Deus passada para nós, é que verdadeiramente há um pecado que a pessoa comete, e este pecado é a desobediência. Se a pessoa obedece às leis de Deus, ela não vai mentir, não vai roubar, não vai matar, não vai cometer adultério, não etc. Então o que chamamos de pecado, não é pecado, e sim o fruto real do pecado que é a desobediência. A pessoa não é tentada a cometer adultério, e sim à desobedecer ao Senhor. Se esta pessoa que está sendo tentada a desobedecer, se voltar a Deus com um coração obediente, ela não irá cometer adultério. Deus não fica impressionado com o fruto do pecado ou com o próprio pecado, que é a desobediência, e sim impressiona-se com a pessoa que vive para Ele.

Nas Escrituras Sagradas nós encontramos o caminho de escape. A pessoa não precisa desobedecer ao Senhor.

"Não vos sobreveio tentação que não fosse humana; mas Deus é fiel, e não permitirá que sejais tentados além das vossas forças; pelo contrário, juntamente com a tentação, vos proverá livramento, [se a pessoa quiser escapar] de sorte que a possais suportar."

I Coríntios 10:13

Não podemos categorizar o pecado assim como não podemos categorizar cristãos. Recentemente eu escutei uma irmã dizer, "aquele irmão é um bom cristão." Nós entendemos que ela estava se referindo ao irmão num bom sentido. Nós, no entanto, não podemos categorizar pessoas, mesmo entre os cristãos, sendo que nós mesmos, muitas vezes não sabemos julgar. Não há cristãos bons ou maus. Ou você é cristão e está lutando pela perfeição, ou você não é cristão coisa nenhuma.

Todos nós já ouvimos de algumas arenas denominacionais que devemos pecar um pouquinho todos os dias. Contudo, antes de encher o coração de cobiça, a pessoa deve fechar a porta de escape dizendo, "não Deus, eu não quero Sua ajuda para escapar." Mais uma vez digo, não é uma questão de pecado, e sim andar na vontade de Deus. Pois é uma questão de obediência.

Ninguém, independentemente da afiliação de sua igreja, poderá agradar ao Senhor fora da Sua vontade. Infelizmente, existem pessoas em várias denominações que louvam a Deus, mas O louvam em vão. Eles querem a vontade de Deus nas suas vidas, mas ao mesmo tempo, querem moldar o Senhor às doutrinas e teologias de homens mortais.

A Palavra de Deus dá um relato acerca destas pessoas.

"Este povo honra-me com os lábios, mas o seu coração está longe de mim. Em vão me adoram, ensinando doutrinas que são preceitos de homens."

Mateus 15:8-9

Gostando ou não, as doutrinas de pecado venial e mortal tem feito um grande impacto entre a sociedade e entre a família da igreja Apostólica. Enquanto agradecidos por esse conceito no reino mortal, sabendo que precisamos de leis para nos proteger do pecado, reconhecemos que não funciona no reino da imortalidade.

Por causa desta doutrina, nós categorizamos transgressões. Se um homem matar um outro homem, nós dizemos que ele é mau. Mas se ele matar dez homens, dizemos que ele é muito mau. No princípio quando Deus criou os céus e a terra do nada, e o homem do pó da terra, Ele disse que o que tinha criado era bom. O pecado não torna o homem mau, mas separa o homem de Deus.

Se quisermos alcançar os nossos entes queridos e vê-los cheios do Espirito Santo, devemos entender que eles não são maus, porém a vida os tem jogado de um lado para outro, como as ondas do mar, separando-os da vontade de Deus. Nós devemos procurar entender onde estão!

Será que quando Adão e Eva comeram do fruto proibido se tornaram maus, ou se separaram da presença de Deus? Eles foram separados da vontade de Deus e consequentemente colocaram suas almas em perigo de passar a eternidade fora da presença d'Ele. O pecado da desobediência levará alguém além de onde quer ir e o manterá lá mais tempo do que ele quer ficar.

No ano de 1475, nasceu um menino chamado Michelangelo Buonarroti. Michelangelo criou o Michelangelo Pieta, um trabalho lindo e provavelmente o mais importante da sua mocidade. A estátua de mármore, mostra a Virgem Maria segurando o corpo de Jesus depois da sua crucificação, e hoje está em exposição na Itália.

Michelangelo também pintou o teto da Capela Sistine, no Vaticano em Roma. Ainda bem jovem, ele não somente ganhou reconhecimento como pintor e escultor pela Igreja Católica, mas também pelo Imperador do Império Romano. Hoje a arte desse homem não tem preço.

Referindo-se aos nossos familiares que não estão andando com Deus, nós os vemos como maus, sendo que sociedade nos ensinou a categorizar o pecado.

Se uma pintura original de Michelangelo Buonarroti fosse encontrada em um sótão, será que seria menos valorizada do que se fosse colocada na parede de um museu de arte famoso? Não, claro que não, pois este é o trabalho original e custa milhões de dólares. Contudo, Michelangelo não fez a pintura para que fosse levada ao sótão de alguém. O artista gostaria que a sua pintura fosse pendurada na parede de uma galeria de arte famosa, com luzes brilhantes brilhando sobre ela. Porque assim o seu tremendo talento seria refletido.

O que você faria então com a pintura valiosa que está no seu sótão? Afinal, a pintura é uma "obra-prima na escuridão." Você tira a pintura da escuridão, limpa e coloca na parede de uma galeria de arte, onde o artista, desde o princípio, gostaria que estivesse. Então quando as pessoas passarem por perto e contemplarem a arte, darão o reconhecimento e louvor devido ao artista.

A pintura não desvalorizou só porque estava em um lugar escuro, no sótão. Ela estava simplesmente fora da vontade do artista.

Quando Deus criou os homens e as mulheres, Sua intenção não foi para que eles estivessem nas sombras escuras deste mundo. Porque eles estão no mundo, isso os torna ruins ou cria para eles uma separação de Deus? Lembre-se, quando Deus criou o homem, Ele disse que era muito bom. Mais uma vez digo que a desobediência a Deus não faz do homem uma pessoa má, mas separa ele de Deus.

Jesus Cristo não veio a este mundo para fazer boas as pessoas que são más, mas para dar vida aos mortos espirituais. Não é para os Apostólicos verem os pecadores como forças do mal para serem resistidas, mas sim, recursos raros a ser desenvolvidos. Enquanto buscamos os perdidos entre os nossos entes queridos e vizinhos, devemos lembrar que eles não são maus como as pessoas os têm categorizado, mas por causa da desobediência, estão separados de Deus.

O que vamos fazer então a respeito dos nossos amigos que estão na escuridão, como a pintura de Michelangelo? Nós devemos leva-los da escuridão para a maravilhosa luz de Deus, crendo que eles não são maus, mas estão separados do artista que os criou. Devemos dar oportunidade ao Senhor para purifica-los. Essa purificação não pode ser feita por nós mesmos, mas se os seus corações forem sinceros, Deus os purificará. Então eles se encontrarão na casa do Senhor, levantando mãos santas e louvando a Deus. Depois desta pessoa se unir a Deus, outros automaticamente darão glória a Deus pela obra prima que Ele criou.

Quando vemos um bêbado deitado na sarjeta, somos tentados a dizer, "eu nunca me rebaixaria a este ponto." Depois de visitar a prisão local podemos dizer, "eu nunca trarei tal vergonha à minha família." A verdade é que, se não fosse pelo Calvário, e pelo sangue vertido na cruz, não sei onde estaríamos hoje.

O amor de Deus pelos perdidos é puro, rejeitando qualquer forma de dissimulação. O Senhor não nos vê da maneira que nós nos vemos. Nos olhos de Jeová, não somos vistos como pedaços de barro na roda do oleiro, mas como vasos de honra na Sua casa. Jessé viu Davi como um pastorzinho. Deus o viu como um rei.

Será que temos chocado a Deus com os trabalhos da iniquidade? Que transgressão você pode cometer que não tenha sido cometida antes? Cometer adultério? Já aconteceu. Ser prostituta? Já aconteceu. Andar nu? Já aconteceu também. A transgressão do homem não é sem igual.

O Senhor vê tudo, nada está escondido aos seus olhos. Deus não está interessado nas nossas transgressões; Ele está interessado em vivermos para Ele. Jeová nos vê como poderosos vasos de honra, promovendo o Seu reino na terra.

Devemos ver o perdido como realmente são, não são ruins, mas separados. Precisamos compreender que a mão que segura a garrafa de uísque, poderia ser transformada instantaneamente, em uma mão que busca ao Deus que pode salvá-lo. Vamos olhar para o pecador como ele realmente é "uma obra prima nas trevas," e que o pecado da desobediência o impede de estar onde Deus pretendia que ele estivesse.

Agora, isso não quer dizer que o indivíduo que vive fora da vontade de Deus não é responsável. O Livro de Atos dos Apóstolos, escrito pelo médico Lucas, revela que no passado o Senhor pestanejou a ignorância, mas agora ordena a todos que se arrependam. Jesus pessoalmente falou sobre pessoas que ficaram para trás.

"Então dois estarão no campo, um será tomado, e deixado o outro;"

Mateus 24:40

    Um domingo de manhã, uma senhora da igreja, me pediu para falar com ela acerca dos seus entes queridos que estavam perdidos. A irmã Pat disse que tinha certeza que se o Senhor viesse aquele dia, eles iriam ficar para trás. Ela era cheia do Espírito Santo e andava no caminho do Senhor. Eu lembro de um culto no meio da semana, quando ela pegou minha esposa pelo braço, e as duas dançaram na presença do Senhor. Quando ela saiu naquela manhã de domingo, eu prometi que iria orar pela sua família.

    Naquele mesmo domingo à noite, ela entrou no santuário acompanhada pelo seu esposo. A igreja estava cheia, e o poder de Deus bem presente quando os santos começaram a orar. O sorriso da irmã Pat revelava a sua gratidão pelas orações da igreja.

    Naquele domingo à noite, eu senti que deveria pregar sobre a chuva serôdia. De repente eu parei de pregar sem saber o porquê. Imediatamente, o silêncio foi interrompido com línguas estranhas. Enquanto todos ficaram em silêncio, eu procurei saber qual era a vontade do Senhor. Aquela noite, aconteceu que eu fui o interprete. O Senhor disse, "Esta noite vou requerer uma alma entre vocês." A mensagem era tão intensa e desafiadora para o meu ministério. O que iria acontecer?

    As lágrimas começaram a escorrer, o altar logo ficou cheio de pessoas que com as mãos levantadas davam graças. Eu vi a irmã Pat falar com o seu esposo e perguntá-lo se queria ir ao altar. Ele recusou. Parecia que a sua alma estava sendo pesada na balança. Com lágrimas nos olhos, eu pedi ao Senhor para que não tomasse a ele até que recebesse o Espírito Santo, e fosse batizado em Nome de Jesus.

    Depois de orar com uma senhora espanhola que estava buscando o Espírito Santo, a irmã Pat veio para a frente do santuário. Quando ela chegou no altar, ela sorriu para a irmã Hanscomb e eu, como se dissesse, "Está tudo bem." Então ela deitou no chão e não respirou mais.

Sua cabeça estava cerca de quinze centímetros do meu pé direito, e eu estava orando pelos outros no altar. A irmã Pat tinha 42 anos de idade e aparentava ter uma boa saúde.

Depois de alguns dias, numa tarde fria de inverno, eu levei o corpo da irmã Pat ao seu lugar de descanso.

Naquele domingo à noite, na Igreja Apostólica de Ashland City, Deus levou um e um ficou para trás. Alguns anos depois, seu jovem marido faleceu. Sua alma eternal caiu nas mãos de um Deus justo.

CAPÍTULO SETE

É Uma Questão de Confiança

No nosso gráfico, o nascimento de Moisés durante o Período de Teocracia, foi um tempo de vitória e tristeza. A vida de Moisés era boa, mas ao mesmo tempo amarga. Deus o tirou de uma situação precária, para fazer um grande trabalho para Ele. Tanto na sarça ardente, quanto no deserto, Moisés lutou contra os deuses do Egito. Estes deuses que ele lutou contra, não estavam só no coração dos Egípcios, mas também nos corações do povo de Israel.

No Monte Sinai, o Senhor deu a esse homem de Deus, os Dez Mandamentos para ser entregue ao povo de Israel. Na história moderna os tribunais de nosso país talvez removam estes Mandamentos Sagrados, porém nunca removerão do coração do povo Apostólico.

Ao tirar o povo de Israel da servidão do Egito, Deus mostrou a Moisés que o Deus que ele servia podia fazer absolutamente tudo. No entanto, por causa da sua desobediência, ele morreu no Monte Nebo. Ainda que ele tenha podido ver a terra com os seus próprios olhos, não foi permitido a Moisés colocar os pés na terra prometida. Nós temos falado acerca do pecado da desobediência. Porque Moisés foi punido, porque bateu na pedra ou porque desobedeceu? Este servo do Altíssimo confiou em Deus para prover, mas não confiou suficiente para aderir aos termos da Sua provisão.

"Disse o Senhor a Moisés: Toma a vara, ajunta o povo, tu e Arão teu irmão, e diante dele, falai a rocha, e dará a sua água; assim lhe tirareis água da rocha, e dareis a beber à congregação e aos seus animais.

Então Moisés tomou a vara de diante do Senhor, como lhe tinha ordenado. Moisés e Arão reuniram o povo diante da rocha, e lhe disseram: Ouvi, agora, rebeldes, porventura faremos sair água desta rocha para vós outros? Moisés levantou a mão, e feriu a rocha duas vezes com a sua vara, e saíram muitas águas; e bebeu a congregação e seus animais. Mas o Senhor disse a Moisés e a Arão: Visto que não crestes em mim, para me santificardes diante dos filhos de Israel, por isso não fareis entrar este povo na terra que lhes dei."

Números 20:7-12

"Então subiu Moisés das Campinas de Moabe ao monte Nebo, ao cume de Pisga, que está defronte de Jericó; e o Senhor lhe mostrou toda a terra de Gileade até Dã. Disse-lhe o Senhor: Esta é a terra que, sob juramento, prometi a Abraão, a Isaque e a Jacó, dizendo: À tua descendência a darei; eu te faço vê-la com os teus próprios olhos; porém não irás para lá."

Deuteronômio 34:1-4

As pessoas que entram para o ministério Apostólico, devem entender que eles não estão acima da desobediência sem o poder do Espírito Santo em suas vidas. Nem tão pouco está o ministério acima do julgamento de Deus. O púlpito não é a morada do rei, mas a morada de um servo em quem podemos confiar.

Lembro de um profeta que foi desaprovado pelo Senhor.

"E clamou ao homem de Deus, que viera de Judá, dizendo: Assim diz o Senhor: porquanto foste rebelde à palavra do Senhor, e não guardaste o mandamento que o Senhor teu Deus te mandara, antes voltaste, e comeste pão e bebeste água; o teu cadáver não entrará no sepulcro de teus pais. Depois de o profeta a quem fizera voltar, haver comido pão e bebido água, albardou para ele o jumento, foi-se, pois, e um leão o encontrou no caminho e o matou; o seu cadáver estava atirado no caminho, e o jumento e o leão parados juntos ao cadáver. Eis que os homens passaram, e viram o corpo lançado no caminho, como também o leão parado junto ao corpo; e vieram e o disseram na cidade onde o profeta velho habitava. Ouvindo-o o profeta que o fizera voltar do caminho, disse: É o homem de Deus que foi rebelde à palavra do Senhor; por isso o Senhor o entregou ao leão, que o despedaçou e matou, segundo a palavra que o Senhor havia dito."

I Reis 13:21-26

Quando Deus fala a um ungido como Ele falou com Moisés e este profeta, eles precisam ouvi-lo. O homem que se dizia profeta na história de I Reis mentiu para o jovem profeta. Deus não mente aos seus ungidos e não permite que os seus ungidos mintam. Os profetas de Baal não têm nada a ver com a destruição deste jovem profeta. No nosso caminhar com o Senhor podemos sofrer feridas por causa do Seu Nome, mas nunca foi o desejo de Deus que estes sofrimentos fossem auto infligidos.

"Então lhe disse: vem comigo a casa, e come pão. Porém ele disse: Não posso voltar contigo; não comerei pão, nem beberei água contigo neste lugar. Porque me foi dito pela palavra do Senhor: Ali não comerás pão, nem beberás água; nem voltarás pelo caminho pelo que foste. Tornou-lhe ele: Também eu sou profeta como tu, e um anjo me falou por ordem do Senhor, dizendo: Faze-o voltar contigo à tua casa, para que coma pão e beba água. (Porém mentiu a ele)."

I Reis 13:15-18

Só porque alguém se chama pregador ou profeta não o qualifica como sendo um. É imperativo que nós, que O conhecemos no Espírito Santo, permaneçamos em sintonia com a liderança de Seu Espírito, confiando que Ele nunca nos deixará extraviar.

"Prosseguiu ele e me disse: Esta é a palavra do Senhor a Zorobabel: Não por força nem por poder, mas pelo meu Espírito, diz o Senhor dos Exércitos."

Zacarias 4:6

Movendo para baixo no gráfico, o homem que tomou o lugar de Moisés foi Josué.

"Josué filho de Num, estava cheio do espírito de sabedoria, porquanto Moisés havia posto sobre ele as suas mãos; assim os filhos de Israel lhe deram ouvidos, e fizeram como o Senhor ordenara a Moisés."

Deuteronômio 34:9

Nós estamos vivendo em uma sociedade pornográfica que há muito tempo apagou o Senhor de suas memórias. Nós temos pregado acerca dos espíritos maus que entram nos lares através da televisão, mas existe um espírito em nossas casas hoje que ameaça nossas nações como nunca antes. Este é o computador, o qual atinge os corações da sociedade. Por mais triste que possa parecer, existem pessoas apostólicas, até mesmo ministros, envolvidas em pornografia de computador.

O Espírito Santo não nos deu uma chave para explorar as profundezas da imoralidade, mas nos deu o poder de superar as coisas que são imorais. Se escolhermos brincar com Deus, um dia nos encontraremos lançando as coisas que amamos ao vento, por um momento fugaz de prazer.

Josué havia tomado a sua decisão quando os filhos de Israel escolheram voltar aos males da idolatria. Ele confiou no Deus em quem servia, e sabia com toda a certeza que Deus tudo pode.

"Agora pois temei ao Senhor, e servi-o com integridade e com fidelidade; deitai fora os deuses aos quais serviram nossos pais dalém do Eufrates e no Egito, e servi ao SENHOR. Porém, se vos parece mal servir ao SENHOR, escolhei hoje a que sirvais: se aos deuses a quem serviram vossos pais, que estavam além do Eufrates, ou aos deuses do amorreus, em cuja terra habitais. Eu e a minha casa serviremos ao SENHOR."

Josué 24:14-15

Como o Senhor prometeu, Ele fez para Josué o mesmo que havia feito para Moisés. O Mar Vermelho não foi problema para Moises, nem o Rio Jordão para Josué.

Josué passou por muitos obstáculos enfrentando os inimigos. Ele entendeu o poder do Deus que servia. Ele entendeu que através da sua oração, o poder de Deus fez parar o sol; o que Josué não entendeu foi o fato de seus irmãos Israelitas pararem de encorajar uns aos outros. Eles tinham o poder de Deus do seu lado, e O viram fazer o que nenhum outro deus fez. Como pode haver divisão entre o povo de Deus?

"Tomaram do fruto da terra nas mãos, e no-lo trouxeram, e nos informaram, dizendo: É terra boa que nos dá o Senhor nosso

Deus. Porém vós não quisestes subir, mas fostes rebeldes a ordem do Senhor vosso Deus. Murmurastes nas vossas tendas, e dissestes: Tem o Senhor contra nós ódio, por isso nos tirou da terra do Egito para nos entregar nas mãos dos amorreus e destruir-nos. Para onde subiremos? Nossos irmãos fizeram com que se derretesse o nosso coração..."

Deuteronômio 1:25-28

Deus quer que o Seu povo, nestes últimos dias, viva em um só pensamento e um só acordo. Precisamos entender que não é a vontade de Deus que deixemos de encorajar uns aos outros, e sim, apoiar os nossos irmãos até que Ele venha.

Sansão foi um herói entre o povo Hebreu. Ele não tinha o Espírito de Deus como temos hoje, mas experimentou o poder incomparável do Senhor em sua vida. Seus pais amavam e serviam ao Senhor. Eles não puderam entender porque Sansão queria namorar alguém que não servia ao seu Deus. Mais de três mil anos depois, Deus ainda nos ensina a não entrar em jugo desigual com os incrédulos.

"Não vos ponhais em jugo desigual com os incrédulos; porquanto, que sociedade pode haver entre a justiça e a iniquidade? ou que comunhão da luz com as trevas?"

II Coríntios 6:14

Sansão nunca obteve vitória sobre o pecado. O Senhor tem a habilidade de nos dar uma porção do Seu poder assim também como tem a capacidade de tirá-lo de nós.

"E disse ela: Os filisteus vêm sobre ti, Sansão! Tendo ele despertado do seu sono, disse consigo mesmo: Sairei ainda desta vez como dantes, e me livrarei; porque ele não sabia ainda que já o Senhor se tinha retirado dele."

Juízes 16:20

Passando do período Patriarcal para o período monárquico na história dos hebreus, nós aprendemos que Saul foi o primeiro rei de Israel. Ele foi ungido pelo profeta Samuel.

"Disse Samuel a Saul: Enviou-me o Senhor a ungir-te rei sobre o seu povo, sobre Israel; atenta pois, agora às palavras do Senhor."

I Samuel 15:1

Por causa da desobediência do rei Saul ao Senhor, seu trono foi passado para Davi, filho de Jessé.

"Disse o Senhor a Samuel: Até quando terás pena de Saul, havendo-o eu rejeitado, para que não reine sobre Israel? Enche um chifre de azeite, e vem; enviar-te-ei a Jessé, o belemita; porque dentre os seus filhos me provi de um rei."

I Samuel 16:1

"Assim fez passar Jessé os seus sete filhos diante de Samuel; porém Samuel disse a Jessé: O Senhor não escolheu a estes. Perguntou Samuel a Jessé: Acabaram-se os teus filhos? Ele respondeu: Ainda falta o mais moço, que está apascentando as ovelhas. Disse, pois, Samuel a Jessé: Manda chamá-lo, pois não nos assentaremos à mesa sem que ele venha. Então mandou chamá-lo, e fê-lo entrar. Ele era ruivo, de belos olhos e boa aparência. Disse o Senhor:
Levanta-te, e unge-o, pois este é ele. Tomou Samuel o chifre do azeite, e o ungiu no meio dos seus irmãos; e daquele dia em diante o Espírito do Senhor se apossou de Davi. Então Samuel se levantou, e foi para Ramá. Tendo-se retirado de Saul o Espírito do Senhor, da parte deste um espírito maligno o atormentava."

I Samuel 16:10-14

O Espírito do Senhor estava sobre Davi, quando ele enfrentou o gigante filisteu de Gate, chamado Golias. Mesmo sendo um líder jovem, o Senhor estava com ele quando enfrentou o inimigo no vale. Nesta época, Saul e Jonatas não sabiam que Samuel já tinha ungido Davi, para ser o rei de Israel.

Será que um jovem poderia destruir um leão e um urso com as suas próprias mãos? O mesmo Espírito de Deus que estava sobre Sansão, agora estava sobre o filho de Jessé. Eu sei que enfrentamos vales na vida, mas faz toda a diferença do mundo

É UMA QUESTÃO DE CONFIANÇA

quando o Espírito do Senhor está conosco e nós confiamos nesse Espírito para nos guiar.

Davi escolheu cinco pedras lisas. Ele sabia que o Senhor estava com ele, por isso não estava com medo. Foi por isso que mais tarde ele pôde escrever o Salmo vinte e três.

"Ainda que eu ande pelo vale da sombra da morte, não temerei mal nenhum, porque tu estás comigo: a tua vara e o teu cajado me consolam."

Salmo 23:4

"Disse mais o filisteu a Davi: Vem a mim, e darei a tua carne às aves do céu e às bestas feras do campo. Davi, porém, disse ao filisteu: Tu vens contra mim com espada, e com lança, e com escudo; eu, porém, vou contra ti em nome do Senhor dos Exércitos, o Deus dos exércitos de Israel, a quem tens afrontado."

I Samuel 17:44-45

"Então voltaram os filhos de Israel de perseguirem os filisteus e lhes despojaram os acampamentos. Tomou Davi a cabeça do filisteu, e a trouxe a Jerusalém; porém as armas dele pô-las Davi na sua tenda."

I Samuel 17:53-54

O capítulo trinta e um de I Samuel, mostra o barbarismo dos filisteus. Podemos ver nas Escrituras, o que eles fizeram com o corpo do rei Saul e seus filhos, depois de mortos. Para enfatizar sua brutalidade, depois de cortar a cabeça do rei Saul, eles expuseram o seu corpo, junto ao dos seus filhos, nas paredes dos filisteus. E colocaram a armadura de Saul, a qual Jeová havia ungido através do profeta Samuel, no templo dos seus deuses.

Quanto ao rei Davi, apesar te ter pecado frequentemente durante o seu reinado, ele é conhecido na história hebraica, como o rei segundo o coração de Deus. Ele queria construir um templo para o Senhor, mas foi instruído por Deus que seu filho Salomão seria o rei de Israel que construiria o templo.

"Quando teus dias se cumprirem, e descansares com teus pais, então farei levantar depois de ti o teu descendente, que procederá de ti, e estabelecerei o seu reino. Este edificará uma casa no meu nome, e eu estabelecerei para sempre o trono do seu reino."

II Samuel 7:12-13

Antes da sua morte, o rei Davi chamou Bate-Seba a mãe de Salomão, e jurou-lhe que faria de Salomão o rei de Israel e de Judá.

"Respondeu o rei Davi, e disse: Chamai-me a Bate-Seba, ela se apresentou ao rei e se pôs diante dele. Então jurou o rei e disse: Tão certo como vive o Senhor, que remiu a minha alma de toda angústia, farei no dia de hoje, como te jurei pelo Senhor Deus de Israel, dizendo: Teu filho Salomão reinará depois de mim, e se assentará no meu trono, em meu lugar."

I Reis 1:28-30

Como foi prometido, depois da morte do rei Davi, Salomão se tornou rei em Israel. Ele governou a nação com força e grande sabedoria. Agora que recebi o Espírito Santo, meu versículo predileto, está no livro de Provérbios, e foi ele quem escreveu.

"Confia no Senhor de todo o teu coração, e não te estribes no teu próprio entendimento. Reconhece-o em todos os teus caminhos, e ele endireitará as tuas veredas."

Provérbios 3:5-6

Como foi prometido, Salomão construiu o templo do Senhor, porém, este templo, mais tarde foi destruído por Nabucodonosor, rei da Babilônia.
O templo de Salomão foi queimado pelo Rei da Babilônia no ano 586 B.C., no dia nove de Av (calendário judeu). No ano 70 D.C. no dia nove de Av, o Templo de Herodes foi destruído pelo Imperador Titus. Ironicamente, os templos foram queimados no mesmo mês (agosto), e no mesmo dia, com a diferença de 656 anos entre um e outro.

Vamos olhar um pouco mais abaixo no nosso gráfico, para o Rei Acabe e sua esposa perversa, a rainha Jezabel. Eles viveram e reinaram aproximadamente nos anos 860 B.C.

Assim como Sansão brincou com os Filisteus incircuncisos, Acabe também brincou com os seus inimigos. Ele se casou com Jezabel, uma mulher que rejeitou o Deus de Abraão e adorou o deus Baal.

Jezabel era uma princesa Finícia, filha do rei Etbaal I de Sidom. Esta rainha usou o controle que tinha sobre o marido, rei Acabe, para levar os hebraicos ao pecado e sujeitá-los a tirania. O rei Acabe não confiava no Senhor e não era o sacerdote do seu lar, como Jeová o chamou para ser, por isso o seu reino caiu nas mãos de outros deuses. Logo veremos que esses outros deuses, não podiam ouvir, e tão pouco responder as orações que os seus profetas faziam a eles.

"Vendo-o, disse-lhe: És tu o perturbador de Israel? Respondeu Elias: Eu não tenho perturbado a Israel, mas tu e a casa de teu pai, porque deixastes os mandamentos do Senhor, e seguistes os baalins."

I Reis 18:17-18

Através dos tempos, Deus insiste que o homem deve ser o líder espiritual no seu lar. Agradava ao Senhor, quando os filhos procuravam conselho espiritual dos seus pais. Quando o esposo se recusar a desempenhar o seu papel na casa, criava confusão em Israel. A responsabilidade então caía sobre a mãe, a qual não foi chamada para ser a líder espiritual.

Na história moderna, Deus não mudou a Sua posição. A igreja desafia o homem Apostólico a realizar a sua tarefa no lar, confiando na liderança do Espírito Santo. Se não aceitarmos esta responsabilidade dada por Deus em temor e reverência ao Senhor, divisão e confusão cairão sobre os nossos lares, e a tarefa cairá nas mãos de outros.

"As mulheres sejam submissas a seus próprios maridos, como ao Senhor; porque o marido é o cabeça da mulher como também Cristo é o cabeça da igreja, sendo este mesmo salvador do corpo. Como, porém, a igreja está sujeita a Cristo, assim também as mulheres sejam em tudo submissas a seus maridos. Maridos amai vossas mulheres, como também Cristo amou a igreja, e a si mesmo se entregou por ela."

Efésios 5:22-25

Foi profetizado no livro de I Reis que Deus honrou o espírito humilde e arrependido de Acabe. Mas prometeu fazer a casa de seus filhos, que não se humilharam, um estrume.

"Ninguém houve, pois, como Acabe, que se vendeu para fazer o que era mau perante o Senhor, porque Jezabel, sua mulher, o instigava; que fez grandes abominações, seguindo os ídolos, segundo tudo o que fizeram os amorreus, os quais o SENHOR lançou fora de diante dos filhos de Israel. Tendo Acabe ouvido estas palavras, rasgou suas vestes, cobriu de pano de saco o seu corpo, e jejuou; dormia em sacos, e andava cabisbaixo. Então veio a palavra do Senhor a Elias, o tesbita, dizendo: Não viste que Acabe se humilha perante mim? Portanto, visto que se humilha perante mim, não trarei este mal nos seus dias, mas nos dias de seu filho o trarei sobre a sua casa."

I Reis 21:25-29

Depois da morte do rei Acabe, os cachorros lamberam o seu sangue, assim como também lamberiam o sangue de sua esposa Jezabel, que o levou à idolatria.

"Quando levaram o carro junto ao açude de Samaria, os cães lamberam o sangue do rei, segundo a palavra que o SENHOR havia dito;"

I Reis 22:38

Depois da morte do Rei Acabe, a profecia de Elias foi cumprida, e o julgamento de Deus caiu sobre a casa de Acabe. Jezabel continuou governando Israel através do seu filho Acazias. Quando Moabe rebelou-se contra Israel, ao invés de confiar no Senhor Jeová, o único e verdadeiro Deus, Acazias mandou um mensageiro para pedir ajuda a Baal-Zebude, deus de Ecrom.

Durante a minha vida eu tenho escutado o ditado: "Se você faz a cama, você deitará nela." A verdade é que, se alguém fizer a cama, toda a família deitará nela. A falta de bom julgamento de uma pessoa pode causar dor de cabeça desnecessária aos familiares para as gerações vindouras. Se Acabe tivesse rejeitado o deus de Jezabel sua esposa e confiado no Senhor, se ele tivesse tomado o governo de sua casa como era a vontade de Deus, será que o seu filho Acazias teria buscado a ajuda de Baal-Zebude em vez de confiar no Senhor dos Exércitos? Por causa da decisão de seu pai em servir o deus de Baal, o deus de Jezabel sua esposa, Acazias e seu irmão Jorão, foram destinados a se contorcer na cama corrompida do seu pai, o rei Acabe.

"Ensina a criança no caminho em que deve andar, e ainda quando for velho não se desviará dele."
Provérbios 22:6

Depois que o rei Acazias filho de Acabe caiu, e consultou a Baal-Zebude, Deus enviou o profeta Elias com uma mensagem para o rei em relação ao seu estado físico e espiritual.

"E disse a este: Assim diz o SENHOR: Porque enviaste mensageiros a consultar a Baal-Zebude, deus de Ecrom? Será acaso por não haver Deus em Israel, cuja palavra se consultasse? Portanto desta cama, a que subiste não descerás, mas sem falta morrerás."
II Reis 1:16

Com a morte de seu filho rei Acazias, Jezabel exerceu controle através de seu outro filho, Jorão, que se tornou rei no lugar de seu irmão, rei Acazias. Sem o conhecimento de Jorão, Deus ordenou a Eliseu que ungisse a Jeú como o Rei de Israel.

"Entrando ele, eis que os capitães do exército estavam assentados; ele disse: Capitão, tenho mensagem que te dizer. Perguntou-lhe Jeú: A qual de todos nós? Respondeu-lhe ele: A ti capitão! Então se levantou Jeú e entrou na casa; o jovem derramou-lhe o azeite sobre a cabeça e disse: Assim diz o SENHOR Deus de Israel: Ungi-te rei sobre o povo do SENHOR,

sobre Israel. Ferirás a casa de Acabe, teu senhor, para que eu vingue da mão de Jezabel o sangue de meus servos, os profetas, e o sangue de todos os servos do SENHOR."
II Reis 9:5-7

Depois de Jeú ter sido ungido rei pelo profeta, Jorão o filho de Jezabel foi ferido e morto. E como foi profetizado, a malvada Jezabel, mãe de Jorão, foi confrontada pelo rei Jeú.

"Também de Jezabel falou o SENHOR: Os cães comerão a Jezabel dentro dos muros de Jezreel."
I Reis 21:23

Na linguagem moderna, o nome Jezabel muitas vezes é usado como sinônimo de mulheres promíscuas, que gostam de exercer controle. Esta imagem é simbolizada pela frase "Jezabel pintada". Um pouco antes de ser assassinada, a rainha se maquiou.

"Tendo Jeú chegado a Jezreel, Jezabel o soube; então se pintou em volta dos olhos, enfeitou a cabeça, e olhou pela janela. Ao entrar Jeú pelo portão do palácio, disse ela: Teve paz Zinri que matou o seu senhor? Levantou ele o rosto para a janela e disse: Quem é comigo? quem? E dois ou três eunucos olharam para ele. Então disse ele: Lançai-a daí para baixo. Lançaram-na abaixo; e foram salpicados com o seu sangue a parede e os cavalos, e Jeú a atropelou. Entrando ele e havendo comido e bebido, disse: Olhai por aquela maldita, e sepultai-a, porque é filha de rei."
II Reis 9:30-34

Lembro-me de uma das primeiras coisas que me chamou à atenção, quando o Senhor me trouxe para a Igreja Pentecostal, foi que as mulheres da igreja e suas filhas não usavam maquiagem. Eu presumi que elas não queriam o espírito ou o destino de Jezabel nos seus lares e cultos.

Seguem as palavras de Martinho Lutero na sua terceira tese no ano de 1517:

"Não há um arrependimento interior que não se manifeste externamente através de mortificações da carne."

"Quero, portanto, que os varões orem em todo lugar, levantando mãos santas, sem ira e sem animosidade.

Da mesma sorte, que as mulheres, em trajes descentes se ataviem com modéstia e bom senso, não com cabeleira frisada e com ouro, ou pérolas, ou vestuário dispendioso,"

I Timóteo 2:8-9

Enquanto as pessoas levantavam as mãos em louvor, eu notei também que as mulheres tinham o cabelo crescido, sem cortar. Não existia calça cumprida entre as mulheres. Todas elas estavam usando vestidos modestos.

"Ou não nos ensina a própria natureza ser desonroso para o homem usar cabelo comprido? E que tratando-se da mulher, é para ela uma glória? pois o cabelo lhe foi dado em lugar de mantilha."

I Coríntios 11:14-15

"A mulher não usará roupa de homem, nem o homem veste peculiar à mulher; porque qualquer que faz tais cousas é abominável ao SENHOR teu Deus."

Deuteronômio 22:5

Calça cumprida feminina é uma peça de vestuário que foi formada conforme o vestuário masculino. O homem e a mulher Apostólica se vestem modestamente e em acordo com a Palavra de Deus porque já são salvos.

O verdadeiro problema que Jezabel enfrentou não foi a sua aparência exterior. O verdadeiro problema foi que ela estava adorando e servindo a divindade errada.

Não importa se uma pessoa está lutando contra Deus de propósito, ou simplesmente escolheu desobedecer a Sua Palavra, se ela não aceitar a instrução de Deus, essa pessoa inevitavelmente encontra problemas. Vamos olhar rapidamente para um homem de Deus que se causou tanto problema ao se rebelar contra a vontade do Senhor, seu nome é Jonas.

Cada passo que Jonas tomou depois de se rebelar contra a Palavra de Deus foi para baixo. A sua falta de vontade de confiar e obedecer estava levando Jonas a uma existência solitária longe de Deus. Jonas desceu a Jope para embarcar no navio rumo a Társis. Depois de pagar a passagem Jonas desceu ao navio. Ele desceu às águas. E desceu até o ventre do grande peixe.

Todos que já receberam uma experiência genuína do Senhor, precisa estar ciente de que quando escolhemos a rebeldia nosso caminho será descendente. Mais uma vez, qual foi o pecado de Jonas? Foi porque estava indo para Társis ou porque não confiou na voz do Senhor? Foi porque não confiou na voz do Senhor. Se Jonas tivesse confiado em Deus, ele poderia ter se poupado das dificuldades de sua desobediência.

Antes de me converter ao Senhor, eu passei por muitos problemas. Agora lembro com frequência do hino, "Que Amigo"

> Que amigo nós temos em Cristo
> Todos nossos pecados e transgressões suporta
> Que privilégio levar
> Tudo a Deus em oração.
>
> Oh, que paz nós muitas vezes esquecemos,
> Oh, que dores desnecessárias nós suportamos
> Tudo porque não levamos
> Tudo a Deus em oração.

Se nós, como filhos de Deus, pudéssemos aprender a confiar nele de todo o coração, logo veríamos que Ele nunca vai nos desamparar. Através dos anos, no meu caminhar com o Senhor, Ele me ensinou uma coisa vez após vez. Ele pode fazer todas as coisas, exceto falhar.

CAPÍTULO OITO

Revelações Poderosas

Em continuação, vamos discutir acerca das profecias Messiânicas de Isaías. Através destes lábios de barro, o Senhor fez o mundo conhecer que Ele viria encarnado na pessoa de Cristo ou do Messias.

As profecias Messiânicas não originaram com um profeta em Israel; Elas originaram de Deus e foram passadas à humanidade através de lábios e mãos ungidas, mas de barro.

O Senhor dos Exércitos falou ao profeta Isaías que existiriam títulos ligados ao Seu nome Salvador, para que seu povo soubesse exatamente quem Ele era. Em Israel, não haveria dúvida alguma de quem Jesus era. Havia uma razão para Isaías ser informado de que o Seu nome seria "Pai da Eternidade".

"Porque um menino nos nasceu, um filho se nos deu; e o governo está sobre os seus ombros; e o seu nome será: Maravilhoso, Conselheiro, Deus Forte, Pai da Eternidade, Príncipe da Paz;"

Isaías 9:6

Por causa da humanidade e divindade de Jesus, é imperativo que você e eu entenda quando Ele falava como homem e quando falava como Deus. O Messias para nos dar salvação eterna, reconheceu e aceitou o Seu corpo de mortalidade, enquanto que simultaneamente, proclamava o poder e autoridade alojada dentro d'Ele.

"Se, porém, eu expulso os demônios pelo dedo de Deus, certamente é chegado o reino de Deus sobre vós."

Lucas 11:20

Títulos são direitos a propriedades ou denominações que indicam o grau de uma pessoa nesta vida. Quando eu fazia parte do ministério Católico, você poderia dizer que o meu título em latim era: *"Auctor trinitatis, Patris, Fili, Sanctique Spiritus"* (O promotor da trindade, Pai, Filho e Espírito Santo). O título dava informação de quem eu era.

Depois de ter recebido o batismo do Espírito Santo, falando em línguas no altar de uma Igreja Apostólica, o meu título mudou. Agora tenho um título diferente que indica quem sou eu hoje. *"Auctor unius, Dei, veri vivique, Iesus Christus"* (O promotor do Único, Verdadeiro, Deus Vivo, Jesus Cristo).

Somente através de uma revelação divina saberemos quem Jesus é. A Divina revelação não vem de um profeta. Esta revelação vem de Deus, muitas vezes através dos lábios de um profeta.

"Tudo me foi entregue por meu pai. Ninguém conhece o Filho senão o Pai; e ninguém conhece o Pai senão o Filho, e aquele a quem o Filho o quiser revelar."

Mateus 11:27

"Replicou-lhe Filipe: Senhor, mostra-nos o Pai, e isso nos basta. Disse-lhe Jesus: Filipe, há tanto tempo estou convosco, e não me tens conhecido? Quem me vê a mim, vê o Pai; como dizes tu: Mostra-nos o Pai?"

João 14:8-9

"Estava no mundo e o mundo foi feito por intermédio dele, mas o mundo não o conheceu."

João 1:10

Nos tempos de Jesus, os nomes nem sempre eram como os nomes que conhecemos hoje. Muitas vezes as pessoas nasciam, viviam e morriam na mesma vila. Se ali morassem dois homens com o nome de Pedro, por exemplo, eles receberiam títulos ligados aos seus nomes para distinção.

Na história, o primeiro imperador Romano a se converter ao Cristianismo foi Constantino o Grande. A palavra "Grande" foi dada para descrever Constantino.

Cristo não era o sobrenome de Jesus, e sim um título dado a Ele, para explicar quem Ele era. Não era José e Maria Cristo. Era Jesus o Cristo ou Jesus o Messias.

O dicionário, Webster's II New College Dictionary, descreve a palavra Cristo como: "Cristo significa Messias, a manifestação Divina de Deus, que vem à carne para destruir o erro encarnado."

"Se tu és o Cristo?" (ou tu és o Messias?)
Lucas 22:67

"Ele achou primeiro o seu próprio irmão, Simeão, a que disse: Achamos o Messias (que quer dizer Cristo),"
João 1:41

Assim sendo Cristo foi um título dado a Jesus para que o povo soubesse quem Ele era. Então quem era Jesus? Era Jesus um homem? Era Jesus Deus? ou era Jesus o Pai? Jesus era um homem, Ele era Deus, e Ele era o Pai encarnado. O profeta Isaías sabia exatamente quem seria o Messias.

Porque Deus instruiria o profeta a declare que o título "Pai da Eternidade" seria ligado ao Seu nome Salvador, se Ele não fosse o Pai da Eternidade encarnado? Jesus o Messias não veio a este mundo para provar que era o Pai. Ele veio para declarar aos seus filhos, que Ele era o seu Pai. Deus teve a habilidade de criar a água no mar, e teve a habilidade de andar sobre ela. Ele teve a habilidade de fazer a árvore e teve a habilidade de escolher ser crucificado nela.

A possibilidade de três pessoas distintas na Natureza de Deus, só foi considerada mil anos depois da profecia Messiânica de Isaías. Na história dos Hebreus não há menção desta teologia. A outra profecia Messiânica de Isaías, foi em relação a Sua morte, e as marcas que Jesus levaria pelas nossas transgressões e para sermos sarados.

"Era desprezado, e o mais rejeitado entre os homens; homem de dores e que sabe o que é padecer; e como um de quem os homens escondem o rosto; era desprezado, e dele não fizemos caso. Certamente ele tomou sobre si as nossas enfermidades, e as nossas dores levou sobre si; e nós o reputamos por aflito de Deus, e oprimido. Mas ele foi transpassado pelas nossas transgressões, e moído pelas nossas iniquidades; o castigo que nos traz a paz estava sobre ele, e pelas suas pisaduras fomos sarados."

Isaías 53:3-5

Certos de que Jesus Cristo nunca muda, o povo Apostólico no mundo todo, acredita que Ele tem o mesmo poder e o mesmo desejo para nos curar em tempos de enfermidades.

Meu primo, Don Hanscomb, que é missionário no Paquistão, teve um grande encontro com o Senhor, através de um acidente envolvendo o seu filho, que tem seu nome. Don e sua esposa Saundra ainda hoje dão graças a Deus por ter intervindo na situação.

Don tinha recebido o chamado para ser missionário. Era época do Outono e eu estava em um culto na cidade de Tilly, New Brunswick, Canadá, quando a irmã Saundra, graciosamente ficou em pé para testemunhar.

Eu testemunhei naquele dia um dos maiores espíritos que já senti vindo de um ser humano. Com lágrimas escorrendo no seu rosto, ela falou para a igreja que não importava o preço, ela iria onde Deus queria que ela fosse. A medida que ela testemunhava não havia ninguém na igreja que não estivesse chorando.

Havia pouco tempo que Don e Saundra tinha chegado no Paquistão, quando seu filho Don Junior, ainda bem pequeno, subiu no telhado plano da casa onde moravam, e caiu vários metros do chão. A cabeça do menino bateu no concreto e imediatamente ficou toda inchada e deformada.

Não havia jeito de conseguirem um vôo para fora do país. Então ele foi levado à um hospital primitivo, onde os médicos deram poucas esperanças para a família.

Os santos de Deus pelo mundo todo foram convocados a orar, então as coisas começaram a acontecer. Deus ouviu a oração dos seus santificados. A irmã Saundra orando, lembrou ao Senhor da sua decisão em Tilly, e intercedeu ao Senhor para que Ele poupasse o seu filho.

Um estranho entrou no quarto, e pediu para orar pelo menino. Instantaneamente o menino começou a recuperar-se. O sangue parou de escorrer e o inchaço começou a diminuir. Hoje Don Jr. está pastoreando uma igreja Apostólica no Canadá.

Don e Saundra não sabiam porque o menino caiu do telhado, mas sabiam o que o estranho estava fazendo no quarto. Eles lembraram-se de Hebreus 13:2. "Não negligencieis a hospitalidade, pois alguns praticando-a, sem o saber acolheram anjos."

A história nos revela através dos dois testamentos, que o Senhor sempre se fez visível, pelos movimentos milagrosos de Seu Espírito em meio a situações difíceis, para mostrar Sua santidade e inigualável poder.

Por causa da obediência de Saundra Hanscom, Deus não só mandou um anjo para curar seu filho, mas permitiu que o ministério deles prosperasse no Paquistão. Deus encheu mais de 100 mil pessoas com o dom do Espírito Santo, estabeleceu mais de 1000 igrejas, e levantou 250 ministros unicistas naquele campo missionário. Quão maravilhoso é o nosso Deus!

Vamos considerar o que profetizou o profeta Joel, acerca do derramamento do Espírito Santo. A mensagem vinda do Senhor através deste profeta menor era diferente e mais grandiosa do que qualquer outra já profetizada. O criador dos céus e da terra iria fazer dos nossos corpos templos para Ele habitar. Aparentemente, este profeta profetizou em Judá. O título "profeta menor" não quer dizer que os escritos do profeta, sejam de menos importância do que os dos "profetas maiores", como Isaías e Jeremias. O título "profeta menor" é apenas devido à brevidade do livro desse profeta.

"Sabereis que estou no meio de Israel, e não há outro; e o meu povo jamais será envergonhado. E acontecerá depois que derramarei o meu Espírito sobre toda a carne; vossos filhos e vossas filhas profetizarão, vossos velhos sonharão, e vossos jovens terão visões; e até sobre os servos derramarei o meu Espírito naqueles dias."

Joel 2:27-29

Parece que depois que o Senhor enviou esta mensagem à Israel, Ele escolheu permanecer em silêncio como nunca antes. Essa seria a última profecia sobre o poder de Deus, a qual uniria novamente a humanidade com a Divindade, o homem com Deus. No cálculo dos Hebreus, Ele preparou a Sua jornada para caminhar nas praias da Galileia por quatrocentos anos. E foi durante estes quatrocentos anos que os livros Apócrifos foram escritos. Na história, este período é reconhecido pelo "Período Inter-testamental" ou também se chama: "O Período do Silêncio".

Apócrifos quer dizer secreto ou escondido. A maior parte dos estudiosos da Bíblia não dão muita importância ao período que está entre o Antigo e o Novo Testamento. Foi durante esse tempo de silêncio, que Deus aparentemente fechou as janelas do céu. De acordo com a história hebraica, durante esse tempo, não houve nenhum profeta em Israel que fosse divinamente inspirado.

Satanás, no seu estado caído, sabendo da harmonia dos Testamentos, gostaria de ter desonrado a autoridade da Palavra de Deus, poluindo-a com escrituras que não foram inspiradas. A Bíblia para a Igreja Apostólica é a Verdade, é Santa, e é a Palavra do Senhor que não pode ser adulterada.

Três das principais cópias, feitas dos manuscritos originais são o Codex Sinaiticus, o Codex Alexandrinus, e o Codex Vaticanus. Enquanto o Codex Sinaiticus e o Codex Alexandrinus estão na Grã-Bretanha, o Codex Vaticanus que provavelmente foi escrito no século IV, se encontra hoje na biblioteca do Vaticano em Roma.

Apesar da Vulgate, (uma tradução Bíblica para o Latim feita no ano 400 D.C. por Jerome de Belém), ser usada pelas autoridades Católicas por muitos séculos, através dos anos as regras no Vaticano mudaram dramaticamente.

A assim chamada Clementine Vulgate, publicada pelo Papa Clement VIII (1592-1605 D.C.) em 1592, tornou-se o texto bíblico autoritário da Igreja Católica. No ano de 1545 D.C., no Concílio de Trent, a Igreja Católica reconheceu onze dos livros Apócrifos como sendo Canônicos. Alguns dos livros Apócrifos aparecem na edição moderna das Escrituras Católicas, nomeadamente: Tobias, Judite, I Macabeus, II Macabeus, Sabedoria de Salomão, Sirácide (Eclesiástico) e Baruque.

Os judeus da dispersão do Egito incluíram os livros Apócrifos na sua tradução grega do Antigo Testamento chamada Septuaginta. Mais tarde essa tradução foi tirada do Cânon Hebreu pelos Judeus Palestinos.

Papa Clemente VIIII
(1592-1605 D.C.)

Em contraste às avaliações católicas sobre as escritas, as Igrejas Protestantes que imergiram da reforma discordaram drasticamente. Embora tenham reconhecido os livros Apócrifos como tendo algum valor literário e histórico, as escritas foram rejeitadas em sua totalidade como trabalhos que não eram inspirados e não aparecem no "Antigo Cânon Hebraico." A qualidade inferior da maior parte desses escritos, quando comparados aos livros Canônicos, mostra que são indignos de serem colocados entre as Escrituras Sagradas.

Os livros Apócrifos são:

I Esdras	A Epístola de Jeremias
II Esdras	O Hino das Três Crianças Santas
Tobias	A História de Suzana
Judite	Bel e o Dragão
Adicionamento à Ester	A Oração de Manassés
A Sabedoria de Salomão	I Macabeus
Eclesiástico	II Macabeus
Baruque	

Não desrespeitando as pessoas Católicas, devo concluir que os livros da Bíblia Sagrada abrangem apenas as palavras divinamente inspiradas por Deus. Se escritura não é divinamente inspirada, não é a Palavra do Senhor. Obras teológicas não indicam necessariamente que são trabalhos de Deus. Na história dos Hebreus, os profetas escreveram laboriosamente à mão, dirigidos pelo próprio Deus. Estes homens eram mortais, porém divinamente inspirados e motivados.

"Porque nunca jamais qualquer profecia foi dada por vontade humana, entretanto homens [Santos] falaram da parte de Deus movidos pelo Espírito Santo."

I Pedro 1:21

É contrário à Igreja Apostólica e às Escrituras Sagradas adicionar livros que não são inspirados à palavra de Deus. São João o Divino, nos advertiu sobre certas escrituras.

"Eu, a todo aquele que ouve as palavras da profecia deste livro, testifico: Se alguém lhes fizer qualquer acréscimo, Deus lhe acrescentará os flagelos escritos neste livro."
                                                                        Apocalipse 22:18

Através dos anos, relíquias dos dias passados são descobertas, iluminando a atividade histórica. Um desses artefatos pré-históricos é o caixão do Rei Tutankh-amen, feito de ouro puro que pesava mais ou menos 816 quilogramas; é uma das descobertas mais requintadas do Egito. Outra descoberta mais recente foi a dos "Pergaminhos do Mar Morto," encontrado na primavera de 1947, por um pastor de ovelhas que era árabe. Quando os Pergaminhos foram descobertos, foram tentativamente datados cerca de 100 B.C. Esses textos que há muito haviam sido esquecidos, foram encontrados numa área árida e deserta da Judeia, no oeste do Mar Morto.

Apesar dos manuscritos originais da Bíblia terem perecidos através dos anos, nós ainda temos a fundação literária da Bíblia Sagrada. "As cópias mais antigas" feitas dos manuscritos originais, estão conosco hoje.

Vendo que o fim dos tempos está se aproximando, nós devemos guardar as nossas almas. Satanás não só tenta poluir a Palavra de Deus com manuscritos não inspirados, mas se move maliciosamente perseguindo mortais vulneráveis, disposto e pronto para tirar qualquer discernimento espiritual. Nosso adversário cortejou a mortalidade desde o começo.

"Sede sóbrios e vigilantes. O diabo, vosso adversário, anda em derredor, como leão que ruge procurando alguém para devorar;"
                                                                        I Pedro 5:8

No final dos quatrocentos anos de silêncio, um menino nasceu em Belém da Judéia. Esse nenê mortal foi deliberado pela imortalidade para alojar a totalidade de Deus.

"No sexto mês foi o anjo Gabriel enviado da parte de Deus, para uma cidade da Galileia, chamada Nazaré, a uma virgem desposada com certo homem da casa de Davi, cujo nome era José; a virgem chamava-se Maria. E, entrando o anjo aonde ele estava, disse: Alegra-te, muito favorecida! O Senhor é contigo. Ele, porém, ao ouvir esta palavra, perturbou-se muito e pôs-se a pensar no que significaria esta saudação. Mas o anjo lhe disse: Maria, não temas; porque achaste graça diante de Deus. Eis que conceberás e darás a luz um filho a quem chamarás pelo nome de Jesus."

Lucas 1:26-31

Esse Jesus é o Messias que Isaías tinha falado ao povo de Israel. Ele foi o Cristo profetizado. Na Igreja Católica, eu fui ensinado que Maria era a mãe biológica do menino, mas que José não era o pai biológico. O Espirito do Senhor lançou a sua sombra sobre Maria. Ainda hoje ensino da mesma forma. Contudo, existem alguns problemas em relação à Maria, a Mãe de Jesus, que eu sinto necessidade de endereçar.

Na igreja em que eu pertencia, as pessoas adotam uma verdadeira apreciação ao espírito de Maria. Embora nunca tenha sido minha intenção, eu provavelmente fiz um pouco uma deusa dela, sempre a colocando antes de Jesus nas minhas orações.

Nas próximas páginas, eu espero esclarecer quem era, e quem não era, Maria a mãe de Jesus. Ela não deve ser venerada, nem tão pouco deve ser considerada como apenas uma outra mulher. Maria amou ao Senhor e procurou agrada-Lo.

Foi durante a guerra da Coreia que o Papa Pio XII (1939-1958 D.C.), no dia 1 de novembro de 1950, proclamou a assunção da Virgem Maria, a mãe do Messias. A doutrina Católica afirma que Maria, assim como Enoque e Elias no velho testamento, não morreu, mas foi recebida ao céu corporalmente. O Papa Pio XII fez esta doutrina necessária para a salvação declarando: "A imaculada mãe de Deus, a Virgem Maria, depois de completar o curso de sua vida terrestre, foi recebida corpo e alma na gloria."

No século oitenta, o Imperador Léo, que era o cabeça do mais poderoso Império no mundo, o Império Romano, proibiu a veneração de imagens.

"Não farás para ti imagens de escultura, nem semelhança alguma do que há em cima nos céus, nem em baixo na terra, nem nas águas debaixo da terra."

Êxodo 20:4

O Imperador Léo deve ter consultado a Palavra do Senhor no seu julgamento e na sua declaração. Isaías, o profeta do Senhor, disse a Israel que Deus não estava disposto a compartilhar Sua glória com imagens de escultura.

"Eu sou o SENHOR, este é o meu nome; a minha glória, pois, não a darei a outrem, nem a minha honra às imagens de escultura."

Isaías 42:8

O Senhor falou que o Seu povo estava se prostituindo, adorando outros deuses. E fazendo isso, separaram-se de Jeová.

No livro de Ezequiel, o Senhor revela que não aprova a veneração de imagens de homens.

"Tomaste as tuas joias de enfeite, que eu te dei do meu ouro e da minha prata, fizeste estátuas de homens e te prostituíste com eles."

Ezequiel 16:17

Maria, a mãe de Jesus, não deve ser adorada. Ela é um exemplo para nós, para conhecer e entender, que os vasos que são cedidos a Deus nesta vida serão honrados na vida por vir.

Contra o julgamento do imperador, o Papa Gregório III (731-741 D.C.) realizou uma assembleia regular de párocos (alto órgão de governo da Igreja Católica) no ano de 731 D.C., com noventa e três dos seus bispos. O Papa Gregório III passou um decreto em favor da adoração de imagens, e afirmou que qualquer um que desonrasse ou destruísse estas imagens seria excomungado da igreja católica.

O sétimo Concílio Ecumênico em Nicéa (Turquia), sob a delegação do Papa Adriano I (772-795 D.C.) reafirmou a crença católica quanto a veneração de imagens. A Imperatriz Irene de Atenas, compareceu e aprovou este concílio. Ela era a viúva do falecido Imperador Leo, o qual desaprovou fortemente esta prática.

Papa Hadriano I
(772-795 D.C.)

Eu gostaria de dar um rápido relato dos laços persistentes entre o ministério Católico e a Virgem Maria. No ano de 1905, na cidade de Saragoça, na Espanha, a estátua de Maria foi coroada "Nossa Senhora do Pilar." A sua sólida coroa de ouro e diamantes, pesa mais de onze quilos. No dia 24 de janeiro de 1998, o Papa João Paulo II, coroou pessoalmente a estátua de Maria, em Cuba, declarando-a "Rainha de Cuba." Milhares de Católicos formaram filas para beijar os pés da imagem. Beijar o pé de uma estátua não te aproxima ao divino, mas te leva à idolatria.

O Deus deste grande universo, não aceita na Sua casa, imagens de homens ou mulheres feitas de pedra. Ele está procurando pessoas, de carne e osso, que se reúnam para encher o santuário de louvores e adoração ao abençoado e único potentado, ao Rei dos reis e Senhor dos senhores.

Na Igreja Católica, não encontramos somente a estátua de Maria, mãe de Jesus, mas encontramos também, estatuas de outras pessoas que através da história da igreja, representam homens e mulheres santas de dias passados.

Por exemplo, a imagem de São José, representa o marido de Maria. São Jerônimo, São Pedro, São Paulo são outros. Dulia é reverência paga aos santos diretamente em oração ou através de suas imagens. Esta prática resulta do conceito católico de que santo é uma pessoa auto sacrificada e são dignos de ser venerados. Para essas pessoas, separação à Deus, muitas vezes conduz a perseguição inspirada por satanás, que os leva até ao martírio. Para tornar-se um santo na Igreja Católica, a pessoa precisa, primeiro de tudo, estar morta. A pessoa que é canonizada pelo Papa como santo não pode estar viva e de acordo com os ensinamentos católicos, é digna de ser venerada.

O estudo de Maria na Igreja Católica, afirma que Maria é a "Mãe de Deus". "*Theotokos*", é o título em Latim que foi dado a ela no Concílio de Éfeso no ano de 431 D.C., conhecido como o terceiro Concílio Ecumênico. O concilio decretou que o título poderia ser justificado simplesmente porque Jesus foi concebido pelo Espírito Santo. Assim sendo, Jesus era Deus desde o momento da sua concepção. As pessoas do Nome, acreditam nesta declaração em parte. Nós acreditamos que Jesus era Deus desde o momento da sua concepção, mas não cremos que Deus tem mãe.

De acordo com o cálculo Católico, a Virgem Maria, que permitiu que o Messias nascesse, ocupa uma posição entre as autoridades mais elevadas. Além disso, como a sua maternidade era indispensável para a atividade redentora de Deus, Maria a "Mãe de Deus", é essencial para a final, perfeição espiritual de cada criatura. O envolvimento de Maria na salvação dos pecadores, torna-a corredentora junto com o seu filho Jesus Cristo. Embora as obras do Messias sejam primárias e totalmente suficientes, eles acreditam que Jesus e Sua mãe Maria fazem expiação pelos nossos pecados.

A Concepção Imaculada na doutrina Católica, afirma que Maria, a mãe de Jesus, o Messias, não tinha o pecado original na sua concepção, e não o adquiriu durante o curso da sua vida. Em contraste, todos os outros seres humanos, nascem com o pecado original, devido à queda de Adão. O Papa Pio IX (1846-1878 D.C.) tornou este artigo de fé um dogma em 1854. O que eu estou escrevendo hoje para você, é doutrina Católica, que veio da história Católica documentada.

Eu ensinei essa doutrina de 1854, e a minha busca pela verdade era sincera. Por esta razão, eu tenho alto respeito pelas pessoas sinceras da Igreja Católica. É exatamente por isso que quero que eles vejam por si mesmos a verdade que a história e as Escrituras Sagradas contem.

Na Igreja Católica, muitas vezes, Maria é chamada para interceder pelos mortos. Em um funeral Católico, um testemunhará pessoas ajoelhando-se em frente ao caixão, orando a Virgem Maria, para interceder pelo finado.

Compreendendo que Maria não estava envolvida na criação física original deles, ela é, em um sentido, a mãe da criatura de Deus. Seu papel de mediadora inclui a sua presente intercessão pelos pecadores. Essa teologia é perpetuamente ensinada entre Católicos de todo o mundo.

Maria nunca foi, nunca quis ser, e nunca será uma mediadora entre a humanidade e a Divindade. Sem o seu envolvimento, filósofos e teólogos vãos, promovendo teologias fora das

Escrituras, ao passar dos séculos, exaltou essa mulher para profanar as coisas que são sagradas e divinas.

Ninguém sabia melhor do que está preciosa serva do Senhor, que ela não era a co-redentora, nem a mediadora. É Jesus Cristo quem salva o perdido das suas iniquidades, e não a sua mãe. No livro de João, a voz do que clama no deserto explica a presença do Messias.

"No dia seguinte, viu João a Jesus, que vinha para ele, e disse: Eis o Cordeiro de Deus, que tira o pecado do mundo."
João 1:29

Depois que João Wycliffe, Martinho Lutero, João Huss e outros reformadores religiosos da Idade Média protestaram os ensinamentos da Igreja Católica, parece que o pêndulo da teologia de Maria, foi para o outro extremo. Em muitas igrejas Protestantes, Maria foi considerada ser "uma mulher qualquer", porém, nada poderia estar mais longe da verdade. Maria, a mãe do nosso Salvador, não era apenas uma outra mulher.

Em Lucas 1:30, nós lemos acerca de um anjo que foi enviado por Deus para trazer a mensagem a jovem virgem.

"Mas o anjo lhe disse: Maria, não temas; porque achaste graça diante de Deus".

Em Lucas 1:46-47, Maria responde à saudação da sua prima Isabel de uma maneira bem humilde.

"Então disse Maria: A minha alma engrandece ao Senhor, e o meu espírito se alegra em Deus, meu Salvador".

Minha gente, estas não são palavras de uma mulher que queria ser venerada, mas pelo contrário, são palavras de uma serva humilde do Senhor, que escolheu entregar o seu vaso para o serviço de Deus. Maria não queria ser uma pedra de tropeço, nem tão pouco a causa para que pessoas viessem a cair no sério pecado de idolatria. Essa mulher considerava as coisas de Deus no seu coração. Maria sabia quem ela era, e sabia a parte importante que teria no nascimento do prometido Messias. Ela sabia que atrás do véu (do corpo) de Jesus, estava a plenitude da divindade.

Se hoje, Maria pudesse falar conosco, ela nos instruiria a louvar ao Único, Deus Vivo e Verdadeiro, e nenhum outro, assim como era praticado no judaísmo antes dela. Na festa de casamento em Caná da Galiléia, ela instruiu aos servos: "Fazei tudo o que ele vos disser". Se fosse possível, ela instruiria à Igreja Apostólica do Deus vivo, da mesma forma nos nossos dias.

Maria estava entre as cento e vinte pessoas que receberam o Espírito Santo no Cenáculo. Maria também recebeu o batismo do Espírito Santo? Se a Bíblia é verdadeira, ela também recebeu. Maria falou em novas línguas como o Espírito Santo lhe concedia? Sim, Maria falou em novas línguas como o Espírito Santo concedeu a ela que falasse, e às 119 pessoas que lá estavam.

O livro dos Atos testemunha que Maria estava presente no Cenáculo quando o Espírito de Deus foi derramado sobre a Sua criação, assim como foi profetizado pelo profeta Joel.

"Então voltaram para Jerusalém, vindo do monte chamado Olival, que dista aquela cidade, tanto como a jornada de um sábado.

Quando ali entraram subiram para o cenáculo onde se reuniam Pedro, João, Tiago e André; Filipe, Tomé, Bartolomeu e Mateus; Tiago filho de Alfeu, Simão o Zelote e Judas filho de Tiago. Todos estes perseveraram unânimes em oração, com as mulheres, estando entre elas Maria, mãe de Jesus, e com os irmãos dele.

Naqueles dias levantou-se Pedro no meio dos irmãos (ora, compunha-se a assembleia de umas cento e vinte pessoas)."

Atos 1:12-15

Quando os cento e vinte emergiram do Cenáculo, embriagados pelo Espírito Santo, Maria, sendo cheia da tremenda presença de Deus, regozijou-se no meio deles, agradecendo ao Deus Monoteístico de Israel, pelo tremendo movimento do Seu Espírito nas suas vidas.

O segundo capítulo do livro de Atos dos Apóstolos, registra o movimento do Espírito que soprava como vento e descia como fogo que foi testemunhado pela mãe de Jesus.

"Ao cumprir-se o dia de Pentecostes, estavam todos reunidos no mesmo lugar; de repente veio do céu um som, como de um vento impetuoso, e encheu toda a casa onde estavam assentados.

E apareceram distribuídas entre eles, línguas como de fogo, e pousou uma sobre cada um deles. Todos ficaram cheios do Espírito Santo, e passaram a falar em outras línguas, segundo o Espírito lhes concedia que falassem."

Atos 2:1-4

Eu creio hoje, que em relação a eterna Igreja de Deus, Maria era Apostólica, Pentecostal, do Nome de Jesus, que falava em línguas, e que louvava ao Senhor em espírito e em verdade. A mãe de Jesus nunca quis que as pessoas pensassem nela como sendo um Salvador. Maria sabia no seu coração o que Isaías registrou em palavras; Somente Deus é Salvador.

"Eu, eu sou o SENHOR e fora de mim não há Salvador."

Isaías 43:11

CAPÍTULO NOVE

Sacrifício Supremo

Quando olhamos para o lado do relógio no Ano Domini, escuridão caiu sobre o Império Romano, quando a humanidade esmagou a Divindade. "Anno Domini" no Latin Medieval significa: "No ano de Nosso Senhor". Na versão mais completa do Latin, seria "Anno Domini Nostri Lesu Christi," que traduzido é: "No Ano de Nosso Senhor Jesus Cristo".

A morte de Cristo não foi um acontecimento qualquer. E nenhum outro sangue poderia tomar o lugar de Seu sangue nobre que foi derramado no Gólgota. O amor do Messias sempre foi incondicional, a Sua lealdade e devoção, sem concessão; e a Sua liderança espiritual e direção eram uma fonte constante de inspiração.

Os líderes Judeus, no entanto, consideravam Jesus merecedor da morte, mas foram forçados a entregá-lo aos Romanos para aprovarem e continuarem a Sua execução. A reunião do Sinédrio em conexão com o julgamento de Jesus violou muitas das diretrizes sob as quais o grupo funcionava normalmente. A Mishná prescrevia que os julgamentos capitais fossem realizados durante o dia.

Tradição Judaica localiza a origem do Sinédrio no mandamento dado por Deus a Moisés que ajuntasse setenta homens entre os anciões de Israel.

"Disse o SENHOR a Moisés: Ajunta-me setenta homens dos anciões de Israel, que sabes serem anciões e superintendentes do povo; e os traz perante a tenda da congregação, para que assistam ali contigo".

Números 11:16

Uma pergunta importante acerca da função do Sinédrio durante o período do Novo Testamento é referente à possessão do direito de exercer a pena capital. O historiador Josephus menciona a morte de Tiago, irmão de Jesus, depois de um julgamento pelo Sinédrio. Também há evidência de que os gentios poderiam ser mortos por entrar em áreas restritas do templo em Jerusalém. O Novo Testamento também sugere que o Sinédrio Judeu não tinha autoridade para realizar uma execução.

"Respondeu-lhes, pois, Pilatos; Tomai-o vós outros e julgai-o segundo a vossa lei. Responderam-lhe os judeus: A nós não nos é lícito matar ninguém;"

João 18:31

O esforço da maratona para julgar, condenar, e executar Jesus não seria qualificado como um julgamento legítimo sob provisões registradas para a conduta do Sinédrio. No entanto, o fato é que o Sinédrio crucificou a Jesus, entregando-o aos ímpios romanos.

Os últimos dias do nosso Senhor foram dias de corações angustiados, como foi testemunhado - o Cordeiro de Deus, levado ao abate - O Cordeiro de Deus, levado ao matadouro. Os escritores do Novo Testamento voltaram a sua atenção à significância da crucificação de Cristo.

Nisto eles entenderam que o Senhor dos Exércitos sofreu humilhação máxima. A sua vida era cheia de atos benevolentes, Ele buscava descanso do seu sofrimento vicário, enquanto era constantemente perseguido pelo Seu próprio.

Como está registrado em Lucas 22:14-15, Jesus e Seus discípulos foram de Betânia à Jerusalém. A última ceia aconteceu na cidade antiga de Jerusalém. "Chegada a hora, pôs-se Jesus à mesa, e com ele os Apóstolos. E disse-lhes: Tenho desejado ansiosamente comer convosco esta páscoa, antes do meu sofrimento."

Segue a lista dos acontecimentos que levaram à crucificação do Messias:

1. Depois da Última Ceia eles foram para o Jardim do Getsêmani, fora da cidade de Jerusalém.

"Em seguida foi Jesus com eles a um lugar chamado Getsêmani, e disse a seus discípulos: Assentai-vos aqui, enquanto eu vou ali orar;"

Mateus 26:36

2. Do Getsêmani, Jesus foi levado para o palácio do Sumo-Sacerdote.

"E os que prenderam a Jesus o levaram à casa de Caifás, o Sumo-Sacerdote, onde se haviam reunido os escribas e os anciãos."

Mateus 26:57

3. Do palácio de Caifás Ele foi levado à Pôncio Pilatos no lugar de julgamento.

"Levantando-se toda a assembleia, levaram Jesus a Pilatos."

Lucas 23:1

4. Depois de comparecer à presença de Pilatos Ele foi lavado para o Palácio do Rei Herodes.

"Ao saber que era da jurisdição de Herodes, estando este naqueles dias em Jerusalém, lho remeteu."

Lucas 23:7

5. Do Palácio de Herodes, levaram Ele de volta a Pilatos no lugar de julgamento.

"Mas Herodes, juntamente com os da sua guarda, tratou-o com desprezo e, escarnecendo dele, fê-lo vestir-se de um manto aparatoso, e o devolveu a Pilatos."

Lucas 23:11

6. No lugar de julgamento, sob o comando de Pilatos, Ele foi espancado e levado para o Gólgota.

"E chegando a um lugar chamado Gólgota, que significa Lugar da Caveira,"

Mateus 27:33

"Depois de o crucificarem, repartiram entre si as suas vestes, tirando a sorte."

Mateus 27:35

No Salmos 22:18, o salmista Davi profetizou acerca de repartirem as suas vestes. "Repartem entre si as minhas vestes, e sobre a minha túnica deitam sortes".

Foi ali no Gólgota, que a Igreja Unicista testemunhou a morte terrível do seu Senhor, e Salvador, Jesus Cristo. Eles presenciaram admirados, quando o divino confrontou as coisas que eram mortais. Miraculosamente os sepulcros se abriram em Jerusalém, assim como o céu se escureceu acima da terra.

Jesus Cristo ascendeu ao céu no quadragésimo dia depois da Sua ressurreição (Atos 1:3, 9), e dez dias antes do derramamento do Espírito Santo sobre cento e vinte pessoas, no Dia de Pentecostes (Atos 2:2).

As Escrituras Sagradas nunca se contradizem. Em relação aos eventos pertencentes à morte do Messias, descobrimos no Antigo, e no Novo Testamento, uma perfeita harmonia das Escrituras.

No livro de Zacarias 12:10, foi profetizado acerca da lança que seria enfiada no lado de Cristo. Este profeta Hebreu, viveu 500 anos antes do nascimento de Jesus.

"E sobre a casa de Davi, e sobre os habitantes de Jerusalém, derramarei o espírito de graça e de súplicas; olharão para mim, a quem traspassaram; ..."

O salmista Rei Davi, viveu 1.000 anos antes do nascimento de Jesus Cristo e, no entanto, escreveu nos Salmos 34:20, "Preserva-lhe todos os ossos, nem um deles sequer será quebrado."

João escreveu acerca dos ossos do Senhor, que não seriam quebrados, em João 19:36, "E isto aconteceu para se cumprir a Escritura: Nenhum dos seus ossos será quebrado."

No templo em Jerusalém havia um véu que separava Israel da presença de Deus. Atrás do véu estava a Arca da Aliança e a glória do Senhor, a Shekinah envolvia a Arca. Deus queria que nós sentíssemos a Sua presença como Adão e Eva sentiram no Jardim do Éden, e mais uma vez queria desfrutar comunhão com o mortal.

Ele sabia que o véu teria que ser removido, para que nós pudéssemos entrar na Sua presença. Isto foi cumprido no Calvário.

"E Jesus, clamando outra vez com grande voz, entregou o espírito. Eis que o véu do santuário se rasgou em duas partes, de alto a baixo; ..."

Mateus 27:50-51

Quando Jesus subiu ao Gólgota, o véu estava em sua mente. Ele podia ver a si mesmo movendo nos nossos cultos, e andando nos nossos lares, quando nós O exaltávamos. Se o véu fosse removido, não somente o Sumo Sacerdote ia poder receber a Sua unção, mas todos aqueles que corajosamente se aproximassem do propiciatório. Todos nós devemos entender a importância do que Ele fez por nós no Calvário, quando removeu o véu.

Agora que o véu do templo foi removido, as pessoas cheias do Espírito Santo podem corajosamente aproximar-se ao trono da graça do Senhor.

Nós podemos através de olhos espirituais, ver anjos e comer do maná celestial, nos nossos cultos. Não precisamos mais de ter um Sumo Sacerdote para servir de mediador por nós, porque podemos sentir a gloria "Shekinah" do Senhor onde quer que estejamos ou vá.

Eu sempre apreciarei o momento em que senti a presença "Shekinah" do Senhor pela primeira vez. Eu sinto a Sua presença agora onde quer que eu vá. Não há mais um véu de religião entre nós.

Embora os judeus tenham ganhado a simpatia do mundo, por causa de sua dispersão por toda a terra em 70 D.C., que durou quase dois mil anos, eles, de certa forma, trouxeram o problema a si mesmos. Foi consumado! o Messias ungido sofreu maliciosamente em mãos carnais.

Quando Jesus foi colocado em pé perante Pôncio Pilatos, o governador Romano tentou soltá-Lo. Pilatos cria que o homem que ali estava era inocente das acusações que estava recebendo. Sua esposa insistiu que ele estava lidando com sangue inocente.

Se não fosse pelos judeus, Pilatos teria liberado o Messias. Os sacerdotes da fé Hebraica exigiram a sua morte, trazendo sobre si e sobre os seus filhos, o sangue de Jesus Cristo, por séculos vindouros.

Apesar dos romanos terem recebido a culpa pela morte de Jesus, Mateus 26:3-4 fala da trama ministrada pelos líderes judeus.

"Então os principais sacerdotes e os anciões do povo se reuniram no palácio do Sumo Sacerdote, chamado Caifás; e deliberaram prender Jesus à traição, e matá-lo."

O primeiro Sumo Sacerdote em Israel foi Arão, irmão de Moisés e Miriã.

Quem era o homem que se chamava Caifás?

Caifás era o Sumo Sacerdote nos dias do Messias. Os judeus reverenciavam este homem, ele tinha autoridade para chegar ao propiciatório. Caifás profetizou acerca de Jesus Cristo e não sabia o que estava dizendo, ou será que ele sabia? lemos sobre uma estranha profecia que vem deste líder judeu, provavelmente conhecendo o Antigo Testamento melhor do que qualquer um.

"Então os principais sacerdotes e os fariseus convocaram o Sinédrio; e disseram: Que estamos fazendo, uma vez que este homem opera muitos sinais?

Se o deixarmos assim, todos crerão nele; depois virão os romanos e tomarão não só o nosso lugar, mas a própria nação. Caifás, porém, um dentre eles, sumo sacerdote naquele ano, advertiu-os dizendo: Vós nada sabeis, nem considerais que vos convém que morra um só homem pelo povo, e que não venha a perecer toda a nação. Ora ele não disse isto de si mesmo; mas, sendo sumo sacerdote naquele ano, profetizou que Jesus estava para morrer pela nação, e não somente pela nação, mas também para reunir em um só corpo os filhos de Deus, que andam dispersos. Desde aquele dia resolveram matá-lo."

João 11:47-53

Será que os judeus não puderam ver, através desta profecia misteriosa, que Jesus Cristo realmente era o Messias que foi anunciado nas antigas profecias Messiânicas? Caifás, que anualmente oferecia sacrifício ao Deus Todo-poderoso pelos pecados de Israel, exigiu a morte do mesmo.

Os romanos eram inimigos perpétuos do povo judeu. Em Lucas 23:11-12, nós testemunhamos uma amizade anormal, um pouco antes da crucificação do Senhor dos Exércitos.

"Mas Herodes, juntamente com os da sua guarda, tratou-o com desprezo e, escarnecendo dele, fê-lo vestir-se de um manto aparatoso, e o devolveu-o a Pilatos. Naquele mesmo dia Herodes e Pilatos se reconciliaram, pois antes viviam inimigos um com o outro."

SACRIFÍCIO SUPREMO

Não é estranho que Pôncio Pilatos, que era romano, de repente se tornou amigo de Herodes Antipas, que era judeu, pouco antes de Cristo ser entregue às mãos do povo?

É verdade que Jesus, o verdadeiro Messias, foi entregue às mãos dos ímpios soldados romanos para ser crucificado, porém a sua execução foi implementada por grupos erráticos, entre as autoridades judaicas.

Nos próximos anos, o povo lavado no sangue do Senhor experimentaria um derramamento de sangue sem igual, comandado pela nação judaica, em conjunto com o Imperador Romano. As estradas do Império Romano, seriam manchadas com o sangue dos santos monoteísticos de Deus, e o sangue de sua semente em gerações porvir.

Vamos começar com a família de Herodes, vindo de Edom e governando a Palestina por mais ou menos cento e cinquenta anos, de 50 A.C. até 100 D.C.

Não havia somente um líder na família de Herodes, mas vários. O primeiro foi Herodes o Grande, o pai de todos eles. O segundo foi Herodes Antipas, filho de Herodes o Grande. Depois foi Herodes Agripa I, neto de Herodes o Grande, e Herodes Agripa II, o bisneto de Herodes o Grande. A dinastia de Herodes se manteve firme por muitos e muitos anos.

Herodes o Grande, manteve o seu governo na Palestina por mais de quarenta anos, mantendo-se amigável com os imperadores romanos.

Herodes o Grande tinha dez esposas e vários filhos. A sua crueldade é ilustrada no massacre das crianças em Belém da Judéia, em seu esforço para destruir o menino Jesus.

Quando os magos do Oriente disseram a Herodes que nasceria o "Rei dos Judeus," eles imediatamente criaram uma ameaça para o trono da família Herodes. Foi por essa razão que Herodes, rei dos Judeus, enviou os Magos do Oriente à Belém, para encontrar a criança que se tornaria rei dos Judeus. Herodes não estava interessado a adorar o Messias como ele havia afirmado. E sim queria eliminar a ameaça que o menino Jesus representava à família carnal de Herodes.

No Evangelho de São João, Jesus descreve o Seu reinado e governo na terra. Jesus não satisfez as expectativas dos judeus, visto que ele nasceu como uma criança, quando eles esperavam que o Messias governasse de um trono. Os judeus criam na vinda do Messias profetizado. E ainda creem.

Pôncio Pilatos, o governador da Judéia, ficou confuso quando Jesus foi trazido à sua presença.

"Replicou Pilatos: Porventura sou judeu? A tua própria gente e os principais sacerdotes é que te entregaram a mim. Que fizestes? Respondeu Jesus: O meu reino não é deste mundo. Se o meu reino fosse deste mundo, os meus servos se empenhariam por mim, para que não fosse eu entregue aos judeus; mas agora o meu reino não é daqui. Então lhe disse Pilatos: Logo tu és rei? Respondeu Jesus: Tu dizes que sou rei. Eu para isso nasci e para isso vim ao mundo, a fim de dar testemunho da verdade. Todo aquele que é da verdade ouve a minha voz."

João 18:35-37

O povo judeu não compreendeu o que estava acontecendo, e finalmente considerou Jesus como sendo um blasfemo. Nas horas finais de zombaria, eles O coroaram com uma coroa de vergonha e lhe chamaram, com a aprovação da família de Herodes, "Rei dos Judeus."

Talvez a família de Herodes tenha sido forçada ao Judaísmo por motivos políticos, mas a lei de Deus certamente não estava em seus corações.

Mateus 2:12-13, diz que um anjo do Senhor visitou José.

"Sendo por divina advertência prevenidos em sonho para não voltarem à presença de Herodes, regressaram por outro caminho a sua terra.

Tendo eles partido, eis que aparece um anjo do Senhor a José em sonho, e diz: Dispõe-te toma o menino e sua mãe, foge para o Egito, e permanece lá até que eu te avise; porque Herodes há de procurar o menino para o matar."

Certamente incomoda a mente tentar entender um homem que ousaria ficar no templo do Altíssimo, sob a Estrela de Davi, e realizar tais atrocidades. Como poderia alguém considerá-lo um ser humano depois de ler a sua reação quando soube que os Magos partiram?

"Vendo-se iludido pelos magos, Herodes enfureceu-se grandemente, e mandou matar todos os meninos de Belém e de todos os seus arredores, de dois anos para baixo, conforme o tempo do qual com precisão se informara dos magos."

Mateus 2:16

Criança com a sua inocência, sempre teve um lugar especial no meu coração. Desde o tempo em que eu pertencia à Igreja Católica, já era um forte oponente contra o aborto. Gostaria de saber qual é a diferença entre Herodes o Grande, em transpassar os corpos inocentes das crianças de Belém, e nas clínicas, os médicos praticarem o aborto nos bebês prematuros. Estou cansado de ver o nosso governo tomar nosso dinheiro de impostos e usá-lo para eliminar crianças indesejadas. Usando a desculpa de que os nenéns ainda não estão formados. Se escolhermos crer na bíblia, Deus falou a Jeremias, em Jeremias 1:5, que Ele o conhecia antes que Ele o formasse. Deus ama as criancinhas.

Em segundo lugar veio Herodes Antipas. Esse judeu era o governante astuto que decapitou João Batista, e se opôs fortemente aos ensinos de Jesus Cristo, o Nazareno.

João Batista era o filho de Isabel. Seu pai era o sacerdote Zacarias do turno de Abias. Isabel era idosa e estéril, quando o anjo Gabriel apareceu miraculosamente ao seu marido no templo, informando-lhe da vontade de Deus em suas vidas. Isabel iria experimentar uma concepção divina, e João, o fruto do seu ventre, seria cheio do Espírito Santo desde o ventre de sua mãe. Isabel a mãe de João, e Maria a mãe de Jesus eram primas.

Em Mateus 3:13, nós lemos acerca de Jesus ter vindo a João para ser batizado no Rio Jordão.

"Por esse tempo dirigiu-se Jesus da Galiléia para o Jordão, a fim de que João o batizasse."

Porque João Batista reprovou a união de Herodes Antipas com Herodias, furor acendeu no coração da noiva. Herodias imediatamente, para se vingar e com um espírito vindicativo, buscou a vida de João Batista.

No livro de Mateus, podemos ler a trama que foi feita por essa mulher para decapitar o servo do Senhor.

"Porque Herodes havendo prendido e atado a João, o metera no cárcere, por causa de Herodias, mulher de Filipe seu irmão; Pois João lhe dizia: Não te é listo possuí-la. E querendo matá-lo temia o povo, porque o tinham como profeta.

Ora, tendo chegado o dia natalício de Herodes, dançou a filha de Herodias diante de todos e agradou a Herodes. Pelo que prometeu com juramento, dar-lhe o que pedisse. Então ela, instigada por sua mãe, disse: Dá-me aqui num prato, a cabeça de João Batista. Entristeceu-se o rei; [E não por causa que ele temesse ao Senhor, mas porque ele tinha medo do povo] mas por causa do juramento e dos que estavam com ele à mesa, determinou que lha dessem. [Herodes Antipas não quebrou o juramento que fez à filha de Herodias, mas tirou a vida do homem de Deus]. Deu ordens, e decapitou a João no cárcere. Foi trazida a cabeça num prato, e dada à jovem que a levou à sua mãe. Então vieram os seus discípulos, levaram o corpo e o sepultaram; depois foram e o anunciaram a Jesus."

Mateus 14:3-12

Em Lucas 9:9, Herodes confessou o assassinato brutal de João Batista, o profeta do Senhor, a voz que clamava no deserto.

"E mandei decapitar a João..."

Não era ruim suficiente para Herodes o Grande matar os bebês em Belém, mas agora sua família levantou a mão carnal contra o ungido de Deus. O banho de sangue no Império Romano estava apenas começando.

CAPÍTULO DEZ

Marcado Para o Martírio

Uma das primeiras mensagens que ouvi no culto Apostólico, foi tirada do livro de I Crônicas 16:21-22, referindo-se ao toque do ungido do Senhor.

"Ninguém permitiu que os oprimisse; antes por amor deles, repreendeu a reis, dizendo: Não toqueis nos meus ungidos, nem maltrateis os meus profetas."

Depois de Herodes Antipas, veio o rei judeu, Herodes Agripa I. Foi ele quem ordenou a execução do Apóstolo Tiago e mandou prender a Pedro, o mesmo que no Dia de Pentecostes, ficou em pé e proclamou as chaves do Reino de Deus. O Apóstolo Tiago, irmão de João foi degolado no ano 36 D.C.

"Por aquele tempo mandou o rei Herodes prender alguns da igreja para os maltratarem, fazendo passar ao fio da espada a Tiago, irmão de João."

Atos 12:1-2

Os cristãos começaram a ser martirizados um a um, mas a igreja monoteística continuou crescendo. Para os santificados, que foram lavados no sangue da cruz, e redimidos do senhor, esta é a sua herança.

O Herodes Agripa I era conhecido como o membro mais cruel da família dos Herodes. Por causa do seu estilo de vida ofensiva e imoral, e por causa do derramamento de sangue dos Apóstolos, Deus decidiu matá-lo. Esse evento está registrado no livro dos Atos dos Apóstolos 12:21-23.

"Em dia designado, Herodes, vestido de trajo real, assentado no trono, dirigiu-lhes a palavra; e o povo clamava: É a voz de um deus; [Nós veremos na história dos romanos que houve muitos imperadores que eram vistos como deuses], e não de homem! No mesmo instante um anjo do Senhor o feriu, por ele não haver dado glória a Deus; e comido de vermes expirou."

O último membro da família dos Herodes que mencionaremos, é o Herodes Agripa II. Este jovem tinha apenas dezessete anos de idade quando seu pai foi morto pela mão do anjo. Por causa da sua idade, o Imperador Romano Claudio, recusou faze-lo rei da Palestina. Contudo, mais tarde, quando o tio de Herodes Agripa II faleceu, em 50 D.C., ele foi feito rei dos Calcos, na região do Líbano. O sangue apostólico fluiu livremente nas ruas do Império Romano sob este monarca.

Em uma visita a seu amigo Festo, o governador romano da Judéia, foi convidado a ouvir a defesa do apóstolo Paulo e a apelar ao imperador.

"Mas havendo Paulo apelado para que ficasse em custódia para o julgamento de César, ordenei que o acusado continuasse detido, até que eu o enviasse a César. Então Agripa disse a Festo: Eu também gostaria de ouvir este homem. Amanhã, respondeu ele, o ouvirás. De fato, no dia seguinte, vindo Agripa e Berenice, com grande pompa, tendo eles entrado na audiência juntamente com oficiais superiores e homens eminentes da cidade, Paulo foi trazido por ordem de Festo."

Atos 25:21-23

Neste tempo, houve um grande alvoroço entre os judeus, causando uma erupção de revoltas em 66 D.C. Depois que Herodes Agripa II não conseguiu persuadir os judeus a não guerrear, ele saiu da fé judaica, e voltou-se contra eles e a favor dos Romanos.

Todos os Apóstolos de Cristo foram executados, com exceção de um, o apóstolo João. Não somente os apóstolos sofreram grande perseguição, mas os discípulos, seguidores de Cristo, também sofreram.

No seminário de teologia, nós protegíamos nossas fontes especiais de informações e ideias. Passávamos dias e noites fazendo pesquisas e estudando sobre a igreja. Discutíamos detalhadamente sobre o sangue que foi derramado pelos mártires da primeira igreja.

Estêvão foi o primeiro mártir. Este homem possuía, na sua morte, uma plenitude do Espírito Santo.

1. Atos 6:5 nos diz que Estêvão era cheio de fé e do Espírito Santo.
"O parecer agradou a toda a comunidade; e elegeram Estêvão, homem cheio de fé e do Espírito Santo..."

2. Atos 6:8 diz que ele era cheio de poder.
"Estêvão cheio de graça e poder, fazia prodígios e grandes sinais entre o povo."

3. Atos 6:10 nos diz que ele era cheio de sabedoria. "e não podiam sobrepor-se à sabedoria e ao Espírito com que ele falava."

4. Atos 6:15 diz que Estêvão era cheio da luz de Deus.
"Todos os que estavam assentados no sinédrio, fitando os olhos em Estêvão, viram o seu rosto como se fosse o rosto de um anjo."

5. Atos 7:55 testemunha a sua visão espiritual.
"Mas Estêvão cheio do Espírito Santo, fitou os olhos no céu e viu a glória de Deus, e Jesus que estava a sua direita,"

6. Atos 7:58, diz que ele foi um mártir para a fé Apostólica.
"E, lançando-o fora da cidade, o apedrejaram. As testemunhas deixaram suas vestes aos pés de um jovem, chamado Saulo.

7. Atos 7:60, fala de um homem que era cheio do amor inspirado pelo Espírito Santo.
"Então ajoelhando-se, clamou em alta voz: Senhor, não lhes imputes este pecado. Com estas palavras adormeceu."

No mínimo, podemos dizer que Estêvão foi martirizado sem misericórdia.

Os líderes judeus não podiam suportar a sabedoria com que este mártir unicista falava, por isso o levaram para fora da cidade e o apedrejaram.

DE ROMA À JERUSALÉM

Notemos o jovem chamado Saulo, que estava presente para testemunhar a morte deste homem justo. Embora Saulo sentisse que estava na vontade de Deus, ele causou devastação na igreja cristã, colocando muitos apostólicos em prisões.

Ainda jovem, Saulo (Paulo), foi à Jerusalém para estudar com o famoso Rabino Gamaliel. Apesar de ser totalmente devotado ao judaísmo, ele estava longe de Deus. Saulo não sabia que um dia ele daria a sua própria vida pela mesma fé pentecostal.

Ao viajar em uma estrada empoeirada à Damasco, de forma milagrosa, o Senhor redirecionaria os passos dele. Deus pode fazer em um momento o que o homem não pode fazer durante a vida toda. Em um momento, Ele mudou o meu curso de direção de Roma para Jerusalém.

Em Mateus 23:37-38, Jesus advertiu os judeus acerca dos atos maus que estavam cometendo, e o preço que pagariam por tocarem no ungido do Senhor. Não é de admirar que o Senhor falou com um tom sóbrio enquanto olhava para a grandiosa cidade de Jerusalém?

"Jerusalém, Jerusalém! que mata os profetas e apedreja os que te foram enviados! quantas vezes quis eu reunir os teus filhos, como a galinha ajunta os seus pintinhos debaixo das asas, e vós não o quisestes! Eis que a vossa casa vos ficará deserta."

O Imperador Claudio morreu em 54 D.C. Apesar de Claudio ser um ditador implacável, a sua maldade contra a Igreja Apostólica, não se compararia com a do seu sucessor, o Imperador Nero Cláudio César Augusto Germânico. O Imperador Nero deveria ser lembrado na história como um tirano em respeito aos cristãos. Hoje estamos falando acerca da nossa herança Apostólica.

O pai de Nero morreu quando ele era apenas uma criança. O Imperador Claudio adotou a criança e mudou seu nome para Nero.

Em 53 D.C. Nero se casou com Otávia, a filha do Imperador Claudio. Ele estudou com tutores gregos que encorajaram seu gosto para música, poesia e esportes. Nero tornou-se imperador romano após a misteriosa morte de seu pai Claudio, um ano depois de seu casamento com Otávia.

O Imperador Nero ordenou a morte de muitos apostólicos durante o seu curto mandato de quatorze anos. Este homem não tinha o temor de Deus, ou consideração pela vida humana.

Logo depois de ter assumido o trono, ele mandou assassinar a sua mãe, insistindo que ela tinha interferido com o seu governo. Ele então mandou envenenar o filho de Claudio, chamado Britânico. Em 62 D.C., ele mandou matar sua esposa Otávia e então se casou com Sabina. Desfrutando uma vida curta de casado com a Sabina, ele faleceu de feridas auto infligidas em 68 D.C.

O Imperador Nero, construiu o "Circo de Nero." Este circo foi construído para o seu entretenimento pessoal. Assim como o Coliseu, o Circo de Nero, foi usado para matar crentes unicistas.

O Imperador Constantino o Grande, no quarto século, construiu a Igreja de São Pedro em cima do Circo de Nero. As paredes do matadouro tornaram-se a fundação do Vaticano. Você vai ver que ao passar dos tempos, o espírito de Nero traspassou o piso de mármore, e atingiu o coração de alguns dos Pontífices de Roma e Agnone.

Nero era um Imperador Romano. Os romanos odiavam o monoteísmo porque adoravam a muitos deuses. Eles detestavam a Igreja Apostólica e sua experiência Pentecostal.

Dizer que a igreja do primeiro século foi chamada Igreja Romana é inconcebível. Podia ser católica no sentido de que católica significa universal, mas nunca poderia ter sido chamada Romana. Para a Igreja Apostólica ser chamada Romana, seria comparável aos judeus colocarem a bandeira da Suástica na frente das suas casas durante a Segunda Guerra Mundial. Por que eles iam querer se identificar com o inimigo?

Através dos anos, tem havido muitas discussões sobre a palavra "católico", e sobre o título "Igreja Católica Romana."

O magistério ou a autoridade de ensino está nas mãos dos pontifícios e sua assessoria. De acordo com a tradição Católica, somente eles têm autoridade de fazer mudanças no cânone da Igreja. Sem desrespeito, eu não tenho interesse na interpretação independente de Católicos ou Protestantes leigos através da história da Igreja Cristã. Devemos nos concentrar apenas nas decisões da hierarquia da igreja.

1. Quando foi que a palavra "Católica" apareceu na história da Igreja?

A palavra católica foi criada pelo teólogo e apologista, Inácio, que era o Bispo de Antioquia, no final do primeiro e início do século II. Foi só no início do segundo século que a palavra "católica" foi ouvida.

Esta palavra "católica" não está no Novo Testamento e não aparece nos antigos cânones hebraicos. A palavra foi criada pelo Bispo Inácio (35-107 D.C.) para separar a "Verdadeira Igreja Apostólica Cristã" das judaicas e heresias agnósticas que antecedeu o cristianismo. Nesta época, os líderes da igreja, sentiram que era imperativo que um nome distintivo fosse criado para diferenciar entre os ensinamentos. O gnosticismo pode ser traçado até os dias do filósofo Platão (427-347 B.C.)

No primeiro século, a Igreja em sua simplicidade era referida como "Sua Igreja," Mateus 16:18. Esta Igreja indivisa, ensinava o que os ungidos Apóstolos foram instruídos pelo Espírito Santo para escrever. Os que aceitavam a mensagem, eram chamados cristãos, ou simplesmente seguidores de Cristo. A igreja do primeiro século, em sua infância, foi assim "A Igreja Apostólica Cristã," com sua experiência pentecostal. Não havia nenhum outro adjetivo acrescentado a este título, até o Bispo Inácio acrescentar a palavra "Católica," que quer dizer universal.

A "Pura Igreja Apostólica Cristã" quanto a este respeito, realmente era universal, sendo que era a igreja para todos os que cressem. Jesus Cristo ungiu a Sua Igreja com o seu próprio sangue, desejando que todos recebessem. A Igreja era para ser para o preso e para o livre, para o rico e para o pobre. Era para os judeus e para os gentios.

Do final do primeiro século até hoje, os teólogos e os apologistas da igreja, têm usado o termo "católico" para descrever a igreja de Cristo, a primeira e indivisa Igreja.

O Vaticano não tem o monopólio na palavra católica. A Igreja da Inglaterra se chama Católica, assim como as tradições ortodoxas entre outras. Através dos anos, a Pura Igreja Apostólica, tem sido intimidada pela Igreja de Roma e sem causa. Eu digo, sem causa alguma! A "Verdade Apostólica" nunca deve sucumbir as intimidações dos espíritos que irradiam de falácias religiosas feitas pelo homem.

2. *De onde veio o título "Católico Romano"?*

O título "Católico Romano" NUNCA foi e não é hoje um título oficial dado à igreja Católica em Roma. A palavra "Romana" foi adicionada ao título da igreja no Primeiro Concílio do Vaticano em 1870. Nunca foi a "Igreja Católica Romana".

A palavra "Romana" era um insulto para a igreja em Roma pela Igreja da Inglaterra, especialmente durante o reinado da Rainha Elizabete I, que era protestante. O seu pai, Rei Henrique VIII, se fez cabeça da Igreja na Inglaterra, depois do Papa Clemente VII, ter recusado a dar a ele a anulação do seu casamento com a sua primeira esposa, Catarina de Aragão.

No dia 25 de fevereiro de 1570, o Papa Pio V, no edito papal "Regrians in Exelsis" declarou a Rainha Elizabete I, a pretendida Rainha da Inglaterra e a serva de crime, como herege, ele liberou todos os seus súditos de qualquer lealdade para com ela, e excomungou qualquer um que obedecesse a suas ordens.

Esta palavra "Romana" que foi usada como uma afronta, começou a circular na Inglaterra para descrever a Igreja de Roma, e mostrar que ela não tinha afiliação com a Igreja da Inglaterra, que também se via e ainda se ver como católica, até hoje. A palavra romana, que foi usada como insulto, evoluiu da seguinte forma:

* Romanista (1515 - 1525)
* Roman (1525 -1535)
* Romanizado (1600 - 1610)
* Romanismo (1665-1675)
* Católica Romana (1815 - 1825)

Hoje em dia, a única Igreja Católica que pode ser autenticamente referenciada como "Romana," é a igreja em Roma. A palavra "Romana" foi dada a igreja em Roma, para significar que a autoridade da "fé cristã" se concentra no bispo de Roma que é o papa. O Vaticano sempre foi sobre controle.

Em 1302, o Papa Bonifácio VIII, afirmou no seu touro papal, "Unam Sanctam" que para obter salvação todo ser humano deve se sujeitar ao papa.

Foi convocado o Primeiro Concílio Vaticano sob a liderança do Papa Pio IX, pelo touro papal "Aeterni Patris," no dia 29 de junho de 1868. Foi durante esse Concílio Ecumênico, que o título "Igreja Católica Romana" foi proposto, para ser o título oficial da igreja em Roma. Antes disso a igreja foi referida como a "Igreja Católica".

No primeiro Concílio Vaticano, foi apresentado um rascunho para identificar a Igreja Católica, "*Sancta romana catholica Ecclesia*" (A Santa Igreja Católica Romana). O título foi rejeitado depois da objeção de 35 bispos Ingleses. Eles achavam que aquele título "Igreja Católica Romana", podia ser interpretado como favorecendo a "Teoria do Ramo Anglicano".

Mais tarde, eles sucederam em adicionar mais um adjetivo, para que o texto final lesse: "Sancta catholica apostolica romana Ecclesia:" "A Santa Igreja Católica Apostólica Romana." A palavra Romana foi acrescentada à Igreja em Roma menos de 150 anos atrás.

Na conclusão do Primeiro Concílio do Vaticano em 1870 que oficialmente adotou o título "A Santa Igreja Católica Apostólica Romana", que era anteriormente na história, apenas referida como a Igreja Católica; O Papa Pio IX fez esta declaração:

"Nós afirmamos que a verdadeira Igreja de Cristo, deve ser Apostólica na origem, na doutrina e na sucessão. Isto quer dizer que ela deve chegar até nós, vindo diretamente dos Apóstolos; ela deve ensinar a mesma doutrina que os Apóstolos ensinaram, e os seus pastores devem ter a autoridade de ensinar, ministrar e liderar transmitida a eles pelos Apóstolos".

Eu concordo totalmente com a declaração que fez o Papa Pio IX. Enquanto escrevo, estou sentindo o poder e coragem do Espírito Santo em mim. Eu gostaria de saber então, porque o Papa Pio IX não pregou Atos 2:38 como Pedro, de quem ele alega a sucessão.

Através dos séculos, o que é que tem mudado na Igreja de Deus, a qual é lavada pelo sangue? Eu posso afirmar que nada, nada mesmo!

No Cristianismo todos alegam ser verdadeiros sucessores da igreja do primeiro século, como tem alegado a igreja em Roma, e que todos os outros desviaram-se dos seus ensinamentos. Esta atitude em particular coloca todos, incluindo eles mesmos, na defensa. Se alguém afirma ser os verdadeiros sucessores da igreja do primeiro século, eles também devem estar preparados para ensinar, pregar e praticar a fé Apostólica, como os ministros o fizeram na primeira igreja.

A igreja do primeiro século não era a igreja católica e nem o Palácio Apostólico. Era a "**Igreja Apostólica Pura**," com a sua experiência Pentecostal, como é hoje.

Nunca na história da igreja ungida por Deus, foi dito que nós estamos corretos e os outros errados. O que nós dizemos é que o que foi transmitido autoritariamente aos apóstolos por Jesus Cristo é correto, e que tudo mais está errado.

Nós não votamos na Palavra de Deus. Se o Senhor quisesse acrescentar alguma coisa, Ele teria instruído os Apóstolos para fazê-lo.

O que foi adicionado e tirado da Bíblia ao longo dos anos, desde a morte de Cristo, NÃO tem sido a reflexão tardia de Deus.

A matança do povo Apostólico começou a se espalhar através do mundo. O Apóstolo Tomé pregou aos Medos e Persas. Ele sofreu grande perseguição, e foi morto por um dardo na cidade de Calomina, na Índia.

Simão, que era irmão de Judas e Tiago, o mais jovem, foi crucificado no Egito, durante o domínio do Imperador Trojan, enquanto Simão o Zelote que também pregou na África, foi crucificado da mesma maneira.

Ainda dentro do reinado do Imperador Trojan, que tinha nascido nos dias de Nero, Marcos, o primeiro bispo de Alexandria e um evangelista, foi queimado até a morte. A cripta de S. Marcos na Basílica é uma das joias religiosas arquitetônicas mais preciosas de Veneza. Esta cripta foi construída cerca de 1000 D.C. para abrigar os restos mortais de São Marcos, o padroeiro da cidade. Seus restos mortais foram transferidos de Jerusalém para Veneza após a conclusão da cripta.

É dito que Bartolomeu traduziu o Livro de Mateus para a língua indiana. Eles se tornaram missionários na promoção da verdadeira fé apostólica. Na Armênia, após grande e diversa perseguição, Bartolomeu foi espancado e crucificado. Além de ser crucificado, ele foi maliciosamente decapitado.

Este banho de sangue na Igreja Apostólica não foi por mera coincidência. Foi o cumprimento das palavras proféticas que foram proferidas pelos lábios do próprio Jesus Cristo.

O martírio do Apóstolo André, irmão de Pedro, foi em Petra, cidade da Acaia. O menor dos criminais, no Império Romano, eram executados por crucificação, como o apóstolo André.

Mateus, o Levi, ordenado Apóstolo de Jesus Cristo, escreveu o seu Evangelho na língua hebraica. O rei Hircanus ordenou um soldado a matá-lo com uma lança.

Filipe foi apedrejado, como Estêvão, mas não morreu. Depois do apedrejamento, ele foi crucificado em Frigia.

Tiago foi uma verdadeira testemunha de Jesus Cristo, tanto aos judeus como também aos gentios. Ele foi jogado das ameias, uma abertura no parapeito das muralhas do templo, pelos Escribas e Fariseus. Ele não morreu com a queda, mas faleceu depois de ser apedrejado pelos judeus. O sangue de Jesus e dos Apóstolos ungidos caiu sobre os judeus e seus filhos.

Agora era a vez de Paulo. Atos 23:12, nos conta como o povo hebreu planejou a sua morte.

"Quando amanheceu, os judeus se reuniram e, sob anátema, que não haviam de comer nem beber, enquanto não matassem a Paulo".

O Apóstolo Paulo, apesar de não ter sido numerado entre os doze Apóstolos originais, sofreu sob a perseguição do Imperador Nero. Os soldados vieram, lhe tiraram de sua cela, de onde provavelmente escreveu para Timóteo declarando que ele havia lutado um bom combate. Os soldados então, violentamente o levaram para fora da cidade, para o lugar da sua execução. Foi ali que o escritor do Novo Testamento foi degolado.

Isto parece incompreensível quando considero o que transparecia na mente daquele grande homem, quando ele caminhava na última estrada da sua vida. Sem dúvida nenhuma ele lembrou do momento em que testemunhou o apedrejamento de Estêvão, um líder Apostólico, provavelmente lembrou de quando recebeu o dom do Espírito Santo, e do tremendo encontro com Jesus na estrada para Damasco.

No livro de II Timóteo 4:6-8, Paulo escreveu a seu filho na fé, que a sua jornada estava para terminar.

"Quanto a mim, estou sendo já oferecido por libação, e o tempo da minha partida é chegado. Combati o bom combate, completei a carreira, guardei a fé. Já agora a coroa da justiça me está guardada, a qual o Senhor, reto juiz, me dará naquele dia; e não somente a mim, mas também a todos quantos amam a sua vinda."

O Imperador Nero também ceifou a vida do Apóstolo Pedro. Esse grande líder da igreja foi condenado a morte na cruz. E foi dito que Pedro pediu as autoridades que o crucificassem de cabeça para baixo, porque ele não se achava digno de ser morto como Jesus Cristo foi. A recordação de acontecimentos recentes, sem dúvida passou pela sua cabeça enquanto ele se deitava na sua cruz. Enquanto os pregos traspassavam sua carne, talvez ele tenha lembrado da sua preguiça no Jardim do Getsêmani, e sem dúvida perguntou a si mesmo: "Será que eu teria negado ao Senhor se a minha vida de oração estivesse em ordem?"

Ainda que Pedro talvez tenha sentido um profundo arrependimento, mesmo assim, não ficou desencorajado. Com certeza naquele momento de agonia, o Espírito de Deus veio confortá-lo e encheu a sua alma. Podemos imaginar como Pedro trouxe à memória a experiência que alterou a sua vida, junto com a multidão que literalmente cambaleavam sob a influência do Espirito Santo, no dia de Pentecostes. Ali, pendurado na cruz, Pedro pôde entender o que recebeu de Deus. Ele sabia que o mundo que exigiria sua vida, não lhe deu o Espírito Santo e não tinha o poder para toma-lo. Ele também sabia que a Igreja não foi fundada nele, mas na poderosa revelação de quem Jesus Cristo realmente era.

"Também eu te digo que tu és Pedro, e sobre esta Pedra edificarei a minha igreja, e as portas do inferno não prevalecerão contra ela."

Mateus 16:18

Lucas o evangelista, e Matias, que tomou o apostolado no lugar de Judas Iscariotes, e Judas, também foram martirizados no início da igreja.

O Apóstolo João, o amado do Senhor, foi o único Apóstolo que não sofreu martírio. São João o Divino foi banido pelo Imperador Domiciano, que sucedeu o seu irmão Tito como o Imperador Romano, para a Ilha de Patmos, uma pequena ilha vulcânica situada no Mar Egeu que fica na costa da Ásia Menor. Tanto o Imperador Domiciano, quanto seu irmão Imperador Tito, eram grandes perseguidores da fé monoteística apostólica.

Foi nesta ilha de cerca de treze milhas quadradas, que São João escreveu o livro profético de Apocalipse. O apocalipse de João é visível e transparente no livro que ele escreveu. Ele também escreveu o quarto Evangelho no Novo Testamento e as três epístolas de João. A liberdade que temos hoje no meio Apostólico, não foi de graça. Não foi gratuito mesmo!

Parece que Satanás virou o centro do inferno eternal contra a igreja, em um esforço para extinguir o movimento do Espírito de Deus entre as pessoas apostólicas. Mas como está escrito em Mateus, Satanás não vai prevalecer contra a igreja. A igreja, mesmo perseguida, avançou com ânimo e grande entusiasmo.

O Apóstolo Paulo, sabendo o potencial de martírio no Império Romano, mandou uma mensagem bem clara para Satanás e todos os que escolheriam segui-lo.

"Em todas estas cousas, porém, somos mais que vencedores, por meio daquele que nos amou. Porque eu estou bem certo de que nem a morte, nem a vida, nem anjos, nem principados, nem coisas do presente, nem do porvir, nem poderes, nem altura, nem profundidade, nem qualquer outra criatura poderá separar-nos do amor de Deus, que está em Cristo Jesus nosso Senhor."

Romanos 8:37-39

Quando estas palavras ecoaram nos montes da Judeia, a igreja ganhou uma visão da vitória total. Apesar da igreja ter sido gravemente ferida, nossa herança Pentecostal avançou em Nome de Jesus.

Depois da execução do Apóstolo Paulo, mais ou menos em 67 D.C, o centro de cristandade passou de Jerusalém para comunidades cristãs nas cidades da Antioquia na Síria, Alexandria no Egito, e especialmente em Roma, Itália.

Grande perseguição veio aos cristãos pelos romanos, cujo o império cobria quase toda a Europa, o Oriente Médio e o norte da África. Os romanos criam que lealdade ao imperador envolvia adorar os deuses do estado, e frequentemente, o próprio imperador.

Depois de Nero, Satanás pareceu ter lançado, por assim dizer, uma capa muito escura sobre a igreja apostólica. Os líderes da igreja, sendo intimidados pelos Romanos, começaram a inclinar-se no braço da carne, ao invés do eterno braço de Deus. Quando a liderança da igreja começou a fazer concessões, eles reprimiram o Espírito de Deus, falsas doutrinas tentaram encontrar o caminho ao coração do povo apostólico. Uma coisa é certa, se levou o Espírito Santo para inspirar o homem antigo a escrever a Palavra do Senhor, levará o mesmo Espírito Santo à inspirar o homem a entender a mesma Palavra.

Deus, nesta hora da meia-noite, quer que o povo do nome de Jesus compreenda plenamente o poder que se encontra na verdade apostólica. A verdade em sua forma mais pura sobe para além do nosso conhecimento humano. Jesus Cristo, o que criou e sustenta todas as coisas, sendo a "verdade absoluta", não é, nem pode ser sujeito a limitações do homem mortal - nem no nosso nascimento, nem na nossa morte. Portanto, a verdade de ser santo como o Senhor é santo, em sua presença imaculada, é uma realidade eterna suprema e imanente em todas as coisas que Ele criou.

CAPÍTULO ONZE
A Divindade: Só Há Lugar Para Um

Apesar de que os apostólicos unicistas sofreram no império, Deus continuou a encher as almas famintas com o Espírito Santo. Através das horas mais sombrias da Igreja Apostólica, o sudário de Satanás não pode sufocar o conhecimento do poder que estava no nome de Jesus.

Na sequência de uma tremenda perseguição durante o reinado do Imperador Nero (54-68 D.C.) e Tito (79-81 D.C.), as verdadeiras pessoas apostólicas lutaram para sobreviver com suas convicções sobre a unicidade de Deus. Embora altamente perseguida, a Igreja Apostólica manteve sua visão monoteística tal como no dia de pentecostes.

A "Palavra santa e não adulterada do Senhor" é monoteística em sua totalidade. Desde o começo em Gênesis 1:1, "No princípio criou Deus..." (não há menção de pessoas) até o fim, em Apocalipse 22:13 diz: "Eu sou o Alfa e o Ômega, o primeiro e o último, o princípio e o fim" (não há menção de pessoas), Deus não mudou.

Para apreciar a unicidade da divindade, é imperativo que entendamos quem Jesus Cristo realmente foi. A frase "Pai da Eternidade" é um título. Deus falou a Isaías que o menino Jesus seria referido pelo seu povo como o Pai da Eternidade. O Senhor me mostrou esta verdade na primeira vez que entrei em uma Igreja Apostólica. Esta revelação foi maravilhosamente clara para mim.

"Porque um menino nos nasceu, e um filho se nos deu [Jesus]; o governo está sobre os seus ombros; e o seu nome será [Jesus]: Maravilhoso, Conselheiro, Deus Forte, Pai da Eternidade, Príncipe da Paz".

Isaías 9:6

Para a Igreja Apostólica Unicista desde o começo, Jesus era:
* Jesus o Maravilhoso
* Jesus o Conselheiro

* Jesus o Deus Poderoso
* Jesus o Pai da Eternidade
* Jesus o Príncipe da Paz

Porque diria Deus a Isaías para profetizar que o nome do menino seria "Pai da Eternidade" se ele não fosse a encarnação do Pai? O Filho é o mesmo que o Pai, assim como a Palavra é a mesma que o orador.

O Bispo Inácio (35-107 D.C.), foi o terceiro bispo de Antioquia e testemunhou as atividades da Igreja Apostólica no primeiro século. Ele escreveu sobre Deus manifestado na carne.

"Há um Médico que possui tanto carne quanto espírito; ambos feitos e não feitos; Deus existente na carne; vida verdadeira na morte; tanto de Maria como de Deus; primeiro possível e então impossível, Jesus Cristo o Nosso Senhor".

Carta escrita aos Efésios, capítulo 7

Jesus Cristo era a visível e tangível encarnação do Pai Eterno. O criador e o sustentador de todas as coisas, escolheu tocar mortalidade de tal maneira que Lhe permitiu ser encarnado. Fazendo assim, o Senhor se vestiu com o único manto de carne que Ele jamais conheceria. Sobre o Seu trono eternal, os redimidos um dia reconhecerão o "Pai" pelo Seu corpo intangível e glorificado, com as marcas dos pregos em suas mãos e pés. "Jesus Cristo" era o "Pai" encarnado.

A ideia de "número de pessoas" na Divindade, não somente não é bíblica, mas claramente não é inspirada e somente oferece uma teologia blasfema.

Há somente um Deus que criou e sustenta o universo. Através dos tempos, Ele tem se manifestado de três maneiras diferentes, em três dispensações diferentes.

"Assim diz o SENHOR, que te redime, o mesmo que te formou desde o ventre materno: Eu sou o SENHOR que faço todas as cousas, que sozinho estendi os céus, e sozinho espraiei a terra;"

Isaias 44:24

"No princípio era o Verbo, [logos], e o Verbo estava com Deus, e o Verbo era Deus. Ele estava no princípio com Deus. Todas as cousas foram feitas por intermédio Dele [Jesus]; e sem Ele nada do que foi feito se fez."

João 1:1-3

"[Jesus] Estava no mundo, o mundo foi feito por intermédio dele, mas o mundo não o conheceu."

João 1:10

"No qual temos a redenção, e a remissão dos pecados através do seu sangue.
Ele era a imagem do Deus invisível [o Messias era a face mortal do Deus invisível], o primogênito entre toda a criação:
Foi através dele [Jesus] que todas as cousas no céu e na terra foram criadas; visíveis e invisíveis, sejam tronos, sejam soberanias, quer principados, quer potestades. Tudo foi criado por meio dele [Jesus] e para Ele.
Ele [Jesus] é antes de todas as cousas. ["Antes que Abraão existisse Eu Sou." João 8:58] Nele tudo consiste. Ele é a cabeça do corpo, da igreja, Ele é o princípio, o primogênito de entre os mortos, ..."

Colossenses 1:14-18

O Pai estava no mundo. Ele caminhou entre os homens num corpo humano, e eles não O reconheceram. Ele foi pendurado entre o céu e a terra no madeiro que Ele tinha criado, mas ainda assim o que era Seu não O recebeu. Eu tenho ouvido pessoas de igrejas denominacionais dizerem que não querem negar o Pai. O povo do Nome de Jesus, é o único povo nesta terra que sabe quem o Pai realmente é.

Em Hebreus 1:3, Paulo fala acerca da Divindade de Cristo, e compara a "unidade de Deus" com a imagem expressa do Todo-poderoso.

Embora os lábios do Messias se movessem, era mesmo o próprio Deus que falava através desses lábios mortais. Quando o Pai decidiu encarnar-se, Ele também decidiu pôr sobre Si a face mortal da humanidade. A Divindade do Altíssimo estava envolta naquele vaso carnal.

O Pai entregou o seu espirito, enquanto estava pendurado pelos nossos pecados, entre a humanidade e a Divindade. Na ressurreição do Messias, o Pai colocou sobre si mesmo o rosto glorioso de Sua humanidade. Deus falou a Tomé para examinar o Seu corpo ressurgido.

"E logo disse a Tomé: Põe aqui o teu dedo e vê as minhas mãos; chega também a tua mão e põe-na no meu lado; não sejas incrédulo, mas crente."

João 20:27

Quando os redimidos desta terra verem a Sua glória, eles também O reconhecerão pelas marcas dos cravos nas Suas mãos, como Tomé. Nós veremos o corpo humano de Deus em um estado glorificado.

"Porque agora vemos como em espelho, obscuramente, então veremos face a face; agora conheço em parte, então conhecerei como também sou conhecido."

I Coríntios 13:12

Quando alguém se olha no espelho, ele não vê, como pode parecer, uma segunda pessoa, mas vê uma imagem exata da sua pessoa. Jesus era uma imagem exata da única pessoa da Divindade.

"Ele, que é o resplendor da glória e a expressão [exata] do seu Ser [singular], ..."

Hebreus 1:3

A Bíblia não faz menção de pessoas. Deus é singular e único. Deve ser absolutamente entendido, que Tomé adorou a mesma Divindade no Novo Testamento que Abraão adorou no Monte Sinai, no Antigo Testamento.
Se você tem a revelação de quem Jesus Cristo realmente é; você deve guardar como um tesouro, este conhecimento que vem do Senhor. Apesar de sermos honrados em receber a verdade acerca do único Deus, nunca devemos deixar que seja acompanhado pelo espírito de arrogância. Muitas denominações

proclamam uma porção da verdade. É necessário que nós, como pessoas apostólicas, nos alegremos na porção da verdade que muitas pessoas possuem, enquanto oramos para os mesmos indivíduos para que recebam a porção que não retém.

Um exemplo claro disto pode ser visto no que veio a ser conhecido como a "Definição da Calcedônia", que hoje continua a ser a mais alta declaração ortodoxa, explicando as duas naturezas de Cristo. Embora tenha sido formada por mentes do concílio trinitário, mantém uma verdade importante que nós como crentes Unicistas aderimos até hoje.

Em 451 D.C., o quarto concílio ecumênico, conhecido como o Concílio da Calcedônia, foi convocado pelo Imperador Marciano que era do Oriente, em parte, para definir as duas naturezas de Cristo. Surgiu a necessidade de combater o ensinamento do Docetismo, que ensinava que o sofrimento e os aspectos humanos de Cristo eram imaginários ou aparentes, ao invés de fazer parte da encarnação (se fazer carne). Essa teologia ensinava que se Cristo sofreu Ele não era divino.

Para combater essa teologia, o concílio formou a "Definição da Calcedônia" que afirmava: "a encarnação era a união de duas naturezas distintamente diferentes, a Divina e a humana, cada uma completa em si mesma, sem que elas perdessem a sua própria identidade".

Embora o concílio tenha mantido a posição de que Jesus era a segunda pessoa da Divindade; eles entenderam como também a igreja do primeiro século que; Cristo era "verdadeiramente Deus e verdadeiramente homem".

Seja grato pela porção de verdade que outros possuem, mas continue orando até que eles cheguem ao conhecimento de quem Jesus Cristo realmente é.

Estando armado com o conhecimento da Palavra de Deus, e da revelação da Sua Unicidade, o povo Apostólico deve levar a mensagem do Evangelho com grande amor, a todos os que estão prontos a ouvir.

Jesus Cristo tinha sido crucificado, os apóstolos tinham sido martirizados, e a igreja estava parada sob as sombras romanas devido às leis do imperador. Enquanto a igreja Monoteística desesperadamente tentava manter a sua fé, gritando: "Onde está o nosso Deus?"

Depois que o Novo Testamento foi selado, muitos se voltaram aos livros de teólogos, filósofos e apologistas gregos e latinos. Me deixe afirmar que os apostólicos não observam tais escritos como tendo autoridade espiritual. O povo do Nome de Jesus nunca deve usar escritos pós-bíblicos, por qualquer autor, em qualquer período de tempo, para exclusivamente interpretar doutrina Bíblica. Não importando o tempo ou o escritor que seja. A revelação pessoal através da Sua eterna Palavra sempre foi a regra de Deus.

"Passará o céu e a terra, porém as minhas palavras não passarão."
Mateus 24:35

Eu não vou atacar fortalezas teológicas da história da igreja, mas quero que saibam que doutrinas falsas a respeito da Divindade, existe desde o começo.

Por mais de 2000 anos, corações abnegados de homens, mulheres e crianças procurando conhecer o Deus monoteísta de Abraão, têm sido vítimas da cristandade fabricada por homens.

Tertuliano (155-220 D.C.) conhecido como o primeiro pai latino da igreja, ganhou notoriedade como promotor e advogado do falso ensinamento da unidade tri única dentro da divindade. Ele se converteu ao cristianismo na igreja em Roma. Depois da conversão miraculosa de Tertuliano, por uma ou outra razão, ele se desencantou com as imperfeições da igreja, e finalmente quebrou os laços da irmandade. Ele então abraçou a fé do Montanismo, com o espírito entusiástico e proclamações audazes da crença.

Essa doutrina que Tertuliano abraçou, foi considerada heresia pela Igreja Universal. O que Montano (o fundador da doutrina) chamou de a "Nova Profecia" era basicamente uma convocação a preparar-se a volta do Senhor. Suas previsões confiantes com tempo mostraram ser falsas em virtude da falta do cumprimento. O Montanismo de muitas maneiras pode ser comparado com os Adventistas, liderado por William Miller no início dos anos de 1800, o qual predisse o dia e a hora da segunda vinda do Senhor. Com o desapontamento, Miller abandonou a igreja que mais tarde ficou conhecida como a Igreja Adventista do Sétimo Dia.

A DIVINDADE: SÓ HÁ LUGAR PARA UM

Tertuliano
(155-220 D.C.)

Quintus Septimus Florens Tertullianus formou a palavra trindade no terceiro século D.C. e foi o primeiro escritor latino a usar os termos "pessoa" e "substância" para descrever a Divindade.

O Montanismo interrompia casamentos, defendia jejum prolongado, e permitia muito pouco governo na igreja. Depois de um período incerto, especialmente ne igreja em Roma, Montanismo em sua totalidade foi condenado pelos oficiais da igreja.

Enquanto eu estava estudando no seminário Católico em Quebec, senti um impulso para comparar a doutrina da trindade de Tertuliano, com a doutrina da trindade do Hinduísmo. No Hinduísmo, sua doutrina trinitária é chamada trindade Hindu. E a conclusão do meu estudo foi que Tertuliano nunca tinha realmente deixado as suas raízes pagãs. Quando me concentrei nos seus muitos escritos, notei que eles sugeriam uma ponte muito forte que o ligava às suas crenças pagãs anteriores. Ele não destruiu esta ponte.

A doutrina trinitária do Hinduísmo, é muito parecida com a trindade de Tertuliano. A trindade na religião Hindu, consistia de Brahma, Vishnu e Shiva. Eles são, respectivamente, o criador, o conservador e o destruidor do universo. Eles também são alinhados como Divindade transcendente. Eles são o "Ser", o "That-ness ou Imanência" e a "Palavra ou Espírito Santo". Cada deus da trindade Hindu, tem o seu cônjuge. Brahma, é a deusa da sabedoria; Vishnu, é a deusa do amor, beleza e prazer; Shiva, é a deusa do poder, destruição e transformação. Estas três deusas muitas vezes são veneradas pelo povo Hindu pelo que representam em si mesmas, bem como junto com seus cônjuges.

Tertuliano nasceu durante um tempo tumultuoso para a primeira igreja. Novas ideias estavam emergindo, e a intolerância religiosa ainda estava sendo perpetrada contra o povo Apostólico Unicista. O ano do nascimento de Tertuliano foi marcado com o martírio de Policarpo. Policarpo (70-155 D.C.) não era um filósofo ou teólogo, mas sim um líder prático e professor superdotado. Ele cria de todo coração na mensagem de Jesus Cristo. Seu martírio é de particular importância para entendermos a posição da igreja na era pagã do Império Romano.

Os romanos odiavam a Igreja Apostólica e eram sedentos pelo sangue de todos os que tinham virado seu mundo religioso de cabeça para baixo.

A DIVINDADE: SÓ HÁ LUGAR PARA UM

Não houve exceção na morte cruel de Policarpo. A crença é que ele tinha oitenta e seis anos de idade quando foi esfaqueado pelos romanos e depois queimado vivo. No entanto, os relatos da bravura e do espírito inflexível deste homem já idoso só serviram para credenciar sua mensagem apostólica.

O estudante mais famoso de Policarpo, foi Irineu (130-200 D.C.) para quem a memória deste mártir foi um vínculo ao passado Apostólico. Irineu nasceu na Ásia Menor, e se tornou conhecido como o fundador da "teologia Cristã". Como o Bispo de Lyons em Gaul, ele permaneceu firme com sua persuasão da Unicidade de Deus. A sua contribuição mais original para a teologia foi a doutrina da recapitulação. Esta doutrina ensinava que o Cristo Divino se tornou plenamente homem para resumir toda a humanidade em si mesmo, e que o que perdemos através da desobediência do primeiro Adão foi restaurado através da obediência do segundo Adão. Irineu cria que Cristo passou por todos os estágios da vida humana, resistindo todas as tentações, morreu e ressuscitou vitorioso sobre a morte e o diabo.

Os ensinamentos acerca da "Unidade de Deus" e da "Unicidade de Deus" foram grandemente enfatizados pelos teólogos orientais através dos escritos detalhados de Ireneu.

"Contra Heresias" é um trabalho de cinco volumes escrito por Ireneu, o qual viveu nos dias de Tertuliano. Aqui há dois exemplos extraídos dos textos:

"É adequado, então, que eu comece com a primeira e mais importante cabeça, que é o Deus Criador, o qual criou os céus e a terra e tudo que neles há; demonstrando que não há nada acima D'Ele ou depois D'Ele, e que Ele não é influenciado por nenhum outro [não há outra pessoa], mas somente pela Sua vontade própria. Ele criou todas as coisas, desde que Ele é o único Deus, o único Senhor, o único Criador, o único Pai, sozinho, contendo todas as coisas e Ele mesmo, comandando todas as coisas a existência."

Livro II, Cap. I, VI

"Nem tampouco Cristo era um e Jesus outro; mas a Palavra de Deus que é o Salvador de todos e o governante do céu e da terra, que é JESUS.

O Espírito Santo e o Cristo, sendo as mãos de Deus o Pai, alcançando do infinito para o finito."

Livro III, Cap. IX, III

Estes homens entenderam a soberania de Deus e não se deixaram intimidar pela voz assustadora do ceticismo que parecia estar emergindo dentro a igreja.

Tertuliano ensinou contra tais médicos filosóficos gregos renomados como o Sócrates (470-399 B.C.) e Platô (427-347 B.C.), que fundou a "Academia de Atenas", o primeiro instituto superior de aprendizado. Ele também ensinou contra Aristóteles (384-322 B.C.).

Tertuliano odiava a filosofia Grega, e considerava Platô e Aristóteles, e outros especuladores como patriarcas de heresias. Por exemplo, Platô ensinou sobre a pré-existência da alma, que estava em conflito com o entendimento de Tertuliano e seus ensinamentos. Portanto, Tertuliano o considerou um pensador herético.

Os ensinos de Tertuliano sobre a alma, podem ser encontrados na sua carta, *"De anima"* (sobre a alma). Ele abraçou a doutrina de *traducianismo*, que ensinava contrário ao filósofo Grego, Platô. Tertuliano não reconheceu que a alma de uma pessoa vem de Deus. Ele ensinava que o corpo e a alma vinham dos pais e começavam a existir na concepção.

Tertuliano era um indivíduo erudito, mas regularmente se contradizia nos seus próprios ensinos, e era frequentemente descuidado nas suas afirmações históricas. Ele também era ignorante na terminologia filosófica.

Tertuliano escreveu em dois dos seus trabalhos *"Ad uxorem"* seções de suas preocupações após sua morte. No primeiro livro, ele implora a sua esposa para que não se case depois da sua morte, porque de acordo com ele, casar-se de novo não era adequado a um Cristão. No segundo livro, ele ordena que ela pelo menos se case com um Cristão.

Nos seus escritos *"De pud'*, Tertuliano rejeita ou repudia seu próprio ensino anterior que as chaves foram deixadas por Cristo através de Pedro para a Sua igreja (Scorpiace, x); ele então declarou (De pud, xxi) que o dom de Pedro era pessoal, e que a Igreja não podia reivindicar. Tertuliano também disse que tinha mudado de ideia e esperava ser provocado por sua inconsistência.

Apesar dos líderes (papas) da Primeira Igreja Universal serem Unicistas em sua crença, Tertuliano continuou desenvolvendo a sua própria doutrina controversa da santa trindade, esta doutrina contradizia a unidade de Deus tanto no Cristianismo como no Judaísmo.

Tertuliano foi o primeiro a usar o termo *"trinitas"* (trindade) para descrever a Divindade. Ele explicou o seu conceito da tri-unidade; Jeová é Deus Pai, Deus Filho, e Deus Espírito Santo - três pessoas, um Deus. Acredita-se entre os teólogos que Tertuliano criou a formula "três pessoas e uma substância", como está escrito no Latim *"tres Personae, una Substantia"*.

O desvio deste homem contra a distinta Unidade de Deus ajudou a abrir caminho para o eventual desenvolvimento das doutrinas ortodoxas trinitárias e cristológicas. Tertuliano semeou a semente de divisão, na infância do povo Apostólico; que agora abriu uma fenda grande de desentendimentos para muitas pessoas da fé Cristã. Vamos lembrar que a consequência das nossas ações pode durar muito mais do que a nossa vida.

A doutrina da trindade nunca foi mencionada nas profecias Messiânicas que apareceram como uma estrela brilhante, brilhando com uma esperança inigualável durante as noites escuras da história hebraica, nem foi mencionada pelo Apóstolo Paulo, que escreveu mais da metade do Novo Testamento.

O livro de Gênesis começa insistindo que há um só Deus verdadeiro e esta crença é mantida ao longo do Antigo Testamento. Moisés define a natureza de Deus de uma forma claramente monoteísta. Os profetas do século oito B.C. e outros depois deles, fortaleceram a teologia de um só Deus, lembrando constantemente a Israel das grandes diferenças que separavam Yahweh dos outros deuses falsos. Desde o princípio dos tempos, Deus fez o Seu povo compreender que Ele é único, sendo o único criador e sustentador do universo.

No Novo Testamento as escrituras são igualmente monoteístas, sem menção de pessoas. O Apóstolo Paulo foi rápido em declarar com confidencia em I Coríntios 8:4 que "... não há senão um só Deus".

Um prisioneiro Israelita desenterrou uma parte de um mosaico elaborado (peça de arte) no chão do que se acredita ser a igreja apostólica mais antiga na terra. Arqueólogos dataram essa igreja na Terra Santa ao terceiro século, décadas antes do cristianismo ser feito a religião oficial do antigo Império Romano pelo Imperador Constantino o Grande, no século IV.

O mosaico inclui desenhos de peixes, que eram símbolos antigos do cristianismo e precede o uso generalizado da cruz. Uma inscrição nesta peça de arte menciona uma mulher apostólica que doou um altar de oração à igreja. A dedicação no piso revela as palavras "Para Deus Jesus Cristo".

Aqueles no mundo que não tem esta abençoada esperança de vida eterna com o seu criador, servem o seu deus porque têm que servir. Mas o povo do Nome, servem o seu Deus com alegria nos corações, porque desejam servi-lo. Os santos apostólicos sempre se reuniram em torno de seus altares, que um dia foram dedicados ao seu "Deus Jesus Cristo" na totalidade da Sua natureza Monoteísta.

Satanás usou a doutrina de Tertuliano, para distrair a igreja da visão do Monoteísmo do Deus de Abraão. Porém, os que conservam a revelação Divina da verdade acerca da Natureza de Deus, sabem que, como diz as Escrituras Sagradas, o Senhor não é autor de confusão.

De fato, se confusão prevalece e o Senhor não é o autor dela, devemos então perguntar: "Quem está criando confusão?" Durante o primeiro Concílio do Vaticano, o Papa Pio IX (1846-1878 D.C.), o qual se considerava um trinitariano, usou a palavra "singular" na sua declaração de fé em relação ao "Deus da Criação." Sua declaração foi a seguinte:

"Sendo que ele é um, singular, completamente simples e de substância espiritual inalterável; ele deve ser declarado em realidade e essência, distinto do mundo, supremamente feliz em si mesmo e de si mesmo, e inexpressivamente mais elevado que qualquer outro além de si mesmo, que existe ou pode ser imaginado."

Sendo familiar com os ensinamentos da trindade, muitas vezes faço referências a livros Católicos, escritos por autores Católicos, para entender melhor o que realmente transpareceu na Igreja Monoteísta de Cristo nos primeiros séculos da Igreja.

Alguém pode reconhecer facilmente o conflito de política, Escrituras, doutrina, e fé que se levantou na Igreja com a introdução deste ensino desconhecido da doutrina da trindade. A seguinte literatura foi oferecida para complementar o entendimento público acerca deste assunto.

Como está escrito na *Nova Enciclopédia Católica*:

1) "Entre os pais Apostólicos, não houve nada remotamente próxima de tal mentalidade ou perspectiva; entre os apologistas do segundo século ... como a pluralidade dentro da Divindade."

2) A formação "Um Deus em três pessoas" não foi estabelecida solidamente, e não foi completamente assimilada [absorvida] na vida cristã e na sua profissão de fé antes do final do quarto século.

3) "O Antigo Testamento, claramente não previu o Espírito de Deus, como uma pessoa... O Espírito de Deus é simplesmente o poder de Deus."

4) "A maior parte dos textos do Novo Testamento, revelam o Espírito de Deus como algo, e não como alguém. Isto é especialmente visto no paralelismo entre o Espírito e o poder de Deus."

A Nova Enciclopédia Católica, 1965, Espirito de Deus vol.13, p. 574-576

Existem poucos professores de teologia da trindade em seminários Católicos que não foram atormentados pela pergunta, "mas como pode alguém pregar a trindade?" E se a pergunta é sintomática (uma condição) de confusão na parte dos estudantes, talvez não seja menos sintomática de confusão similar da parte dos professores.

A Nova Enciclopédia Católica, trindade, p. 304.

Rev. John L. Mckenzie (1910 – 1991 D.C.), era um estudioso bíblico Jesuíta, especializado nos ensinamentos do Antigo Testamento. Ele ensinou na Universidade DePaul em Chicago, e foi premiado com o muito cobiçado "Prêmio Cardeal Spellman" no ano de 1967. Eu era um jovem seminarista, estudante de filosofia no Canadá, quando sua premiação foi anunciada. O padre McKenzie foi o primeiro presidente da Sociedade de

Literatura Bíblica, e o ex-presidente da Associação Bíblica Católica. A legacia deste homem é bem lembrada como o professor Bíblico que bravamente acusou a sua própria igreja, de mudar as palavras de Jesus nos primeiros anos, a fim de acomodar a violência contra os que não eram Católicos. Apesar deste padre Católico, durante um período doloroso de três anos, cair sob as luzes brilhantes do escrutínio da igreja, ele morreu e foi enterrado com honras, como um brilhante teólogo da igreja Católica. Ele tinha 80 anos de idade quando faleceu. Aparentemente durantes os seus anos de pesquisas sobre a teologia do Antigo Testamento, ele descobriu o Monoteístico Deus de Isaías.

O parágrafo seguinte é a declaração do Rev. John L. McKenzie, no tópico da trindade, que está escrito no seu *Dicionário Bíblico*, pg. 899.

"A igreja define a trindade de Deus, como a crença que Deus é três pessoas e subsiste em uma natureza. A crença assim definida só foi aceita no quarto e quinto séculos D.C., e por isso não é uma crença Bíblica explícita e formal. A trindade de pessoas dentro da unidade da natureza é definida nos termos "pessoa e natureza", os quais são termos da filosofia Grega; na realidade estes termos não aparecem na Bíblia. A definições da trindade, surgiu como resultado de longas controvérsias [com Apostólicos da Unicidade] em que estes termos e outros como "essência" e "substância" foram erroneamente aplicados a Deus por alguns teólogos daqueles dias..."

Com toda honestidade, está bastante claro que não é o povo do Nome de Jesus que está dizendo que não há três pessoas na Divindade, são os trinitarianos que estão dizendo ao povo Unicista que não há três pessoas na Divindade. Deus não é o autor de confusão e sim Satanás. Através de ouvidos espirituais, escutei um choro desesperado e sem resposta, de corações famintos que estavam dentro da minha antiga igreja, querendo conhecer Deus como Ele realmente é. Essa tremenda responsabilidade foi divinamente e meticulosamente colocada nas mãos do povo que serve o Deus monoteísta de Abraão.

Enquanto a cortina cai sobre a mortalidade, nós os que conhecemos Deus no poder da Sua ressurreição, devemos reconhecer a nossa responsabilidade. Vendo que o fim está

A Divindade: Só Há Lugar Para Um

próximo, é imperativo que nós resgatemos o que tem sido a nossa porção em tempo mortal. O que Deus abençoou, nós devemos abraçar de todo o coração, enquanto que as coisas que Deus amaldiçoou, devemos deixar de lado. Não é com a doutrina da trindade que devemos nos preocupar. O que devemos nos preocupar diariamente é com o Santo e monoteístico Deus de Abraão e Sua Divina vontade para nossas vidas.

Jesus o Messias insistiu que havia um só Deus. Ele apoiou o monoteísmo na sua totalidade sem uma única menção de pessoas na divindade. Como se encontra no livro de Marcos, que o Senhor citou os escritos de Moises encontrados em Deuteronômio 6:4.

"Respondeu Jesus: O principal é: Ouve, ó Israel, o Senhor nosso Deus é o único Senhor!" (Não há três senhores em um ser)
Marcos 12:29

As disputas acerca da trindade que foi concebida no século II D.C., atingiu toda a Cristandade. A terminologia que Jesus usou "O Senhor nosso Deus é um Senhor", eventualmente se tornaria crime no Império Romano, sendo considerada contrária a doutrina da trindade. Felizmente, haviam aqueles entre os crentes apostólicos que recusaram deixar que a luz da Palavra de Deus escurecesse.

Práxeas e Sebelius eram teólogos Unicistas, desprezados por Tertuliano no século II. Em um esforço mutuo, eles atacaram vigorosamente os ensinamentos de Tertuliano acerca da trindade, para que não penetrassem na Igreja. Eles estavam persuadidos quanto ao entendimento hebraico pertencente à unidade de Deus e veementemente discordavam com qualquer tentativa de divisão dentro da Divindade.

Práxeas falava abertamente da sua oposição aos ensinos de Tertuliano. Ele foi a Roma e implorou ao papa para entender que a doutrina da trindade é completamente errada. Ele enfatizou que não havia três pessoas em uma natureza Divina, mas sim três modos da mesma substância Divina.

Da mesma maneira, Sebilius, contendeu pela sua fé acerca da Unicidade de Deus. Sebelius ensinava a doutrina da Unidade de Deus ou a "Unicidade da Divindade," que era contrária a teologia de três-deuses recentemente desenvolvida e promovida por Tertuliano. Mais ou menos no século III, os ensinamentos de Sebilius acerca da "Divindade e Sua Unicidade" se tornaram conhecidos como o Sebelianismo.

A animosidade de Tertuliano em relação a posição de Práxeas e de Sebelius sobre a Divindade, é testemunhada em seus escritos contra Sebelius e o movimento que mais tarde receberia seu nome. Tertuliano escreveu:

"Ao mesmo tempo em que me mantenho sempre deste lado, deve-se, no entanto, ser colocado para revisão por razões de instrução e proteção de várias pessoas. Caso contrário, pode parecer que cada opinião perversa não é examinada, mas simplesmente preconcebida e condenada. Isto é exatamente assim no caso da heresia presente [Sebelianismo], que se considera ter a pura verdade quando supõe que não se pode acreditar no único Deus de qualquer outra maneira senão que o Pai, o Filho e o Espírito são a mesma pessoa."

A fúria de Tertuliano continuou acesa com relação a Sebelius por continuamente desafiar seus ensinamentos acerca da trindade. Este professor trinitário, com sua persistência enfurecida, eventualmente levou a excomunhão do padre Sebelius como um que não aceitava opiniões ortodoxas. Ignorância e frustração muitas vezes não reagem com raiva?

Apesar dos ensinamentos de Tertuliano serem polêmicos e muitas vezes contraditórios, as suas teorias começaram a ganhar audiência.

Hipólito (170-236 D.C.) era um jovem teólogo Romano que viveu nos dias de Tertuliano, e foi muito influenciado pelos seus escritos. Hipólito entrou em conflito com os papas que naqueles dias ensinavam a Unicidade e, por esta razão, ele às vezes é considerado o primeiro antipapa da Igreja Católica. O Monoteísmo foi ensinado na sua totalidade pelos Papas Católicos, assim como era ensinado desde o início dos tempos.

Contudo, Hipólito, persuadido pelos ensinamentos de Tertuliano, argumentou que o Papa Zeferino (199-217 D.C.) deveria aprovar um dogma distinto (a trindade) que representava a "pessoa de Cristo" como sendo diferente da pessoa do Pai. O Papa Zeferino não consentiu com a mudança e Hipólito ficou furioso que o papa não podia visualizar as pessoas separadas na

Divindade. A postura da igreja, mesmo quando os papas supervisionavam a igreja, apoiava a Unicidade de Deus.

Como um Católico estudando a história da igreja no seminário de teologia, eu fui obrigado a questionar o dogma da trindade.

Na documentação escrita da Igreja Católica, Papa ou bispo Zeferino disse simplesmente que ele reconhecia apenas um Deus, e este era o Senhor - Jesus Cristo.

Calisto I se tornou cabeça da igreja depois da morte de Zeferino no dia 20 de dezembro de 217, e foi pessoalmente acusado por Tertuliano como sendo seguidor e promotor de Sebelius, que se via como um guardião da unidade absoluta de Deus, como é também reconhecido no judaísmo.

A Cronografia de 354, na lista dos papas, encontramos que Hipólito, o trinitariano, eventualmente foi silenciado por causa da sua dissensão. No ano de 235 D.C., ele foi banido para a Ilha de Sardínia para trabalhar nas minas, e foi executado no ano seguinte.

Embora muitos cressem na doutrina da Unicidade, vagarosamente a doutrina da trindade começou a penetrar na igreja. Este fato iria ironicamente levar o Hipólito, o dissidente banido, a ser canonizado como santo. Na hierarquia Católica, hoje ele é visto como um homem santo e digno de ser venerado.

A teologia da trindade pode ter vindo a ganhar um lugar na mente de alguns líderes da igreja, mas sempre foi resistida pela verdade da Unicidade do povo Apostólico. Seguem alguns exemplos dos que como Praxeas disseram que a ideia da trindade era completamente errada.

O Modalismo nega que Deus o Pai, Deus o Filho e Deus o Espírito Santo eram três pessoas.

O Monarquismo projetou-se como tendo três modos diferentes revelando a mesma pessoa Divina, em contraste com a crença que existem três pessoas diferentes na Divindade. Este movimento ensinava que o Pai se revelou como o Criador e legislador, o Filho se revelou como o Redentor, e o Espírito Santo como o doador da graça; e estes três modos foram uma exposição da única Divindade Divina.

O trinitarianismo tem ameaçado a unidade de Deus nos olhos do judaísmo e do cristianismo. No seio da igreja mãe, esta doutrina permanece desafiando a teologia da Unicidade da Divindade.

O pecado de Tertuliano foi que ele queria que o Único, Verdadeiro, e Deus Vivo de Israel, dividisse a sua glória com outras pessoas. O Deus de Abraão, Isaque e Jacó, não compartilharia a Sua glória com o anjo Lúcifer, nem compartilhará com qualquer outra pessoa.

"Como caíste do céu ó estrela da manhã, filho da alva! Como foste lançado por terra, tu que debilitavas as nações!

Tu dizias no teu coração: Eu subirei ao céu; acima das estrelas de Deus exaltarei o meu trono, e no monte da Congregação me assentarei, nas extremidades do Norte; subirei acima das mais altas nuvens, e serei semelhante ao Altíssimo. Contudo serás precipitado para o reino dos mortos, [inferno] no mais profundo do abismo."

Isaías 14:12-15

Embora seja acreditado e praticado por alguns, é imperativo que entendamos que não existe um monoteísmo-trinitário. Monoteísmo significa Unicidade em sua totalidade desde o princípio dos tempos.

Doxologia vem do trabalho grego que significa glória e é uma atribuição de louvor às "três pessoas da trindade." Eu muitas vezes recitei a Doxologia como parte da minha adoração ritualística. Uma tradição medieval comum encontrada nos escritos falsos de São Jerônimo (na Edição Beneditina, Paris, V, 415) diz que o Papa Dâmaso I (366-384 D.C.) introduziu o *"Glória ao Pai"* que é:

> Glória ao Pai
> Glória ao Filho e
> Glória ao Espírito Santo

Através da história o Senhor advertiu a Israel acerca da idolatria e insistiu que Ele não compartilharia sua gloria com outrem. Ele declarou que Ele era Deus, e Ele era único. Acreditar que existem duas outras identidades com Deus, compartilhando a sua glória, é blasfêmia.

CAPÍTULO DOZE

Concessão Gera Corrupção

Eu era sincero para com Deus no meu coração, mas no meu entendimento eu estava equivocado. Minha teologia mal interpretada tinha sido passada para mim ao longo dos séculos e, infelizmente, ela tinha frequentemente sido representada por líderes procurando sua vantagem pessoal, ao invés de sacrifício pessoal.

Muitos dos líderes da igreja foram configurados politicamente na igreja. Estes lideres eram teólogos, papas, e filósofos que comprometeram a palavra de Deus e apoiaram-se no braço da carne ao invés de apoiarem-se no braço eterno do Senhor. Uma vez que o Papa afirma ser o verdadeiro sucessor de Pedro, não deveria ele ensinar a mesma mensagem que Pedro ensinou? Não deveria ele estar proclamando o que Pedro proclamou em Atos 2:38? Não deveria ele estar lembrando ao mundo que Deus é um Deus zeloso e, sob nenhuma circunstância, compartilhará Seu trono? Os verdadeiros sucessores de Pedro não são aqueles que de boa vontade aderiram a si mesmos o dogma dos homens. Os verdadeiros sucessores de Pedro são as pessoas apostólicas do nome de Jesus que foram cheias do Espirito Santo, e hoje acenam audazmente a bandeira lavada no sangue de Deus de uma verdade apostólica descomprometida.

O tempo passou, mas os ensinamentos de Tertuliano permaneceram. A Igreja Apostólica permaneceu sofrendo a dura realidade de um governo opressivo sob o Império Romano, mas com fé despedaçada nas mãos, o povo Apostólico, em sua condição traumática, continuou confiando no Deus que serviam.

O Imperador Constantino o Grande foi o primeiro imperador romano a se converter ao cristianismo. Durante o seu reinado como imperador, os cristãos finalmente emergiram das sombras escuras do Império Romano. Os apostólicos agora ficaram livres para adorar e foram reconhecidos como uma instituição legal. Este imperador trouxe esperanças que nunca havia sido vista desde a crucificação do Messias pelos romanos. A conversão de Constantino foi uma verdadeira luz no final de um túnel muito escuro.

Para celebrar sua conversão ao cristianismo, Constantino o Grande, construiu a igreja de São Pedro em Roma, na Itália. Esta igreja foi demolida e reconstruída como a Basílica de São Pedro, que hoje é a maior igreja cristã do mundo, ocupando mais de 15.050,29 metros quadrados. Esta Basílica é um memorial construído acima da cripta que se acredita conter o corpo do apóstolo Pedro.

O Imperador Constantino mudou a capital do Império Romano de Roma, Itália para a cidade de Bizâncio no país da Turquia. Esta cidade mais tarde recebeu o nome de Constantinopla em honra ao imperador e agora é a cidade moderna de Istambul. A decisão para realocar, mais tarde iria assumir a responsabilidade da extrema confusão e divisão com longa duração dentro da Igreja Católica. Embora o papa estivesse no oeste de St. Peter, em Roma, os sete primeiros concílios ecumênicos seguiram o Imperador para o leste de Constantinopla. O primeiro concílio ecumênico foi na Nicéia, na Turquia, que era localizada 800 milhas de Roma, mas convenientemente localizada apenas 50 milhas do Palácio Imperial Bizantino de Constantino, em Constantinopla, também conhecido naqueles dias, como o Palácio Sagrado de Constantino. A antiga cidade de Nicéia é conhecida agora como a cidade moderna de Iznika.

O Imperador Constantino era um novato quando se tratando ao cristianismo. Ele tinha servido os deuses dos romanos desde o seu nascimento. A influência pagã dentro do Império Romano, juntamente com a mentalidade de múltiplo deuses, ajudou a persuadir o entendimento de Constantino quanto a Divindade. Três pessoas, um Deus, porque não? Constantino convocou o primeiro concílio em Niceia no ano de 325 D.C. para resolver, entre outras coisas, a confusão sobre a Divindade.

O Primeiro Concílio de Niceia organizaria o que seria conhecido como o Credo de Nicéia, que resumiria os principais artigos da fé cristã daquela época. Este credo, refletindo três pessoas na Divindade, rejeitaria totalmente a unidade de Deus.

Parece quase impossível que pudéssemos manter o Credo de Nicéia, que começa com: "Nós acreditamos em um Deus," enquanto insistia que há três pessoas na Divindade.

O Credo de Nicéia foi adotado originalmente na forma seguinte:

"Nós acreditamos em um Deus, o pai Todo-poderoso, criador de todas as coisas, tanto visível quanto invisível; e no Senhor Jesus Cristo, o Filho de Deus, unigênito, ou seja, da mesma substância do Pai, pelo qual todas as coisas foram feitas, tanto no céu como na terra; que, por nós homens e pela nossa salvação, desceu e foi feito carne, se tornou homem, sofreu, e ressuscitou no terceiro dia, subiu aos céus, e virá novamente para julgar os vivos e os mortos; e no Espirito Santo."

Para Constantino era simples. O Credo de Nicéia ia promover Deus o Pai, Cristo Seu Filho, e o Espirito Santo como sendo três indivíduos separados e distintos, ainda que os três compartilham a mesma essência Divina. Constantino viu isto como uma solução razoável. No entanto, este entendimento da Divindade que foi adotado abruptamente, não seria levado a brincadeira por muitos líderes da igreja e teólogos do dia, e certamente não seria incontestável.

Foi escrito em defesa ao Imperador Constantino que ele não votou durante o concílio em Nicéia, mas simplesmente supervisionou. Imperadores não votavam, eles ordenavam. Lembra, neste ponto, no Império Romano, a mentalidade que dominava era que os próprios imperadores eram muitas vezes vistos como deuses. Já há muito tempo, era costume no mundo antigo pagar honras aos reis e aos imperadores, como se eles fossem divinos. Do Faraó em Egito que foi venerado como o filho encarnado do deus do sol Re, à Alexandre o Grande (356-323 B.C.), rei da Macedônia, que se considerava Divino. Por sua vez, os governantes helenistas esperavam e receberam honra divina.

Eusébio Pânfilo da Cesárea (263-339 D.C.) foi Bispo da Cesárea Palestina em 314 D.C. e é frequentemente referido como o "Pai da História da Igreja." Eusébio gozou a camaradagem do Imperador e foi proeminente nas transações durante o Primeiro Concílio de Nicéia. O seguinte é um trecho dos primeiros escritos de Eusébio que descreve como a presença do imperador era deificada quando entrava no conselho com pompa e poder.

"O próprio Constantino procedeu através do meio da assembleia, como algum mensageiro celestial de Deus, vestido em roupas que cintilava como raios de luz, refletindo o brilho resplendor de um manto roxo, e adornado com um esplendor brilhante de ouro e pedras preciosas."

É fácil de ver como o Império Romano manteve um reinado muito rígido na igreja por um longo período. Apesar da conversão do Imperador Constantino ter dado um vislumbre de esperança, ia terminar provando ser uma experiência amarga para o verdadeiro povo Apostólico.

O novo convertido Constantino era extremamente imaturo em teologia crista e era considerado pela igreja como um catecúmeno (aquele que estuda perguntas e respostas acerca da fé.) Constantino talvez tenha sido ignorante em relação a fé crista, mas ele era o imperador. Foi este homem poderoso com sua autoridade política incontestada que presidiu o Primeiro Concílio de Nicéia. A influência deste homem como o imperador de Roma, em si mesma, falou muito alto no concílio.

Seria muito fácil para Constantino afirmar seu domínio sobre o concílio. Neste ponto, o povo Apostólico cheio do Espírito Santo, estavam vendo o sangue de seus entes queridos derramado nas ruas romanas, especialmente durante os reinados anteriores do Imperador Tito e do Imperador Nero. Constantino ouviu contente ao conselho de seu concílio e tomou a sua decisão sobre o assunto.

Ele agora só precisava da aprovação de seu amigo, Papa Silvestre, para estabelecer a doutrina da trindade na igreja, mas será que precisava da aprovação dele mesmo?

O Papa Silvestre I (314-335 D.C.) tinha desfrutado de uma amizade forte com o Imperador Constantino. Com o passar dos anos ele tinha se acostumado com os presentes generosos que seu relacionamento com Constantino lhe proporcionava. Ele sabia que a fonte de imensa riqueza de Constantino significava muitas bênçãos para a igreja e os seus líderes em Roma que estavam passando dificuldades.

CONCESSÃO GERA CORRUPÇÃO

Papa Silvestre I
(314-335 D.C.
)

O papa não estava presente no Concílio, mas, foi representado por dois legados. Depois do Primeiro Concílio de Nicéia, com a benção do Imperador Constantino, o Papa Silvestre I finalmente fez com que a doutrina da trindade de Tertuliano se tornasse a crença da igreja. Mais de cem anos depois da morte de Tertuliano, seu termo *"trinitas"* foi solidificado dentro da Igreja Católica. A doutrina da trindade foi concebida e nasceu como resultado da união entre ditadura política e concessão Apostólica. Contudo, devido à controvérsia em curso, causada pelos apostólicos da Unicidade, não foi ratificada até cinquenta e seis anos depois, durante o Concílio de Constantinopla em 381 D.C. Os Imperadores controlavam as instituições religiosas no império, desde que, como imperadores, eles sempre eram *"Pontifex Maximus"* (pontificado máximo), ou seja, sumo sacerdote do antigo colégio romano dos pontífices. Não havia autoridade superior no Império Romano Cristão. Foi só depois da queda do Império Romano do Ocidente que os Bispos de Roma começaram a ser chamados "Pontifex Maximus."

Depois da conversão de Constantino o Grande ao cristianismo, a igreja que já estava se desviando, não estaria mais sob o controle dos Bispos de Roma, mas sob os imperadores muito poderosos de Constantinopla.

Não devemos culpar os papas em Roma por tudo que aconteceu no terceiro e quarto séculos, sobre o entendimento acerca da Divindade. Neste tempo, os pontífices não eram a final autoridade da igreja estatal. A igreja Apostólica que caiu sob o governo romano se tornou uma instituição religiosa feita por homens por causa da concessão Apostólica.

A pura doutrina Apostólica de Jesus Cristo foi vendida por um preço alto. As rédeas já não estavam mais nas mãos de Pedro, mas nas mãos dos imperadores.

Estes imperadores não eram chamados, nem receberam a unção do Espirito Santo, mas eram ditadores que não tinham problema em demandar a submissão de seu povo. Por volta do ano 327 D.C., o Imperador Constantino começou a se arrepender das decisões que foram feitas no primeiro concílio ecumênico em Nicéia. Contudo, em 381D.C., o Imperador Bizantino,

Imperador Teodósio I, convocou o segundo concílio ecumênico em Constantinopla, para resolver a controvérsia em curso sobre a doutrina da trindade. Apesar de haver teólogos do Leste neste concílio, nem o Papa Dâmaso I, nem seus representantes foram convidados a atender a reunião. O Papa e seus legados não tiveram parte no concílio de 381 D.C. Neste concílio ecumênico estatal, o Imperador Teodósio o Grande, solidificou a doutrina da trindade de Tertuliano como o ensinamento da igreja, fazendo a crença essencial para a salvação.

Em 381 D.C., foi emitido um decreto pelo Imperador Teodósio proclamado que: "A doutrina da trindade deverá ser a crença oficial do estado e que todos os indivíduos devem aderir a ela."

Apesar dos anos de objeções dos crentes monoteístas de Jesus Cristo, a doutrina controvérsia da trindade foi finalmente ratificada 161 anos depois da morte de seu autor, Tertuliano. O imperador Bizantino, Teodósio o Grande, fez algo que eu acredito abalou o céu. Esse ditador incontestável proferiu contra a Unicidade do Deus monoteísta de Abraão.

O Deus de Elias não muda e é absolutamente Onipresente na sua natureza. Constantino o Grande, em 325 D.C., e Teodósio o Grande, em 381 D.C. não foram os únicos poderes representados nos dois primeiros concílios ecumênicos da igreja Apostólica. Jesus Cristo, que sozinho formou o universo e tudo que nele há, (Ele estava no mundo e o mundo foi feito por ele. João 1:10) estava nas sombras destes concílios, enquanto Sua soberania, pesava na balança dos descendentes de imperadores que demandaram o derramamento de sangue dos Seus Apóstolos.

Enquanto o Imperador Teodósio I emergiu do segundo concílio ecumênico de Constantinopla, no país da Turquia, o império mais poderoso da terra, estava experimentando um declínio rápido. Sendo que Deus não muda, será que é impensável que a ira do Senhor tenha sido acesa e, por sua vez, pronunciada contra o Império Romano? Roma estava prestes a cair!

Neste momento da história, todos os caminhos levavam à Roma e depois à Constantinopla. Nada poderia derrubar aquela nação. Nada além de Deus. Quando o imperador do Oeste, Rómulo Augusto, foi deposto no dia 4 de setembro de 476 D.C., o Oeste do império mais poderoso da terra, foi desmoronado completamente. Os bárbaros sentaram-se no trono destes imperadores.

A queda do Império Romano precipitou imediatamente a "Idade das Trevas" que durou mais de 900 anos, e foi um tempo de desigualdade e brutalidade, que foi seguido pela "Morte Negra" no século XIV. O antigo Império Romano caiu em devastação total. Será que o Senhor estava enviando uma mensagem aos imperadores em Constantinopla, e aos Papas profanos em Roma, a respeito da Sua natureza Unicista, como Ele fez com os Faraós profanos do Egito?

Seja qual for o caso, a doutrina da trindade continuou e continua a ser desafiada.

Um dos bispos que sentou no Primeiro Concílio de Nicéia em 325 D.C. foi o Bispo Marcelo de Ancira. Ele era conhecido por assumir posições firmes contra heresias. Este bispo não somente escreveu contra o Arianismo, ensinamentos de Ário, mas escreveu também contra a tão discutida doutrina da trindade de Tertuliano.

A crença inabalável deste bispo era que Deus era uma pessoa, como cremos hoje. Seu ensinamento era que: "Na criação do universo, a Palavra ou Logos saiu do Pai, e foi a atividade de Deus no mundo." (*A Enciclopédia Católica*, 1913)

No Concílio de Niceia, o Bispo Marcelo de Ancira foi acusado de ser seguidor do Sabelianismo, e foi condenado várias vezes pela igreja romana. Os bispos em Jerusalém condenaram seu trabalho, e ele foi a princípio deposto em Constantinopla em 336 D.C.

CONCESSÃO GERA CORRUPÇÃO

Constantino preside sobre o Concílio de Nicéia

A decisão em Nicéia sobre a refutação de Marcelo a respeito da Divindade, não só atrasou a ratificação da doutrina da trindade, mas abasteceu o desejo de Marcelo de promover o monoteísmo puro por muitos anos por vir.

Este bispo católico finalmente foi destituído pela facção Macedônia em Constantinopla onde ele foi substituído pelo Bispo Basílio em 353 D.C. O Bispo Eusébio da Cesaréia, e bom amigo do Imperador Constantino, escreveu contra Marcelo em dois livros: *Contra Marcelo* – uma exposição da doutrina de Marcelo e *Sobre a Teologia da Igreja,* uma refutação de Marcelo. O próprio Atanásio, bispo da Alexandria, também reconheceu o que foi considerado heterodoxia de Marcelo (um que tem opiniões não ortodoxa). O Papa Dâmaso I (366-384 D.C.) igualmente, em 380 D.C. com o Segundo Concílio Geral, pronunciou contra ele.

Todos aqueles pelo mundo inteiro que amam o monoteísmo apostólico, não precisam se sentir isolados. Muitas pessoas ao longo da história da igreja, como aprenderemos, eram contra heresias cristãs. Milhares colocam suas reputações e até mesmo as suas vidas a risco para proteger o que nós em 2014 D.C. amamos nas nossas igrejas, que é a nossa herança pura apostólica.

Depois do Concílio de Nicéia do Imperador Constantino, várias coisas começaram a acontecer rapidamente no Império Romano. Em menos de um ano, depois da assinatura fazendo a trindade o dogma da igreja, o Imperador Constantino assassinou o seu filho mais velho, Crispo, por causa de rumores que ele teve um caso com a sua segunda esposa, Fausta. Sendo informado pela sua mãe que o boato era falso, ele então assassinou a sua segunda esposa, Fausta, que aparentemente tinha iniciado o boato.

Imperador Constantino, o homem que convocou e supervisionou o Primeiro Concílio de Nicéia, e que aceitou e perpetuou a doutrina de Tertuliano, não foi batizado até quando já estava ao ponto de morrer.

Quando o segundo filho do Imperador Constantino, Constâncio II (317-361 D.C.), ganhou controle do império, ele tomou uma posição forte contra qualquer coisa que não pertencesse ao cristianismo ortodoxo.

Concessão Gera Corrupção

Papa Dâmaso I
(366-384 D.C.)

Constâncio II implementou muitas provisões que serviram para assegurar o status da religião estatal do império e promoveu união entre a igreja e o estado. Esta união seria benéfica para ambas as partes. A igreja precisava de suporte financeiro somente disponível pelo estado, enquanto que o estado precisava do tipo de influência sobre os seus subordinados somente disponível através da igreja. Esta parceria permitiu que Constâncio II afirmasse o seu domínio sobre o império.

Ele perseguiu pagãos e hebreus. Os altares sacrificiais dos pagãos foram derrubados e o uso de algumas terminologias hebraicas em adoração foram proibidas. "Shema Yisrael," às vezes considerada a oração mais importante no Judaísmo: "Ouve, ó Israel, Yahweh nosso Deus, Yahweh o Senhor é Um", foi banida como uma contradição a trindade de Tertuliano. O rosto religioso do império tinha mudado drasticamente sob a dinastia de Constantino. Agora era "ecclesia vivit lege romana" (a igreja vive sob leis Romanas).

A dinastia de Constantino virou as costas aos ensinamentos dos Apóstolos, e a liderança da igreja daqueles dias favoreceu a religião estatal lucrativa operada pelo estado que asseguraria o seu estabelecimento a longo prazo. Quando comprometemos a pura verdade por ganho pessoal, a igreja risca consequências horríveis, de diminuir a fé apostólica, que tem sido tão querida. A Igreja Apostólica e santa deve ser alienada de qualquer espírito de concessão, seja de fora ou de dentro. Nós devemos continuar segurando firme a verdade da Palavra de Deus como Ele nos deu.

Estes eventos aconteceram séculos depois da morte de São João o Divino, na Ilha de Patmos. João morreu advertindo aqueles que lhe sucederia, do julgamento de Deus, sobre aqueles que alterariam Sua Palavra ungida.

"Eu, a todos aqueles que houve as palavras da profecia deste livro, testifico: Se alguém lhes fizer qualquer acréscimo, Deus lhe acrescentará os flagelos escritos neste livro."

Apocalipse 22:18

Como tem sido testemunhado na história da igreja, quando pessoas escolhem comprometer a "Palavra do Senhor" tudo piora. À medida em que o tempo mortal marchava, os papas começaram a reafirmar o controle e a influência dentro do anteriormente dominador, Império Romano. Contudo, esses líderes da igreja, em muitos casos, empalideceram em comparação com a glória e sabedoria dos apóstolos. Não demoraria até que os Apostólicos que criam na Unicidade se tornassem o alvo da crueldade inimaginável nas mãos dos que professavam o cristianismo. O povo Apostólico se encontrou distanciando-se do que foi experimentado no dia de Pentecostes. Este foi um momento sóbrio na história do povo de Deus.

Misturados com os casos políticos, muitos dos padres santos da igreja se tornaram profanos. Com sua permissão, eu gostaria de interpor um pensamento. Eu sou agora um apoiante ávido do monoteísmo em sua totalidade. Portanto, para mim não existem dois Padres (Pais) Santos. O Pai Santo não está assentado no trono do Vaticano em Roma. O verdadeiro Pai Santo, o único Pai Santo está assentado no Seu trono nos céus, de onde ele unge e governa Sua Igreja Apostólica.

"Vós, porém, não sereis chamados mestres, porque um só é vosso Mestre, e vós todos sois irmãos. A ninguém sobre a terra chameis vosso pai; porque só um é vosso Pai, aquele que está no céu."

Mateus 23:8-9

Como eu estava dizendo, muitos destes homens se tornaram profanos. Uma sede pelo sangue de qualquer um que se opôs-se ao governo deles, estranhamente nos fazia lembrar das hostilidades romanas, que requisitou a vida de tantos apostólicos. Embora os revisionistas históricos desejem descartar essa crueldade, o sangue dos inocentes ainda clama através dos tempos. Esta informação não é compartilhada para ser vindicativa, mas sim, para ajudar aqueles que estão buscando a verdade, entendendo que o pecado não faz acepção de pessoas. Se voltarmos as costas à luz orientadora da Palavra de Deus, tropeçaremos por sombras ameaçadoras da escuridão, procurando sem sentido uma substituição. Os mártires Unicistas estão clamando, "Guarde a sua herança."

A igreja Católica teve conhecimento de primeira mão de como os imperadores romanos estabeleceram o controle sobre seu povo. A cooperação e participação da igreja dentro do Império Romano, revelou os efeitos do poder nas mãos poderosas da intolerância.

Heresia vem da palavra Grega "hairesis" significando negação deliberada da verdade revelada e esta acusação normalmente significava morte para o acusado. Esta acusação era frequentemente usada para promover medo e forçar aderência a crença da igreja. À medida que os corações dos homens falhavam, o ódio e a ganância geravam uma corrupção selvagem na igreja. Esta corrupção por poder levaria a execução de muitos.

O termo mártir é mais comumente usado para descrever um indivíduo que sacrifica sua vida, a fim de promover a causa ou crença para muitas pessoas. Infelizmente, assim como os Apóstolos de Cristo, Apostólicos Unicistas se tornariam sinônimos do termo. A dureza dos séculos vindouros só pode ser medida pela estimativa de vidas perdidas por causa da "purificação" da igreja.

O Papa Felix III (526-530 D.C.) começou uma campanha em Roma contra os inimigos da Igreja Católica, que incluíam Apostólicos, Judeus, Árabes e todos os que iriam opor-se ao ensinamento Católico. Foi utilizado qualquer método de tortura física conhecida ou imaginada para que as pessoas renegassem sua fé. Ser acusado de heresia significava morte certa ou, na melhor das hipóteses, vida em prisão. As finanças, possessões e propriedades dos hereges condenados eram frequentemente dados a igreja mãe. Esta prática através dos séculos levaria a Igreja Católica a adquirir grande quantidade de riquezas. O que estou escrevendo hoje está documentado na história católica.

O domínio do Papa sobre os estados papais, que consistia na maioria da Itália central, ocorreu quando o rei monarca, franco, Pepino III, derrubou os Lombardos no século VIII.

Concessão Gera Corrupção

Papa Felix III
(526-530 D.C.)

DE ROMA À JERUSALÉM

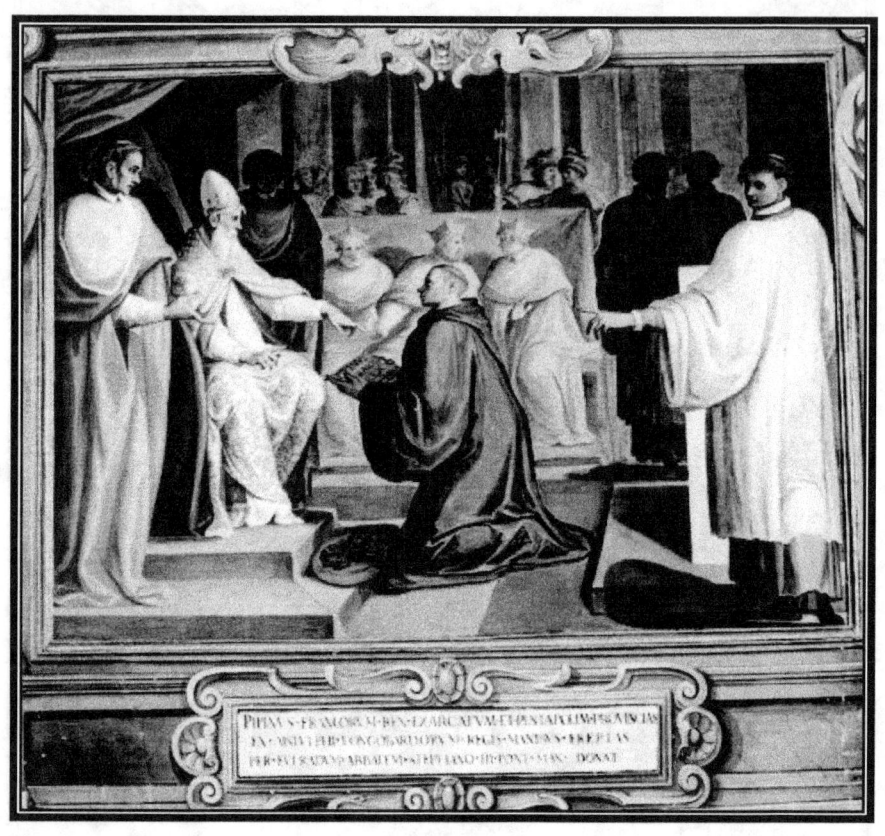

Papa Estevão II
(752-757 D.C.)

Concessão Gera Corrupção

O Papa Estevão II (752-757 D.C.) foi pessoalmente a Paris para pedir ajuda ao monarca Católico, para ir contra a invasão dos Lombardos, que ameaçavam o estabelecimento da igreja.

O Pontífice logo foi acomodado. Por causa da visita pessoal do Papa, o Rei Pepino III se viu como desempenhando o papel de um protetor e custodiante ordenado do povo Católico. O Papa Estevão II reconsagrou Pepino como Rei no dia 6 de janeiro, no ano 754, na sua visita a França. O Imperador Carlos Magno, que foi ungido no dia de Natal no ano 800, pelo Papa Léo III, era o filho do Rei Pepino III.

Este rei francês, marchou o seu exército bem treinado ao norte da Itália. No entanto, quando os Lombardos foram derrotados, em vez de fazer o que é certo e entregar a terra ao reino da Itália em 756 D.C., ele escolheu dar ao Papa Estevão II e seus sucessores. O Papa foi então, não somente o cabeça da Igreja Católica, mas também um monarca para milhões de pessoas. A terra foi dividida no que seria conhecida como os estados papais, e foi controlada pelos papas pelos próximos 1100 anos.

Muitos séculos depois, o Rei da Itália depôs os exércitos do Papa e fez com que o pontífice voltasse ao Vaticano. Essa guerra sangrenta foi em 1860. O Papa Pio IX referiu-se a si mesmo como "Um prisioneiro do Vaticano" até o dia da sua morte em 1878.

O grande domínio da Santa Sé, foi rapidamente reduzido a uma parcela de terra que é na realidade, menor que o Parque Central, na cidade de Nova York.

Este ciclo de domínio continuou através dos séculos. Quando o Papa Léo III (795-816 D.C.), coroou Carlos Magno como Imperador, no dia de Natal em 800 D.C., ele estabeleceu um precedente que ninguém poderia ser imperador sem receber a unção do papa. Este evento marcou o começo do Santo Império Romano, que de uma forma ou outra, existiu por quase mil anos.

Rei Pepino III
Deu terra Italiana ao Papa Estevão II

Concessão Gera Corrupção

Papa Léo III
(795-816 D.C.)

O poder absoluto da posição do papa ia levar a muitos a absoluta corrupção. Infelizmente, pessoas sinceras buscando a verdade, em muitos casos, foram sujeitas a uma exibição de apetites imundos de homens profanos em altas posições de liderança. O Papa João XII (955-963 D.C.) fazia orgias depravadas (era viciado em indulgência excessiva de prazeres sensuais e gratificações excessivas de apetites físicos) no Palácio da Lateran em Roma. Otto I, Imperador da Alemanha, repugnado com as ações do papa, mandou acusar o Papa João XII na corte eclesiástica, que o considerou culpado por todos os seus atos. Ao destitui-lo, eles elegeram um novo papa chamado Léo VIII. Em resposta a decisão da corte eclesiástica, o Papa João XII, mutilou os representantes imperiais em Roma, baniu o Papa Léo VIII para o exílio, e estabeleceu-se novamente como o Santo Pontífice Romano da Igreja Católica.

De acordo com os escritos de Liutprand de Cremona, o Papa João XII morreu em 963 D.C. pela espada, enquanto em um momento de adultério. Não foi oferecido a ele o Santo Viaticum (a Santa Eucaristia administrada aos que estavam prestes a falecer).

As pessoas Cristãs que estavam lutando para enfrentar as situações dentro de sua igreja, agora também sofriam com as confusões. Nesta faixa de tempo, havia uma longa lista de desordem decorrentes da concessão da igreja Apostólica. A liderança da Igreja Católica fez várias tentativas para resolver seus problemas internos, mas o espírito de concessão dentro da igreja, somente trouxe mais divisões.

Os primeiros sete concílios ecumênicos da igreja, convocados pelos imperadores, provaram ser confusos também, vendo que a própria igreja estava confusa. Nenhum dos concílios foi em Roma. Estes sete concílios foram feitos no Leste, onde os imperadores viviam, enquanto governavam o Império Romano.

CONCESSÃO GERA CORRUPÇÃO

Papa João XII
(955-963 D.C.)

Estes concílios fizeram revisões de tópicos variando da Divindade, tendo a presença do próprio Constantino em 325 D.C., à veneração de imagens na igreja, no sétimo concílio, em 787 D.C. Como o Imperador Constantino I entrou no primeiro Concílio de Nicéia com pompa e poder, e com a Divindade em sua mente, também entrou a Imperatriz Irene com pompa e poder no segundo Concílio de Nicéia, mais de 450 anos depois, com a veneração de imagens em sua mente. Ambos os governantes partiram dos concílios jubilosos. A igreja estava definitivamente sob o governo romano.

Segue-se a lista dos primeiros sete concílios ecumênicos e quando eles foram convocados:

1. O Primeiro Concílio de Nicéia - convocado pelo Imperador Constantino I em 325 D.C.
2. O Primeiro Concílio de Constantinopla - convocado pelo Imperador Teodósio I em 381 D.C.
3. O Concílio de Éfeso - convocado pelo Imperador Teodósio II em 431 D.C.
4. O Concílio de C calcedônia - convocado pelo Imperador Marciano em 451 D.C.
5. O Segundo Concílio de Constantinopla - convocado pelo Imperador Justiniano I em 553 D.C.
6. O Terceiro Concílio de Constantinopla - convocado pelo Imperador Constantino IV em 680 D.C.
7. O Segundo Concílio de Nicéia - convocado pela Imperatriz Irene em 787 D.C.

Durante este tempo, a Igreja Ortodoxa do oriente e a Igreja Católica do ocidente tinha se afastado uma da outra. Houve uma luta pelo poder no cristianismo ortodoxo, em relação a quem tinha autoridade sobre as igrejas. Estes concílios foram convocados para ajudar restaurar a comunhão entre as igrejas e resolver os assuntos doutrinais. Contudo, esses concílios nem sempre eram aceitos. A Igreja Ortodoxa Oriental rejeitou quatro dos sete concílios, enquanto que a Igreja Assíria do Leste, rejeitou cinco dentre eles. Apesar das várias Igrejas Ortodoxas terem lutado contra divisões, os santos Unicistas permaneceram unidos no monoteísmo Apostólico durante este período, unanimemente e entusiasticamente rejeitando todos os sete concílios.

CONCESSÃO GERA CORRUPÇÃO

Um dos maiores problemas que perturbou a igreja foi a alegação do papa romano à sua autoridade sobre a Igreja Oriental. Esta questão levantou uma disputa histórica nos anos 800, entre Photius, Patriarca de Constantinopla, e o Papa Nicolas I (858-867 D.C.) em que ambos destituíram o outro do poder.

Em 858 D.C., o Imperador Bizantino Miguel III, presidente da Chancelaria Imperial, despediu Inácio, o Patriarca de Constantinopla (observe a autoridade do imperador sobre a igreja Grega do Leste) e o substituiu por Photius. Como a confusão prevaleceu entre os ramos ocidentais (*latinos*) em Roma, na Itália e os ramos orientais (grego) de Constantinopla, na Turquia, a divisão finalmente levaria ao Grande Cisma Leste-Oeste de 1054 D.C. Essa divisão das igrejas Ortodoxas orientais, levou delegados do Papa Léo IX (1049 - 1054 D.C.) a excomungar o Patriarca de Constantinopla. Então o Patriarca convocou um concílio no qual os delegados do Papa foram excomungados. Este evento representou a grande divisão Romana-Ortodoxa.

Quando a pura Igreja Apostólica Monoteística de Jesus Cristo é comprometida, como foi desde o segundo século, Satanás toma controle das almas imortais da igreja. Quando o poder da mortalidade aumenta dentro da cristandade, o poder de Deus diminui e o mal passa a ser eminente.

O Papa Sérgio III (904-911 D.C.) foi o único papa na história da igreja Católica que ordenou matar outro papa, e gerou um filho ilegítimo que mais tarde se tornou papa. O pontificado do Papa Sérgio III foi descrito pelos historiadores da igreja como "triste e vergonhoso".

O Papa Sérgio III foi precedido pelo Papa Léo V no ano de 903. O Papa Léo morreu em 904, e se alega que ele foi segurado no chão e estrangulado em sua cela por ordem do Papa Sérgio. No fim do governo do Papa Sérgio III, o seu filho ilegítimo sentou-se no trono papal como o seu sucessor, e tomou o nome de Papa Anastácio III. O Papa Anastácio governou a igreja de 911-913 D.C. A história sugere que ele foi um bom governador para o seu povo.

Photius
Patriarca de Constantinopla
(815-897 D.C.)

Concessão Gera Corrupção

Papa Nicolas I
(858-867 D.C.)

Papa Léo V
903 D.C.

Papa Sérgio III
(904-911 D.C.)

Papa Léo IX
(1049-1054 D.C.)

Pecado no cristianismo religioso não melhora; só continua piorando. Em janeiro de 897, o julgamento eclesiástico póstumo do Papa Formoso (891-896 D.C.) foi na Basílica de São Joao Lateram em Roma.

O cadáver do Papa Formoso foi exumado e posto num trono, enquanto o seu sucessor, o Papa Estevão VI (896-897 D.C.) leu as acusações contra ele. Este "Sínodo do Cadáver" condenou o cadáver, removeu sua vestimenta papal, mutilou o cadáver e depois o lançou no rio Tibre.

Esta ação do Papa Estevão VI enfureceu as pessoas católicas. O Papa Estevão VI foi então condenado por uma corte eclesiástica, colocado na prisão, e em agosto de 897, ele foi sufocado até a morte. Tudo isso realmente aconteceu na Igreja Católica em nome do cristianismo religioso criado pelo homem.

A residência do papa pode ser referida como sendo o Palácio Apostólico, mas de forma alguma é a "Herança Apostólica". A medida que o tempo passa nós veremos a vasta diferença entre o cristianismo religioso criado pelo homem, e a pura salvação Apostólica.

Nos reconhecemos e nos esforçaremos para diligentemente diferenciar entre o cristianismo fabricado pelo homem e a verdade inalterável de Deus que foi indelevelmente cimentado nas mentes e nos corações dos Seus doze Apóstolos. Se Deus estava lá quando tudo foi escrito, será que Ele não estaria em nossas vidas para compreensão das escrituras?

O que Deus pessoalmente entregou aos Apóstolos não foi feito por mãos humanas. Foi inspiração Divina. É, portanto, pela "Santa Palavra de Deus" que toda a humanidade será julgada eternamente.

O Cadáver do Papa Formoso em Julgamento

CAPÍTULO TREZE
O Violento Toma Pela Força

Apesar das muitas lutas dentro da igreja, ela continuou tentando declarar o domínio mais uma vez. Muitos foram mortos pelas espadas dos soldados Cristãos. Um esforço para estabelecer a Igreja Católica como a única autoridade religiosa. Tanto os Judeus como os Muçulmanos, com a sua crença monoteística em Deus, eram considerados ameaça contra a santidade da Igreja Católica.

Islã, a fé Muçulmana, é o nome que foi dado à religião do profeta Maomé em 600 D.C. Maomé era Árabe, nascido em Meca, cerca de 570 D.C. Ele cria que foi enviado para advertir e guiar o seu povo contra a adoração à ídolos.

Hoje em dia o Islã é uma das maiores religiões no mundo. A maior comunidade de muçulmanos se encontra no Oriente Médio, no Norte da África, Indonésia, Bangladesh e Paquistão. O símbolo do Islã é uma lua crescente e uma estrela. Este símbolo aparece nas bandeiras de várias nações, cuja a maioria da população é muçulmana. Ainda que a religião Cristã é a mais predominante no mundo, a religião Islâmica está crescendo mais rápido. Mais de vinte por cento da população do mundo, segue os ensinos de Maomé.

Os muçulmanos creem que Islã (significando submissão a Alá) é a religião original desde a criação de Adão, o seu primeiro profeta. Profetas proeminentes entre os muçulmanos incluem Abraão, Moisés, Davi, e Jesus o Messias.

O caminho para Maomé não foi tão fácil. Meca era um centro de adoração à ídolos em 610 D.C., quando Maomé começou a pregar ao povo que deixassem a idolatria e aceitassem o Islã. A maioria das pessoas em Meca rejeitaram a sua mensagem, e muitos começaram a perseguir os primeiros muçulmanos, causando a fuga deles para Medina, em mais ou menos 622 D.C.

Na cidade de Medina, a mensagem foi melhor aceita, e dali o Islã se propagou por toda a Península Arábica.

Depois da morte de Maomé em 632 D.C. O Sunni Islã se espalhou rapidamente da Arábia sob a liderança do primeiro "rightly guided" ou califado, que eram companheiros chegados de Maomé.

Para os Muçulmanos, o profeta Maomé, chamado "o selo dos profetas" é o último de mais de 124.000 profetas desde Adão. Seu nome significa "um que é louvado," e é recomendado por Alá no Alcorão.

Os Muçulmanos creem que o anjo Gabriel foi enviado à Meca, na Arábia Saudita em 610 A.D. Ao longo dos próximos vinte e dois anos, o anjo Gabriel enviado por Alá, revelou suras (capítulos) a Maomé, com a ordem de ensinar a outros. Logo após a morte de Maomé, os seus seguidores reuniram as suras no Alcorão. O Alcorão é considerado Divino na sua forma original em Árabe, o qual é memorizado e recitado somente na sua forma original.

Maomé prevaleceu com a sua mensagem monoteística. A absoluta unicidade de Alá é básica para os Muçulmanos, e o maior pecado é associá-lo a qualquer outro ser. Para os Muçulmanos, Alá criou e sustenta toda a espécie de vida, espiritual e material. A sua vontade é absoluta e não pode ser questionada pela sua criação. Os Muçulmanos são ensinados que todas as antigas escrituras são corruptas, e que só existe uma Escritura Sagrada em que podemos confiar, o Alcorão.

No Islã não há salvador. Isso não quer dizer que salvação não é possível, pois os Muçulmanos creem que Alá é compassivo e misericordioso. O Alcorão fala sobre o céu como se fosse um jardim lindo, um lugar de recompensa. O Alcorão também descreve a punição e o fogo do inferno. A mulher muçulmana geralmente se considera protegida e satisfeita dentro da sua cultura. A sua vestidura modesta, é um código designado para protegê-la, que não é requerido no lar ou quando só há mulheres presentes.

A Poligamia é aceita no Islã, que limita ao homem ter quatro esposas, e requer tratamento igual para cada uma.

"Então respondeu ele: Não tendes lido que o Criador desde o princípio os fez homem e mulher, e que disse: Por esta causa

O VIOLENTO TOMA PELA FORÇA

deixará o homem pai e mãe, e se unirá a sua mulher, tornando-se os dois uma só carne?

Mateus 19:4-5

As culturas seculares influenciadas pelo cristianismo, podem ser confusas para os muçulmanos que veem através do espectro de suas visões históricas. Eles muitas vezes veem a "sexualidade de Hollywood" como "Cristã", ou a ação militar como uma "Cruzada". Para os Muçulmanos, a cruz é um símbolo militar.

Os Muçulmanos tentam seguir o exemplo de Maomé conhecido como o seu sunna, ou o seu jeito em todo detalhe possível. As práticas rituais do Islã são os pilares do seu sistema religioso: Confessar a sua fé, dar esmolas, orar, peregrinação a Meca e jejuar.

Quase todos os Muçulmanos pertencem a uma das duas denominações, o grupo de Sunni ou de Shia. A cisma desenvolveu no final do século VII, depois de discórdias sobre as autoridades religiosas e políticas dentro da comunidade Muçulmana.

Alguns Muçulmanos incluiriam um sexto pilar, luta santa (Jihad). Esta luta pode ser interna (uma luta na alma para fazer o que é certo) ou externa (uma luta contra os infiéis ou os que não creem). A interpretação do Jihad pode determinar a diferença entre os Muçulmanos moderados ou radicais.

Todos nós testemunhamos o ato horrível do Islã radical no dia 11 de setembro de 2001, na cidade de Nova York. Os filhos radicais de Ismael, ganharam a atenção do mundo, e os reuniu sob uma única visão. A igreja está consciente, que o tempo de um só governo mundial, está às portas.

O Papa Urbano II (1088-1099 D.C.) montou a primeira cruzada Cristã contra os Muçulmanos em Jerusalém, com o apoio do Imperador Bizantino, Alexis (1081-1118 D.C.). O Papa Urbano II, sentiu que a crescente população muçulmana poderia e deveria ser silenciada pelo poder militar. Os escudos que os soldados Cristãos traziam consigo, portavam o emblema da cruz. Desde o Concílio de Nicéia, não havia separação entre a igreja e o estado.

Papa Urban II
(1088-1099 D.C.)

O Papa Urbano II, não querendo ser escrutinado como um que traria um massacre, armou os seus soldados e sob o disfarce de uma peregrinação cristã marchou corajosamente pela da Terra Santa. Sabendo que os Muçulmanos veriam este ato como um ato de agressão e certamente responderiam da mesma forma, o Papa Urbano II e seu exército se fizeram de vítimas, enquanto enganosamente travando em guerra santa (Jihad) para eliminar o tratado Muçulmano. Assim sendo, à medida que a história foi revelada, a cruz foi transformada em espada.

"Então Jesus lhe disse: Embainha a tua espada; pois todos os que lançam mão da espada, à espada perecerão".
Mateus 26:52

Um relato foi registrado na posição devota do papa, enquanto ele fazia um apelo a sua irmandade cristã em Jerusalém, e ao mesmo tempo pedia ajuda a igreja católica do dia, para destruir o povo muçulmano, enquanto avançava seus soldados.

No Concílio de Clermont, em suas próprias palavras, o Papa Urbano II, de seu touro papal *"bellum sancrum"* clamou: "Eu, ou melhor o Senhor, lhes suplico como arautos Cristãos, para publicar este mandato em todos os lugares, e persuadir todas as pessoas, seja qual for a sua classe, sejam soldados a pé e cavaleiros, rico e pobre, para levar ajuda prontamente a esses cristãos (em Jerusalém) e destruir essa raça vil das terras de nossos amigos".

Qual é a diferença entre o homem que desembainhou sua espada para cortar a cabeça do povo Muçulmano em Jerusalém, e o que maneja as cordas do fantoche? Nós aprenderemos através da história da Igreja Católica que o papado, para o desgosto de seus seguidores inocentes, tem com um passado problemático.

No ponto de vista militar, a primeira cruzada foi a mais bem-sucedida. O historiador Raymond de Agiles descreveu a guerra Santa em Jerusalém, liderada pelo Papa Urbano II em 1099 D.C.

"Alguns de nossos homens cortaram a cabeça dos seus inimigos; outros atiraram neles com flechas, de modo que eles caíram das torres; outros os torturaram mais, lançando-os em chamas. Pilhas de cabeças, mãos e pés foram vistos nas estradas da cidade. Era necessário escolher um caminho sobre os corpos de homens e cavalos. Mas isto era pouca coisa, quando comparado ao que aconteceu no templo de Salomão, o lugar onde serviços religiosos eram normalmente entoados. O que aconteceu lá? Se eu relatar a verdade, você não vai poder acreditar. Então me deixe dizer pelo menos isto: que no pórtico de Salomão, os homens cavalgavam em sangue até os joelhos e as rédeas de freio."

A decapitação de seres humanos não é nova na história do nosso mundo e não acabou ainda.

"Vi também tronos, e nestes sentaram-se aqueles aos quais foi dada autoridade de julgar. Vi ainda as almas dos decapitados por causa do testemunho de Jesus, bem como por causa da Palavra de Deus, tantos quantos não adoraram a besta, nem tão pouco a sua imagem, e não receberam a marca na fronte e na mão; e viveram e reinaram com Cristo durante mil anos."

Apocalipse 20:4

Apesar de ser um católico devoto, e devoto a causa da igreja, houve momentos durante meus estudos nos seminários que fui obrigado a baixar a minha cabeça com vergonha. A história documentada da igreja muitas vezes foi lamentável, mas absolutamente inegável. A igreja mãe, por séculos, sob o disfarce de cristianismo, infligiu torturas físicas e manipulação mental a suspeitos de hereges em sua prisão secreta, com esperanças de sua própria purificação doutrinária.

Estas cenas foram cenas do inferno, gravadas nas páginas mais obscuras da história da humanidade. Ouço os historiadores repetidamente afirmarem que se deve considerar as circunstâncias que envolviam a cidade Santa, Jerusalém, naquele tempo. Agora que recebi o Espírito Santo e fui batizado em Nome de Jesus Cristo, eu devo dizer, não se deixe enganar, não há desculpa para tamanhas atrocidades usando o nome do Cristianismo. Os papas através dos tempos, tinham acesso à mesma orientação divina que temos hoje. Ou será que não? No dia 27 de julho de 1099, o Papa Urbano II, adormeceu no seu estado mortal, passando para o reino imortal de sua vida.

Nos convém entender que os dois filhos de Abraão, adoravam o Deus do pai deles. Os Judeus, filhos de Isaque, e os Muçulmanos, os filhos de Ismael, absolutamente adoram e servem a um Deus monoteísta. Embora esses dois filhos tenham estado em desacordo um com o outro desde o início, os dois se renderam ao Deus monoteístico de Abraão. Na linguagem Arábica *"Allah"* significa Deus. Na linguagem Hebraica *"Yahweh"* significa Deus. Estas palavras não representam deuses diferentes, como pode parecer, mas representam simplesmente uma língua diferente. A teologia entre o Judaísmo e o Islã difere, assim como a teologia do povo do Nome de Jesus. Contudo, em essência, todos os três servem e adoram a um Deus monoteísta. Na Bíblia, na Torá e no Corão, este filho de Tera é visto como o Pai Abraão, o promotor do Monoteísmo. A Divindade é uma em natureza e grande poder. O Senhor foi, é, e sempre será Um. A doutrina da trindade, não foi, não é, e nunca será a verdadeira representação de Jeová. Se a Igreja Apostólica sob o governo Romano não tivesse dado precedência ou sucumbido a doutrina de Tertuliano, hoje em dia, a totalidade do cristianismo também adorariam o Deus de Abraão num monoteísmo puro e imaculado.

Nestes últimos dias, se colocarmos as heresias distrativas de lado, poderemos realmente visualizar o Messias em pé na porta do cenáculo, acenando para a igreja lavada no Seu sangue para voltar para o lugar da chuva temporã. Para a terra que é pura e imaculada pelas mãos de homens mortais. É nesta terra que mana leite e mel, onde o Espírito do Senhor é derramado livremente, e é nesta morada Santa que o Senhor vai preparar a Sua noiva monoteísta para o derramamento da chuva serôdia.

Os anos passaram laboriosamente, e os líderes da igreja lutaram para manter seus membros nos ensinamentos da trindade e várias crenças feitas pelos homens dentro da igreja. Parecia que "perversidade em posições altas" marcavam o caminho que a Igreja Católica estava tomando. Quando pessoas tomam alta posições na igreja, Deus nem sempre está nos seus planos. O sangue do Calvário acena a mortalidade tentando cobrir os egos carnais da natureza humana.

Pedro Waldo era um oponente extenuante contra a prosperidade papal e intimidação. Ele viu a tirania dentro da

Igreja Católica, e creu que o assunto deveria ser discutido. Em 1184, Waldo procurou reconhecimento papal, pensando que poderia influenciar a Igreja em Roma. No entanto, ele foi excomungado imediatamente da Igreja Católica, sob acusações de heresia. Logo depois da eleição do Papa Inocente III (1198-1216 D.C.) no dia 8 de janeiro de 1198, ele se propôs a fazer do papa um governante eclesial do mundo com poderes políticos. Ele afirmou que, para a salvação, os monarcas deveriam ser sujeitos aos seus Papas. Este governante da Igreja Católica era notoriamente sedento por sangue. Em 1211, o Papa Inocente III através dos seus legados, capturou oitenta seguidores de Pedro Waldo. Eles foram julgados em cortes eclesiásticas, e depois de serem condenados, foram queimados juntos em estacas, num pasto próximo. Este evento liderado por uma multidão religiosa, simplesmente criou uma grande fogueira humana.

A igreja em Roma tinha comprometido os ensinamentos de Pedro e dos outros Apóstolos. Aqueles que a igreja considerava hereges, muitas vezes se encontravam com violência implacáveis. Qualquer um que questionasse os ensinamentos da igreja mãe era torturado e morto. Um método comum de tortura era parafusar a língua das pessoas ao telhado de sua boca. Os hereges eram feitos concordar de uma forma ou de outra. Eles sofreram qualquer tortura necessária, muitas vezes simplesmente por discordar com a teologia católica.

A busca à exterminar a voz de dissensão avançaria através das páginas manchadas de sangue da história. A tensão dentro da Igreja Católica começou a mostrar, mas infelizmente, o esforço para recuperar o controle e afirmar autoridade levaria à implementação da palavra mais notória associada ao cristianismo, a "Inquisição".

Em 1229 D.C., o Papa Gregório IX proibiu estritamente a possessão e a leitura da Bíblia entre os leigos no cânon 14 do Sínodo de Toulouse.

O VIOLENTO TOMA PELA FORÇA

Papa Innocente III
(1198-1216 D.C.)

Cânon 14:

"Nós proibimos também que os leigos sejam permitidos a possuir os livros do Velho ou Novo Testamento: A não ser que alguém, por motivo de devoção, deseje ter o Saltério ou Breviário para funções divinas, ou para a adoração da Virgem abençoada; mas nós proibimos mais estritamente, que possuam qualquer tradução destes livros."

Proibições formais foram igualmente emitidas contra a leitura da Bíblia Sagrada no Sínodo de Tarragona em 1233 D.C. também pelo Papa Gregório IX, e no Sínodo de Oxford em 1408 D.C. com o Papa Gregório XII oficializando.

Como punição pela leitura destes livros, o povo Católico era ameaçado a ser "anátema" ou excomunhão da igreja.

Excomunhão é a censura mais severa. É a penalidade espiritual, que priva o cristão culpado, de toda participação nas bênçãos da sociedade eclesiásticas. Eu sempre fui ensinado que a obediência ao Pontífice era a própria essência de viver para Deus. Para a maioria do povo Católico, excomunhão da igreja significa excomunhão de qualquer esperança de vida eterna com Deus.

A Pura Igreja Apostólica encoraja fortemente, tanto o ministério como os leigos a lerem, para si mesmos, a Palavra do Senhor. Este livro divinamente inspirado tem sido para mim a "Palavra de Deus Viva." Tome a minha casa, mas não tome a minha Bíblia.

Em 1231, o Papa Gregório IX (1227-1241 D.C.) criou uma corte especial para encontrar e investigar todos os que fossem suspeitos de heresias, e forçá-los a renunciar a sua crença. Este tribunal recém formado para parar a heresia contra a Igreja Católica, foi conhecido como a inquisição papal. A inquisição não só se ocupou em destruir heresias, mas também se ocupou com uma grande variedade de ofensas, que somente indiretamente, poderiam ser relacionadas a indiferença religiosa.

O processo da inquisição consistia em uma série de audiências, em que ambos os denunciadores e os acusados davam testemunho. Um conselho de defesa era atribuído ao réu, um membro do tribunal, cuja a função era simplesmente aconselhar o réu e encorajá-lo a falar a verdade. A acusação era dirigida pelo conselho fiscal ou de supervisão. A interrogação

O Violento Toma Pela Força

era feita na presença do Notário do Secreto, que meticulosamente escrevia as palavras do acusado.

O Papa Gregório IX, como muitos antes dele, cria que deveria purificar a igreja de hereges. Acompanhado com a fundação da inquisição papal, ele decretou uma lei em Roma que afirmou que hereges condenados pelo tribunal eclesiástico deveriam ser entregues ao poder secular, para receber a devida punição. Esta "devida punição" era morte por fogo ou prisão perpétua. A punição mais severa era chamada relaxamento para o braço secular, que implicava ser queimado na estaca. Esta punição era o método preferido de execução pela igreja, e já existia há muitos séculos no Império Romano e na Igreja Católica. Hereges impenitentes, e aqueles que haviam recaído, frequentemente se achavam angustiados nas chamas do julgamento de um inquisidor. Execuções eram sempre feitas em público. Se a pessoa culpada fosse condenada à morte, eles eram dados a oportunidade para se arrepender. Se o condenado se arrependesse, ele era estrangulado antes de ser queimado pelo fogo. Se ele recusasse a se arrepender, ele era queimado vivo.

Aqueles que escaparam o julgamento da chama do inquisidor, foram maltratados e emprisionados, nas piores condições, pelo resto de suas vidas. Muitos foram presos no Mosteiro Beneditino de Monte Cassino, que fica em uma colina com vista para a cidade de Casino, na Itália. É muito lamentável que o Papa Gregório IX tenha visto esta casa de Deus como algo diferente da casa de oração. Esta casa deveria estar cheia de louvores a Deus, ao invés de agonizantes gritos de misericórdia.

Eberhard II von Truchsess não somente era Arcebispo da Igreja Católica em Salzburg, na Alemanha, mas também manteve o título de Príncipe Imperial do Império Romano de 1200 a 1246 D.C. Este intelectual não era como o monge Martinho Lutero, que era parte da reforma protestante, criticando a autoridade papal. A reforma da igreja não tinha iniciado ainda. Este bispo era um indivíduo com muita influência, que ocupava uma posição no coração do Catolicismo. Ele tomou uma posição firme contra as duras medidas do papa Gregório IX.

Papa Gregório IX
(1227-1241 D.C.)

Um suspeito de heresias sendo torturado

O Papa não somente tinha criado a inquisição papal, que era muito criticada, mas também era a figura principal no século XIII, cimentando a institucionalização do ensino na igreja, que discriminava e condenava os judeus a um status inferior. Em 1234, seu *"perpeteia servitus iudaeorum"* (servidão perpétua dos judeus) foi apoiado pelas leis canônicas. O status de segunda classe dos judeus, assim estabelecida, durou 600 anos. Este estigma criado por homens persistiu até boa parte do século dezenove, quando o Papa Pio IX, chamou o povo hebreu de cachorros em um discurso que fez em 1871 D.C.

O corajoso Arcebispo de Salzburgo referiu-se ao papa Gregório IX, como tendo o espírito do anticristo. Sua proclamação audaciosa eventualmente o levaria a sua excomunhão da igreja Católica.

Este Arcebispo, em 1241 D.C., no concílio de Regensburg, declarou que o Papa Gregório IX era "o homem da perdição a quem chamam de Anticristo, que em sua extravagante vangloria diz, "Eu sou Deus, eu não posso errar."

O Papa Inocente IV (1243-1254 D.C.) que sucedeu o Papa Gregório IX no trono papal, aceitou completamente a ideia de status inferior para o povo hebraico, assim como a inquisição papal. Em 1245 D.C., o Papa Inocente IV excomungou o Arcebispo Truchsess, que repentinamente e misteriosamente faleceu no ano seguinte.

O Papa Inocente IV é lembrado na história da igreja pelo seu touro papal *"Ad extirpanda"* que autorizava o uso de tortura na obtenção de confissões de hereges suspeitos.

Após o julgamento da igreja e a condenação do herege suspeito, o estado, por sua vez, assumiria a responsabilidade de cumprir a execução. Esta porção do touro papal do Papa Inocente IV, dizia:

"Quando aqueles julgados e culpados de heresia tem sido entregue ao poder civil pelo bispo ou seu representativos, ou pela inquisição, o chefe magistrado da cidade deve levá-los imediatamente, e deve, dentro de cinco dias, no máximo, executar as leis feitas contra eles."

Este documento papal pelo Papa Inocente IV foi promulgado ou feito público, na quarta-feira, dia 15 de maio de 1252.

O Violento Toma Pela Força

Papa Inocente IV
(1243-1254 D.C.)

À medida que os esforços da inquisição prosseguiam, os hereges caíam um a um. A Igreja Católica, apesar de estar decaindo, tinha um domínio poderoso, que era de grande alcance. Quando o Papa Bonifácio VIII (1294-1303 D.C.) veio ao poder, ele, em um esforço para manter unida a Igreja Católica e afirmar domínio por todo o mundo, emitiu um touro papal em 1302, chamado "Unam Sanctam" (uma santa igreja indivisa). Este touro declarou que para obter salvação, todos os seres humanos devem ser sujeitos ao papa.

Seria bom que o povo do nome de Jesus compreendessem que perpetuar o totalitarismo dentro da Igreja Apostólica pura, é totalmente inaceitável a Deus.

"Um regime totalitário esmaga todas as instituições autônomas em seu impulso para sitiar a alma humana ".
- Arthur M. Schlesinger, Jr.

Olhando para trás, uma vez enquanto discutia a visita do bispo de Edmundston, senti um cheque sobrenatural em meu espírito, que era totalmente fora do meu carácter. O Bispo Gagnon era altamente respeitado pelas pessoas na sua diocese.

De vez em quando o bispo (o príncipe da Igreja Católica) visitava os seminaristas no Grande Seminário de Teologia. O diretor do seminário tinha informado os seminaristas durante o jantar, que não seria necessário cumprimentar o bispo, a não ser que nós quiséssemos. Isto aconteceu durante os exames finais e a maioria dos estudantes estavam estudando.

Eu estava na biblioteca central estudando com o meu amigo Gaston, quando ele me perguntou se eu estava planejando cumprimentar o bispo. Eu tinha acabado de rever história que incluía estes fatos terríveis de supostas torturas e outras atrocidades planejadas pelos papas e bispos da Idade Média, eu respondi não.

O bispo da igreja usa um anel grande de rubi na sua mão direita. Quando qualquer um dos seus subordinados lhe cumprimenta, eles automaticamente ajoelham em um joelho e beija o anel. Isto é um sinal de obediência e subjeção à sua autoridade.

O VIOLENTO TOMA PELA FORÇA

Papa Bonifício VIII
(1294-1303 D.C.)

A próxima pergunta que Gaston me fez foi porque eu não ia cumprimentar o bispo? Brevemente considerando as consequências, eu conclui dizendo que, não achava que ajoelhar e beijar o anel de outro homem era um ato saudável. A crença de Gaston em relação ao método de saudação ao bispo era completamente diferente da minha. Gaston sentiu um espírito de rebeldia em mim e discordou com a minha avaliação, enquanto eu, ao mesmo tempo sentia uma certa segurança durante a controvérsia.

Tenho notado que Deus não somente fala com os pecadores através da Sua Palavra, mas através do Seu Espírito também. O Espírito Santo tem o poder de penetrar escuridão total mesmo quando alguém está escravizado por ritualismo e adoração formal feitas por homens.

Algum tempo depois que encontrei este caminho Apostólico, o Senhor falou comigo através de Sua Palavra, e me fez lembrar da minha hesitação em relação ao bispo. Ao ler no livro de Atos que Pedro visitou Cornélio em Cesaréia. Podemos ler como Pedro (o primeiro papa?) insistiu que Cornélio levantasse-se do seu lugar de veneração.

"Aconteceu que, indo Pedro a entrar, lhe saiu Cornélio ao encontro e, prostrando-se lhe aos pés, o adorou. Mas Pedro o levantou, dizendo: Ergue-te, que eu também sou homem".

Atos 10:25-26

"Prostrei-me ante os seus pés para adorá-lo. Ele, porém, me disse: Vê, não faças isso; sou conservo teu e dos teus irmãos que mantém a testemunha de Jesus; adora a Deus".

Apocalipse 19:10

Eu não tinha como saber disso enquanto estava no seminário. Refletindo agora, deve ter sido o Espírito Santo dirigindo os meus passos. Eu sinto uma enorme apreciação para com o Senhor quando reconheço o artesanato da fenomenal Palavra escrita, falada pelo Divino e dirigida pelo Seu Espírito.

Apesar das atrocidades ao longo da Idade Média e Escura, os Apostólicos, enquanto nas sombras, mantiveram um fogo espiritual queimando nos altares de seus corações. Os homens e mulheres apostólicos perseguidos continuariam a dar o seu supremo sacrifício para que você e eu, nos nossos dias, possamos adorar livremente e com toda firmeza, o Único, Soberano, Monoteísta – Deus Jeová.

Há uma diferença marcante entre a simplicidade da salvação apostólica, que o Senhor pessoalmente passou aos doze Apóstolos, e as óbvias complicações das religiões cristãs criadas por homens, que são tão frequentemente elusivas em natureza.

Atos cruéis cometidos por papas e líderes religiosos, e atos imorais perpetrados contra os hereges, e crenças da igreja que não encontravam suporte nas Escrituras Sagradas enfraqueceu a igreja. Muitas pessoas na Europa vieram a rejeitar a teologia tradicional da Trinidade e os dogmas promovidos pela Igreja Católica. O Espírito de entendimento que estava sobre o povo Apostólico não deixaria que eles comprometessem a verdade da Palavra de Deus. Esta falta de vontade para comprometer a verdade estava tendo um efeito sobre aqueles que ponderavam as ações corruptas de uma igreja que tinha se desviado. Então começou a REFORMA.

CAPÍTULO QUATORZE
O Despertar da Reforma

No Seminário de Filosofia em Three Rivers, o estudo sobre a Reforma e o nascimento das Igrejas Protestantes, era requerido e consistia em uma boa parte do nosso currículo. Durante o tempo em que eu estava no seminário, a maior parte dos meus estudos eram relacionados a filósofos dentro da igreja mãe, promovendo seus dogmas e tradições, e denunciando outros, como os da Reforma.

Eu descobri que as pessoas que têm necessidade de criticar a posição teológica dos outros, é porque não têm certeza da sua. Desde o tempo dos primeiros reformadores até o dia presente, as pessoas protestantes tomaram proveito de forma injusta da palavra impressa. Eu detesto o mal, e estou chocado pelo espirito injusto que está associado com a propaganda religiosa. Deixe-nos ser cavalheiros suficientes para permitir que a história documentada fale por si mesma, para que não enviemos a mensagem errada de insegurança.

A Reforma na Idade Média foi a reação dos líderes religiosos dentro da igreja para protestar os dogmas que não tinham fundação bíblica, juntamente com a corrupção e a imoralidade que existiam na igreja e no seu ministério. Muitos padres ordenados pela Igreja Católica, deixaram seu ministério durante este período e se tornaram parte da Reforma. Muitos reformadores continuaram a aderir aos ensinamentos falsos da trindade de Tertuliano, mas as vozes reverberantes da reforma estavam começando a soar um alarme contra a corrupção dentro da Igreja Católica.

John Wycliffe era um importante filosofo Inglês em religião e politica durante a Idade Média. Seus esforços para copiar a Bíblia no inglês, e seu reconhecimento da ilusão dentro da Igreja Católica, o levaria a ser conhecido como a "Estrela da Manhã da Reforma." Ele nasceu na Inglaterra em mais ou menos 1320 e faleceu no dia 31 de dezembro de 1384. Wycliffe sentiu-se atraído a se tornar um dos reformadores por causa das condições que existiam na Europa nesta época. Uma forma de praga bubônica, chamada de "Peste Negra" já havia matado cerca de um quarto da população Europeia. Isto se elevou com a violência entre Inglaterra e França que se tornou conhecida como a "Guerra de Cem Anos." Durante este tempo, lutas violentas por poder, ocorreram entre os papas e clérigos de um lado, e os reis e seus nobres do outro. Ambos os lados eram corruptos e eram dominados por interesse próprio, nenhum dos quais parecia se preocupar com as dificuldades das pessoas comuns.

A ideia política mais importante de John Wycliffe foi resumida na declaração, "domínio é fundado na graça." Significando que líderes injustos não podiam afirmar que as pessoas deveriam obedece-los, simplesmente porque obediência é a vontade de Deus. A compreensão de Wycliffe nas Escrituras lhe permitiu ver, não somente a infinita loucura praticada entre os seus líderes políticos, mas também a loucura praticada entre os líderes de sua amada Igreja Católica. Depois de ter reconhecido este fato, ele usou sua ideia com os papas e bispos. John Wycliffe foi levado a julgamento em cortes romanas muitas vezes; contudo, estas tentativas para silenciar sua dissidência não sucedeu devido à sua popularidade entre as pessoas.

A popularidade de John Wycliffe cresceu, assim também como o número de seus seguidores. Aqueles que tinham o mesmo entendimento de John, e seguiam os seus ensinamentos eram chamados Lollards. Eles provaram ser um aborrecimento continuo para a liderança Católica.

Além de chamar a atenção à corrupção da liderança da igreja, John Wycliffe também examinou muitos de seus ensinamentos dogmáticos. Ele negou a doutrina da transubstanciação, que ele considerava ser a base da doutrina em que os clérigos afirmam superioridade. A transubstanciação, da qual eu fazia parte, é a transformação literal do vinho ao sangue de Cristo, e a transformação do pão ao literal corpo de Cristo durante a missa.

Me deixe afirmar que não existe milagre de transformação nesta crença. Esta teoria leva consigo muitas consequências sérias. As fraquezas da teoria são obvias. Elas não são parte das Escrituras e a crença se firma ou cai, com um entendimento filosófico particular.

Quando eu estava estudando Teologia no grand seminário, eu fui a missa todos os dias – isto é, pelo menos sete vezes na semana. Todos os Católicos, e todos os ex católicos, precisam momentaneamente colocar de lado tradições criadas por homens, e sinceramente perguntar a si mesmo: Como um indivíduo, será que eu realmente acredito que estou tomando o sangue e comendo a carne de Cristo após a consagração da missa? Estava o Seu sangue no cálice na última ceia quando Ele disse: "Este é o meu sangue," ou estava o Seu sangue ainda no Seu corpo mortal e iria ser derramado no Gólgota? Quando Jesus levantou o Seu cálice e partiu o pão, será que o pão realmente se transformou em Seu corpo e sangue na presença dos Seus Apóstolos, ou os elementos simplesmente representam o Seu corpo que foi quebrado e o Seu sangue que em breve seria sacrificado no Calvário?

John Wycliff era um padre estabelecido no século XIV, que desafiou seus papas e ficou fortemente em oposição ao ensinamento da igreja sobre a comunhão. Ele não acreditava de jeito nenhum na crença da transubstanciação. John Wycliffe ficou chocado com a ideia de que poderia existir uma mudança nos elementos durante a comunhão. Seu ensinamento era que esta crença, era uma pretensão de poder espiritual da parte dos padres, que na realidade eles não possuíam.

Apesar de que o desafio de John Wycliffe à sua igreja inevitavelmente causou a ele muitos anos de problemas, ele nunca foi excomungado por isso, e continuou sendo sacerdote Católico até o dia em que faleceu.

Em todos os meus anos na igreja Católica, eu nunca acreditei que estava realmente bebendo sangue ou comendo a carne durante a comunhão. Não é satânico beber o sangue humano? Este era o ensinamento da minha igreja, e como outros, eu simplesmente aceitei.

A doutrina da transubstanciação requer que uma mistura de vinho e água seja colocada no cálice durante a missa. Enquanto eu observava esta prática, uma vez perguntei ao padre porque colocamos tanto vinho no cálice e somente um pingo ou dois de água (representando a água que escorreu do lado de Cristo)? O padre respondeu divertidamente, "Você prefere beber água ou o sangue de Jesus?"

Quando eu fui ao altar da Igreja Apostólica, eu fui coberto pelo sangue do Cordeiro. O sangue precioso do Cordeiro que foi morto no Calvário, tem sido aplicado na minha vida, e as marcas do pecado foram apagadas. Aquele dia não foi penitência e sim, um verdadeiro arrependimento.

Apesar de John Wycliffe ter falecido como um Padre honrado na Igreja Católica, seus ensinamentos continuaram a importunar a igreja mãe. A Igreja Católica agora estava passando por extremos obstáculos. Parece que as concessões Apostólicas tinham feito a unidade na igreja inalcançável. Vamos lembrar que concessão Apostólica vai sempre fazer com que união seja inalcançável.

A cisma ou divisão entre os Católicos ocidentais e o grupo Ortodoxo Oriental permaneceu, e então veio mais uma dissidência que iria separar as igrejas do ocidente entre elas mesmas por quase quarenta anos. O governo do Papa Gregório XI foi enigma com contenda. Na sua morte, muitos sentiram uma grande necessidade de um papa romano, ou pelo menos, um papa italiano.

Os cardeais se reuniram no Vaticano em Roma para determinar quem seria seu próximo papa. Enquanto eles deliberavam, surgiram algumas agitações civis entre o povo e uma multidão se formou fora dos portões do Vaticano. Apesar de que os Cardeais franceses representavam a maioria, eles sentiram que as circunstancias exigiam uma concessão.

Os cardeais escolheram um italiano, Papa Urbano VI (1378-1389 D.C.). Estes cardeais, mais tarde alegaram que a eleição não tinha sido válida, porque eles tinham sido forçados a tomar a decisão. Seis meses depois eles elegeram um cardeal francês, Papa Clemente VII, o qual muitos o consideravam antipapa, porque o Papa Urbano VI ainda estava ocupando o trono papal em Roma. Entretanto, o Papa Clemente VII também não seria legitimamente reconhecido. A França, a Escócia e a Espanha reconheceram o Papa Clemente VII, enquanto que a Itália, Alemanha, Polônia, Hungria e todo o norte da Europa apoiaram o Papa Urbano VI. Tanto o Papa Urbano como o Papa Clemente se viram como o legítimo papa e por isso nomearam seus próprios cardeais. Esta rivalidade causou o "Grande Cisma Ocidental."

O Despertar da Reforma

Papa Gregório XI
(1370-1378 D.C.)

Este Grande Cisma Ocidental continuou e papas sucessivos de cada grupo permaneceram em desacordo. Finalmente, um concílio geral foi convocado em Pisa, na Itália, em 1409 com esperanças de unir novamente a igreja. É incrível que este concílio terminou criando um terceiro candidato ao trono papal, o Papa Alexandre V. Agora existiam três papas diferentes, em três tronos diferentes, governando a Igreja Católica.

John Huss era um seguidor de John Wycliffe e sentiu que esta exibição horrível de liderança, acompanhada com a usura e corrupção que tinha aparentemente se juntado à Igreja Católica, deveria terminar. John Huss lutou contra as forças que estavam trabalhando dentro da Igreja Católica, apenas para ser cerimoniosamente degradado do sacerdócio católico e excomungado em 1411 pelo Papa Gregório XII (1406-1415 D.C.) Contudo este ato não iria deter John Huss de continuar iluminando a escuridão.

Em 1412 John Huss continuava discutindo persistentemente o papel da liderança católica ao longo dos séculos. Tanto Huss, quanto Wycliffe, sentiram que o envolvimento da igreja com os assassinatos dos hereges, e a usura por dinheiro e poder, não deviam permanecer incontestado. Citando o último capítulo do livro de John Wycliffe, *De ecclesia*, ele afirmou que nem o papa, nem o bispo da igreja, tinham direito de carregar a espada em nome da cristandade, sendo que Jesus tinha ensinado contra isto; eles deviam orar pelos seus inimigos e abençoar aqueles que lhe amaldiçoavam. Huss se recusou a ser silenciado.

O Papa Gregório XII ordenou o Cardeal de St. Ângelo a proceder contra Huss sem misericórdia. O destino dele seria decidido durante o Concílio de Constance (1414-1418) D.C.), que foi convocado com esperanças de trazer um fim ao Grande Cisma Ocidental. Porém, mais especificamente, o concílio tinha sido convocado para tratar dos problemas de heresias, especialmente da parte deste reformador intolerável, Joao Huss.

O Imperador Sigismundo do Império Romano ofereceu a John Huss uma garantia de segurança, se ele atendesse o Concílio de Constance. Primeiro Huss hesitou. Mas depois, sentindo que deveria expressar sua opinião ao concílio, ele aceitou o acordo relutantemente.

Ao chegar ao concílio, John Huss descobriu rapidamente que recebera uma garantia superficial. Os prelados do papa haviam convencido o Imperador Sigismundo que ele não poderia ser obrigado a promessas feitas a um herege. John Huss foi então ordenado, sob juramento, a renunciar 30 artigos, muitos dos quais tinham sido extraídos dos documentos de John Wycliffe. Ele recusou, a menos que instruído pelas Escrituras fosse mostrado onde estes ensinamentos estavam errados. O conselho rejeitou o seu apelo à Bíblia como autoridade superior.

John Huss, em reação, proclamou que Jesus Cristo e não o papa, era o supremo juiz. No dia 8 de dezembro de 1414, John Huss foi tomado em custódia e mantido no calabouço de um monastério dominicano. O que seguiu foram meses de interrogações e torturas.

Algumas das últimas palavras deste reformador foi, "Deus é minha testemunha que eu nunca ensinei aquilo que eu tenho sido acusado por falsas testemunhas de ensinar. Na verdade do Evangelho, que eu tenho escrito, ensinado e pregado, eu vou ser assassinado hoje, com alegria."

No dia 6 de julho de 1415, Huss foi concedido uma última oportunidade pela Igreja Católica para renegar. Mais uma vez ele recusou, dizendo que, uma vez que ele não mantinha todos os pontos de vista como afirmado, recuar seria cometer perjúrio. Ele então foi declarado um malicioso herege e discípulo de John Wycliffe. Sua alma foi entregue ao diabo pelo Papa Gregório XII, que lhe entregou as autoridades seculares para ser executado.

Naquele mesmo dia, ele foi levado a uma campina fora da cidade, e queimado vivo. Este reformador tem sido lembrado através da história por seu heroísmo. Quando ele estava sendo amarrado para ser queimado, ele disse, "O que eu tenho pregado com os meus lábios, eu vou selar com o meu sangue."

Jerome de Praga (1379-1416 D.C.) era um filósofo, teólogo, professor de universidade, e seguidor de John Wycliffe e John Huss. Por causa do perigo iminente, John Huss lhe advertiu que não atendesse o Concílio de Constance na Alemanha.

Jerome de Praga era notório a desafiar a Igreja Católica em seus ensinos públicos nas universidades. Do ponto de vista teológico, ele sentiu que muitos dos ensinamentos da igreja eram falsos. Do ponto de vista moral, ele expressava repugnância.

Sem se importar com a advertência do Huss, ele sentiu um impulso para atender o concílio da igreja e tentar expressar suas ideias. Contudo, à sua chegada no concílio, ele foi preso imediatamente por solicitação da hierarquia da igreja.

Para irritar seus membros em oposição, esta hierarquia da igreja mãe escolheu o meio infame de forçar dogmas fabricados pelo homem sobre os que não queriam.

A decisão do conselho foi para não queimar Jerome de Praga imediatamente como fizeram com John Huss, mas para mantê-lo trancado no calabouço do século XV, por um ano, no seu mosteiro dominicano. No dia 30 de maio de 1416, este reformador da igreja foi retirado do calabouço, amarrado a uma estaca, e queimado vivo.

Neste momento da história, não haviam igrejas protestantes. A Reforma não tinha começado ainda, ou será que tinha? Os protestos que iniciaram a grande Reforma da idade média não eram de uma fonte religiosa externa. Nesse momento, a Igreja Católica estava penalizando os seus próprios padres e queimando eles. A verdade é que a Reforma começou dentro da própria alma do Catolicismo.

Quase seiscentos anos depois, em 1999 Papa Joao Paulo II, expressou o seu lamento profundo ao mundo pela morte cruel de John Huss, que foi infligida pela igreja Católica.

Os seguidores das mensagens de Wycliffe, assim como os de John Huss, continuaram a avançar o conhecimento sobre a disfunção e ensinos não-bíblicos que consumiram a igreja católica. Em um esforço para silenciar a voz dos seguidores de Wycliffe, o Papa Martinho V (1417-1431 D.C.), cuja eleição terminou o Grande Cisma do Oeste, em 1428, ordenou o bispo inglês para exumar os restantes de John Wycliffe em Lutterworth, na Inglaterra. Uma vez que seus ossos foram desenterrados, eles foram queimados em cinzas, e depois jogados apressadamente no rio. Este ato grosseiro foi inútil.

Papa Martinho V
(1417-1431 D.C.)

Apesar de homens como Wycliffe e Huss terem passado suas vidas informando as pessoas dos erros encontrados nos ensinamentos Católicos, as crenças que não tinham fundamento nas Escrituras continuaram a desenvolver. Um dos pensamentos mais controversos associados à Igreja Católica é o ensinamento do "purgatório." Esta crença que não está de acordo com a Bíblia foi o catalisador que levaria a Igreja Católica a levantar grandes somas de dinheiro dos seus seguidores por todo o mundo para reconstruir a Igreja de São Pedro em Roma.

A palavra purgatório, vem da palavra Latina *"Purgare"* e significa limpar ou purificar. A teologia atrás dos ensinamentos acerca do purgatório é que Deus em sua misericórdia, não enviaria uma alma ao inferno eternal por causa de um pequeno pecado. Assim sendo, deve existir algum lugar entre o céu e o inferno que seria usado para purificar as almas de pecados pequenos que não tenham sido perdoados pela igreja mãe. Para Católicos, este lugar é chamado purgatório.

O Papa Eugênio IV (1431-1447 D.C.) surgiu com seu estilo de vida extravagante do Renascimento. Ele gastou fortunas em Roma à custa do povo Católico ao redor do mundo. Este papa estava determinado a fazer de Roma, e em particular da Basílica de São Pedro, monumentos culturais. Muitas das atrações que os turistas modernos acham surpreendentes foram autorizadas por este papa. Os portões de bronze, ricamente trabalhados, que se encontram na entrada da Basílica de São Pedro são seu trabalho.

Embora a influência arquitetônica deste papa pode ser admirada em toda a parte em Roma, ele ainda foi forçado a ocupar-se com muitos dos assuntos desagradáveis da sua igreja. O Concílio Ecumênico de Florença (originalmente em Basil, na Suíça) começou em 1431. Este concílio tinha sido convocado para endereçar os muitos problemas que a igreja estava enfrentando, assim também como para lidar com novos ensinamentos, tal como o do purgatório. Porém, o Concílio foi mudado para Florença, pelo Papa Eugênio IV em 1439, devido a hostilidades entre os membros do Concílio. Como vingança, os membros do Concílio que rejeitaram voltar a se reunir em Florença tentaram destituir o Papa Eugênio IV do seu trono papal. Apesar deste ato ter levado a eleição de um antipapa, foi de curta duração.

Papa Eugênio IV
(1431-1447 D.C.)

Foi aqui, em meio ao caos no Concílio de Florença, que o ensino do purgatório encontrou descanso no seio da igreja mãe. O Papa Eugênio IV foi responsável a fazer do purgatório um dogma da fé Católica. Os líderes Católicos, iriam mais tarde usar esta crença, no argumento de que alguém poderia pagar monetariamente pelo pecado de um ente querido, que estava preso no purgatório. Este suposto ato de caridade e fé para com os seus entes queridos ia predispor a Igreja Católica a orar para a liberação antecipada ou perdão das almas emprisionadas.

A medida que os cofres da igreja começaram a transbordar, o que seria conhecido como a "venda de indulgências" (requerendo dinheiro para orar por aqueles que estavam no purgatório) levou muitos a sentir que a corrupção da igreja atingiu um nível mais baixo do que o nível anterior. Um frade dominicano, chamado Johann Tetzel, da Alemanha, mais tarde, faria a declaração, "Tão logo tilintar a moeda lançada na caixa, a alma sairá voando [do purgatório para o céu]." A história revelaria o purgatório e a venda de indulgências serem os principais fatores da Reforma. O Papa Eugênio IV faleceu no dia 23 de fevereiro de 1447.

As vidas dos hereges e dos reformadores eram de pouca importância quando se referia a trindade. A medida que o dinheiro manchado de sangue transbordava livremente, a igreja Católica via suas ações ao longo da inquisição papal como serviço a Deus e frequentemente honrava ou recompensava aqueles que estavam dispostos a silenciar a oposição de seus ensinamentos. Porém, a cada passo na estrada, a Igreja Católica era confrontada pela verdade da Palavra de Deus.

CAPÍTULO QUINZE
Perseguir, Processar, Purificar

A intolerância religiosa estava viva e forte no século quatorze. A medida que a intolerância pelos ensinos unicistas crescia, muitos dos judeus que viviam na Espanha passavam pela furiosa experiência da espada. Os pogroms (um massacre organizado) em junho de 1391, tinham sido sanguinários; em Sevilha, centenas de judeus foram mortos, e suas sinagogas foram completamente destruídas. O número de pessoas assassinadas foi igualmente alto em outras cidades, tal como Valencia e Barcelona. Ondas de perseguições contra o judaísmo foram encorajadas pela pregação de Ferrant Martinz, Arquidiácono de Ecija. A medida que esse espírito antissemítico prevaleceu na Espanha, também prevaleceu o zelo desse monarca pela Igreja Católica.

A inquisição espanhola marcou uma nova era de absoluta crueldade. Ela começou em 1478 e durou até 1834. Porém, esta inquisição não foi liderada pela autoridade papal. A inquisição foi estabelecida pelo monarca Católico Fernando II de Aragão, e Isabel I de Castela. Apesar da inquisição não ter sido oficialmente dirigida pela Igreja Católica, ela foi definitivamente endossada e encorajada pelo papa. O Rei Fernando e sua esposa Isabel não tinham misericórdia por ninguém no seu reino, que se opusesse contra a doutrina Católica. A inquisição, sob o controle monarca, assumiu uma abordagem mais sofisticada e precisa do que no passado sob o controle do papa.

A eliminação sistemática daqueles que se opunham contra a igreja continuou, à medida que o fogo de purificação queimava através da terra. A missa era rezada diariamente e os monges, frequentemente, podiam ser ouvidos recitando os salmos de Davi pelas colinas espanholas de Castela, enquanto que a fumaça subia das brasas humanas.

Durante esta inquisição incitada por monarcas e encorajada pelos papas, cerca de 32.000 homens, mulheres e crianças foram queimados vivos na Espanha.

Por séculos, o pontífice de Roma e Avinhão escolheram manter muitos dos arquivos selados no Vaticano. Houve algum motivo para ocultar esses escritos históricos?

A Inquisição Espanhola estava prosperando sob controle monarca, mas isto não foi suficiente. Os esforços para livrar a fé Católica de hereges continuou a crescer. Estes monarcas acreditavam que tanto judeus, como muçulmanos, e feiticeiros, estavam tentando destruir a fé Católica, usando mágica e poções.

O Papa Nicola V emitiu o touro papal *"Dum Diversas"* no dia 18 de junho de 1452, em resposta a um pedido do rei monarca Alfonso V. O papa deu permissão ao rei para atacar, conquistar e subjugar Saracens (muçulmanos), pagãos, judeus, e outros inimigos de Cristo onde quer que fossem encontrados. A decisão papal concedia o título de todas as terras e possessões apreendidas aos portugueses, e permitia que tomassem os habitantes e os destinassem à escravidão perpétua.

O Papa Nicola V enviou o monge Franciscano Capistrano como seu representante pessoal para Alemanha e Silésia, "com a missão especial de subjugar *"os judeus descrentes"*. Os papas católicos tinham partido de Avinhão, na França, em 1377 e agora estavam em Roma.

Capistrano acusou falsamente os judeus de matar crianças cristãs. Seus sermões inflamados apelavam aos preconceitos do povo enquanto os hebreus tremiam diante dele.

Este monge católico era muito zeloso em sua missão na região de Silésia. Um relatório circulou que certo homem judeu de grandes meios cometeu o pecado mortal de blasfêmia. A investigação sobre o assunto foi convenientemente supervisionada pelo próprio Capistrano. Por meio de tortura autorizada pela igreja romana, pelo papa Inocêncio IV em seu touro papal ou documento *Ad extipanda* mais ou menos 200 anos atrás, ele conseguiu adquirir falsas confissões das vítimas envolvidas. Como resultado, mais de 40 judeus foram queimados até à morte no dia 2 de junho de 1453. Outros, incluindo rabinos, temendo tortura física, escolheram se suicidar como fizeram os judeus na Massada; eles de mãos dadas, em 79 D.C., se jogaram do topo do penhasco para escapar da tortura dos legionários romanos.

Papa Nicolau V
(1447-1455 D.C.)

O restante dos judeus na Silésia, foram expulsos das regiões sendo forçados a deixar seus filhos pequenos para trás. Estas crianças, foram obrigadas a serem batizadas na igreja Romana. Os admiradores deste monge Franciscano, rapidamente o chamou de "o flagelo dos judeus".

Embora dezenas de pessoas inocentes tenham sido torturadas, atormentadas e queimadas vivas, minha igreja aparentemente sentiu que o mundo deveria reconhecer Capistrano como um indivíduo santo, fazendo a vontade de Deus. Este monge Franciscano foi canonizado no final do século dezessete, e é visto pela igreja como um homem digno de veneração. Ele é atualmente conhecido como São João de Capistrano. Sua festa é no dia 23 de outubro.

Sob as coroas do rei Fernando II e sua esposa, rainha Isabela I, Tomás de Torquemada tornou-se o primeiro Grande Inquisidor da Espanha. Ele era um frade dominicano e confessor pessoal da rainha de Castile. Ele rapidamente tornou-se notório por suas campanhas zelosas contra os judeus, muçulmanos, hereges e todos os que não acreditam em sua fé católica.

O Papa Sisto IV (1471-1484 D.C.) nomeou este ministro dominicano para os reinos espanhóis no início de 1482. O inquisidor foi descrito pelo cronista espanhol Sebastian de Olmedo como "O martelo dos hereges".

Para homenagear seus devotos monarcas católicos, ele liderou uma organização de tribunais eclesiásticos que aprisionavam, torturavam e queimavam suspeitos de descrença.

Durante seu mandato como o Grande Inquisidor da Espanha, ele assassinou no fogo cerca de 2.000 seres humanos, ao longo de um período de quinze anos. Ele não mostrou misericórdia. Muitos Judeus foram decapitados, enquanto outros viveram o resto dos seus anos em uma masmorra do século 15.

Thomas de Torquemada faleceu no dia 16 de setembro de 1498, com 78 anos de idade.

PERSEQUIR, PROCESSAR, PURIFICAR

Tomás de Torquemada
(1420-1498 D.C.)

Padre Católico Dominicano e
Grande Inquisidor da Espanha

Na Polônia, o monge Franciscano, Bernardino de Feltre, que também foi deposto pelo papa pela mesma razão, junto com o seu colega de trabalho, o Arcebispo Zbigniev Olesniczkico, orquestraram uma ameaça contra o rei Casimiro IV da Polônia. A ameaça oferecia sofrimentos terríveis no inferno, acompanhada por uma profecia sobre grandes infortúnios para o seu país, se ele não conseguisse abolir os direitos civis e privilégios sociais do povo judeu. A princípio, o rei hesitou em perseguir o povo hebreu. Ironicamente, pouco depois, uma guerra estourou na Polônia. O arcebispo, e o monge franciscano, se aproveitaram da situação e anunciaram publicamente que sua profecia estava sendo executada, e que Deus estava punindo o povo Polonês por causa da negligência do rei e seu apoio aos judeus. O rei, por sua vez, sucumbiu às exigências de sua igreja em 1454. A mudança no coração deste monarca levou a uma tremenda perseguição ao povo judeu na Polônia.

O monge Franciscano, Bernardino de Feltre, trouxe um destino semelhante ao povo judeu nas regiões oeste e sul da Alemanha. Como consequência de confissões fictícias extraídas sob tortura física, especialmente em Ratisbona, o julgamento severo caiu sobre os homens, mulheres e crianças hebraicas. Estes filhos e filhas de Abraão, negando a possibilidade da trindade, escolheram ser massacrados ao invés de negar a unicidade da natureza de Deus. Este massacre de seres humanos aconteceu no país da Alemanha, mesmo antes do nascimento do Reformador Alemão Martinho Lutero, que também odiava os Judeus.

Será que a corrente brutal de antissemitismo na Igreja Romana através dos séculos, poderia ser usada quase 500 anos depois, por um ditador católico, alemão, da Áustria, para justificar o holocausto judeu?

Depois da morte do Papa Eugenio IV no dia 23 de fevereiro de 1447, e antes da eleição do Papa Nicolau V, no dia 6 de março de 1447, um político Italiano chamado Stefano Porcari repetidamente chamou a atenção da população sobre a autoridade papal tirânica. Ele exigiu que o abuso fosse interrompido, e com grande entusiasmo encorajou a derrota do governo papal na península italiana.

Este político com suas proclamações audazes continuou a importunar o papado do Papa Nicolau V. O pontífice, não vendo solução para o problema, finalmente ordenou uma investigação sobre as ameaças de Porcari.

O Stefano Porcari foi apreendido, julgado culpado, e no dia 9 de janeiro de 1453, foi enforcado em público na forca do Castelo de Santo Ângelo, em Roma.

Do seu trono no Vaticano, o monarca, Papa Nicolau V, era um tirano com qualquer povo de qualquer religião que se opusesse à sua fé católica. A limpeza étnica feita pela Igreja Católica veio em nome da cristandade religiosa feita por mãos de homens.

A despesa para garantir rotas a países como a Índia, eram financiadas com escravos africanos. A aprovação da escravidão foi reafirmada nas escrituras *"Romanus Pontifex"* do Papa Nicolau V em 1455 D.C. Este Pontífice romano faleceu no dia 24 de março de 1455 D.C. com 57 anos de idade.

No dia 8 de abril de 1455 D.C., o Papa Calisto III (1455-1458 D.C.), tomou o lugar do Papa Nicolas V no trono papal.

No documento papal *"Inter Caetera"*, o Papa Calisto autorizou o povo português a reduzir os descrentes a servidão.

Este touro papal deu consentimento para a escravização dos descrentes, e garantiu ao povo português que a escravidão não era contra a palavra de Deus, nem aos ensinamentos da Igreja Católica.

Trinta anos depois, o Papa Inocente VIII (1484-1492 D.C.) desfrutava dos serviços que seus 100 escravos mouros lhe ofereciam no Vaticano. Os escravos do papa eram chamados *"moro"*, significando "homens de pele escura", estes escravos foram dados ao papa como presentes pelo Rei Espanhol Fernando II de Aragão, e sua esposa, Rainha Isabel I de Castela. O Papa Inocente VIII muitas vezes compartilhava seus escravos preferidos com os cardeais.

Em 1992, o Papa João Paulo II, em uma das suas visitas a Senegal (um país no lado oeste da África), implorou perdão pelo envolvimento católico no tráfico de escravos.

As bruxas foram consideradas culpadas pela "morte negra" (praga bubônica) que atacou a Europa nos meados do século XIV.

Papa Inocente VIIII
(1484-1492 D.C.)

As pessoas que viveram nesta época devastadora, viram carregamentos de corpos, mortos pela doença, serem levados ao meio do oceano e jogados nas profundezas do mar. O que levaria muitos a abrigar suspeitas vingativas para com as bruxas nos anos porvir.

Não foi até o dia 5 de dezembro de 1484, quando o Papa Inocente VIII (1484-1492 D.C.) decretou o seu touro papal chamado *"summus desiderantes affectibus"* (desejando com um ardor supremo), que feiticeiras atraíram a atenção assustadora dos oficiais católicos. O documento papal foi criado em resposta ao pedido do inquisidor dominicano Heinrich Kramer (1430-1505 D.C.) que estava buscando permissão explicita para processar feitiçaria no país da Alemanha.

O Papa deu a sua aprovação total para prosseguir com a inquisição contra feiticeiros, e concedeu permissão para que fizessem o que fosse necessário para se livrar deles. Este touro papal incitou autoridades locais a cooperar com os inquisidores e ameaçou excomungar aqueles que os impedissem.

O Papa Inocente VIII deu autorização para que o seu documento fosse colocado na frente do livro <u>Malleus Maleficarum</u> (O Martelo das Bruxas), que foi escrito por Heinrich Kramer e publicado pelas autoridades Católicas da Inquisição, em 1485-1486 D.C. Depois do touro papal ter sido publicado na frente do livro para que todos lessem, a caça às bruxas entrou em histeria em massa.

Esta literatura espalhou rapidamente e se tornaria o manual para caçadores de bruxas, e inquisidores em toda a Europa medieval.

O seguinte é um trecho do livro de Heinrich Kramer que foi tão rapidamente e tão amplamente difundido:

"Toda maldade" é pequena quando comparada à maldade de uma mulher ... o que é uma mulher senão um inimigo de amizade, um castigo inescapável, um mal necessário, uma tentação, uma desejável calamidade, um perigo doméstico, um delírio deleitável, uma natureza maligna, pintada com cores satisfatórias... As mulheres são por natureza instrumentos de Satanás ... Elas são por natureza carnal, defeito estrutural enraizado na criação original ". (citado em *Katz, O Holocausto no Contexto Histórico*, Vol. 1 páginas 438-439).

Acredita-se que oitenta por cento das vítimas de Heinrich Kramer eram do sexo feminino. Durante a caça das bruxas que seguiu, especialmente nos séculos XVI e XVII, estima-se que cerca de 150.000 – 200.000 seres humanos foram torturados e queimados vivos.

Estas caças por feiticeiros, que aparentava fazer das mulheres o seu alvo, muitas vezes teve pouca, se qualquer evidencia para apoiar as acusações. Mais tarde este fato levaria muitos a categorizar a caça dos feiticeiros iniciada por Heinrich Kramer, como o "assassinato em massa do sexo feminino" pela igreja.

Alguns historiadores escreveram que Heinrich Kramer não estava agindo de acordo com o Papa Inocente VIII, e que o touro papal *"summus desiderantes affectibus"* foi um documento papal forjado. Existe uma ignorância a superar. Eu sou bem familiar com a hierarquia Católica e como ela opera. Se o Papa Inocente VIII não estivesse em total apoio com este inquisidor e seu trabalho, Heinrich Kramer não teria feito absolutamente nada na Alemanha. Pelo contrário, o Papa orquestrou com o Heinrich Kramer uma sistemática eliminação de feiticeiros e hereges. Dezenas de milhares seriam torturados e assassinados, durante um período de vinte anos, sob a supervisão atenta deste inquisidor católico, Heinrich Kramer.

O Papa Inocente VIII, faleceu no dia 25 de julho de 1492. Este papa, durante a sua posse curta de oito anos, não somente soltou homens como Heinrich Kramer, mas também reconheceu publicamente em Roma, que tinha seus próprios filhos ilegítimos, vivendo com ele no Vaticano. Este papa contribuiu grandemente ao declínio do prestigio papal dentro da Igreja Católica.

O Papa Alexandre VI (1492-1503 D.C.) sucedeu o Papa Inocente VIII no trono papal. Em 1456, com a idade de vinte e cinco anos, ele se tornou um cardeal e no ano seguinte vice-chanceler de Santa Sé. O Papa Alexandre VI raramente faltava a reunião da Cúria Romana.

Dezessete anos depois, ele se apaixonou por uma de suas amantes, Vannozza dei Cattanei, que lhe concebeu quatro crianças, João, Cesar, Lucrécia e Godofredo. Alexandre teve seis filhos e três filhas de várias amantes.

Embora as mães de cinco dos seus filhos não sejam conhecidas, todos nove receberam posições de poder político e casamentos vantajosos por causa do status proeminente do pai deles.

Quando o Papa Alexandre VI sucedeu o Papa Inocente VIII no trono de Roma, ele sentiu a necessidade de reconhecer as medidas que foram tomadas nos anos recentes contra hereges. Como reconhecimento ao seu papel na Inquisição Espanhola e por purificar a fé católica, o Papa Alexandre VI concedeu ao Rei Espanhol, Fernando II, e a sua esposa Isabel I de Castela, o título de "O Católico".

Em seguida, num esforço para mostrar a aprovação do Vaticano ao trabalho de Heinrich Kramer na Alemanha, no ano de 1500, o papa Alexandre VI convocou Kramer para a Itália, e o elevou à alta posição de "núncio", na Igreja Católica. Heinrich Kramer continuaria seus esforços contra bruxaria até a sua morte em 1505. Ele foi enterrado com toda a honra na Boemia, o país em que ele foi honrado, por ser o núncio do Papa Alexandre VI.

Um núncio papal é um representante pessoal, eclesiástico, e diplomático do pontífice romano, que é o rei do Vaticano. Eu entendo que muitos católicos e até pessoas de outras religiões, talvez não têm conhecimento, mas o papa é um monarca Europeu muito influente. Isto simplesmente significa que ele tem total poder legislativo, executivo e judicial sobre a cidade do Vaticano, que governa a Igreja Católica do mundo inteiro. O papa é o único monarca absoluto na Europa. Me foi dito uma vez que os papas da Idade Média pareciam reis. Existiram épocas na história em que os reis buscavam direção spiritual e tremiam diante deles.

A cidade do Vaticano que é oficialmente chamada "Estado da cidade do Vaticano", é uma cidade-estado soberana, sem litoral, cujo território consiste de um enclave murado dentro da cidade de Roma. A cidade do Vaticano é uma monarquia eleita não hereditária que é governada pelo bispo de Roma - o papa. Os mais altos funcionários do estado são todos clérigos da fé católica. A cidade do Vaticano é o território soberano de Santa Sé e o local de residência do papa, se referem a ela como o Palácio Apostólico. Os papas residem ali desde o seu retorno de Avinhão em 1377. As basílicas são patrulhadas pelos agentes de polícia do Vaticano e não por policias italianas.

De Roma à Jerusalém

Papa Alexandre VI
(1492-1503 D.C.)

Vannozza dei Cattanei
(1442-1518 d.C.)

O papa é *"ex-officio"*, o cabeça do estado e do governo na cidade do Vaticano. Ele depende de sua função primordial como bispo da arquidiocese de Roma. O termo Santa Sé não se refere ao estado do Vaticano, mas ao governo espiritual e pastoral do papa, amplamente exercido através da Cúria Romana.

Os papas, em seu papel secular, gradualmente passaram a governar regiões vizinhas e através dos estados papais. Eles governaram uma grande parte da península italiana por mais de mil anos.

A Santa Sé é o serviço diplomático mais antigo continuamente ativo no mundo, datando de pelo menos 325 D.C. com sua legação ao Primeiro Conselho de Nicéia.

Embora o Papa seja referido como o cabeça da Igreja Católica, os bispos de Roma nem sempre receberam o título. O primeiro bispo a receber o titulo de Papa foi o patriarca de Alexandria, o Papa Héraclas (232-249 d.C.), muito antes de ser assumido pelos bispos católicos de Roma.

A necessidade de proteção ao papa foi muito grande. Primeiro os papas recrutaram mercenários suíços como parte de um exército, porém mais tarde, a Guarda Pontifícia Suíça foi formada pelo Papa Júlio II (1503-1513 d.C.), no dia 22 de janeiro de 1506 para ser o guarda costa do papa, e continua a cumprir essa função até os dias atuais. O recrutamento é organizado por um acordo especial entre a Santa Sé e a Suíça e é restrito a cidadãos católicos do sexo masculino. O primeiro corpo foi fundado como uma milícia.

Adquirir controle pelo poder militar não era um conceito novo para o Vaticano. Durante séculos, os papas no Vaticano, expandiram seu domínio e força suplementando seus exércitos com homens de países solidários por toda a Europa. Desde o tempo do Papa Urbano II em 1090, com a invasão de Jerusalém durante a sua guerra santa contra os muçulmanos, os papas têm tido exércitos. Os papas têm tido exércitos poderosos.

Papa Júlio II
(1503-1513 D.C.)

Durante o século dezesseis a milícia Jesuíta foi estabelecida. Esses homens armados eram extremamente submissos aos papas e muito poderosos. Se tem perguntado muitas vezes, será que os jesuítas eram soldados antes? Os jesuítas formam a maior força masculina dentro da Igreja Católica, e durante séculos, eram militares romanos representando o Vaticano. O fundador dos Jesuítas, Inácio de Loiola (1491-1556 d.C.), era soldado antes de se tornar padre. Os Jesuítas eram conhecidos como os soldados de Cristo e soldados de infantaria do papa. De fato, no dia 27 de setembro de 1540, o Papa Paulo III confirmaria a ordem dos Jesuítas através do seu touro papal *"Regimini mililantis ecclesiae"* (o governo militante da igreja).

Que diferença faz entre os soldados jesuítas, mal informados, que saíam para matar pessoas em nome de Jeová, e os soldados muçulmanos, mal informados, do braço radical do Islã saindo para matar pessoas em nome de Alá? Diferença nenhuma.

A força militar do Vaticano foi apoiada por uma economia não comercial incomparável. A prosperidade e poder do Vaticano são mantidas financeiramente através das contribuições dos católicos pelo mundo inteiro. As tremendas contribuições de caridade de milhões de membros por todo o mundo, permitiu que o Vaticano fosse muitas vezes considerado como o estado mais rico do mundo.

Infelizmente, boa parte deste poder, prestigio e riqueza, custou muito, mas foi um preço que a Igreja Católica e os seus papas estavam dispostos a pagar. O sangue inocente de homens e mulheres inocentes tem sido derramado livremente à medida que julgamentos cruéis, através da história, têm sido lançados tanto em Apostólicos quanto em pecadores. Eu temo que a questão desses julgamentos severos, com o propósito da assim chamada purificação da igreja, possa ser um tópico de discussão que muitos terão com o próprio Juiz Justo.

CAPÍTULO DEZESSEIS
Glória e Vergonha

Olhando um pouco a cima no gráfico vamos parar e considerar o reformador Martinho Lutero, com suas noventa e cinco teses. Martinho Lutero nasceu no dia 10 de novembro de 1483. Ele era um monge Católico na Alemanha. Lutero se destacou na Igreja Católica como teólogo e professor universitário. Mais tarde ele seria conhecido na história cristã como o "Pai do Protestantismo". Embora como Católico ele cresse nos ensinamentos de Tertuliano acerca da trindade da Divindade, Martinho Lutero reconhecia a necessidade de reforma dentro da sua igreja. As ideias deste reformador influenciaram a Reforma Protestante, e em essência, mudou o curso da civilização ocidental.

Ele foi ordenado ao Sacerdócio na Igreja Católica em 1507 e em 1508 começou a ensinar teologia na Universidade de Wittenberg. No dia 21 de outubro de 1512, Lutero foi recebido no senado da faculdade teológica da Universidade, tendo sido chamado para a posição de Doutor da Bíblia.

Em 1505, o Papa Júlio II tomou a decisão de demolir a antiga igreja de São Pedro em Roma. O Imperador Constantino I tinha autorizado a construção em honra a sua conversão. Mas, por causa do Papado de Avinhão na França, a igreja precisava de muitos reparos.

No dia 18 de abril de 1506, a pedra principal foi colocada para a construção da nova e maior igreja cristã na terra. A construção da Basílica de São Pedro foi um trabalho de muitos artistas e cobriu um período de 120 anos.

Em 1516 Johann Tetzel, o frade dominicano e Comissário papal para indulgências (uma remissão de punição ainda devido a um pecado cometido, mas perdoado pelas doações de caridade por entes queridos), enviado à Alemanha por Roma para vender indulgências tentando arrecadar dinheiro para construir a Basílica de São Pedro.

A Igreja de São Pedro em Roma
construída pelo
Imperador Constantino I no século IV
Sobre o "Do Circo de Nero"

GLÓRIA E VERGONHA

Martinho Lutero
Monge Agostiniano Católico
(1483-1546 D.C.)

A teologia Católica declara que somente fé, se fiduciário (mantido em confiança) ou dogmático, não poderia justificar o homem, mas somente tal fé como é ativo em caridade e boas obras, que poderia ser obtido doando dinheiro para a igreja.

Martinho Lutero não apenas sentia que a prática de vendas de indulgências não era bíblica, mas também completamente antiética. Esta pratica dogmática iria incitar a franqueza de Lutero contra a sua igreja. No dia 31 de outubro de 1517, Lutero escreveu ao Arcebispo de Mainz protestando a venda de indulgencias. Ele incluiu em sua carta uma cópia de sua "Disputa de Martinho Lutero" no "Poder e Eficácia [influencia de indulgencias]", que mais tarde foi analisada e ficou conhecida como a noventa e cinco teses de Martinho Lutero.

A teologia de Martinho Lutero também desafiava a autoridade papal, sustentando que a Bíblia era a única fonte infalível de autoridade religiosa. Ele também argumentou que o principal intérprete da Sagrada Escritura deve ser a própria Escritura, em vez de qualquer outra fonte fora das Escrituras. Os reformadores usaram essa analogia do princípio da fé para condenar o catolicismo por sua insistência de que a Bíblia deve ser interpretada de acordo com o corpus da tradição.

O Papa Leão X (1513-1521 D.C.) era filho de Lourenço de Médici, que se tornou Lourenço o Magnificente. Ele nasceu em 1475, em berço de ouro. Ele se tornou cardeal com treze anos, e depois de se tornar papa em 1513, aos 37 anos de idade, começou a esvaziar o tesouro papal. O Papa Leão X se tornaria o papa mais extravagante dos papas da Renascença. Ele elevou o papado a um poder político significativo na Europa.

Tendo passado sua juventude na corte de Lourenço de Médici, o Papa Leão X era a personificação dos ideais da Renascença. Ele tinha adquirido os maneirismos e preferencias de uma das sociedades mais brilhantes que veio a florescer na Europa. Este homem não era somente o papa de Roma, mas também o cabeça da família Médici, que governava a República Florentina. As guerras com França, seu apoio generoso às artes, e a construção da Basílica de São Pedro, contribuíram as necessidades financeiras do seu papado.

Durante o reinado do Papa Júlio II (1503-1513 D.C.), indulgencias foram autorizadas em favor de angariar fundos para a construção da nova igreja em Roma. O Papa Leão X também decidiu fazer o mesmo.

O Papa Leão X desfrutou de um estilo de vida esbanjador. Seu animal de estimação, um elefante branco chamado Hanno, era um símbolo de sua excessiva riqueza e estilo de vida extravagante. Contudo, ele recebeu muitas reclamações por esse estilo de vida. Muitos achavam que o seu gasto excessivo era ruim para a igreja em Roma. Um grupo de cardeais, querendo livrar-se de tal papa, decidiu envenená-lo. Quando o papa ficou sabendo do plano, ele ordenou uma investigação. O Cardeal Petrucci foi achado culpado por montar o plano, e por isso foi condenado à morte. Os legados do Papa Leão X, tomaram o Cardeal Petrucci, e enquanto detido no chão, o estrangularam.

O Papa Leão X, embora consumido com o seu entretenimento próprio, estava de olho a cada movimento de Martinho Lutero. Ele estava esperando que os seus ensinamentos se dissipassem por conta própria, descartando o teólogo como um "alemão bêbado que, quando sóbrio, mudaria de ideia".

Contudo, os escritos de Lutero circularam amplamente, alcançando a França, Inglaterra e a Itália, tão cedo quanto 1519.

No dia 30 de maio de 1519, quando o papa demandou uma explicação, Lutero escreveu um resumo das suas teses, com explicações ao Vaticano. O Papa Leão X não apreciou o desafio à sua autoridade e convocou Lutero a Roma.

No dia 15 de junho de 1520, o papa advertiu Martinho Lutero com o seu touro papal *"Exsurge Domine"* (levante-se oh Senhor) que ele estava correndo o risco de excomunhão, a não ser que ele se arrependesse dentro de sessenta dias. Lutero recusou e foi excomungado da Igreja Católica no dia 3 de janeiro de 1521, no touro "Decet Romanum Pontificem" (cabe ao Pontífice Romano). A resposta de Martinho Lutero foi "eu não posso, nem farei qualquer retração, desde que não é seguro nem honrável agir contra a consciência". A excomunhão de Lutero, mais tarde levaria a fundação da Igreja Luterana.

Papa Leão X
(1513-1521 D.C.)

O Papa Leão X ficou irado com sua resposta, e ordenou que o Imperador Charles V o executasse no fogo. Ao invés de assassinar Martinho Lutero como um herege, o imperador decidiu ouvi-lo. Eles se encontraram na "Diet of Worms" na Alemanha. A "Diet of Worms" aconteceu em uma pequena cidade alemã próxima ao Rio Rhine, chamada Worms. As reuniões foram presididas pelo próprio imperador romano, e foram do dia 28 de janeiro ao dia 25 de maio de 1521. Mais uma vez podemos ver a influência Romana na Igreja Católica. Essas reuniões são lembradas principalmente na história do "Edito de Worms", que abordou o próprio Martinho Lutero, juntamente com os efeitos da Reforma Protestante.

O Imperador prometeu proteção a Martinho Lutero. Contudo, enquanto eles estavam reunidos em conferencias privadas para determinar o destino de Lutero; eles descobriram que Martinho Lutero tinha deixado a conferencia. Aparentemente não querendo seguir o mesmo caminho que o reformador John Huss tinha seguido, e foi anteriormente executado pelos truques usados pela Igreja Católica.

O Imperador apresentou o esboço final do "Edito de Worms" no dia 25 de maio de 1521, declarando que Martinho Lutero era um herege público, proibindo a posse de sua literatura, proibindo qualquer pessoa de fornecer comida ou abrigo a ele, e pedindo a sua prisão. No decreto do Imperador Romano Charles V, ele afirmou:

"Por esta razão, eu proíbo a qualquer um deste dia em diante a desafiar, com palavras ou ações, defender, sustentar, ou favorecer o dito de Martinho Lutero. Pelo contrário, nós queremos que ele seja apreendido e punido como um notório herege como ele merece, para se apresentar pessoalmente diante de nós, ou para ser guardado com segurança até que aqueles que o capturaram nos informem, ao que nós ordenaremos a maneira apropriada de processar Lutero. Aqueles que ajudarem em sua captura serão recompensados generosamente pelo seu bom trabalho".

Tendo anteriormente convocado a morte de Martinho Lutero, o Papa Leão X ficou muito satisfeito com a decisão do imperador. Os imperadores e papas frequentemente trabalhavam em conjunção um com o outro no Império Romano, para satisfazer as necessidades politicas e religiosas do dia.

Ao mesmo tempo, Martinho Lutero encontrou uma casa segura, onde ele pôde traduzir a Bíblia para o seu idioma nativo, o alemão. O "Edito de Worms" foi escrito, mas por causa do suporte alemão à Lutero, nunca foi esforçado no país. Contudo, em outros países Europeus, o "Edito de Worms" foi grandemente enforcado. Dois monges Católicos, Johannes van Esschen and Hendrik Voes foram queimados até a morte na estaca, em Bruxelas, no dia 1º de julho de 1523, por ensinar a doutrina de Martinho Lutero, que era vista como contrária ao dogma católico.

O envolvimento da Igreja Católica na turbulência continua, não poderia ser menosprezada. O papa Adriano VI, que foi papa de 1522 até a sua morte no ano seguinte, descreveu a condição da Igreja Católica pouco antes da reforma de Martinho Lutero.

"Nós francamente reconhecemos que Deus permite esta perseguição da igreja por causa do pecado nos homens, e especialmente de prelados e clérigos. Nós sabemos bem, que por muitos anos, coisas que merecem aversão, repugnância, se juntaram a Santa Sé, coisas sagradas têm sido mal utilizadas, transgressões decretadas, de modo que em tudo houve uma mudança para pior..."

Em 1546 Martinho Lutero pregou uma cópia de suas 95 teses à porta da Igreja do Castelo em Wittenberg, na Alemanha. Este evento é visto como faíscas na Reforma Protestante.

A maioria da primeira geração de clérigos Luteranos eram padres e monges católicos que haviam abandonado o ministério na igreja católica, a maioria dos quais seguiram o exemplo de Lutero e se casaram com ex-freiras.

Katherine von Bara (1499-1552 D.C.) juntou-se ao grupo de freiras que abandonaram o convento e refugiaram-se em Wittenberg, onde ela conheceu Martinho Lutero, e se casou com ele no ano seguinte.

Muitos têm ouvido acerca das noventa e cinco teses de Martinho Lutero, porem raramente alguém consegue lê-las. Eu gostaria de divulgar estes escritos para o nosso conhecimento e conveniência. Seguem as teses sobre indulgências que iniciaram a Reforma Protestante. Pessoalmente eu vejo Martinho Lutero como um espinho no lado do Catolicismo que nunca poderia ser retirado.

Papa Adriano VI
(1522-1523 D.C.)

Martinho Lutero, 31 de outubro de 1517

"Por amor à verdade e o desejo de trazê-la à luz, as seguintes proposições serão discutidas em Wittenberg, sob a presidência do Reverendo Padre Martinho Lutero, Mestre de Artes e de Teologia Sagrada, e professor catedrático da santa Teologia ali mesmo. Portanto, ele solicita que aqueles que não puderem estar presentes e debater verbalmente conosco, possam fazê-lo por carta. "

Em nome do nosso Senhor Jesus Cristo. Amém.

1. Quando o nosso Senhor e Mestre Jesus Cristo disse: "Arrependei-vos", ele queria que toda a vida dos que creem seja uma vida de arrependimento.

2. Esta palavra, arrependimento, não pode ser entendida como penitência sacramental, ou como o ato de confissão e satisfação administrada pelos sacerdotes.

3. Ainda assim, não se refere apenas ao arrependimento interno, porque não existe arrependimento interno que não se manifeste externamente através de várias mortificações da carne.

4. Portanto, a mortificação continua enquanto o ódio de si mesmo continua, isto é, a verdadeira penitência interna dura até a entrada no Reino dos Céus.

5. Papa não pretende, e não poderá perdoar outros castigos além daqueles que ele impôs por seu próprio decreto ou de acordo com os cânones.

6. papa só pode perdoar pecados no sentido de declarar e confirmar o que pode ser perdoado por Deus; Porém, o papa pode conceder remissão nos casos reservados para ao seu julgamento; seja este desprezado, o pecado permanece sem remissão.

7. Deus não perdoa a ninguém a quem ele não humilhe ao mesmo tempo em todas as coisas, e também traz ele em sujeição ao seu vigário, o sacerdote.

8. Os Cânones penitenciais são impostos apenas aos vivos, e segundo eles, nada deve ser imposto aos que estão prestes a falecer.

9. Portanto o Espirito Santo por meio do papa é gentil conosco, porque nos seus decretos ele sempre faz exceção quanto ao artigo da morte e da necessidade.

10. Ignorantes e iníquos são os atos daqueles sacerdotes que, no caso dos que estão prestes a morte, reservam penitências canônicas para o purgatório.

11. Essa mudança das penalidades canônicas para a pena do purgatório é evidentemente um dos joios que foram semeados enquanto os bispos dormiam.

12. Nos tempos antigos, as penalidades canônicas eram impostas não depois, mas antes da absolvição, como testes de verdadeira contrição.

13. Os que morrem são libertados pela morte de todas as penalidades. Eles já estão mortos para as leis canônicas e têm o direito de serem livres delas.

14. A saúde espiritual imperfeita, ou o amor imperfeito da pessoa que está morrendo, necessariamente traz consigo um grande medo; e quanto menor o amor, maior é o medo.

15. Este medo e horror é suficiente em si mesmo, para não falar de outras coisas, constituir a pena do purgatório, uma vez que está muito próximo do horror do desespero.

16. Inferno, purgatório e céu parecem diferir como o desespero, o quase desespero e a garantia de segurança.

17. Quanto as almas no purgatório, parece necessário que horror deve diminuir, e aumentar o amor.

18. Parecemos não ter prova, seja pela razão ou pelas Escrituras, que eles estão fora do estado de mérito, isto é, do amor crescente.

19. Mais uma vez, parecemos não ter prova que as almas no purgatório, ou pelo menos que todos eles estejam seguros e confiantes de sua própria bem-aventurança, embora nós possamos estar bem certos disso.

20. Portanto, quando o papa fala de "remissão total de todas as penalidades", ele não quer dizer "de todas", mas apenas das penalidades impostas por ele mesmo.

21. Portanto, aqueles que pregam indulgências estão em erro, dizendo que por essas indulgências do papa, um homem é liberto de toda penalidade e é salvo.

22. Na verdade, o papa não perdoa penalidade pelas almas do purgatório, que segundo os cânones, teriam que pagar nesta vida.

23. Se for de tudo possível conceder a alguém a remissão de todas as penalidades, é certo que essa remissão só pode ser concedida ao mais perfeito, isto é, aos poucos.

24. Portanto, a maior parte do povo é enganado pela promessa indiscriminada e sonora de libertação da pena.

25. O poder que o papa tem de um modo geral sobre o purgatório é exatamente igual ao poder que qualquer bispo ou cura exerce de maneira particular sobre sua própria paroquia ou diocese.

26. O papa faz bem quando concede remissão às almas no purgatório, não pelo poder das chaves, que neste caso ele não possui, mas por intercessão.

27. Eles ensinam doutrinas feitas por homens, as quais dizem que no momento que a moeda soar ao cair na caixa, a alma sai do purgatório.

28. É certo que no momento em que a moeda soa na caixa, a ganância e a avareza podem ser aumentadas, mas o resultado da intercessão da igreja está no poder de Deus somente.

29. E quem sabe se todas as almas do purgatório querem ser libertadas, como na lenda de São Severino e Pascoal?

30. Ninguém tem certeza de que sua própria contrição é sincera, muito menos que possa alcançar a remissão completa.

31. Como o homem que está verdadeiramente arrependido é raro, também é raro o homem que compra indulgências. De fato, esses homens são mais raros.

32. Eles serão condenados eternamente, junto com seus professores, que se acreditam seguros de sua salvação, porque eles têm cartas de perdão.

33. Os homens devem estar em guarda contra aqueles que dizem que os perdões do papa são o inestimável dom de Deus pelo qual o homem se reconcilia com Ele;

34. Pois essas graças de perdões referem-se apenas às penas da satisfação sacramental, e são designadas pelo homem.

35. Eles não pregam nenhuma doutrina cristã que ensine que a contrição não é necessária naqueles que pretendem comprar almas do purgatório ou comprar privilégios.

36. Todo verdadeiro cristão arrependido tem direito à remissão total da pena e da culpa, mesmo sem cartas de perdão.

37. Todo verdadeiro cristão, vivo ou morto, participa de todos os benefícios de Cristo e da igreja; e isso é concedido a ele por Deus, mesmo sem cartas de perdão.

38. Mesmo assim, a remissão e participação nos benefícios da igreja, que são concedidos pelo papa, não devem ser desprezados, pois eles são, como eu disse, a declaração da divina remissão.

39. É muito difícil, mesmo para os teólogos mais instruídos, ao mesmo tempo recomendar às pessoas a abundância de perdões e a necessidade de verdadeira contrição.

40. A verdadeira contrição busca e ama as penalidades, mas os perdões liberais apenas relaxam as penalidades e fazem com que elas sejam odiadas, ou pelo menos elas dão uma razão para odiá-las.

41. As indulgências papais devem ser pregadas com cautela, para que as pessoas não pensem falsamente nelas como preferíveis a outras boas obras de amor.

42. Deve-se ensinar aos cristãos que o papa não pretende que a compra de perdões seja comparada de alguma forma a obras de misericórdia.

43. Deve-se ensinar aos cristãos que aquele que dá aos pobres ou empresta aos necessitados está fazendo melhor do que aquele que compra indulgências;

44. Porque o amor cresce por obras de amor, o homem se torna melhor fazendo obras de amor. Ao comprar indulgências, no entanto, o homem não se torna melhor, apenas mais livre de penalidades.

45. Deve-se ensinar aos cristãos que aquele que ver um homem passando necessidades e passa por ele e usa seu dinheiro para perdões, não compra as indulgências do papa, mas as indulgências de Deus.

46. Deve-se ensinar aos cristãos que, a não ser que eles tenham mais dinheiro do que eles precisam, eles são obrigados a reservar o que é necessário para suas próprias famílias e de modo algum desperdiçá-lo em perdões.

47. Deve-se ensinar aos cristãos que a compra de perdões é uma questão de livre arbítrio, não um mandamento.

48. Deve-se ensinar aos cristãos que o papa, na concessão de perdões, necessita e, portanto, deseja sua oração devota por ele, mais do que o seu dinheiro.

49. Deve-se ensinar aos cristãos que os perdões do papa são úteis desde que não depositem sua confiança neles; mas totalmente prejudicial se perderem o temor de Deus por causa deles.

50. Deve-se ensinar aos cristãos que se o papa soubesse das exigências dos pregadores da indulgência, ele preferiria que a Igreja de São Pedro fosse às cinzas do que ser construída com a pele, a carne e os ossos de suas ovelhas.

51. Deve-se ensinar aos cristãos que, seria o desejo do papa, como é sua obrigação, dar do seu próprio dinheiro, a muitos daqueles de quem certos vendedores ambulantes caçam dinheiro, mesmo que a igreja de São Pedro tenha que ser vendida.

52. A certeza da salvação por cartas de perdão é vã, embora as comissárias ou o próprio papa devesse impor sua alma a ela.

53. São inimigos de Cristo e do papa, aqueles que fazem a Palavra de Deus calar em algumas igrejas para que os perdões possam ser pregados nas outras.

54. A injúria é feita à Palavra de Deus quando, no mesmo sermão, um tempo igual ou maior é dedicado a perdões do que a Palavra.

55. Deve ser a intenção do papa que, se os perdões, que são sem importância, sejam celebrados com um sino, procissões e cerimônias, então o evangelho, que é de maior importância deve ser pregado com cem sinos, cem procissões e cem cerimônias.

56. O tesoureiro da igreja, do qual o papa concede indulgências, não é suficientemente nomeado ou conhecido entre o povo de Cristo.

57. O fato deles não serem tesoureiros temporais é certamente evidente, pois muitos vendedores não despejam tão facilmente tais tesouros, mas apenas os reúnem.

58. Tampouco são os méritos de Cristo e dos santos, pois, mesmo sem o papa, estes sempre operam a graça para o homem interior, e a cruz, a morte e o inferno para o homem exterior.

59. São Lourenço disse que os tesouros da igreja eram os pobres da igreja, mas ele falou de acordo com o uso da palavra em seu próprio tempo.

60. Sem ser imprudente, dizemos que as chaves da igreja, dadas pelo mérito de Cristo, são esse tesouro;

61. Pois é claro que o poder do papa é, em si mesmo, suficiente para a remissão de penalidades e de casos reservados para sua jurisdição.

62. O verdadeiro tesouro da igreja é o mais sagrado evangelho da glória e graça de Deus.

63. Mas esse tesouro é naturalmente o mais odioso, pois faz com que o primeiro seja o último.

64. Por outro lado, o tesouro das indulgências é naturalmente mais aceitável, pois faz com que o último seja o primeiro.

65. Portanto, os tesouros do evangelho são redes com as quais eles anteriormente pescavam homens de riquezas.

66. Os tesouros das indulgências são redes que eles agora usam para pescar as riquezas dos homens.

67. As indulgências que os pregadores clamam ser as "maiores graças" são reconhecidamente verdadeiras, na medida em que promovem ganhos.

68. Na verdade, porém, são as menores graças absolutas em comparação a graça de Deus e a piedade da cruz.

69. Bispos e Cúrias são obrigados a admitir os comissários dos perdões papais com toda reverência.

70. Mas, mais ainda estão ligados a constringir os seus olhos e escutar com os seus ouvidos, para que esses homens não preguem seus próprios sonhos ao invés da comissão do papa.

71. Deixe aquele que fala contra a verdade do perdão papal ser anátema e amaldiçoado.

72. Mas aquele que guarda contra a luxúria e licença dos pregadores de perdão seja abençoado.

73. O papa justamente estrondeia contra aqueles que, por qualquer meio, inventam dano ao tráfico de perdões.

74. Mas, ele pretende trovejar muito mais contra aqueles que usam o pretexto dos perdões para continuarem ferindo o amor e a verdade santa.

75. Considerar o perdão papal de certa forma que possa absolver até um homem que tenha cometido um pecado imperdoável e violado a Mãe de Deus é loucura.

76. Nós dizemos, pelo contrário, que os perdões papais, não são capazes de remover o mínimo dos pecados veniais, no que diz respeito à sua culpa.

77. Diz-se que até São Pedro, se fosse agora papa, não poderia conceder maiores graças. Isso é uma blasfêmia contra São Pedro e contra o papa.

78. Dizemos, ao contrário, que até mesmo o papa atual, e qualquer papa, tem maiores graças à sua

disposição: a saber, o evangelho, poderes, dons de cura, etc., como está escrito em I Coríntios 12.

79. Dizer que a cruz enaltecida com armas papais, que é montada pelos pregadores das indulgências, tem igual valor com a cruz de Cristo, é blasfêmia.

80. Bispos, cúrias, e teólogos que permitem que tal conversa seja espalhada entre o povo terão que responder por isso.

81. Essa pregação desenfreada de perdões torna difícil, mesmo para os homens instruídos, resgatar a reverência devida ao papa por calúnia, ou até mesmo por perguntas perspicazes dos leigos.

82. Questões como as seguintes: "Por que o papa não esvazia o purgatório, em nome do amor sagrado e das almas desesperadas que estão lá, se ele redime um número infinito de almas por causa do dinheiro miserável com o qual pretende construir uma igreja? As razões anteriores seriam mais justas, enquanto a última é mais banal".

83. Ou: "Por que as missas fúnebres e de aniversários pelos mortos continuam, e por que ele não retorna, ou permite a retirada das doações fundadas em favor delas, já que é errado orar pelos redimidos?

84. Ou: "O que é essa nova piedade de Deus e do papa, que por dinheiro eles permitem que um homem que é ímpio e seu inimigo compre do purgatório a piedosa alma de um amigo de Deus, e não preferem, por causa da necessidade daquela própria alma piedosa e amada, libertá-la puramente por amor? "

85. Ou: "Por que são cânones penitenciais, há muito tempo, de fato, e por desuso, revogados e mortos,

agora satisfeitos com a concessão de indulgências, como se ainda estivessem vivos e em vigor?"

86. Ou: "Por que o papa, cuja riqueza hoje é maior que as riquezas dos mais ricos, não constrói esta basílica de São Pedro com o seu próprio dinheiro, ao invés de usar o dinheiro dos pobres crentes?"

87. Ou: "Por que o papa remete, e que participação nos benefícios da igreja, ele concede àqueles que, por perfeita contrição, têm direito à remissão e participação completas?"

88. Ou: "Que bênção maior poderia vir para a igreja do que se o papa fizesse uma centena de vezes por dia o que ele agora faz uma vez e concedesse a cada um essas remissões e participações?"

89. Ou finalmente: "Uma vez que o papa, por suas indulgências, busca a salvação de almas em vez de dinheiro, por que ele suspende as indulgências, e perdões concedidos antes de agora, já que estes têm igual eficácia?"

90. Reprimir esses argumentos convincentes dos leigos apenas pela força, e não os resolver dando respostas razoáveis, é expor a igreja e o papa ao escárnio de seus inimigos e deixar os cristãos insatisfeitos.

91. Se, portanto, os perdões fossem pregados de acordo com o espírito e a mente do papa, todas essas dúvidas seriam prontamente resolvidas. De fato, eles não existiriam.

92. Fora, então, com todos aqueles profetas que dizem ao povo de Cristo "Paz, paz", e não há paz!

93. Benditos sejam todos aqueles profetas que dizem ao povo de Cristo: "Cruz, cruz" e não há cruz!

94. Os cristãos devem ser exortados a serem diligentes em seguir a Cristo, seu Cabeça, através de penas, morte e inferno.

95. E assim, confie em entrar no céu através de muitas tribulações, do que através da falsa segurança de paz.

Indulgências ainda são praticadas na Igreja Católica, e a Basílica de São Pedro que hoje está erguida na cidade de Roma, na Itália, foi construída principalmente por famílias Católicas de todo o mundo, que faziam pagamentos para que os padres rezassem para livrar as almas do purgatório. As pessoas Católicas amam suas famílias, e escolhem se sacrificar para ver as almas dos seus entes queridos escapar dos tormentos do purgatório. Eu pessoalmente acendi muitas velas em favor de outras pessoas na Igreja Católica. As orações que nós rezávamos para as almas no purgatório eram inumeráveis. A verdade é que tanto o papa quanto Martinho Lutero precisam saber: não há purgatório. A Bíblia nos fala de um céu para alcançarmos e um inferno eterno para evitarmos. Não existe meio termo.

Em 1519, Martinho Lutero desafiou a doutrina *"Servitus Judaeorum"* (Servidão dos Judeus), estabelecida em *"Corpus Jeris Civilis"* por Justiniano I em 529 D.C., mas pareceu proceder com cuidado em 1523 quando escreveu "Jesus Cristo Era um Judeu". Neste artigo ele condenou o tratamento desumano aos judeus e estimulou os cristãos a tratá-los com bondade. Neste período da vida de Lutero parecia que o seu desejo era que o povo judeu ouvisse a proclamação do evangelho e fossem movidos a se converter ao cristianismo.

Martinho Lutero não se converteria ao judaísmo por causa da sua doutrina Unicista e os judeus não se converteriam a sua doutrina da trindade. Este reformador do século XVI contradiria seus ensinamentos e convicções anteriores sobre o povo hebreu. Lutero aparentemente teve uma dramática mudança de coração. Estimulado por um espírito de ódio, Martinho Lutero escolheu matar todos eles. Nos nossos dias isto seria chamado limpeza étnica.

A Basílica de São Pedro, Roma

Em 1543 Lutero publicou, "Sobre os Judeus e Suas Mentiras", no qual ele disse que os judeus são "pessoas que se prostituem na base, isto é, não são o povo de Deus, e seu orgulho de linhagem, circuncisão e lei devem ser consideradas imundície. Eles estão cheios das fezes do diabo ... as quais eles se afundam como porcos." Lutero escreveu que a sinagoga Judéia era "uma noiva corrompida, sim, uma prostituta incorrigível e uma vagabunda do mal ... " Ele então discute nos seus escritos que suas sinagogas e escolas sejam queimadas, os seus livros de orações destruídos, que seus rabis sejam proibidos de pregar, casas destruídas, e propriedades e dinheiro confiscadas. No seu esforço para eliminar este povo Unicista ele continuou dizendo nos seus escritos;

"A eles não devemos mostrar misericórdia ou bondade, não devemos oferece-los proteção legal, e estes vermes venenosos e envenenadas devem ser recrutados para trabalhos forçados ou expelidos para sempre." Martinho Lutero também promoveu o assassinato dos filhos de Abraão dizendo: "Nós somos culpados por não matá-los".

Na meia-noite da última dispensação do tempo mortal, as pessoas do Nome de Jesus devem ser advertidas para não dourar as pílulas amargas. Assim como satanás tomou controle da alma deste reformador, também terá a habilidade de tomar controle do homem da perdição, o anticristo.

De um mosteiro Católico para a Igreja Castelo in Wittenburg Alemanha, parece que Martinho Lutero aprofundou-se no encantamento religioso ritualístico. Isto era um ciclo religioso que oferecia pouca importância espiritual. Quando os Judeus recusaram ouvir o Messias, ele poderia ter chamado dez mil anjos, porém escolheu poupar as suas vidas.

Embora Lutero podia ver as ilusões nos ensinamentos da Igreja Católica, ele não podia vê-los no seu próprio ensinamento. A teologia deste reformista tinha se corrompido por sua intolerância pessoal ao povo judeu.

Apenas dois anos depois da morte de Martinho Lutero, tumultos em Frankfort, na Alemanha, tirou a vida de 3.000 homens, mulheres, e crianças judias com a expulsão do restante. A afirmação é que as expressões de sentimento anti-judaico de Martinho Lutero foram uma influência importante e persistente nos séculos após a reforma. É uma vergonha que Lutero pôde confrontar a corrupção dentro da Igreja Católica, mas não considerou a corrupção dentro do seu próprio coração. Martinho Lutero faleceu logo depois de ter tido um derrame no dia 18 de fevereiro de 1546, com a idade de 62 anos, em Eisleben, na Alemanha, a cidade de seu nascimento.

Muitos debates escolásticos têm se concentrado nos escritos de Lutero acerca dos Judeus. Suas afirmações referentes a comunidade Hebraica foram usadas em propagandas pelos nazistas entre 1933 e 1945. O espírito antissemita de Martinho Lutero ainda estava correndo nas veias de sua nação. Este fato seria dolorosamente notado depois que o ditador nazista Adolf Hitler chegou ao poder.

Hitler acusou os Judeus de trazer os infortúnios à Alemanha e começou uma campanha cruel contra eles. Foi este homem, nascido na Áustria, político Alemão, que manipulou o ódio pelos judeus durante o holocausto.

Do topo da colina antiga de Masada, onde os defensores judeus tomaram suas próprias vidas em 79 D.C. para evitar a captura por legionários romanos vingativos, ao Holocausto, os judeus têm sofrido grande perseguição. Em 1935, o governo Alemão despojou os judeus de sua cidadania e apreendeu suas propriedades. Os Nazistas destruíram suas sinagogas, como foi promovido por Martinho Lutero, e enviaram milhares de judeus a campos de concentrações. Em Warsaw, na Polônia, os Nazistas restringiram os judeus que viviam na cidade ao gueto. Todos os dias centenas de crianças eram enviadas para campos onde seriam assassinadas. Por anos, os detalhes completos de como esses campos funcionavam permaneceram nebulosos, sua verdadeira natureza repetidamente negada pela Gestapo.

A eliminação sistemática dos judeus por Hitler foi selvageria brutal na melhor das hipóteses. O que ele infligiu ao povo hebreu naquela hora de devastação foi iminentemente inesquecível, e para muitos, algo que não se pode perdoar. No final da guerra em 1945, o Holocausto tinha dizimado seis milhões dos dez milhões de Judeus na Europa. Um milhão destas vitimas judaicas eram crianças.

Adolf Hitler
(1889-1945 d.C.)

Martinho Lutero, alemão também, foi sem dúvida o precursor de Adolf Hitler. Estes homens eram antissemitas compartilhando os mesmos maus espíritos no país da Alemanha. Uma semente de ódio já havia sido plantada no coração da sociedade alemã e Adolf Hitler conhecia as circunstâncias muito bem. Se Martinho Lutero não tivesse introduzido o ódio pelos Judeus dentro do povo alemão, talvez o Holocausto nunca teria acontecido. Este protestante reformador veio em nome de religião cristã feita por homens.

Embora Martinho Lutero tenha sido profundamente equivocado por seu ódio aos judeus, a reforma dentro da igreja católica estava em andamento. Os seguidores de Wycliffe, Huss e agora Lutero, estavam falando contra a corrupção da Igreja Católica. Para adicionar insulto à injúria, o monarca inglês logo entraria em conflito com a igreja em Roma também.

Capítulo Dezessete

Fé Inabalável

Catarina de Aragão, aos dezesseis anos, tornou-se esposa de Artur, o príncipe de Gales, e filho mais velho do rei Henrique VII. Artur faleceu cinco meses depois, e o rei arranjou para que seu segundo filho, também chamado Henrique, que lhe sucederia no trono, se casasse com a Catarina. Henrique se tornaria Rei Henrique VIII. Catarina era a filha do Rei Fernando II e Rainha Isabel I da Espanha. Seus pais foram os devotos católicos que instituíram a inquisição em seu país. Catarina concebeu cinco filhos de Henrique, mas somente uma viveu – Maria, que mais tarde se tornou Rainha Maria I da Inglaterra. Henrique queria um filho para sucede-lo no trono e por isso pediu ao Papa Clemente VII (1523-1534 D.C.) que anulasse o seu casamento.

O papa recusou atender ao pedido de Henrique então Henrique se afastou da Igreja Católica. Por isso, o Rei Henrique VIII se fez cabeça da igreja na Inglaterra, para protestar a decisão do papa a respeito do seu casamento com a Catarina de Aragão. Depois dele ter se declarado o cabeça supremo da igreja na Inglaterra, ele lutou para achar um meio termo entre Catolicismo e Luteranismo: a igreja da Inglaterra seria católica, mas sem o papa.

Um homem chamado Miles Coverdale mais tarde preparou e publicou uma Bíblia dedicada ao Rei Henrique VIII em 1535.

Os dez artigos de Henrique reduziram o número de sacramentos de sete à três; negou a eficácia das orações pelas almas no purgatório; e condenou imagens religiosas e orações aos santos.

Papa Clemente VII
(1523-1534 D.C.)

Henrique VIII divorciou Catarina de Aragão e se casou com Ana Bolena no início de 1533. Ana concebeu a Henrique uma segunda filha, Elizabete, que mais tarde se tornou Rainha Elizabete I, rainha da Inglaterra. Em 1536, o rei mandou decapitar Ana, sob a acusações de infidelidade. Sua terceira esposa, Jane Seymour, faleceu pouco depois do nascimento de seu filho, a quem foi dado o nome de Eduardo. Depois da morte de seu pai, Eduardo se tornou Rei Eduardo VI. Henrique VIII então se casou com uma princesa alemã, Anne de Cleves. Este casamento logo terminou em divórcio. O rei então se casou com Catarina Howard, que em 1542 foi condenada por má conduta e executada. A sexta e última esposa de Henrique VIII, Catarina Parr lhe sobreviveria.

O Rei Henrique VIII não era um reformador nem um líder spiritual, mas um homem buscando satisfazer o seu próprio apetite sexual. Ele foi excomungado da Igreja Católica pelo Papa Paulo III (1534-1549 D.C.) O Rei Eduardo VI, filho de Henrique VIII, e Jane Seymour, sucedeu o seu pai no trono da Inglaterra. Depois da morte de Henrique, a sua filha com Catarina de Aragão, Maria, se tornou Rainha Maria I da Inglaterra.

Durante este tempo, a congregação do ofício sagrado controlava a inquisição católica. Frades católicos e dominicanos agiam como juízes e frequentemente trabalhavam em secreto. Os inquisidores repetidamente abusavam do seu poder. A Igreja Católica voltou a inquisição contra os protestantes.

A Rainha Maria I, mais tarde provaria sua lealdade à Igreja Católica ao tentar acabar com a reforma protestante e reunir seu país ao papa. Esta perseguição aos protestantes lhe faria ganhar o título infame de "Maria Sanguinária". Embora seus esforços para reunir a Inglaterra à igreja católica falharam, o Papa Júlio III (1550-1555 D.C.) deu o maior apoio a Rainha Maria I e o seu país. O papa nomeou o seu parente, e cardeal polonês, como o seu legado, e lhe deu habilidades ilimitadas para aliviar a igreja problemática da Inglaterra. O curto mandato de cinco anos de Maria, provou ser devastador para os reformadores religiosos na Inglaterra. Esta monarca real morreu na tenra idade de quarenta e dois anos.

Papa Júlio III
(1550-1555 D.C.)

A medida que a Reforma avançava, uma de suas figuras mais influentes emergia. João Calvino (1509-1564 D.C.) foi um dos principais líderes da Reforma Protestante. Muitas das ideias de Calvino foram bastante controversas, mas absolutamente nenhum outro reformador fez tanto para forçar as pessoas a pensar sobre a ética social cristã. Calvino foi o primeiro líder protestante a ganhar para a igreja, independência parcial do estado.

Calvino nasceu em Noyon, na França, perto de Compiègne. Ele foi educado em Paris. Depois que o seu pai, que era um advogado para a Igreja Católica, faleceu em 1531, Calvino estudou o grego e o latino na Universidade de Paris. Sua educação refletia, assim, a influência da Renascença liberal e humanística.

João Calvino é frequentemente considerado responsável pela sistematização da reforma, unindo a doutrina bíblica como nenhum outro reformador. Ele não era um estudioso irrealista, mas um pastor que pensou e escreveu sua teologia, certa ou errada, com o desejo de edificar a igreja.

Apesar de João Calvino fazer campanha contra as corrupções e os ensinamentos falsos da Igreja Católica, ele gostava de Martinho Lutero, e continuou a apoiar as crenças de Tertuliano acerca da trindade. Embora esta incompreensão das Escrituras tenha sido contestada desde a época em que Tertuliano criou a palavra *"trinitas"*, aqueles que se opunham a esta doutrina eram muitas vezes vistos como hereges insultuosos dignos de morte. Diz o ditado que a história é para o vencedor. Em muitos casos, pode ser, mas a mensagem unicista dos crentes monoteístas recusou-se a ser interrompida.

Crentes Unicistas frequentemente se posicionaram contra a doutrina trinitária, e por isso, muitas vezes pagaram com a sua própria vida. Deus é monoteísta em Sua totalidade. Não existem três pessoas distintas na Divindade. Ele é Deus e somente Ele. Esta mensagem de verdade imortal, acompanhada com total devoção ao nosso Deus monoteísta, foi mais notavelmente exibida na vida e morte do mártir Unicista Miguel Servet.

O Miguel Servet (1511-1553 D.C.) foi um médico e teólogo espanhol. Ele nasceu em Tadela, na Espanha e estudou medicina em Paris, na França. Autoridades civis e religiosas condenaram

Servet por não estar em conformidade em seus escritos com a doutrina amplamente aceita da trindade.

Nos escritos de Miguel Servet nós encontramos a sua posição óbvia sobre a doutrina da trindade:

"É uma invenção do diabo, e falsidade infernal para a destruição de todo o cristianismo".

Satanás viu destruição dentro da pura igreja Apostólica quando esta semente consumidora caiu das suas mãos, apenas para encontrar um lugar de alojamento firme em solo fértil. Foi o grito de Servet em seus escritos um aviso para aqueles de nós que iriam sucedê-lo? Nós devemos ver o ensinamento da trindade como uma doutrina da igreja ou como um espirito mau que desceu sobre a igreja Universal no segundo século? Será que a doutrina da trindade de Tertuliano foi levada a sério por muito tempo na cristandade? Qual é a verdadeira identidade da trindade?

Vamos receber um relatório breve do trabalho de Stefan Zweig, chamado O Direito à Heresia, a respeito da vida e da morte brutal de Miguel Servet, um homem com um desejo ardente de desvendar a verdade da Palavra de Deus em relação a Sua divindade.

Miguel Servet contendeu que mesmo os inovadores capazes, como Martinho Lutero e João Calvino, não foram revolucionários suficientes, pois não se afastaram do dogma da trindade.

Servet com o espírito inflexível da juventude, declarou aos vinte anos de idade, que o Concílio de Nicéia, em 325 D.C., havia decidido erradamente a respeito da Divindade, e o dogma das três eternas hipóstases era incompatível com a unidade da natureza Divina. Ele cria que Deus não era uma pluralidade, nem era Ele entre outros, mas que Ele era único e distinto.

Servet também contradisse os ensinamentos de João Calvino acerca da segurança eterna, dizendo, "Cristo estará com a igreja somente sob a condição de que seus membros mantenham Seus ensinamentos".

"...Assim diz o Senhor: Vós me deixastes a mim, pelo que eu também vos deixarei..."

II Crônicas 12:5

João Calvino
(1509-1564 D.C.)

Ele cria que o dom gratuito da salvação de nenhuma forma encoraja a continuação no pecado, mas pelo contrário, demanda a crucificação da natureza corrupta do homem mortal, e uma vida de santo serviço ao próprio Deus.

"Este saiu ao encontro de Asa, e lhe disse: Ouví-me, Asa, e todo o Judá e Benjamin. O Senhor está convosco, enquanto vós estais com ele; se o buscardes, ele se deixará achar; porém, se o deixardes, vos deixará".

II Crônicas 15:2

João Calvino também foi um defensor vigilante da doutrina da predestinação. Servet não acreditava em tais ensinamentos pois não são bíblicos. A igreja precisa estar consciente que ninguém é predestinado a eternidade, mas de acordo com a Bíblia, nós somos os autores de nosso próprio destino eternal.

Não tem sido suficiente evidências para qualquer intérprete justo, a história horrível de Israel de perseguição e massacre, conhecendo o Deus imutável de Abraão, que os pactos judeus eram condicionais?

Nós não salvamos a nós mesmos, mas, dando sincera cooperação às condições de Deus para a salvação, tornamos possível que a Sua misericórdia e graça nos salve. Quando todas as Escrituras usadas para apoiar a doutrina da segurança eternal de "uma vez salvo, sempre salvo" (Calvinismo) são examinadas cuidadosamente, um único pensamento emerge e predomina: a salvação é condicional!

Miguel Servet pode muito bem ser considerado como uma das figuras mais notáveis do início do período da Reforma.

Servet foi um católico que viu o papa sendo adorado quase como um deus pelo povo; era costume para as pessoas tendo uma audiência com o papa se ajoelhar e beijar os seus pés, uma prática que permaneceu em vigor até meados do século XX. Ao mesmo tempo Servet viu mundanismo, ceticismo, e imoralidade sendo praticada dentro dos reinos do clero.

Visto por Miguel Servet

Neste momento da história, a igreja estava promovendo ataques politicamente e criminalmente motivados contra seu povo. A estabilidade era um bem escasso, já que a fé devastada pela guerra dos oprimidos parecia quase irrecuperável. Enquanto estava na Universidade de Toulouse, ele teve uma experiência religiosa revolucionária. Esta revelação foi tão diferente da que ele havia sido ensinado, e muito mais simples e inspiradora, parecia que um livro tinha caído do céu, contendo a soma de toda a sabedoria e conhecimento. Ele se sentiu divinamente motivado a fazer a sua nova revelação conhecida ao mundo inteiro.

Miguel Servet se tornou um antitrinitário que eventualmente foi brutalmente assassinado por causa do seu entendimento sobre a Divindade.

Seguem alguns trechos do livro *"Os Dois Tratados de Servet Sobre a Trindade, um Estudo Teológico da Harvard."*

A afirmação de Servet era que:

1. Cristo era Deus, compartilhando a Divindade de Deus integralmente; isto não significa dois Deuses, mas somente um duplo uso do termo Deus, como é claro no uso hebraico do termo. A doutrina do Espírito Santo com uma terceira pessoa nos leva a um tri teísmo prático, que não é melhor do que o ateísmo. A cuidadosa interpretação dos testes de provas habituais mostra que eles não ensinam uma união de três seres em um, mas uma harmonia entre as manifestações deles. O Espírito Santo como uma terceira pessoa da Divindade não é conhecida nas Escrituras. O Espírito Santo não é um ser separado, mas uma atividade do próprio Deus. A doutrina da trindade não pode ser estabelecida por logica nem provada nas Escrituras, e é na realidade inconcebível.

2. Cristo é um Deus com o Pai, e não um segundo Deus. Cristo desceu do céu como a Palavra de Deus, enviado como um homem, vestido de carne.

Filósofos fazem do Espírito Santo um terceiro ser, e isto lida a uma pluralidade de Deuses. A triplicidade de Deus às vezes deduzida de Êxodo 3:6, não é para ser explicada como sendo três seres distintos, mas como uma distribuição de funções. Nesta passagem Deus procurou impedir que os judeus acreditassem em mais de um Deus. A mesma passagem, explicada corretamente, e muitas outras, mostram que o Espirito Santo não é um ser distinto, mas uma atividade do próprio Deus. Tanto o Velho quanto o Novo Testamento claramente ensinam um só Deus. Não existe nada acerca de pessoas. O Antigo Testamento ensina repetidamente que existe apenas um Deus. Os Sofistas, seguindo a tradição cegamente, usam termos que eles não entendem, disputando sobre meras palavras. Eles usam o termo pessoas em um sentido totalmente não-bíblico. A lei judaica ensina estritamente a unidade de Deus.

Politeísmo é uma crença que reflete uma multidão de deuses distintos e separados. Politeísmo caracteriza o hinduísmo, o budismo maaiana, o confucionismo, o taoísmo e o xintoísmo no Oriente, junto com as religiões tribais africanas contemporâneas. A maioria das religiões do mundo são politeístas, acreditando em vários deuses. No mundo antigo egípcios, babilônios e assírios adoravam uma pluralidade de divindades, como também os gregos e romanos.

Com todo respeito aos trinitarianos, devemos perguntar: Será que a teologia do trinitarianismo realmente apoia o monoteísmo, ou é simplesmente uma forma abstrata de politeísmo?

Trinitarianismo ensina que existem três pessoas distintas no céu. Será que existe um trono eterno ou três? Um Deus que é superior a todos os outros, ou três? Será que devemos adorar a um ser eternal, ou à três seres eternais? Devemos adorar o Espirito Santo como a terceira pessoa, ou devemos ver o Espirito Santo como uma manifestação de Deus, e adora-Lo?

A Igreja Universal de Cristo, como também no judaísmo, é estritamente monoteísta, acreditando que há somente um Deus no céu, que criou e sozinho sustenta o universo.

3) A palavra que estava no começo era simplesmente a elocução que Deus deu ao criar o mundo. Cristo era então a voz de Deus que se tornou carne, com a função de falar por Deus. Ele era a Palavra que estava originalmente com Deus, e não um segundo ser que se tornou carne. Todas as coisas foram feitas através da Palavra, como foi ensinado pelos escritores anti nicenos, e não através de um ser. (O ministério do filho não foi

de uma divindade separada, mas uma atividade real do próprio Deus.)

4) Cristo foi um profeta, embora toda a plenitude de Deus estivesse Nele. Cristo não é meramente humano, mas a Palavra de Deus, tanto humano quanto divino, tanto homem quanto Deus. Embora Ele fosse homem, Ele era inseparável de Deus. Deus se manifestou em três disposições diferentes.

I Coríntios 10:1-4 confirma que Jesus Cristo também era o Deus do Antigo Testamento, que conduziu Seu povo na forma de nuvem durante o dia e como um pilar de fogo à noite.

"Ora, irmãos, não quero que ignoreis que nossos pais estiveram todos sob a nuvem, e todos passaram pelo mar, tendo sido todos batizados, assim na nuvem como no mar, com respeito a Moisés. Todos eles comeram de um só manjar espiritual, e beberam da mesma fonte espiritual que os seguia. E a pedra era Cristo."

Cristo era o Eloim, o Pai. O Pai habita nele. Toda a natureza e glória de Deus estão nele. Cristo, o homem, foi misturado, ao invés de unido, com Deus. A Palavra é uma disposição de Deus e compartilha todas as Suas qualidades, como uma estátua compartilha a disposição da pedra da qual foi esculpida.

A plenitude de Deus e todas as Suas propriedades habitam em Cristo, que é da mesma substância do Pai. Cristo não é uma criatura, Ele é o Criador – gerado da substância de Deus como a Palavra, em forma carnal. A Palavra pré-existente foi depois incarnada em Jesus como o Filho de Deus.

Miguel Servet, estimulado por um espírito de compreensão, apressou-se a visitar um dos maiores estudiosos do dia - Martin Bucer. Servet insistiu para que ele pregasse contra o dogma errôneo da trindade nas igrejas evangélicas. Ao invés, Bucer denunciou Servet do seu púlpito, como sendo "um filho do diabo, e não hesitou em dizer que o herege deveria ter seus intestinos arrancados de seu corpo vivo".

Com uma sensação de urgência, Servet procurou João Calvino, esperando ganhar com a sua tese antitrinitária, o apoio do teólogo mais notável da Reforma.

Miguel Servet aprenderia rapidamente que seu trabalho sobre a Unicidade da Divindade, *De Trinitatis Erroribus* (sobre o erro da trindade), eram inaceitáveis entre os membros das hierarquias católica e protestante, incluindo João Calvino. Os escritos Unicistas de Servet em breve o levaria a sofrer tremendos castigos nas mãos deste poderoso reformador Protestante.

As respostas de Calvino foram a princípio, apenas num tom de quem corrige dogmas. Acreditando ser o seu dever, levar de volta ao verdadeiro caminho, aqueles que se desviaram; João Calvino fez o máximo que pôde para convencer Servet de seu erro.

"Eu (Calvino) tenho frequentemente te explicado que você está no caminho errado, desconsiderando a vasta diferença entre as três essências divinas ".

Mas parecia à João Calvino que Miguel Servet, para citar as próprias palavras de Calvino, tinha sido "possuído pelo diabo" porque ele não dava ouvidos. Calvino então enviou uma ameaça à vida deste ministro da Idade Média.

Em uma carta a Frellon, um vendedor de livros, João Calvino escreveu, "Ele (Miguel Servet) se declara pronto a vir aqui, se eu desejar que ele venha; mas não vou prometer minha fé a ele; porque se ele vier aqui (para Genebra, na Suíça), eu cuidaria, na medida da minha autoridade nesta cidade, para que não retorne vivo."

Não se sabe se Servet foi informado desta ameaça, ou se ele recebeu alguma dica. Certamente por assim dizer, este espanhol parecia finalmente ter percebido que ele havia despertado em Calvino "um espírito de ódio homicida". Miguel Servet, portanto, escreveu para João Calvino ainda outra carta na esperança de suavizar o líder religioso mais influente do dia.

Desde que você insiste, escreveu Servet à Calvino, alarmado, "que eu sou Satanás, eu proponho não prosseguir. Me devolva o meu manuscrito, e que tudo esteja bem com você. Mas se você honestamente acreditar que o papa deve ser o anticristo, [alguns reformadores igualavam o anticristo com o papado, como tinham feito também alguns teólogos medievais] você deve também ser convencido de que a trindade e o batismo de infantes, que são partes da doutrina papal, são dogmas diabólicos ".

O óbvio aguarda aqueles que escolhem explorar os escritos de Miguel Servet. Ele tinha antipatia pelo cristianismo religioso criado pelo homem e era muito inflexível a respeito disso. O batismo de infantes definitivamente não era parte de sua teologia.

Quando eu estava na Igreja Católica, eu fui ensinado e ensinei que o batismo de infantes tirava o pecado original de Adão. A verdade é que Jesus Cristo já havia tirado no Calvário. Satanás não tem poder sobre o inferno ou a morte.

"Eu sou aquele que vive; estive morto, mas eis que estou vivo pelos séculos dos séculos, e tenho as chaves da morte e do inferno". Amém

Apocalipse 1:18

Pois assim está escrito: o primeiro homem, Adão, foi feito alma vivente. O última Adão, [Jesus Cristo] porém é espírito vivificante.

"Porque assim como em Adão todos morreram, assim também todos serão vivificados em Cristo.

I Coríntios 15: 45, 22

O que Adão fez no Jardim do Éden, foi desfeito pelo segundo Adão no Calvário. Água não poderia remover a mancha imortal sobre a humanidade.
Levaria o sangue do Cordeiro para remover a mancha do pecado.
Porque, como pela desobediência de um só homem [Adão] muitos se tornaram pecadores, assim pois pela obediência de um só [Jesus Cristo] muitos se tornarão justos.
Sobreveio a lei para que avultasse a ofensa; [pecado original] mas onde ABUNDOU o pecado, superabundou a GRAÇA [pelo sangue do Cordeiro].

Romanos 5:19, 20

Quando infantes nascem eles não sofrem mais o estigma da transgressão de Adão. Eles estão sem pecado e são puros nos olhos de Deus. Eles não têm necessidade do batismo.
A tradição indefensível do batismo de infantes na Igreja Católica como foi visto por Miguel Servet é uma tradição imemorial ou antiga do catolicismo.

Só existe um caminho para entrar na Igreja Cristã pura, isto é, através das águas do batismo e do recebimento do dom do Espírito Santo. Esses passos de fé não podem ser implementados nem por nossos pais nem por um padre.

O Senhor ama as criancinhas, e se Ele escolher tomar alguma delas, aquele infante puro e livre de pecado cairia automaticamente no abraço daquele Pai Amoroso, com mãos cicatrizadas.

Quando um candidato responsável se posiciona diante de Deus nas águas do batismo, essa pessoa deve ser batizada em Nome de Jesus para a remissão de seu próprio pecado e não por transgressão de Adão.

A franqueza de Miguel Servet contra tais dogmas, tinha ele marcado como um radical. Ele aprendeu rapidamente que era extremamente perigoso contradizer um dogmático tão fanático quanto Calvino, ou desafiar tal homem, mesmo em pontos de doutrina menores. Por causa da reputação deste teólogo acerca dos seus manuscritos sobre a Unicidade de Deus, violência era eminente.

Para Servet, estava ficando perfeitamente claro que ele sofreria morte nas mãos do reformador João Calvino, por causa da sua revelação acerca da Divindade. Ele foi considerado por Calvino uma fonte potencial de perigo espiritual.

O líder religioso de Genebra imediatamente se dirigiu à tarefa de livrar o mundo deste herético e de seus escritos.

Contudo, este ditador religioso teria que aceitar total responsabilidade por continuar sua campanha contra Servet. Incluindo conspirar a morte de Servet pela única razão de detestar suas convicções. (Esta informação é documentada na história da igreja, como é qualquer outro evento histórico registrado neste livro.)

Em 1553, quando o inquisidor geral católico da França soube que Miguel Servet estava escondido em Viena, ele contatou o cardeal católico François de Tournon. Servet foi imediatamente preso sob a acusação de heresia. Ele conseguiu escapar, mas em retorno o Papa Júlio III, de Roma, condenou-o à revelia à morte por fogo lento. No caminho à Itália, Servet parou em Genebra, onde ele foi capturado de novo. Mas desta vez não foi pelos Cardeais da Igreja Católica, mas pelo próprio João Calvino.

Servet foi algemado e aprisionado no interior de uma masmorra pedregosa do século dezesseis. A medida que ele foi levado da luz quente do dia para as profundezas de seu confinamento, ele sentiu o frio ameaçador da escuridão mover no seu rosto. Frio, faminto e sozinho, Servet não veria a luz do dia por dois meses e meio.

Ele estava escondido em Viena, na França? É claro que ele estava se escondendo. Todo o cristianismo religioso criado por homens estava querendo queimá-lo até a morte. Miguel Servet era inflexível acerca de sua mensagem unicista, declarando que havia uma igreja apostólica monoteísta vibrante que existia fora da religião feita pelo homem. Ele sabia que o Papa Júlio III, Giovanni Maria Ciocchi Del Monte, estava permitindo que assassinassem na fogueira os reformadores da Inglaterra através da Rainha Maria I e seu legado Cardeal Pole. Os monarcas católicos estavam queimando pessoas com tochas por toda a Europa, incluindo o seu próprio país, a Espanha. Onde ele poderia ir e para quem ele poderia correr?

Martinho Lutero, Joao Calvino, e Miguel Servet eram reformadores contemporâneos no século XVI. Servet estava falando às pessoas da decadência moral no Vaticano, como também falou o papa Adriano VI em 1523. Ele negou a doutrina da trindade da igreja, esperando que a doutrina fosse rejeitada, tornando o cristianismo mais atraente para o judaísmo e o islamismo, cada um dos quais mantinham a unidade de Deus em seus ensinamentos.

Quando o Papa Júlio III ficou sabendo que Calvino tinha capturado Miguel Servet, ele exigiu que Servet fosse enviado de volta a Roma para a sua execução. Porém, João Calvino havia a muito deixado a Igreja Católica e estava cultivando a sua própria zona de autoridade spiritual na Suíça. Calvino negou o pedido do pontífice e escolheu ter o prazer de queimar o ministro Unicista em Genebra.

O Papa Júlio III tinha prometido reforma moral, ao povo Católico, dentro da igreja, mas ele mesmo ficou conhecido na história, com o infame legado de um papa hebefílico *"puerorum amoribus implicitus"* (enredado em prostituição infantil, com meninos).

Um dia o papa, quando ainda era cardeal, deu carona a um menino de 14 anos nas ruas de Parma. O rapaz foi feito cardeal quando completou 17 anos e foi também adotado pela família Del Monte. Ele recebeu o nome de Innocenzo Ciocchi Del Monte. Todos os cardeais em Roma sabiam o que estava acontecendo na Villa Giulia do papa.

"Porque a nossa [a Igreja Apostólica pura] luta não é contra o sangue e a carne, e, sim, contra os principados e potestades, contra os dominadores deste mundo tenebroso, contra as forças espirituais do mal, nas regiões celestes".

Efésios 6:12

O Cardeal Innocenzo sobreviveu seu amante, mas assim que ele faleceu no dia 2 de novembro de 1577, foi enterrado ao lado do Papa Júlio III no cemitério da família Del Monte, na igreja de São Pedro, em Montorio, Roma.

Eu sei de onde Deus me tirou. Eu bem sei! Com muita sinceridade, a pergunta deve ser feita: Eu quero que meu cristianismo seja em nome de homens, ou eu quero que meu cristianismo seja em nome de Jesus? Se você estivesse vivendo no século XVI, nos dias de Miguel Servet, e escolhesse servir o nome de Jesus, você estaria correndo perigo de ser condenado pela inquisição e queimado vivo na estaca, por aqueles que representavam o cristianismo fabricado pelo homem.

O resto da história de Miguel Servet, o mártir Unicista, é um conto de horror. João Calvino, talvez atormentado pelo remorso, ao receber notícia que Servet seria queimado vivo em fogo brando, fez um esforço de última hora para que a morte na fogueira fosse substituída por decapitação. A morte na fogueira em um fogo lento, era uma das mais angustiantes formas de execução. Madeira verde era intencionalmente usada para retardar a progressão das chamas e estender a agonia do consumido. Os esforços de Calvino foram em vão, a execução agora estava nas mãos de outros oficiais.

Quando a multidão se reuniu, no dia 27 de outubro de 1553, Miguel Servet foi rebocado da escuridão de seu cativeiro. Sua prisão tinha deixado ele em uma condição imunda e empobrecida. Sentindo as garras afiadas e cruéis da realidade se apertando contra ele e estando irremediavelmente quebrado por João Calvino, ele abaixou a cabeça, enquanto seus acusadores leram esta acusação:

"Nós te condenamos, Miguel Servet, para ser transportado em laços para o seu local de execução, para ser queimado vivo, e contigo o manuscrito do teu livro e o volume imprimido, até que seu corpo seja consumido a cinzas. Assim tu terminarás os teus dias, como uma advertência para todos os outros que desejarem repetir a tua ofensa."

Oh Senhor, que as chamas do inferno sejam gentis para os responsáveis pela morte do mártir Unicista Miguel Servet.

Servet sentiu a madeira grosseiramente raspada em suas costas enquanto ele estava pressionado firmemente contra a estaca de madeira. A corrente pesada presa à estaca foi então puxada firmemente quatro ou cinco vezes em torno do corpo emagrecido ao extremo de Servet. Parecia que a cada passagem construtiva a morte se aproximava cada vez mais. Entre os elos da corrente e o corpo desperdiçado de Miguel Servet, foram colocados seu livro e manuscrito referentes à Divindade, que havia sido enviado anteriormente a João Calvino, sob selo, para sua opinião fraterna. Finalmente, com um espírito severo de desprezo, uma coroa de folhas foi colocada na sua testa. As folhas tinham sido embebidas em enxofre e a mistura de pútrida escorria pelo corpo do mártir. A madeira foi então queimada e o assassinato começou, enquanto os seus executores ecoavam em suas próprias mentes, uma voz hipócrita de indignação.

Quando as chamas de tormento irromperam das madeiras ainda verdes, Miguel Servet, o homem que não se retrataria, sabendo que havia apenas uma pessoa na Divindade, proferiu um grito tão drástico que muitos dos espectadores esconderam os seus olhos para não verem a cena lamentável. A luta do homem com a morte durou meia hora. Uma vez que os gritos agudos de agonia diminuíram, acima das brasas brilhantes pôde-se ver uma massa negra, nauseante e carbonizada, que perdera toda a semelhança humana. Miguel Servet, o mártir Unicista, tinha agora dado tudo que tinha em favor da verdade que ele tão corajosamente proclamou.

Miguel Servet sendo queimado em 1553 D.C.

"Para que o valor da vossa fé, uma vez confirmado, muito mais precioso do que o ouro perecível, mesmo apurado por fogo, redunde em louvor, gloria e honra na revelação de Jesus Cristo."
I Pedro 1:7

Onde estava João Calvino naquela hora terrível? Ele decidiu ficar em casa, ou por desinteresse sobre o caso, ou para acalmar os seus nervos do choque. Este reformador Protestante de Genebra, veio em nome da religião Cristã feita pelos homens.

A ausência de Calvino não pôde deslocar a culpa que jazia aos seus pés. Guillaume Farel (1489-1565 D.C.) que era um pregador ardente e crítico da Igreja Católica, e testemunha da morte horrorosa de Miguel Servet, descreveu o incidente em suas próprias palavras: "O sangue de Miguel Servet goteja das mãos de João Calvino".

Talvez João Calvino tenha sentido o ferrão da verdade nas palavras proferidas por Miguel Servet em sua defesa: "Matar um homem é matar um homem, e não defender uma doutrina".

João Calvino faleceu no dia 27 de maio de 1564. Ele foi rapidamente enterrado em uma sepultura sem identificação, em um cemitério comum, onze anos após a morte cruel de Miguel Servet. As palavras de Calvino, pouco antes de sua própria morte, sugeriram uma advertência aos que seguiriam o seu exemplo: "A tortura de uma má consciência é o inferno de uma alma vivente".

Emanuel Swedenborg (1688-1772 D.C.) um teólogo da Suécia, usou os ensinamentos de Miguel Servet. Ele explicitamente rejeitou a explicação comum da trindade como sendo um grupo de três pessoas, que ele disse que definitivamente não foi ensinado pelos Apóstolos na primeira igreja cristã. Ao invés, Swedenborg explicou que a trindade existe em Uma pessoa, em um Deus, o Senhor Jesus Cristo.

Servet, que entregou sua vida, tomou uma posição firme contra o Concilio de Nicéia em 325 D.C. em relação a Divindade, e teve um raciocínio sério contra a doutrina trinitária de Tertuliano. Abrigado Deus, por indivíduos como Miguel Servet, que mantiveram a coragem e as convicções, mesmo diante de circunstâncias esmagadoras. O nosso próprio Messias profetizou acerca de tal perseguição monoteística da igreja depois de Sua morte, uma perseguição que não prevaleceria.

"... e sobre esta pedra edificarei a minha igreja, [singular] e as portas do inferno não prevalecerão contra ela."

Mateus 16:18

As pessoas que têm essa fé Apostólica no Nome de Jesus, precisam reconhecer três pontos principais destas palavras de Jesus: 1) Ele terá uma igreja nesta terra até que Ele volte para ela. 2) Esta igreja será atacada por Satanás através dos tempos. 3) Os ataques de Lúcifer, muitas vezes vindo em nome de religiões cristãs feitas por mãos de homens, não vão prevalecer contra a igreja monoteísta lavada no sangue de Deus.

Durante o Concílio de Trent, apenas dez anos depois da morte de Miguel Servet, o Cardeal Carlo Carafa foi considerado culpado de assassinato, e estrangulado até a morte no dia 6 de março de 1561, por ordens do Papa Pio IV (Giovanni Angelo Medici.) Foi também neste concilio que o Pontífice Romano introduziu *"limbus infantum"* ao povo Católico. Esse entendimento afirma que bebês morrendo sem terem sido batizados na igreja para apagar o pecado original de Adão, seriam condenados.

A teoria *"limbo"* é um lugar, ou o estado daquelas almas depois da morte que não encaixa nem no céu, nem no inferno. Acredita-se que as almas dessas crianças estão em um estado perpétuo de ausência de dor, mas sem salvação, e foram negadas a entrar na presença de seu criador.

O Papa Pio IV não pode adicionar esta definição às definições *Magisterium* porque não havia Escritura para apoiá-la. A verdade é que não existe *"limbus infantum."* No seminário nós minimizamos a teoria apesar de ter sido ensinada e acreditada há séculos na igreja, e tem desempenhado um grande papel na tradição da religião feitas por homens.

O Concílio de Trent terminou em 1563 D.C., e no dia 26 de janeiro de 1564, o Papa Pio IV ratificou o decreto e definições do concílio no touro papal *"Benedictus Deus."* Miguel Servet permitiu que o seu próprio sangue fosse queimado para proteger a nossa "Herança Apostólica" das religiões feitas por mãos de homens.

Parece irônico, mas um dia quando estava ministrando no país da Suíça, fui convidado para pregar na cidade de Genebra, eu senti extremamente honrado de pregar esta mensagem Apostólica Unicista sobre a mesma base que havia sido parcialmente formulada pelas cinzas de Miguel Servet. Ficando de pé naquela cidade excelente, eu me perguntei sobre quantos homens e mulheres unicistas foram assassinados e enterrados com os seus testemunhos, simplesmente porque o continente europeu e toda a cristandade por todo o mundo haviam se sufocado na tradição trinitária.

Embora o sangue de Servet clamava enquanto o seu corpo era reduzido às cinzas pelos trinitários, a doutrina de Tertuliano sobre a Divindade há muito tempo encontrara sossego no seio da igreja romana. A doutrina da trindade concebida por uma pessoa Apostólica descontente, havia se tornado TRADIÇÃO.

CAPÍTULO DEZOITO
Controle de Danos

A Reforma imediatamente precipitou a contrarreforma da Igreja Católica. Essa contrarreforma já vinha há muitos anos, e foi iniciada pelo Papa Paulo III (1534-1549 D.C.) Ele nasceu na Itália e tornou-se cardeal em 1493. Ele era um mestre em estudos humanísticos. Este papa convocou um concílio em Trent em 1545, vinte e cinco anos depois da simbólica rejeição da autoridade papal por Martinho Lutero, quando ele queimou em publico, o touro papal "Exsurge Domine" que tinha chamado a ele para se retratar.

O concílio de Trento, sob a liderança do Papa Paulo III, que foi fechado pelo Papa Pio IV (1559-1565 D.C.) no dia 3 de dezembro de 1563, declarou que: 1) a Igreja Católica tinha o direito exclusivo de interpretar as Sagradas Escrituras, 2) rejeitava os ensinamentos Protestantes sobre o pecado e a salvação, 3) concedeu o direito a todos os católicos de defender a concessão de indulgências, e 4) disse que Escrituras e TRADIÇÕES da igreja eram fontes igualmente válidas da fé católica. Foi também durante este concílio que o Papa Paulo III reafirmou a doutrina da transubstanciação.

A morte horrível de homens como Miguel Servet, acompanhada dos ensinamentos de reformadores amplamente conhecidos como Wycliffe, Huss e Lutero, provocaram essa contrarreforma. A contrarreforma também foi conhecida como a Reformação Católica que denotou um período de reavivamento católico.

Embora muitos protestassem, como fez o monge Martinho Lutero, um rio de sangue humano continuou a fluir por trás dos majestosos tronos dos pontífices de Roma e Avinhão. O processo de purificação Católica não pararia, apenas continuou.

Papa Paulo III
(1534-1549 D.C.)

Papa Pio IV
(1559-1565 D.C.)

Pope Sisto V
(1585-1590 D.C.)

O povo do Nome de Jesus, que ama o puro monoteísmo, não pode ser enganado. Quando o "arrependei-vos" de Atos 2:38, é substituído por "penitência" na religião cristã feita por homens, a Palavra de Deus é substituída por tradições religiosas. As Escrituras, então, não são iguais à tradição da igreja, mas, na melhor das hipóteses, são secundárias.

"Negligenciando o mandamento de Deus, guardais a [TRADIÇÃO] dos homens".
Marcos 7:8

A pergunta deve ser feita: Será que eu quero a religião Cristã feita por homens, para mim e minha família, ou eu quero a pura salvação Apostólica?

"Cuidado que ninguém vos venha a enredar com sua filosofia e vãs sutilezas, conforme a [TRADIÇÃO] dos homens, conforme os rudimentos do mundo, e não segundo Cristo; porquanto nele habita toda a plenitude da Divindade."
Colossenses 2:8-9

As Escrituras Sagradas e as tradições podem ser fontes igualmente válidas da fé católica, mas a pura Igreja Apostólica de Jesus Cristo acredita que a Bíblia Sagrada é a verdadeira e autêntica "Palavra do Senhor", e nada pode ser comparada a ela.

Embora a verdadeira natureza da contrarreforma permaneça obscura até hoje, o Papa Paulo III, entrou para a história com um legado extremamente infame.

Seu nome de nascimento era Alessandro Farnese, da "Casa de Farnese", uma família extremamente poderosa politicamente na península italiana. Ele não somente gerou quatro filhos ilegítimos com a sua amante Silvia Ruffini e fez um deles, Pier Luigi Farnese, o primeiro Duque de Parma, mas também autorizou a compra e possessão de escravos muçulmanos no Estado Papal em 1548. Ele faleceu no dia 10 de novembro de 1549.

O Rei Filipe II (1527-1598 D.C.) católico monarca, era um procurador zeloso do povo protestante. Ele viveu no seu país,

Espanha, e reinou em um dos impérios mais poderosos já conhecidos pela humanidade.

Em 1567, o Rei Filipe enviou Fernando Toledo (1508-1583 D.C.) à Holanda para continuar a purificação da igreja. Ele rapidamente tomou o nome infame de "O Duque de Ferro", especialmente no país da Holanda. Em menos de seis anos entre 1567 e 1573, Fernando decapitou nada menos que 18.000 homens, mulheres e crianças em nome do cristianismo.

O Papa Sisto V foi de fato uma das figuras mais infames da Contrarreforma. Seu nome era Felice Peretti di Montalto. Quando ele se tornou o supremo pontífice da Igreja Católica no ano de 1585, ele imediatamente declarou zero tolerância aos crimes perpetrados contra os Estados Papais na Península Italiana. Este papa impulsivo, obstinado e autocrata provou ser devastador para milhares de pessoas durante o seu curto mandato de cinco anos.

As lendas locais afirmam que a intolerância desse papa em particular, resultou em mais cabeças cortadas nos blocos papais, do que melões nos mercados romanos. Os blocos usados para degolar foram mais tarde substituídos pela guilhotina papal, que foi amplamente utilizada durante o século XIX.

Jesus Cristo, o Deus monoteísta de Abraão, pessoalmente me libertou das religiões cristãs feitas por homens, as quais por sua graça não voltarei, e pôs os meus pés sobre uma rocha sólida no meio do estreito caminho da salvação apostólica. A igreja deve ser inabalável nestes últimos dias do tempo mortal.

À medida que nos aproximamos da hora da meia-noite, as pessoas do Nome de Jesus, em todo o mundo, devem entender sua herança e compreender quão importantes elas são para Deus, ao mesmo tempo que meticulosamente guardam suas almas eternas enquanto Satanás ronda nas sombras modernas do cristianismo religioso.

Em desespero, nossa terra encharcada de sangue continua clamando à Igreja Apostólica em 2014 D.C. Seu gemido consistente e implacável exigem uma liberação de suas histórias incalculável.

O termo contrarreforma, usado primeiramente pelos que não eram católicos, enfatizaram a ideia de que estas reformas foram motivadas em grande parte pelo surgimento de protestantes, e pela ameaça que representavam para as instituições católicas. Aqueles de fora da Igreja Católica viam as tentativas da igreja de se reformar como um esforço para manter a perda de seus fiéis ao protestantismo.

No entanto, os eruditos começaram a usar o termo "Reforma Católica" na última metade do século XX. Isso foi usado para enfatizar as tentativas de reforma, tanto teológica quanto disciplinar, dentro da Igreja Católica, que começaram antes da data tradicional da Reforma Protestante, de Martinho Lutero. O termo "Reforma Católica" foi propagada pela Igreja Católica com a esperança de identificar as reformas da igreja como ações sendo tomadas pela própria igreja, e não reações sendo tomadas contra a reforma protestante.

Nem a reforma católica, nem protestos da parte dos protestantes poderiam sufocar o clamor que o povo apostólico da Unicidade continuamente ressoava contra aqueles que deturpavam o Deus Único, Verdadeiro e Vivo de Abraão. Seguem alguns exemplos de antitrinitários que continuaram a conter as ondas de sentimento trinitário.

Ferenc David (1510-1579 D.C.) foi descrito por um historiador como um "nobre e puro apóstolo da cristandade". Um padre Católico disse melancolicamente, depois de um encontro com Ferenc: "Ele parece ter tanto o Velho quanto o Novo Testamento nas pontas dos dedos".

Depois de estudar em Wittenberg e Frankfurt, Ferenc David foi eleito como bispo do gabinete, e foi nomeado para o cargo cobiçado de conselheiro espiritual pessoal do Rei João Sigismundo (Rei da Hungria). A discussão de David sobre a trindade começou em 1565, com dúvidas sobre a personalidade do Espírito Santo, porque ele não encontrava base bíblica para a doutrina da trindade. Por causa da dominação católica e intolerância calvinista, era muito perigoso promover publicamente teologias ante Ortodoxas. Ferenc David estava, no entanto, sentindo a necessidade de mudança, em sua mente teológica. Em 1566 ele ouviu um dos professores de teologia ensinar sobre "Deus é um em essência, três em pessoas". Sua oposição ao ensino do professor, e sua rejeição à doutrina da trindade lhe causaria tremenda perseguição pelo resto da vida.

Depois de ser julgado em Alba-lulia (Romênia), sob a acusação de blasfêmia por seus inimigos católicos e calvinistas, ele foi condenado à prisão perpétua em De'va. Foi ali nesta prisão que ele faleceu, na idade de sessenta e nove anos.

Fausto Socino (1539-1604 D.C.) foi um teólogo antitrinitário. Depois de passar algum tempo em vários países europeus, ele se estabeleceu na Polônia em 1578, onde existia uma forte comunidade antitrinitária. Ele foi logo reconhecido como seu líder, e por causa de sua crença na Divindade, foi perseguido tanto por autoridades católicas quanto por hierarquias protestantes. Ele cria que o entendimento acerca da Divindade não vinha através de tradições da igreja, mas através de divina revelação, citando Lucas 10:22.

O Rei James I (1566-1625 D.C.) foi o sucessor da rainha "Maria Sanguinária" na Inglaterra. Este monarca avançou em nome do cristianismo religioso feito pelo homem, e não tinha tolerância alguma para com os pregadores da Unicidade em seu reino. Ousar declarar a verdadeira unidade do Deus monoteísta de Abraão diante dos calvinistas, monarcas europeus, ou desafiar os papas católicos de Avinhão e Roma era simplesmente convidar chamas para a sua vida.

Se trinitários foram queimados até a morte pelo povo Apostólico Unicista, a história não relata. Existiram, no entanto, muitos Apostólicos Unicistas que foram queimados até a morte em fogo brando por tais trinitários, como João Calvino, por simplesmente negar a doutrina da trindade.

Bartolomeu Legate (1575-1612 D.C.) entre outros, foi um antitrinitário mártir inglês no século XVII. Ele nasceu em Essex, na Inglaterra, e tomou uma posição firme contra a doutrina da trindade em suas pregações, e em seus escritos teológicos. Sua mensagem unicista contradizia completamente a crença da Igreja Católica e da Igreja da Inglaterra acerca da trindade.

O Rei James I, como cabeça da igreja na Inglaterra, teve um desentendimento com Legate sobre a Divindade, e por isso o prendeu no ano de 1611. Este monarca trinitário era o cabeça de toda a Igreja Protestante da Inglaterra. Em fevereiro de 1612, Legate foi trazido para o Supremo Tribunal da Inglaterra, e foi condenado à morte por fogo, depois de ter sido considerado culpado de heresia. Bartolomeu Legate foi então entregue em grilhões de metais às autoridades seculares para a sua execução.

Este tipo de execução sempre foi pública, como um exemplo para outras pessoas que poderiam ousar repetir a ofensa. Bartolomeu Legate estava muito ciente das consequências de sua decisão e postura em relação à Divindade. Ele literalmente arriscou sua vida pela pura doutrina dos Apóstolos que foi passada por nosso Senhor Jesus Cristo. Enquanto os carrascos empilhavam a lenha ao seu redor, Bartolomeu permanecia confidente e grato pela revelação da verdade.

Recusando-se a retratar-se como Miguel Servet também se recusou perante o rei e sua corte, ele foi queimado lentamente até a morte na estaca em Smithfield, Inglaterra, no dia 18 de março de 1612, aos 37 anos de idade. A história revela o caráter e convicções deste pregador unicista chamado Bartolomeu Legate;

"Um homem bem lido nas Escrituras, e de vida irrepreensível, foi acusado por dizer que os credos de Nicéia e Atanasiano não continham uma profissão da verdadeira fé cristã ".

Na América, formas de sistemas de crenças monoteístas, como o unitarianismo, começaram a chegar à New England em 1710 e, em 1750 a maioria dos ministros congregacionais em torno da área de Boston haviam deixado de considerar a doutrina da trindade como parte essencial da fé cristã. A eleição de Henry Ware, um adversário muito forte da posição trinitária, para a cátedra Hollis de Divindade na Universidade Harvard, parecia completar o verdadeiro triunfo para o unitarianismo sobre o trinitarianismo em New England.

Emanuel Swedenborg (1688-1772 D.C.) era um filósofo e cientista suíço que, na idade de 56 anos, teve um despertar espiritual, e escreveu numerosos livros sobre suas visões teológicas. Esses livros foram amplamente lidos e respeitados após sua morte. Ele fez o argumento de que não havia três entidades separadas na Divindade, mas que a trindade estava em Jesus.

Finalmente, o movimento teológico de Groningen que levava o nome da faculdade teológica da Universidade de Groningen liderada por Petrus Hofstede de Grott (1830-1860 D.C.), tinha como sua doutrina central que Deus tinha se revelado em toda a criação e supremamente em Jesus, para que a humanidade se conforme à Sua imagem. A teologia de Groningen totalmente rejeitava a doutrina trinitária.

Subindo no gráfico, vamos considerar especialmente os dois Conselhos do Vaticano que mudaram a Igreja Católica para sempre. Embora a trindade da Divindade estivesse sendo recusada por muitos, especialmente na América, os papas ainda estavam tentando trazer uma existência tranquila para a sua igreja.

Dois Concílios Ecumênicos foram realizados no Palácio de Latrão. O primeiro concílio no Vaticano em Roma foi convocado pelo Papa Pio IX (1846-1878 D.C.) pelo touro papal *"Aeterni Patris"* no dia 29 de junho de 1868. A primeira sessão foi realizada na Basílica de São Pedro no dia 8 de dezembro de 1869 na presença e sob a presidência do Papa Pio IV (1559-1565 D.C.)

Os decretos do Primeiro Concílio do Vaticano foram publicados em varias edições. Mais tarde eles foram incluídos no volume sete do *"Collectio Lacensis"* (1892) e no volume quarenta e nove ao cinquenta e três da "Coleção de Mansi" (1923-1927).

A declaração de abertura deste Primeiro Concílio do Vaticano foi:

"Pio, bispo, servo dos servos de Deus, com a aprovação do concílio sagrado, para um registro eterno. O mais reverendo padre, é seu prazer que, para o louvor e glória da Santíssima e indivisa Trindade, Pai, Filho e Espírito Santo, para o aumento e exaltação da fé católica e religião, para o desenraizamento dos erros atuais, para a reforma do clero e do povo cristão, e para a paz e concórdia de todos, o santo Concílio Ecumênico Vaticano seja aberto?"

Papa Pio IX
(1846-1878 D.C.)

O concílio foi assim aberto.
Entre os artigos da fé Católica, o Papa Pio IX declarou:
1. Eu reconheço a Santa Católica, Apostólica Igreja Romana, a mãe e patroa de todas as igrejas.
2. Eu sustento firmemente que o purgatório existe, e que as almas detidas ali são ajudadas pelos sufrágios dos fiéis. Da mesma maneira, que aqueles que estão reinando com Cristo devem ser honrados e devemos orar para eles, para que eles orem à Deus em nosso favor, e que as suas relíquias sejam veneradas. Esta fé Católica verdadeira, sem a qual ninguém pode ser salvo, que agora eu livremente professo e sustento, é o que eu devo manter firmemente e confessar com a ajuda de Deus, em toda a sua integridade e pureza, até o meu último suspiro, e eu farei o meu melhor para garantir que todos os outros façam o mesmo. Isto é o que eu, o mesmo Pio IX, prometo, voto e juro.

Nos artigos de fé o Papa Pio IX constantemente ameaçava seus subordinados com excomunhão da Igreja Católica para aqueles que escolhessem desobedecer a decisão deste concílio ecumênico.

Antes de prosseguir ao Segundo Concílio do Vaticano, o seguinte é a declaração que resultou do Primeiro em 1870 em relação a infalibilidade do papado com o Papa Pio IX oficiando.

"Nós ensinamos e definimos que é a crença [doutrina] divinamente revelada que quando o Pontífice Romano fala *"ex-cathedra"*, isto é, quando na execução do ofício de pastor e médico de todos os cristãos, em virtude de sua suprema autoridade apostólica, ele define a doutrina em relação a fé e moralidade a ser mantida pela igreja universal, pela assistência divina prometida a ele no beato Pedro, é possuidor daquela infalibilidade [incapaz de erro] com a qual o Divino Redentor quis que sua igreja fosse dotada na definição de doutrina relativa a fé ou moralidade e que assim sendo tais definições do pontífice romano são delas mesmas e não do consentimento da igreja irreformável. Então, se alguém, que Deus não permita, tenha a temeridade [arrogância] de rejeitar esta definição, seja *"anátema"* [excomungado]."

Esta declaração papal a respeito da *"ex-cathedra"* de acordo com a teologia Católica é uma definição dogmática infalível por um concílio ecumênico.

Naquela época da história, um pouco antes do Primeiro Concílio do Vaticano, quando o Papa Pio IX declarou a infalibilidade do papa, haviam centenas de pessoas sendo executadas pela Santa Sé. A maior parte da Península Italiana era controlada pelos papas e cardeais do Palácio Apostólico de Roma.

Se algum dia você procurar os nomes de pessoas que através dos anos foram condenadas à morte pelos pontífices, a minha sugestão é que você comece com o Giovanni Battista Bugatti. Só este carrasco, pago pelo papa, matou 516 pessoas entre 1796 e 1865. Ele meticulosamente registrou seus nomes e seus lugares de execução antes que o austero ceifador reivindicasse suas cabeças decepadas.

Eu advertiria que fazer uma pesquisa muito profunda acerca da igreja e suas atrocidades pode ser perturbador. Você pode subconscientemente começar a sentir o cheiro do sangue derramado de homens e mulheres, por estas guilhotinas religiosas, instaladas na Itália pelos papas, em nome de justiça cristã. O Charles Dickens testemunhou e escreveu sobre uma das execuções de Bugatti que aconteceu no dia 8 de março de 1845, no seu livro "Pictures from Rome" [Imagens de Roma].

Segue-se a gravação precisa de Bugatti antes de realizar a sua primeira execução para o Papa Pio VI no dia 22 de março de 1796, na idade de dezesseis anos:

"Eu comecei minha carreira como carrasco para Sua Santidade, enforcando e aquartelando [cortando os membros do corpo] Nicola Gentilucci Foligna, um jovem que, tomado de inveja, primeiro matou um padre e seu cocheiro, e roubou dois frades depois de ser forçado a fugir."

Se algum dia você for à cidade de Roma, vá ao museu de criminologia, que está situado na rua Via del Gonfalone. Lá você verá a capa manchada de sangue em exibição que foi usada por Bugatti durante muitas de suas últimas execuções quando ele tinha mais de oitenta anos de idade. Neste museu você também verá a guilhotina papal de doze pés junto com os machados que foram usados por Bugatti em seu processo de decapitação.

Este carrasco católico foi empregado por seis papas diferentes ao longo de um período de sessenta e cinco anos; Papa Pio VI, Papa Pio VII, Papa Leão XII, Papa Pio VIII, Papa Gregório XVI, e Papa Pio IX. Quando Bugatti completou a idade de 85 anos, o Papa Pio IX o aposentou. Sua aposentadoria foi exclusivamente financiada pelo tesouro do Vaticano.

Em 1864, Sr. Bugatti ainda estava afiando a guilhotina papal, enquanto o Papa Pio IX preparava notas para declarar a infalibilidade do papado no "Aeterni Patris". O Papa Pio IX fez a crença na infalibilidade do papado necessário à salvação na Igreja Catolica durante o primeiro Concílio Vaticano em 1870. O Agatino Bellomo foi decapitado no mesmo ano no estado papal de Palestrina no dia 9 de julho de 1870.

Mr. Bugatti era empregado como o carrasco papal do Papa Pio IX mais de vinte anos. No dia 3 de setembro de 2000, o Papa João Paulo II declarou o Papa Pio IX "abençoado", o penúltimo passo em direção a santidade. A beatificação do Papa Pio IX por João Paulo II, de acordo com a tradição católica, fez sua alma, seus restos mortais e qualquer de seus bens pessoais dignos de veneração.

O Papa Pio IX foi o mais antigo pontífice da Igreja Católica. O seu mandato foi do dia 16 de junho de 1846 ao dia 7 de fevereiro de 1878. Depois de 122 anos os restos mortais deste líder religioso foram exumados e colocados em um caixão de vidro, com o propósito de veneração. Por favor note que: Adorar cadáver não vai te aproximar à Deus. Adorar restos mortais humanos pode te aproximar à idolatria.

A beneficiação deste papa em particular, pelo Papa João Paulo II no ano 2000, tem sido questionado e desafiado aparentemente por todos os países na terra, e não é sem uma causa ou razão.

Qualquer um no mundo, pessoa leiga ou rei, que não pensasse como o Papa Pio IX, era automaticamente considerado pelo papa inimigo da fé Católica. A monarquia religiosa não respondia a ninguém. Talvez pelos seus próprios olhos, este Pontífice se viu como infalível. O notório espirito anti-judeu deste líder era bem evidente no fato que ele restringiu o povo hebreu em seu país, aos guetos.

Giouanni Bottista Bugatti
(1779-1868 D.C.)

O Papa Pio IX se opôs fortemente "A Liberdade de Religião" e foi muito inflexível sobre isso. Seu padrão de pensamento maligno continuou durante os trinta e dois anos de seu papado. Um dia ele foi convidado a oferecer a sua benção a um grupo de visitantes protestantes na cidade de Roma. Seguem as palavras exatas proferidas sobre eles: "Que você seja abençoado por Ele em cuja honra você será queimado".

Qualquer um que é familiar com a história da igreja sabe que a postura anti-judaica profundamente arraigada sempre foi a convicção da igreja e floresceu ao passar dos séculos – para ser mais preciso, pelo menos mil e trezentos anos.

O terceiro concílio de Toledo (Espanha) que iniciou no dia 4 de maio de 589 D.C. sob a liderança do Papa Pelágio II (579-590 D.C.) tomou uma posição firme contra os judeus no império. O Bispo Leander of Seville era um teólogo naqueles dias e a mente principal por trás do conselho. O 14º Cânon do concílio provou ser devastador para os filhos de Abraão.

Em 1215 D.C., 626 anos depois, no décimo segundo Concílio Ecumênico, também conhecido como o Quarto Concílio de Latrão, o Papa Inocente III (Lotario de' Conti di Segni) reafirmou a decisão tomada no ano 589 D.C. contra os judeus, ele os considerava cidadãos de segunda classe na melhor das hipóteses.

O Papa Inocente III no 69º Canon deste conselho declarou que:

Sumário: Judeus não devem receber cargos públicos. Qualquer um instrumental em oferecê-los cargos públicos é para ser punido. Um oficial judeu deve ser negado todo o intercurso com os cristãos.

Texto: Desde que é absurdo que um blasfemador de Cristo exercite autoridade sobre os Cristãos, nós, por causa da ousadia dos transgressores, renovamos neste conselho geral o que o Sínodo de Toledo (589 D.C.) sabiamente promulgou sobre esse assunto, proibindo os judeus de receberem preferência a respeito de cargos públicos, já que nessa capacidade eles são muito problemáticos para os cristãos. Mas se alguém deve entregar um escritório para eles, deixe-o, após advertência prévia, ser restringido por tal punição que parece apropriada pelo sínodo provincial que mandamos celebrar todos os anos. Ao oficial, no entanto, será negado o intercurso comercial e outros dos cristãos, até que no julgamento do bispo tudo o que ele adquiriu dos cristãos a partir do momento em que assumiu o cargo seja restaurado para as necessidades dos cristãos pobres, e o cargo que ele irreverentemente assumiu deixe-o perder com vergonha. O mesmo nós estendemos também aos pagãos. [Mansi, IX, 995]

No dia 23 de junho de 1858 na Bolonha, Itália, um menino judeu de seis anos de idade, chamado Edgardo Mortara (1851-1940 D.C.) foi sequestrado da sua casa por ordens do Papa Pio IX. A mãe e o pai de Edgardo ficaram chocados e perdidos quando a criança que gritava foi arrancada de seus braços pela força policial do Vaticano. Este foi o mesmo papa que declarou a sua perfeição infalível ao mundo em 1870 no vigésimo Concílio Ecumênico em Roma. O Papa Pio IX fez o seu dogma a respeito do papado essencial para a salvação.

A criança hebraica foi criada pelo Papa Pio IX, na sua própria residência, como um membro batizado da Igreja Católica. Agora que eu tenho o Espirito Santo e sou uma parte visível da Pura Igreja Apostólica, sinto-me forçado a ficar em silêncio nas sombras do tempo mortal e só imaginar o terrível rapto desta criança, e do que realmente aconteceu durante aqueles anos atrás das majestosas portas do Palácio de Latrão. Não estou escrevendo hoje acerca dos males inacreditáveis da Europa medieval durante a idade das trevas. Este crime continuou até o século XX.

A noticia do sequestro da criança espalhou rapidamente e demandas vieram de todo o mundo para que o menino fosse liberado e entregue a sua família. Organizações judaicas co-orquestraram esforços com oficiais em países como a Áustria, Alemanha, os Estados Unidos da América, o Reino Unido e a França para libertar a criança raptada. O clamor do mundo ao Papa Pio IX foi totalmente rejeitado e, portanto, sem sucesso.

A firme resposta ao povo judeu e aos líderes do mundo pelo Vaticano foi rápida e sem piedade enquanto o povo judeu andava pelas ruas de Roma com esperanças de liberação do menino. Ao invés de fazer o que era certo, o Papa Pio IX, com sua mentalidade anti-hebraica, escolheu chamar os filhos de Abraão de "cães".

De Roma à Jerusalém

Padre Edgardo Mortara
(1851-1940 D.C.)
Da ordem de Agostinho
Em pé perto da sua mãe Judia

Em um discurso no ano de 1871, um ano depois de ter declarado pela primeira vez na história católica a infalibilidade do papado, o Papa Pio IX defendeu o seu direito de criar o jovem, agora com 20 anos de idade, em uma atmosfera católica, dizendo do povo judeu: "Há muitos destes cães atualmente em Roma, e os ouvimos uivando nas ruas, e eles estão nos perturbando em todos os lugares".

Martinho Lutero, o ex-monge ensinou ao seu povo nativo da Alemanha que eles eram culpados por não terem matado os judeus e queimado as suas sinagogas. É impensável que o Papa Pio IX foi também um precursor do Holocausto Judeu, que aconteceu apenas 55 anos atrás?

O controle absoluto do Papa Pio IX não impressionou a muitos na península italiana. Este papa tinha que ser derrotado. Em 1859, o Papa Pio IX tinha mais de 15.000 soldados treinados em seu exército. No dia 18 de setembro de 1860, na batalha sangrenta de Castlefidardo, o Rei Victor Emanuel II (1820-1878 D.C.), Rei da Itália, apreendeu o estado papal. Depois disso, o Papa Pio IX o excomungou imediatamente da Igreja Católica. O monarca parecia indiferente à decisão do Papa. A autoridade do pontífice sobre estes estados foi drasticamente reduzida. O papa foi eventualmente forçado de volta ao Vaticano. Os dez papas que sucederam o Papa Pio IX até hoje, são monarcas, mas apenas reis sobre o pequeno Estado do Vaticano na cidade de Roma. O Papa Pio IX faleceu no dia 7 de fevereiro de 1878 as 5:40 da tarde.

O corpo do Papa Pio IX foi originalmente enterrado na gruta de São Pedro, mas foi transferido à noite para a Basílica de São Lourenço fora dos muros. Enquanto o cadáver estava sendo transferido, os nacionalistas italianos tentaram rouba-lo com esperanças de jogá-lo no rio Tibre, assim como foi jogado o corpo do Papa Formoso, pelo papa Estevão VI em janeiro de 897 D.C.

O Rei Victor Emanuel II, da Itália
(1820-1878 D.C.)

Eu não tinha o Espírito Santo na época, mas senti em meu espírito que Deus estava me guiando para algum lugar em que eu nunca estivera antes em minha fé cristã. Como um jovem seminarista no monastério de Oka, fui forçado a um silêncio sóbrio, enquanto estudava os cânones de vários concílios da igreja através dos tempos. Por que minha igreja perseguiu o povo judeu por tanto tempo? Por que existia tanto ódio e discriminação contra o povo hebreu? Por que essas exibições de antissemitismo que fluíam do Vaticano foram dirigidas aos filhos e filhas de Abraão?

Ao continuar minha pesquisa, nossa própria história católica documentada desafiou, se não intimidou minha fé. Silenciosamente olhando por cima do meu ombro, minha mente religiosa estava ponderando uma questão muito perturbadora. Seria possível que a igreja mãe fosse indiretamente responsável pelo Holocausto Judeu? Seria possível que a igreja era não somente responsável pelo sangue do povo judeu através da história, mas também pelo sangue inocente de mais de seis milhões de homens, mulheres e crianças? Qual foi o verdadeiro motivo do holocausto? Quando todas as mãos forem abertas durante o julgamento, quem terá suas mãos sujas com o sangue deles? Será que o imortal Adolf Hitler ficará sozinho?

Como pode uma criança ir de coroinha a um homem temido em todos os lares do judaísmo? O Adolf Hitler não era nem ateu, nem agnóstico. Ele foi criado como membro da Igreja Católica na Áustria. Adolf nasceu no dia 20 de abril de 1889 em Brauman am Inn, ele ia regularmente à missa com sua família. Sua mãe, Clara foi uma católica muito devota até sua morte. Hitler foi batizado quando bebê, e recebeu a confirmação do sacramento aos treze anos de idade. Ele cantava no coral da igreja e frequentou uma escola beneditina. Adolf Hitler, o líder da Alemanha, viveu e morreu como católico em Berlin, na Alemanha no ano de 1945.

Em um discurso na presença do general Gerhard Engel em 1941, Hitler declarou:

"Agora como antes, eu sou católico e sempre serei".

Esta declaração foi feita por Adolf Hitler quando ele tinha 52 anos de idade, apenas quatro anos antes de sua morte. Eu conheço as leis canônicas. Por que ele nunca foi excomungado da Igreja Católica? Um pontífice pode excomungar um chefe de Estado, assim como qualquer outra pessoa na Igreja Católica.

O Rei Henrique VIII da Inglaterra foi excomungado da Igreja Católica pelo Papa Paulo III no século XVI por causa do seu espirito desobediente para com o Vaticano. Napoleão Bonaparte da França foi também excomungado pelo Papa Pio VIII em 1809, e Fidel Castro, entre muitos outros foi excomungado pelo Papa Joao XXIII por causa de sua preferência política e convicções.

Na fé Católica, uma pessoa pode ser excomungada enquanto vive ou depois da morte. O Papa Pio XII foi o pontífice dominante durante a Segunda Guerra Mundial. Antes do papado, ele era o Cardeal Pacelli, que na verdade negociou com a Alemanha para o Vaticano. Por alguma razão, o Papa Pio XII, bem como os cinco papas que o sucederam, o Papa João XXIII, o Papa Paulo VI, o Papa João Paulo I, o Papa João Paulo II, e o Papa Benedito XVI (que viveu na Alemanha nos dias deste ditador), escolheram não excomungar Adolf Hitler da igreja.

O Cardeal Miguel von Faulhaber foi o Arcebispo de Monique, na Alemanha, de 1917 até a sua morte em 1952. No dia 10 de abril de 1933, ele escreveu ao futuro Papa Pio XII em Roma advertindo-o que defender os judeus seria errado, porque isso transformaria o ataque contra os judeus em um ataque à igreja.

Negociações entre o Vaticano e o país da Alemanha nunca foi acerca do bem-estar dos judeus na Europa. O Papa Pio XII (1939-1958 D.C.) estava bem ciente quanto ao passado de sua igreja acerca do povo hebreu. Ele estava ciente da realidade dolorosa entre o Catolicismo e o Judaísmo.

A questão que o Vaticano teve com Adolf Hitler foi o "federalista alemão Weimer", que deu aos estados alemães autoridade sobre educação e cultura, reduzindo assim drasticamente a autoridade da igreja nessas áreas. O verdadeiro problema entre o Papa Pio XII e Adolf Hitler foi quanto ao poder da autoridade. Não foi quanto aos judeus, nem quanto ao poder.

Em uma reunião no dia 26 de abril de 1933 com o Bispo Wilhelm Berning de Osnabruck (representante da Conferência de Bispo Católico) depois de ter sido criticado por alguns dos membros dentro da comunidade Europeia, Adolf Hitler disse:

"Eu tenho sido criticado por causa da minha manipulação na questão judaica. A Igreja Católica considera os judeus pestilentos por mil e quinhentos anos, colocou-os em guetos, etc., porque a igreja reconheceu os judeus pelo que eles eram. Na época do liberalismo, o perigo não é reconhecido mais. Eu estou voltando ao tempo em que a tradição de mil e quinhentos anos foi implementada [pela Igreja Católica]. Eu não coloco raça sobre religião, mas eu reconheço os representantes da raça deles como sendo pestilentos para o estado e para a igreja, e talvez estou, desse modo, fazendo ao cristianismo um grande serviço, empurrando-os para fora das escolas e funções públicas".

(Esta declaração ao Bispo Wilhelm Berning de Osnabruck foi citada por Richard Stergmann Galls no "O Santo Reich".)

O Adolf Hitler estava certo em dizer que sua igreja tinha perseguido o povo judeu por mais de 1500 anos. Não somente judeus, mas qualquer um da fé que ousasse questionar a autoridade da igreja mãe. A "Justa Teoria de Guerra" é uma doutrina da Igreja Romana, que foi introduzida pelo Santo Agostinho de Hipona (354-430 D.C.). Martinho Lutero era um monge agostiniano que nutria um ódio ardente pelo povo hebreu.

São Tomás de Aquino (1225-1274 D.C.) pertencia a Ordem Dominicana e usou os ensinamentos de São Agostinho. Ele foi também particularmente influenciado por dois papas durante a sua vida. Pelo Papa Gregório IX, que instituiu a inquisição papal, e pelo Papa Inocêncio IV, que autorizou o uso de tortura física para extrair confissões de suspeitos de heresias. Algumas das composições do Papa Inocêncio IV são espelhadas na *Summa Theologica* de Aquino.

Tomás de Aquino escreveu na *Summa Theologica* em relação ao tratamento de hereges:

"Em relação aos hereges, dois pontos devem ser observados: um no seu próprio lado; o outro do lado da igreja. No seu próprio lado, através do qual eles não merecem somente ser separados da igreja por excomunhão, mas também ser separado do mundo pela morte. Porque é uma questão muito mais grave corromper a fé que desperta a alma, do que forjar dinheiro, que sustenta a vida temporal.

Portanto, se os forjadores de dinheiro e outros malfeitores são imediatamente condenados à morte pelas autoridades secular, muito mais razão existe para que os hereges, tão logo sejam condenados por heresia, que sejam não apenas excomungados, mas até mesmo mortos. Da parte da igreja, contudo, existe misericórdia que procura a conversão do perdido, por isso ela não condena de imediato, mas depois da primeira e segunda admoestação dirigida pelo Apóstolo. Depois disso, se ele é ainda teimoso, a igreja não espera mais a sua conversão, mas procura a salvação de outros, excomungando-o e separando-o da igreja, além disso, o entrega ao tribunal secular para ser exterminado, desse modo, do mundo pela morte ".

(*Summa*, 11-11, Q-11, Art. 3)

São Tomás de Aquino justificou sua posição teológica que hereges e "todos os pecadores" não tem herança ao direito à vida com uma abordagem interessante - "A Bíblia" –

"Porque o salário do pecado é a morte, mas o dom gratuito de Deus é a vida eterna em Cristo Jesus nosso Senhor."

Romanos 6:23

Este sacerdote católico é mantido em sua igreja como sendo o professor modelo para aqueles que estudam para o sacerdócio - o mestre e padroeiro das escolas católicas. No Segundo Concílio do Vaticano, o Papa Paulo VI se referiu a ele como sendo "O Doutor Angélico".

Ele foi canonizado pelo Papa Joao XXII no dia 18 de julho de 1323. Este ato do Pontífice romano francês fez o seu corpo, alma, e possessões dignas de veneração de acordo com a tradição católica. São Tomás de Aquino faleceu no dia 7 de março de 1274, apenas 24 anos depois que seu mentor, o Papa Inocêncio IV, faleceu.

Tomás de Aquino
Padre Católico Dominicano
(1225 - 1274 D.C.)

Naquela manhã especial de domingo, quando eu ainda não conhecia a verdade, eu estava indo para a missa na Igreja Católica de São Tomás de Aquino em Plaster Rock. Foi naquela encruzilhada que Deus miraculosamente me guiou em outra direção. Na direção da Igreja Apostólica daquela cidade, onde eu fui batizado no Nome de Jesus, e cheio do Espirito Santo. Parece ter sido ontem, mas na realidade, foi no outono de 1972.

Apesar de haver diferenças de opiniões, Hitler permaneceu fiel a sua igreja durante a sua presidência.

"O Governo do Reich", que considera a cristandade a fundação inabalável da moral e do código moral da nação, atribui o maior valor às relações amistosas com a Santa Sé [o Vaticano] e está empenhado em desenvolvê-las. "

Nestes documentos escritos, nós vemos as convicções obvias da fé de Adolf Hitler como também o seu ódio crescente contra os filhos de Abraão. Ele não somente era um membro da Igreja Católica, mas se via como um profeta.

"Hoje, mais uma vez serei um profeta: se os financistas judeus internacionais dentro e fora da Europa conseguirem mergulhar as nações mais uma vez em Guerra Mundial, então o resultado não será o bolchevique da terra, e assim a vitória dos judeus, mas a aniquilação da raça judaica na Europa ". (Tirado de um discurso de Adolf Hitler ao Reichstag no dia 30 de janeiro de 1939). Segue um excerto de outro discurso de Hitler para o Reichstag em 1936.

"Eu acredito hoje que estou agindo no sentido do Todo-Poderoso Criador. Ao afastar os judeus, eu estou lutando pelo trabalho do Senhor."

Entre os seis milhões de judeus que foram assassinados durante o Holocausto, estima-se que existiam um milhão de crianças. Muitos destes meninos e meninas foram separados dos seus pais e levados por caminhões às câmaras de gás de Hitler. Outras crianças eram forçadas a ajoelhar na frente de valas abertas, enquanto a Gestapo as ceifava com suas armas automáticas de guerra. Muitas delas só estavam feridas quando caíam ou eram empurradas às valas abertas, apenas para olhar e ver os tratores alemães as cobrirem com terra.

Me recuso a abrigar um espírito reivindicatório, mas a pergunta deve ser feita: Adolf Hitler fez um favor à sua igreja, visto que ela mesma perseguiu o povo judeu por mais de 1.500 anos? ou ele foi um espinho na carne do Papa Pio XII, que se viu jogado em uma situação embaraçosa?

Adolf Hitler era apenas chanceler e depois se tornou presidente quando tomou o lugar de Paul von Hindenburg no dia 30 de janeiro de 1933, até o seu suicídio no dia 30 de abril de 1945, enquanto um profundo sentimento anti-judaico foi nutrido, abrigado e promovido pelos papas por muito tempo, e floresceu na Igreja Católica por séculos. Este sentimento não estava somente nos corações da sociedade alemã, mas também em todos os outros países onde a igreja mãe tinha representação na terra. O envolvimento extraordinário da igreja neste sentido abrangia várias dimensões.

O povo hebreu não sentiu pela primeira vez a picada sem misericórdia do cristianismo religioso criado pelo homem, durante a Segunda Guerra Mundial. Como já escrevi, Martinho Lutero era um líder cristão alemão que viveu no século XVI. Ele odiava os judeus, mas era visto como um herói pela Alemanha nazista. Adolf Hitler muitas vezes se referiu aos escritos de Lutero para justificar o Holocausto. Quase 400 anos antes do nascimento de Hitler, Martinho Lutero ensinou ao povo alemão que eles deveriam queimar as sinagogas do povo judeu. Pouco depois da morte de Lutero, mais de 3.000 pessoas foram assassinadas em Frankfurt, Alemanha.

Será que a pura Igreja Apostólica que nasceu pelo poder e zelo do fogo do Espírito Santo, falhou em alguma coisa a respeito do Holocausto do século XX? Como eram secretos, escuros e frios, os cantos do Holocausto?

Satanás usou Tertuliano no século III, com a sua teologia da trindade, para distrair os crentes Unicistas para que não adorassem o Deus monoteísta de Abraão. Será que este ódio contínuo para com os judeus em minha igreja era plano de Satanás para livrar o mundo dos filhos e filhas Unicistas de Abraão, através daqueles que representam o cristianismo religioso feito pelo homem? Será que o enganador das nações ficou pacientemente e silenciosamente atrás da cortina do palco que havia sido preparado por pessoas em altos escalões representando falsamente e enganosamente o nome de Jesus Cristo?

Será que o Holocausto foi causado por Adolf Hitler, ou ele foi, como Tertuliano e Martinho Lutero - apenas outro instrumento nas mãos do verdadeiro inimigo da Igreja Apostólica de Cristo em seus esforços contra os crentes unicistas?

Em uma visita ao Memorial do Holocausto em Jerusalém no dia 22 de março de 2000, o Papa João Paulo II disse que a Igreja Católica estava muito triste por causa do ódio, dos atos de perseguições, e exibições de antissemitismo dirigidas aos judeus, ao longo da história de sua igreja, por membros de seu clero.

Apesar de desculpas serem respeitadas, e se feitas do coração, honradas, pode uma simples "Desculpa" aliviar a picada da responsabilidade da igreja-mãe através das páginas de seu passado histórico? Eu vou admitir que não.

Eu estou bem ciente de onde Deus me trouxe, e sou muito grato nestes últimos dias por ser batizado em Nome de Jesus e, pela graça de Deus, cheio do Espírito Santo.

Outro palco está sendo formado no oriente longe do conhecimento de olhos mortais. A Igreja Invisível de Jesus Cristo está hoje olhando para os últimos tempos.

Para melhor compreender a nossa herança Apostólica, é imperativo que entendamos o que aconteceu na história em nome do cristianismo religioso criado pelo homem. É também imperativo que não deixemos o sangue inocente de milhões de pessoas desaparecer nas névoas do tempo.

Ainda outra pergunta vem a minha mente: quando a escuridão da meia noite cobrir a terra, e a última guerra entre o bem e o mal começar, será que o pontífice naquela hora devastadora terá vergonha de se tornar amigo do judaísmo (o povo escolhido por Deus), ou será que ele se inclinará para os filhos de Ismael?

Movendo para o Segundo Concilio do Vaticano, no dia 25 de janeiro de 1959, o Papa João XXIII (1958-1963 D.C.) anunciou a sua intenção de chamar um conselho mundial da igreja. Ele disse que o conselho forneceria uma renovação ou atualização da vida e doutrinas religiosas católicas.

Papa João XXIII
(1958-1963 D.C.)

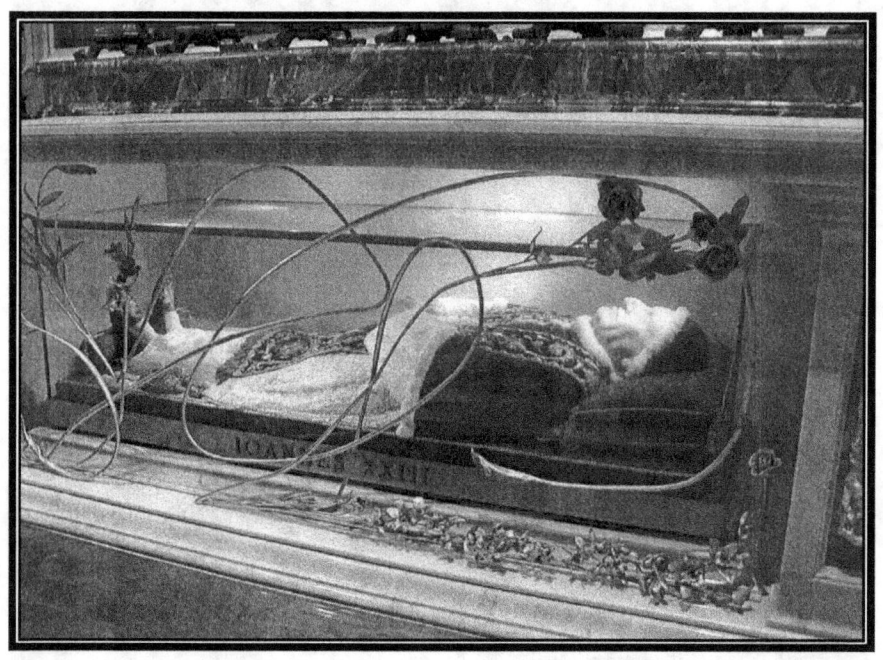

O Corpo do Papa João XXIII

A primeira sessão do Segundo Concílio do Vaticano teve a sua abertura no dia 11 de outubro de 1962. Contudo, o Papa João XXIII faleceu no dia 3 de junho de 1963. As três sessões restantes foram realizadas sob o sucessor do Papa João XXIII, o Papa Paulo VI (1963-1978 DC). No seminário, ouvi muitos se referir a este papa como o pastor de um rebanho indisciplinado.

Um fato interessante, mas peculiar, acerca do corpo do Papa João XXIII é que mais tarde seria declarado "abençoado" pelo Papa João Paulo II (1978-2005 D.C.) no dia 3 de setembro de 2000. Esta ação tomada foi a penúltima em direção a sua santidade. O cadáver do Papa João XXIII, que havia sido preservado por 37 anos devido a um caixão triplo selado, foi então exumado e exibido no altar de São Jerônimo para veneração. Os restos mortais deste líder da igreja foi mais tarde enterrado em um novo caixão. O próprio Papa Joao Paulo II beatificou ou canonizou mais de mil e cem durante o seu mandato, o que o tornou, segundo a tradição, digno de veneração.

O Vaticano II foi um dos eventos religiosos mais amplamente dissuadidos do século. Autoridades religiosas, jornalistas e outros observadores, tanto católicos como não católicos, de todo o mundo relataram e interpretaram as ações deste conselho. O Karl Rahnes, um jesuíta teólogo foi uma das mentes principais por trás deste concílio.

No dia 7 de dezembro de 1965, no final do concílio, o Papa Paulo VI leu uma declaração removendo a sentença de excomunhão entregue em 1054 D.C. ao Patriarca de Constantinopla. Depois que o Papa Paulo VI fez esta declaração que a sentença de excomunhão tinha sido levantada, uma declaração similar lida em Istanbul pelo Patriarca de Constantinopla removeu a sentença de excomunhão passada contra um grupo de legados papais também em 1054. Esta declaração foi vista como um passo em direção ao fim da divisão entre a Igreja Católica e a Igreja Ortodoxa Oriental.

Além de terminar a sentença de excomunhão, que tinha mais de novecentos anos, o Papa Paulo VI pessoalmente abandonou a tiara papal no final do seu conselho. Esta tiara tem trazido muitas controvérsias ao passar dos anos. Eu gostaria de pausar um pouco para tratar do assunto. Quando os papas eram coroados na CIDADE do Vaticano, as palavras do "Accipe tiaram tribus caronis ornatam" sempre foram citadas sobre o novo pontífice.

Papa Paulo VI
(1963-1978 D.C.)

"Receba a tiara adornada com três coroas e saiba que tu és Pai de Príncipes e Reis, Governante do Mundo, Vigário de nosso Salvador Jesus Cristo na terra, a quem é honra e glória nos séculos dos séculos."

"Então vi a mulher embriagada com o sangue dos santos e com o sangue das testemunhas de Jesus".
"A mulher que viste é a grande CIDADE que domina sobre os reis da terra".

Apocalipse 17:6, 18

Roma é a única cidade na terra que possui uma cidade-estado dentro da cidade e é controlada por um monarca religioso. Roma tem sido conhecida ao longo da história, como a cidade das sete colinas – ou se você foi lá, você pode se sentir inclinado a chama-las de montanhas. Os nomes destas grandes colinas são:

- Aventino
- Capitólio
- Palatino
- Viminal
- Esquilino
- Quirinal
- Célia

A montanha de Célia contém o belo Palácio de Latrão e foi a residência privada dos Papas por mais de 1.100 anos. Este palácio não somente hospedou cinco dos concílios ecumênicos, mas também o Tratado de Latrão, entre a Santa Sé e o Reino da Itália, foi assinado lá pelo Cardeal Gasparri e o Benito Mussolini no dia 11 de fevereiro de 1929.

"Aqui está o sentido, quem tem sabedoria: As sete cabeças são sete montes, nos quais a mulher está assentada".

Apocalipse 17:9

A tiara papal também é conhecida como a tripla tiara ou em Latim como o *triregnum* que é a coroa papal de três camadas de joias. Tiaras diferentes foram usadas durante a história pelos papas de Roma e Avinhão (França). Uma controvérsia que se refere a tiara papal envolve a afirmação de que as palavras *"Vicarius Filii Dei"* (Vigário do Filho de Deus) existiam do lado de uma das tiaras. A controvérsia centra-se na afirmação amplamente difundida de que, quando numeradas, as palavras produzem o número "666", conforme descrito por João no livro de Apocalipse, como o número da besta.

"Vicarius Filii Dei" de fato, não é um dos títulos do Papa. Duas testemunhas afirmam ter visto o Papa Gregório XVI (1831-1846 D.C.) em 1832, usando a tiara com *"Vicarius Filii Dei"* escrito no lado. Contudo, nenhuma das afirmações sobreviveu o escrutínio. Por isso, com todo respeito, a controvérsia precisa ser aposentada, da mesma forma que o uso de tiaras foi aposentado pelo Papa Paulo VI no final do Segundo Concilio Vaticano em Roma.

As chaves que são retratadas com alguns dos papas representam as chaves que Jesus deu a Pedro em Mateus 16:19. Essas chaves não eram tangíveis, visto que a eternidade não é tangível, mas foram dadas a Pedro verbalmente.

O único plano de Deus para a salvação é crítico e inegável. Este plano foi posto em movimento pelo apóstolo Pedro na festa de Pentecostes.

"Respondeu-lhes Pedro: Arrependei-vos, e cada um de vós seja batizado em nome de Jesus Cristo para remissão dos vossos pecados, e recebereis o dom do Espírito Santo".

Atos 2:38

Os verdadeiros ministros Apostólicos possuem as chaves da vida eterna, enquanto que somente Jesus possui as chaves do inferno e morte. Se alguém não possui estas chaves que vem somente através de Sua revelação e Palavra ungida, aquele individuo não qualifica e é negado o privilegio de ser chamado cristão. Sem o plano de Deus para a redenção, sua caminhada com o Senhor será fragmentada, na melhor das hipóteses.

Papa Celestino V 1294 D.C.
Recebendo a sua Tiara

O Bispo Católico da Grã-Bretanha, Richard Williamson, se opôs fortemente ao espirito liberal do Papa João XXIII e Papa Paulo VI durante o Segundo Concílio Vaticano em Roma. Ele não somente declarou publicamente que as pessoas protestantes recebem suas ordens do diabo, mas também negou o holocausto judeu.

Depois que o Vaticano sofreu meses de indignação de protestantes, cidadãos alemães e judeus, o bispo Williamson foi solicitado a retratar publicamente suas declarações. O pedido de desculpas nunca aconteceu, e o bispo foi finalmente excomungado por causa disso.

No dia 2 de julho de 1988, o Papa João Paulo II emitiu o touro papal *"motu proprio Ecclesia Dei"* no qual ele reafirmou a excomunhão do Bispo Richard Williamson.

Porem este Bispo foi reintegrado vinte e um anos depois como bispo da Igreja Católica, quando o Papa Bento XVI levantou sua excomunhão no dia 21 de janeiro de 2009. O Bispo foi então ordenado pelo Vaticano a distanciar-se inequivocamente e publicamente de suas convicções pessoais sobre assuntos históricos ou políticos.

Apesar da Igreja Católica ter lutado por séculos para restaurar ordem no meio de confusão e corrupção, as doutrinas falíveis de homens aparentemente provaram apenas uma verdade infalível: Fazer concessão da Palavra de Deus somente trará dificuldades.

"A boa inteligência consegue favor, mas o caminho dos pérfidos é intransitável."

Provérbios 13:15

A Igreja Universal, que Cristo entregou aos apóstolos no dia de Pentecostes, foi sem dúvida a mais divina e poderosa responsabilidade já entregue à humanidade. Mas as ânsias pelo poder e pela ganância, em pouco tempo, levou muitos a estradas largas que levam a destruição.

Tertuliano denunciou qualquer doutrina cristã que ele considerava herético, mas ele mesmo veio a ser considerado pela igreja como um herege. Sua cisma com a Igreja Católica é provavelmente o motivo pelo qual ele nunca foi lembrado na história da igreja como Santo Tertuliano. A Igreja Ortodoxa não canonizava hereges. Se o Papa Gregório IX (1227-1241 D.C.) tinha estado no trono papal nos dias de Tertuliano ao invés do Papa Zéfiro (199-217 D.C.), ele teria sido queimado vivo como um herético. Se Tertuliano soubesse que sua compreensão da divindade iria causar tal desolação, será que ele teria sustentado, assim como fez?

Se Constantino, como um convertido a cristandade, pudesse ter visto a perda massiva de vidas que sua decisão traria sobre incontáveis gerações de cristãos, teria ele tão casualmente concedido a três pessoas na Divindade?

E se aqueles que mutilavam, torturavam e matavam em nome do Senhor tivessem entendido como a história veria suas ações? Será que se os executores soubessem, teriam tão apressadamente usado suas espadas de vingança ou os inquisidores teriam tão rapidamente inflamado suas chamas de tormento? Será que homens como o Heinrich Kramer teria sentido tão confortável em esconder seu ódio das mulheres sob um sarcasmo de justiça própria e zelo religioso?

As paginas da história dá testemunho das devastações extremas que são trazidas de um espírito impiedoso de confusão, é de se admirar que a Palavra de Deus nos faça lembrar que Ele não é o autor de confusão? Quando a Igreja Católica se alinhou com os ensinamentos anti bíblicos da trindade, ela escolheu fazer concessão contra a Palavra de Deus. Foi neste ponto na história, somente duzentos ou trezentos anos depois de Cristo ter concebido a Sua igreja, que os homens começaram a aceitar o que era agradável aos olhos, ouvidos e toques. Aqueles que prosperaram a custo da inocência, na verdade tinham uma forma de piedade, mas negavam o poder do mesmo.

Deus vai ter uma igreja e esta igreja, sendo como Deus, singular e único, vai ter o conhecimento e a compreensão de que Ele um só, e que não há ninguém como ele. Da mesma forma que Deus tem sempre sido completamente monoteísta, assim também Sua igreja refletirá o monoteísmo. Jesus Cristo sabia que Ele era Deus o Pai, manifestado em forma carnal. E é por isso que Jesus pode afirmar em João 10:30 que: "Eu e o Pai somos um".

Jesus queria que Seus Apóstolos então, assim também como os Seus discípulos hoje, tenham absoluta certeza da divindade contida n'Ele.

"Disse-lhe Jesus: Filipe, há tanto tempo estou convosco, e não me tens conhecido? Quem vê a mim, vê o Pai; como dizes tu; Mostra-nos o Pai?"
João 14:9

Jesus sabia que Ele não era uma das três pessoas da Divindade. Ele sabia que Ele era a Divindade. Da mesma forma que Cristo entendeu que Ele era o Pai, Ele também entendeu que Ele e o Consolador eram um. Jesus Cristo não hesitou acerca da Sua identidade. O espirito confortador que morava em Cristo é o mesmo Espirito que move sobre a face das águas no livro de Genesis.

"Mas eu vos digo a verdade: Convém-vos que Eu vá, porque se Eu não for, o Consolador não virá para vós outros; se, porém, Eu for, Eu vo-lo enviarei."
João 16:7

"Não vos deixarei órfãos, voltarei para vós outros."
João 14:18

Se os teólogos desejam ser considerados teólogos Cristãos, é indispensável que eles estudem as Escrituras. Para alguém compreender o mistério da Divindade, ele deve ser capaz de determinar quando Jesus falou como homem, e quando Ele falou como Deus. Ele era humano e divino também.

"E o [Verbo] se fez carne, [Deus se fez carne] e habitou entre nós, cheio de graça e de verdade, e vimos a Sua glória, como do unigênito do Pai".
João 1:14

Jesus, o Cristo, não foi o unigênito do Pai segundo a sua criação. Adão foi um filho gerado do Pai como também Eva foi gerada do Pai, porque não havia biologia envolvida. Quando

João escreveu sobre o unigênito do Pai, ele estava se referindo ao corpo do Messias como um templo. Deus nunca habitou totalmente num corpo humano. "Jesus Cristo seria o único templo gerado pelo Pai que abrigaria a totalidade de Deus." O Único Deus Eterno controla o universo deste corpo humano. Ele falou com as ondas, do seu corpo mortal, e elas O obedeceram. Ele falou com os mortos, e eles ficaram de pé diante dele.

A ignorância tem causado muitas calamidades à Igreja Católica, desde que ela decidiu fazer concessão. O passado problemático de uma igreja corrupta, é hoje desaprovado ou simplesmente ignorado por muitos. Contudo, houve algumas tentativas de reconhecimento e desculpas pelos erros perpetrados pelo catolicismo. Embora desculpas do Vaticano em Roma, em tempos passados, por crimes contra a humanidade fossem muito raras, ou quase inexistentes, as desculpas dos papas mais recentes parecem ser quase compulsivas daqueles de tempos atrás.

Durante uma viagem à República Checa, o Papa João Paulo II pediu perdão pela violência da Igreja Católica contra os Protestantes durante a Contrarreforma do século XVI.

No ano 2000, o Papa João Paulo II pediu perdão pelos pecados dos líderes Católicos através dos tempos, incluindo injustiças infligidas contra judeus, minorias e mulheres. Esta declaração foi com certeza, sincera, e as confissões feitas pela igreja mãe foram profundamente apreciadas. Contudo, elas foram vistas de outra forma por historiadores ao redor do mundo. Muitas pessoas viram as confissões do Papa como insuficientes e atrasada.

Em 2001, o Papa João Paulo II emitiu uma apologia formal às pessoas nativas da Austrália, Nova Zelândia e das Ilhas do Pacífico, pelas injustiças perpetradas pelos missionários Católicos.

Durante a sua viagem à Grécia, o Papa João Paulo II, pediu desculpas pelos erros cometidos contra os cristãos ortodoxos pelos católicos.

E por último, no dia 19 de julho de 2008, o Papa Bento XVI disse estar profundamente arrependido por comentários em seu discurso, ligando o islamismo à violência, que provocou indignação no mundo muçulmano. Neste mesmo dia, ele disse que estava muito triste pela dor e sofrimento de vítimas de abuso sexual infantil pelo sacerdócio Católico na Austrália.

Os recessos obscuros de sigilo em relação ao abuso sexual infantil dentro da Igreja Católica foram apenas nos últimos anos revelados pela luz iluminadora do escrutínio público. Infelizmente, o que tem sido revelado perturba a capacidade da mente de compreender. O que parecia ser, a princípio, uma situação isolada, se transformou numa interminável maratona de mal total.

No dia 20 de fevereiro de 2009, um pedido de falência por um grupo jesuíta anteriormente conhecido como a "Sociedade de Jesus", foi relatado no estado de Oregon, EUA. A Igreja Católica disse que os processos contra o sacerdócio por causa de abuso sexual eram a causa de seus problemas financeiros. Seus ativos foram registrados em 4.8 milhões de dólares, enquanto seus passivos subiram para quase 62 milhões.

New Brunswick, Canadá, minha terra natal, tem um lugar especial no meu coração. Na quarta-feira, dia 29 de abril de 2009 às 1:21 da tarde, o Papa Bento XVI pediu desculpas aos Canadenses que haviam sido abusados fisicamente e sexualmente em internatos católicos.

O Papa expressou tristeza pela angustia das vítimas, e disse que estava rezando para que fossem curadas.

Não estamos falando sobre pesquisas da Igreja Católica. Estamos falando sobre a atual documentação da igreja. De 1800 a 1970, mais de 150.000 crianças foram obrigadas a frequentar escolas cristãs financiadas pelo estado. Apesar do governo canadense achar que as escolas cristãs seriam melhores para as crianças, eles admitiram que o abuso sexual era excessivo.

O primeiro-ministro canadense emitiu um pedido formal de desculpas no Parlamento, chamando o tratamento das crianças durante esses anos um capítulo muito triste na história do país. A Igreja Católica pagou mais de 80 milhões de dólares às vítimas, enquanto que o governo tem oferecido bilhões de dólares em compensação pelas ofensas.

Estamos falando sobre crianças inocentes que não só não tinham onde se esconder, mas também lhes foi roubado a habilidade de crerem em Deus. Estes abusos aconteceram em todos os países do mundo porque os pervertidos sempre foram autorizados a funcionar por trás dos colarinhos romanos.

Se vamos prosseguir em nome do cristianismo, precisamos entender como Jesus se sentia em relação às crianças, e as consequências que esperam aqueles que escolhem deflorá-las. Não se surpreenda, se você ver manchas de lagrimas nesta página. Eu sento aqui hoje, escrevendo, com lagrimas nos meus olhos, repartido entre tristeza e raiva. A medida que a verdade lamentável é revelada diariamente no seio da Igreja Católica, como estudante da história da igreja, sinto um tremor ao pensar o que os travestis fizeram com os meninos e meninas desprotegidos na Idade das Trevas.

Os desafios enfrentados pelos papas das últimas décadas, de alguma forma parecem triviais, à luz dos problemas atuais enfrentados pela igreja-mãe. Definitivamente não é um bom momento para ser um papa.

Os pecadores do mundo, nas suas confusões sobre o denominacionalismo, e o pecado revelado, que tem sido guardado por tanto tempo na maior igreja cristã na terra, estão clamando, querendo saber a verdade sobre o Deus de Abraão.

Na quarta-feira, dia 20 de maio de 2009, o juiz do Supremo Tribunal, Sean Ryan, revelou o relatório final com 2.600 páginas da "Comissão a Investigar Abuso Infantil" da Irlanda, que é baseado no testemunho de milhares de ex-alunos e funcionários de mais de 250 instituições da Igreja Católica.

Uma investigação de nove anos contra as Instituições Católicas na Irlanda, declarou que tanto os padres, quanto as freiras aterrorizavam milhares de meninos e meninas nos seus internatos, por décadas. Ao longo dos anos, os inspetores do governo não conseguiram impedir que os espancamentos, estupros e humilhações crônicas fossem infligidas a essas crianças.

Mais de 30.000 crianças de famílias disfuncionais foram enviadas para a austera rede de escolas industriais, reformatórios, orfanatos e pensionatos da Irlanda, nos anos 1930, até as últimas instituições católicas serem fechadas nos anos de 1990.

O relatório constatou que os casos de molestamento e estupro eram "endêmicos" nas instituições para meninos, principalmente aquelas instituições administradas pelos Irmãos Cristãos. As meninas supervisionadas por freiras, principalmente pelas Irmãs da Misericórdia, sofreram muito menos abuso sexual, mas frequentemente eram agredidas e humilhadas. Esta forma de tratamento era para fazê-las sentirem-se inúteis.

As vítimas daquele sistema há muito que exigem que a verdade das suas experiências sejam documentadas e feitas públicas, para que as crianças na Irlanda nunca mais passem por tais sofrimentos.

O relatório de cinco volumes que foi revelado naquela quarta-feira, do dia 20 de maio, concorda quase completamente com as contas dos ex-alunos. O relatório concluiu que as autoridades da igreja protegeram os pedófilos de sua ordem de serem apreendidos, transferindo-os de um local para outro.

A comissão disse que as testemunhas, consistentes de homens e mulheres ainda traumatizados, agora entre 50 e 80 anos, demonstraram que, sem sombra de dúvida, todo o sistema tratava as crianças mais como prisioneiros e escravos do que pessoas com direitos legais e potencial humano.

O governo irlandês já financiou um sistema de compensação paralelo que pagou a mais de 12.000 vítimas de abuso uma média de 90.000 dólares cada.

As conclusões da comissão, no entanto, não serão usadas nos processos criminais - em parte porque os Irmãos Cristãos processaram com sucesso a comissão em 2004, para manter confidencialidade quanto as identidades de todos os seus membros, mortos ou vivos.

O Vaticano agora sob a liderança do Papa Bento XVI recusou a comentar.

Em 1941, o Rev. Marcial Maciel Degollado (1920-2008 D.C.), um dos mais poderosos e influentes padres da Igreja Católica, fundou a ordem "Legionários de Cristo".

O Rev. Degollado era um conhecido pedófilo que abusou pessoas do sexo masculino por décadas. Este abuso era do conhecimento do cardeal Ratzinger (agora Papa Bento XVI). O abuso sexual que este Bispo causou não era somente do conhecimento da igreja, mas também intencionalmente mantido em secreto pelo Vaticano. Na verdade, alguns dos padres dos

Legionários de Cristo foram a Roma para tratar do abuso; Degollado negou veementemente as acusações.

Degollado, mais conhecido como o Padre Degollado, nunca foi excomungado da igreja ou removido do ministério pelos seus atos criminais. Em 2006, um julgamento canônico para ele foi descartado em Roma por causa de sua idade avançada e saúde debilitada. Ao invés do julgamento, o Papa Bento XVI convidou este homem, que agora tinha 86 anos, a viver uma vida em "oração e penitência" ausente dos olhos de escrutínio público.

Estima-se que milhares de pessoas sofreram traumas e continuam traumatizadas por causa desse notório padre pedófilo. Seu mandato como diretor dos Legionários de Cristo durou quase sete décadas.

Marcial Maciel Degollado faleceu no dia 30 de janeiro de 2008 em Houston, Texas E.U.A, e foi enterrado em suas vestes sacerdotais.

Dois anos depois da morte de Degollado, o Vaticano reconheceu seu estilo de vida imoral. Sua vida foi descrita pela Igreja Católica no dia 1 de maio de 2010, como a vida de um criminal, e que o seu "comportamento era objetivamente imoral", uma "vida desprovida de escrúpulos e sentimentos autênticos religiosos".

Desde o início do tempo mortal, o pecado tem se escondido nas sombras ameaçadoras da vida. Este trabalho do mal não está presente apenas em toda fé, mas dentro de cada ramo e nível da sociedade moderna. Encobrir os erros, no entanto, nunca resolveu nada. Pelo contrário, muitas vezes, direta ou indiretamente, os encorajou. Dá simplesmente ao agressor um novo começo.

Se um professor de escola pública abusar sexualmente uma criança, o superintendente da escola não transfere aquele professor a outra escola. A transferência colocaria imediatamente as outras crianças em risco. O ato criminal é, portanto, relatado às autoridades competentes, e assim tratado no sistema legal.

Predadores sexuais, se no ministério, ou na vizinhança, frequentemente silenciam suas vítimas com ameaças para fazer com que a vítima se sinta indigna, culpada e envergonhada, como se elas tivessem feito algo terrível.

Muito antes desta situação sombria cair sob as luzes brilhantes do escrutínio público, a hierarquia da igreja estava ciente acerca das atividades em casa de padres e bispos sexualmente abusivos. Evidentemente foi dado maior prioridade à reputação da igreja-mãe e seus líderes, do que às crianças que foram abusadas. Se o abuso sexual de uma criança não é um crime, o que constitui um crime contra a humanidade?

Essa ação de conduta inapropriada entre os oficiais da igreja, tem sujado o nome da igreja através do mundo.

Ao contemplar os olhos atormentados dos jovens inexperientes que foram vítimas, podemos ver toda a história das atividades hipócritas. Eu ouvi falar de Haia. Os direitos foram claramente sacrificados pelo que a igreja viu como conveniência.

Enquanto confissões e resignações dos culpados são apreciadas e honráveis, devemos entender também que muitas lagrimas foram derramadas quando pessoas se acharam inesperadamente encarceradas pelos veredictos culpados de outros. Estou hoje na sombra, compelido pelo Espírito de Deus a questionar a sinceridade do Vaticano quanto ao abuso sexual destas crianças.

Em abril de 2010, o Bispo Roger Vangheluwe, Bispo mais antigo da Bélgica, renunciou o seu cargo, depois de admitir que abusou sexualmente jovens de seu próprio gênero.

A policia Bélgica recentemente passou por cima da autoridade do pontífice, e invadiu escritórios da igreja, confiscou computadores, apreendeu documentação da igreja e deteve um grupo de bispos que se reuniram para discutir 500 casos de abuso sexual envolvendo padres católicos. O papa não ficou contente com o desafio indesejado.

Na Praça de São Pedro no Vaticano, no dia 27 de junho de 2010, o Papa Bento XVI atacou as autoridades belgas chamando as suas ações para com a igreja e seus ministros deploráveis.

Quando eu estava na Igreja Católica, eu nunca questionei o julgamento do papa. Eu fui ensinado desta forma. Eu questiono agora. Sou obrigado a perguntar ao pontífice, qual é a sua compreensão pessoal da palavra "deplorável".

Na quarta-feira, dia 5 de fevereiro de 2014, as Nações Unidas criticaram o Vaticano pelo que chamou de sistemática adoção de regras que permitem padres estuprar e abusar sexualmente dezenas de milhares de crianças.

Disseram que a Santa Sé (Vaticano) havia sistematicamente colocado a prevenção da reputação da igreja e dos supostos infratores acima da proteção das crianças vítimas. Molestadores sexuais de crianças, bem conhecidos, foram transferidos de paróquia para paróquia, ou para outros países, na tentativa de encobrir tais crimes.

Devido a um código de silêncio imposto a todos os membros do clero pelo Vaticano, sob pena de excomunhão, casos de abuso sexual infantil quase nunca foram denunciados às autoridades policiais.

Este relatório publicado pelo Comitê das Nações Unidas em Genebra, Suíça, acerca dos "Direitos da Criança" disse que o Vaticano deve "remover imediatamente todos conhecidos ou suspeitos de abuso infantil dentro do clero".

Em resposta, o Vaticano disse em um parágrafo publicado no seu Website que haviam pontos na reportagem, que eram uma tentativa de "interferir com os ensinos da Igreja Católica".

Você agora verá que atividades na Cúria Romana como nos casos de Degollado e Vangheluwe, entre outros, estão encerradas. A lei canônica será mudada para proteger as crianças Católicas de abuso sexual.

Através dos anos eu conheci muitos padres e bispos maravilhosos da fé Católica. Estes homens têm dado a sua completa devoção e dedicado suas vidas à igreja mãe. Eu me pergunto, no entanto, o que realmente acontece com os padres predadores que são permitidos por seus bispos a ministrar por trás dos portões de ferro do catolicismo?

O que acontece quando estes padres – depois de oferecer a congregação a sua benção – procede à sacristia com os seus coroinhas? O que acontece quando a missa termina e os paroquianos vão para casa? Depois que as vestimentas bonitas são penduradas no armário, o que então? É hora então para os pedófilos religiosos satisfazerem os seus apetites sexuais? Será que os coroinhas que sentiram que eram parte de algo santo e puro agora se tornarão vítimas desses inescrupulosos predadores a quem eles procuraram para orientação espiritual?

Os bispos que estão nas sombras escuras tendo conhecimento de tais atrocidades não podem rejeitar suas responsabilidades. Estes bispos são tão culpados por esconder o pecado, quanto os pedófilos que molestam as crianças. A ferida mental ou emocional afligida a criança pelo sacerdócio, é tão real e tão prejudicial quanto uma ferida física. Deus não nos deu uma consciência?

Eu estaria interessado em saber o que estes padres confessam no confessório a outros padres. Será que eles confessam o seu pecado de perversão contra as crianças no lugar de louvor? Se estes padres que fizeram o voto perpétuo de castidade, confessarem a sua perversidade sexual, será que o padre que está administrando o sacramento não deveria hesitar em dar a absolvição?

Ou será que eles veriam como se fosse apenas qualquer outro pecado que pode ser absolvido e esquecido? Será que haveria medo da excomunhão se a situação fosse trazida ao conhecimento? Eu fico pensando, que tipo de penitência seria dado pelo padre oficiante para tal transgressão contra corações inocentes?

A vida real atrás das portas fechadas é bastante transparente e não cega de maneira alguma o olho de Deus que tudo vê. O Deus unicista de Abraão, que é santo, nunca deixou que o pecado de Sodoma e Gomorra desaparecesse nas névoas do tempo. Nem nos tempos de Abraão, nem em 2014 D.C. Há uma grande diferença entre o Cristianismo Apostólico e a religião Cristã feita pelas mãos dos homens.

Esta atividade em particular dentro da igreja mãe parece ser um problema em curso onde quer que ela seja representada na terra. Se aqueles indivíduos da Igreja Católica tivessem prestado atenção à Palavra de Deus, eles saberiam que seu pecado não arrependido encontraria o caminho para a luz brilhante do dia.

"Nada há encoberto que não venha a ser revelado; e oculto que não venha a ser conhecido".

Lucas 12:2

A questão sobre se o ministério deve ser permitido se casar tem sido repetidamente questionada ao longo dos anos. Viver uma vida de celibato não faz de alguém um predador sexual. É a vida sem o poder de Deus e sem a presença de Deus que corteja as profundezas insondáveis das trevas.

Apesar de Pedro (o primeiro papa?) ser casado, Paulo, o apóstolo dos gentios que escreveu mais da metade do Novo Testamento, escolheu viver um estilo de vida celibatário.

"Tendo Jesus chegado à casa de Pedro, viu a sogra deste acamada e ardendo em febre".
Mateus 8:14

O Apóstolo Paulo escreveu à igreja de Corinto:

"Quero que todos os homens sejam tais como também eu sou; no entanto cada um tem de Deus o seu próprio dom; um, na verdade, de um modo, outro de outro. E aos solteiros e viúvas digo que lhes seria bom se permanecessem no estado em que também eu vivo. Caso, porém, não se dominem, que se casem; porque é melhor casar do que viver abrasado."
I Coríntios 7:7-9

Embora as desculpas e a restituição sejam honrosas e muito apreciadas, esses atos ímpios constituem apenas a ponta de um grande iceberg histórico. Eu oro para que o Príncipe da Paz traga conforto e cura para os que foram violentados e molestados; que as suas almas feridas, sejam restauradas pelo fiel amor de Deus.

CAPÍTULO DEZENOVE
Dividir e Conquistar

Quando a Palavra de Deus é comprometida ou ignorada, a corrupção das almas se torna eminente. A história tem provado que os que contradizem a Palavra de Deus, passam grandes dificuldades e eventualmente destruição. O grande desejo de Satanás, é oferecer imitações baratas para os indivíduos que querem buscar a face de Deus. É de se admirar que Satanás, que provocou o pecado original de orgulho, tenha oferecido sua imitação, no Concílio de Nicéia, há muitos anos atrás? Quando Satanás descobriu que Deus não dividiria o Seu trono, ele desenvolveu um grande ódio contra Deus. Então, Satanás, em sua conspiração, aproveitou-se do Concílio de Nicéia e introduziu confusão no coração da igreja. Sendo que Satanás não podia ser um deus, ele mais uma vez tentou tirar a soberania de Deus, apresentando uma deturpação da autoridade exclusiva de Deus.

A consequência de tal manobra calculada, trouxe no seu despertar inúmeras imitações da Igreja original Universal de Deus. As divisões e separações que tem florescido através dos séculos era o objetivo antecipado de Satanás, quando ele seguiu seu curso de ação contra o povo de Deus. Como podemos fazer o trabalho de nosso Pai Celestial se nós, como filhos de Deus, somos consumidos simplesmente por refutar todas as outras pessoas de fé? O desejo de Satanás era separação, e o seu desejo tem sido realizado.

"Jesus, porém, conhecendo-lhes os pensamentos, disse: Todo o reino dividido contra si mesmo ficará deserto, e toda cidade, ou casa, dividida contra si mesma, não subsistirá."

Mateus 12:25

Deus nunca pensou em denominacionalismo. Nos círculos feito por mão de homens (muitas vezes, simples atividades sociais), alguém pode aceitar, ou sair das suas tradições, doutrinas, teologias, filosofias, ou talvez até mesmo sua cristandade, porém até que alguém seja nascido da água e do Espírito, ele não pode se desviar de Deus. Enquanto que o sangue real do criador e sustentador da vida na sua forma pura, corre nas veias do redimido, o DNA contaminado da igreja-mãe, corre nas veias do denominacionalismo. Eu posso sentar confortavelmente num templo Budista, ou nos bancos de igrejas de várias denominações, sem sentir a picada de intimidação. Isto não é porque eu concordo com a teologia deles. E sim, porque estou persuadido com a minha própria teologia.

Deus se encarnou para estabelecer uma Igreja Apostólica verdadeira. E essa igreja incomparável não era uma igreja protestante como a dos dias de Martinho Lutero, e nem tão pouco era a igreja criada pelas mãos dos homens em Roma, que vendia indulgências. A igreja do Senhor, a verdadeira Igreja Apostólica, que foi estabelecida na terra no Dia de Pentecostes, é espiritual e não oferece nenhum pedido de adesão. Para participar desta igreja lavada no sangue de Jesus, devemos nascer de novo. Isso é da água, que é o batismo, e do Espírito, que é receber o dom do Espírito Santo.

Eu não posso ajudar a ninguém em sua busca pela verdade, se eu não conheço a verdade para mim mesmo. Da mesma forma, uma pessoa Apostólica não ama as almas que tem sede de justiça, se eles não estiverem firmes na Palavra de Deus e pregarem a verdade absoluta. Se proclamamos ser apostólicos, não deve existir nada em nós que não seja apostólico. A verdadeira e pura pessoa Apostólica, não faz concessão.

"Propôs-lhes também uma parábola; Pode, porventura, um cego guiar a outro cego? Não cairão ambos no barranco?"

Lucas 6:39

Enquanto cristãos casuais continuam a enfraquecer o Evangelho, a Igreja do Deus Vivo, que segura firme a doutrina dos Apóstolos, segue à frente. Enquanto louvamos o Nome que está acima de todo o nome, vamos orar a cada dia para que Deus venha a unir o Seu povo da mesma fé preciosa, em comunhão santa, com cordas que não podem ser quebradas. O fogo do

Espírito Santo queimava nos altares nos tempos antigos, e o fogo do Espírito Santo ainda queima nos altares Apostólicos hoje.

Reconhecendo o preço que foi pago, a igreja apostólica avança na verdadeira fraternidade.
A história tem revelado o efeito devastador que o espírito de concessão traz à igreja. Ultimamente algumas arenas dentro da Igreja Apostólica foram vistas flertando com os espíritos da igreja mundana. Este espírito pode ser comparado com a igreja de Laodicéia, que o Apóstolo João escreveu no livro de Apocalipse.

"Ao anjo da igreja em Laodicéia escreve: Estas cousas diz o Amém, a testemunha fiel e verdadeira, o princípio da criação de Deus: Conheço as tuas obras, que nem és frio nem quente. Quem dera fosses frio, ou quente! Assim, porque és morno, e nem és quente nem frio, estou a ponto de vomitar-te da minha boca; pois dizes: Estou rico e abastado, e nem preciso de cousa alguma, e nem sabes que tu és infeliz, sim miserável, pobre, cego e nu. Aconselho-te que de mim compres ouro refinado pelo fogo para te enriqueceres, vestiduras brancas para te vestires, a fim de que não seja manifesta a vergonha da tua nudez, e colírio para ungires os teus olhos, a fim de que vejas. Eu repreendo e disciplino a quantos amo. Sê pois, zeloso, e arrepende-te."
Apocalipse 3:14-19

Quando Deus me encheu com o Espírito Santo e com fogo, no altar daquela Igreja Apostólica, eu fui instruído a ser fiel, e que o espírito de concessão é do diabo, e que desobediência era como a obra de feitiçaria. Eu acreditei nisto. Eu amo a verdade da Palavra de Deus, e sou fiel à doutrina da Bíblia, e nunca irei me comprometer com este mundo. Será que meus colegas irão? Você vai se retratar de seus compromissos e convicções anteriores ou ainda estamos desejando o caminho estreito? "Entreter um espírito mundano na igreja é procurar um caminho de volta à Roma espiritual". Eu já fui a Roma e não tenho nenhuma intenção de voltar.
Se nós escolhermos juntos, verbalmente ou nas sombras, a participar do que já foi rejeitado por Deus, um dia nos

encontraremos como Sansão, sendo consumidos no seio de nosso inimigo. Nossa herança apostólica nasceu amargamente e, do pó da terra, o sangue dos mártires unicistas acenam para aqueles que ousariam se tornar guardiões de uma espécie em extinção.

Depois que Martinho Lutero saiu da igreja-mãe, muitos reformadores seguiram com as suas próprias filosofias e teologias. Muitas igrejas e muitas doutrinas nasceram nos tempos da Reforma. Todos eles alegaram ser sucessores da igreja do primeiro século. Agora que eu tenho o Espírito Santo, é bem claro para mim que se a igreja, não importa o nome, quer identificar-se com a primeira igreja, ela deve também identificar-se com os ensinamentos dela.

Assim como Pedro entregou as chaves da salvação no Dia de Pentecostes, nós devemos entender que a Palavra de Deus não muda, e salvação ainda vem através do arrependimento dos pecados, batismo em Nome do Senhor Jesus Cristo para remissão dos pecados, e o batismo do Espírito Santo, com a evidência de falar em línguas como foi no começo.

Seguindo, gostaria de apresentar algumas informações sobre as várias denominações Cristãs que existem no mundo hoje.

Menonitas

Simons Menno (1496-1561 D.C.) foi o fundador dos Menonitas, no início dos anos de 1500, antes disto ele era padre na Igreja Católica. Os Menonitas pertencem a um grupo de Protestantes que são conhecidos pela sua ênfase em simplicidade quanto a vestimenta, vida e adoração. Sua crença está fundada no Sermão da Montanha que se encontra no capítulo cinco de Mateus. Os Menonitas creem que a Bíblia proíbe ir à guerra, fazer juramentos, ou ocupar posições que exigem o uso de força.

Os primeiros Menonitas pertenceram a uma igreja organizada em Zurich, na Suíça. Eles acharam que a reforma não tinha sido suficiente, e criam que a separação da igreja e do estado era necessária. Os Menonitas insistem no batismo por aqueles que haviam sido batizados em sua infância. Eles ficaram conhecidos como Anabatistas ou "rebatizadores" e foram perseguidos em muitos países. Menonitas holandeses se mudaram para o norte da Alemanha e Prússia em 1600 e para a Ucrânia russa em 1700. No ano de 1683 eles mudaram para Pennsylvania, nos Estados Unidos, depois de William Pena (um Quaker) oferecer a eles liberdade religiosa.

O modo do batismo vem com revelação, assim como a Divindade. Agora que nós temos Deus nas nossas vidas, é bem claro que foi o Espírito Santo que inspirou o homem para escutar e para escrever a Palavra de Deus, e será o mesmo Espírito Santo que dará inspiração ao homem para ler e entender a Palavra de Deus. Depois que alguém recebe o Espírito Santo, o Santo Livro se torna a "Palavra Viva". Durante o segundo século, a igreja na Ásia Menor, diante de considerável heresia, recusou-se a reconhecer a validade do batismo herético. Os convertidos à Igreja Universal foram, portanto, rebatizados.

Amish

Em 1693, Jacob Ammann, um ancião suíço fundou a ala mais conservadora dos Menonitas, os Amish. A separação aconteceu por causa de discórdia na disciplina da igreja. Os Amish são mais rigorosos nos seus ensinamentos do que os Menonitas e evitam membros excomungados.

Os Amish ensinam separação do mundo. Seus membros são proibidos de se alistar, fazer juramentos, ou ocupar posições públicas. Sua doutrina requer agricultura e simplicidade pessoal como um modo de vida.

A educação Amish é limitada a oitava série. Aqueles que se desviam da antiga ordem dos Amish, geralmente se juntam aos Menonitas, pois são mais liberais. Os Amish vieram primeiramente aos Estados Unidos por volta de 1728. Não existe mais nenhum grupo de Amish na Europa.

A Igreja Presbiteriana

A Igreja Presbiteriana, é uma denominação Protestante, e as vezes é referida como sendo a "Igreja Reformada". A Igreja Presbiteriana tem como seu fundador, João Calvino (o homem que queimou Servet, o ministro Unicista, em Genebra). Por isso, seus ensinamentos estão de acordo com o entendimento de Calvino, quanto as Escrituras.

A adoração triuna do Pai, Filho e Espírito Santo, sendo o mesmo em substância e igual em poder na glória, é a pedra angular do calvinismo. A doutrina da segurança eterna é uma doutrina do Calvinismo. Ele reafirmou que Cristo morreu somente pelos eleitos e sendo assim, sua salvação era garantida. Ele sentiu que os crentes precisam de garantia, não apenas encorajamento. Isso levou à crença de que "uma vez cristão, sempre cristão". Calvino também cria que Deus nunca concederia que alguém se desviasse, e que os que creem são mantidos na fé através do poder do Deus todo poderoso. Ele cria, que todos os regenerados estão seguros para sempre, crendo que eles foram predestinados a glória eterna e estão certos do céu. Convertidos caem em tentação e cometem pecado, mas não perdem a salvação e nem sofrem separação espiritual de Cristo.

Em II Crônicas 15:2, lemos acerca de um Deus justo. Esperar que Deus seja fiel, enquanto desempenhamos o papel de uma prostituta com outros deuses, é impensável, e insultante na melhor das hipóteses. Salvação é condicional.

Nestes últimos dias, o povo do Nome de Jesus não se deve enganar, por religiões feitas por mãos de homem. Um dia, todos nós vamos testemunhar a transformação do "Cordeiro de Deus" ao "Leão da Tribo de Judá". Naquela hora, será sim ou não. Deus é justo e espera que Seu povo seja justo. Ele não muda de século a século, e não será zombado por sua criação.

"Toda a sua malícia se acha em Gilgal, porque ali passei a aborrecê-los; por causa da maldade das suas obras os lançarei fora da minha casa; já não os amarei;"

Oséias 9:15

A Igreja Anglicana

Em 1558, a Igreja Anglicana, ou Igreja da Inglaterra, se tornou completamente independente da Igreja Católica sob a liderança da Rainha Elizabete I, que era conhecida como "a boa rainha Bess". Os ensinamentos Anglicanos são baseados nas Escrituras, tradições e razão. A terceira revisão do *Livro de*

Oração Comum (1559) e os "Trinta e Nove Artigos" (1571) são usados para guiar a igreja em doutrina, disciplina e adoração.

Nos Trinta e Nove Artigos, é afirmado que Deus não tem corpo, partes ou paixões, de modo que eles aceitam a doutrina da "impassibilidade de Deus". Esta doutrina em particular declara que Deus não é capaz de interagir, também não é afetado por nada quanto a criação. Dizer que Deus é completamente diferente de nós é tão absurdo, quanto dizer que Ele é completamente igual, fazendo esta teologia incompreensível.

Aqui nós encontramos uma forte contradição em relação às mudanças na divindade ao longo da história. O Deus representado nas Escrituras Sagradas, não é sem sentimento, nem sem capacidade de amar e sentir ferido por amor rejeitado.

No livro de Êxodos 3:7, Deus fala a Moisés que Ele ouviu o clamor do seu povo, conhecia o seu sofrimento, e no verso oito Ele disse que iria libertá-los.

"Disse ainda o Senhor: Certamente vi a aflição do meu povo, que está no Egito, e ouvi o seu clamor por causa dos seus exatores. Conheço-lhe o sofrimento, por isso desci a fim de livrá-lo da mão dos egípcios, ..."

"Porque não temos sumo sacerdote que não possa compadecer-se das nossas fraquezas, antes foi ele tentado em todas as cousas, à nossa semelhança, mas sem pecado."
Hebreus 4:15

A tradução da Bíblia na "Versão King James", que é muito usada entre o povo que fala Inglês através do mundo, foi feita por essa denominação. O Rei James I, dava apoio à Igreja Anglicana, e patrocinou esta tradução da Bíblia no ano de 1611.

Batista

Um clérigo na igreja da Inglaterra por nome de João Smith (1570-1612 D.C.), foi o primeiro líder Batista. No princípio dos anos de 1600, João Smith foi a Holanda com vários Ingleses exilados, que mais tarde se tornaram os peregrinos da Nova Inglaterra. Enquanto estavam na Holanda, João Smith e mais trinta e seis homens, formaram a Igreja Batista.

Contudo, a maior parte do crescimento Batista, não começou na Inglaterra até a Revolução dos Puritanos. O movimento Batista se desenvolveu como uma ala do Congregacionalismo Inglês nos anos de 1600, e assim como muitos outros grupos Cristãos, não aceitaram o batismo de crianças, que era tradição na Igreja Católica. Eles creem que o batismo deve ser restrito àqueles que fazem a sua própria declaração de fé. A palavra *"Baptizein* significa imergir. Os Batistas acreditam que o batismo deve ser por imersão, ao invés de derramar, ou respingar.

Quakers

Quakers é o nome dado à Sociedade Religiosa de Amigos. O Quakerismo foi desenvolvido na Inglaterra nos anos de 1600, sob a liderança de George Fox (1624-1691 D.C.) Fox começou a pregar em 1647 e atraiu uma variedade de religiosos que buscavam a algo mais durante esse período de revolução social e política na Inglaterra. Fox teve uma profunda mudança em sua vida religiosa em 1652, quando ele disse ter tido uma visão em um lugar chamado Pendle Hill. Depois disso, ele baseou sua fé na ideia de que Deus fala diretamente com qualquer pessoa. A experiência espiritual de Fox o levou a testemunhar o que ele chamou de "Luz Interior" de Cristo, que habita no coração da humanidade.

O nome Quaker foi originalmente usado como insulto à George Fox, por ele ter dito a um juiz Inglês que "tivesse temor [tremesse] da Palavra do Senhor". Este juiz, em retorno, chamou Fox de "temor" ou "Quaker".

Apesar de Quakerismo ter sido fundado na Inglaterra, sofreu severa perseguição. Em 1682, um Quaker chamado William Penn, fundou a colônia na Pensilvânia, nos Estados Unidos, como refúgio para os Quakers ingleses que eram continuamente perseguidos, e desejavam imigrar para o Novo Mundo. Os Quakers consideram toda a vida como sacramental e não observam sacramentos especiais.

Shakers

Ainda que os ensinamentos dos Quakers se diferenciam dos ensinamentos dos Shakers, esta seita também começou na Inglaterra, em 1772, por Ana Lee (1736-1784 D.C.). Os princípios básicos dos Shakers, inclui pureza moral (virgindade), amor, paz e justiça. Os Shakers expressam esses princípios através da prática de celibato, irmandade universal, comportamento passivo – sem violência, e distribuição dos seus bens e propriedades.

Os Shakers creem que Deus é tanto masculino como feminino, e que Ana Lee, chamada de "Mãe Ana" era a reencarnação de Jesus Cristo. Porque os Shakers não acreditam em casamento ou procriação de filhos, eles dependem em conversões e adoções para manter os seus membros.

Igreja Metodista

João Wesley (1703-1791 D.C.), foi o fundador da Igreja Metodista. João foi um dos dezenove filhos de Susana e Samuel Wesley, um ministro da Igreja da Inglaterra. Samuel escreveu muitos livros, incluindo *História do Novo Testamento em Verso* (1701) e a massiva *Dissertação de Jó* (1735).

João Wesley se tornou líder do Reavivamento Evangélico e fundou a Igreja Metodista na Grã-Bretanha e na América. Quando João tinha cinco anos de idade, a reitoria pegou fogo, e ele foi o último a ser resgatado. Depois disso, ele se viu como "uma marca arrancada das chamas", pelo próprio Senhor. Em um sentido geral, Wesley era um teólogo prático. De uma maneira muito prática, sua teologia era voltada principalmente para as suas próprias necessidades e para as necessidades daqueles que se entregavam ao seu cuidado.

Charles, o irmão de João Wesley, começou o "Clube Santo", um pequeno grupo de estudantes que se encontravam em Oxford para fazer estudos Bíblicos e orar.

Charles escreveu muitos hinos nos primeiros dias da Igreja Metodista, que ainda são amados hoje.

Alguns desses hinos foram "Oh por mil línguas", "Jesus amante da minha alma" e "Amor divino, todos amam". João se juntou ao grupo e depois se tornou o líder. Seus esforços era para viver uma vida cristã através de "métodos". A Igreja Episcopal Metodista foi formada quando João Wesley se separou da Igreja da Inglaterra.

Exército de Salvação

O Holocausto de Adolfo Hitler no século XX, é um evento sem igual na história do antissemitismo. A propaganda Nazista declarava que a raça humana deveria ser purificada através da destruição dos Judeus. Mais de um milhão de crianças Judias foram levadas às câmaras de gás na Europa. Foi durante este tempo que o Exército da Salvação foi fundada.

William Booth foi o fundador do Exército da Salvação. Com a ajuda de sua esposa, Catherine, ele iniciou a missão cristã como uma operação para resgatar pessoas no extremo leste de Londres. A missão na Inglaterra, tomou o nome de Exército da Salvação em 1878. E travou guerra contra a pobreza e o pecado. Catherine Booth ficou conhecida como "Mãe do Exército de Salvação".

Um dos objetivos do Exército da Salvação era:

"O avanço da religião cristã como promulgada nas doutrinas religiosas ... que são professadas, acreditadas e ensinadas pelo Exército, e em conformidade com elas, e outros objetos de caridade benéficos para a sociedade ou a comunidade da humanidade como um todo".

O Exército da Salvação acredita que seus membros devem abster-se completamente de beber álcool, fumar, tomar drogas ilegais e fazer apostas.

Esta denominação cristã acredita que existe apenas um Deus, que é infinitamente perfeito, o Criador, Preservador e Governador de todas as coisas, e que é o único objeto de louvor religioso.

Contudo, eles também acreditam que existem três pessoas na Divindade: o Pai, o Filho, e o Espírito Santo, indivisível em essência e igual em poder e glória.

A Igreja de Cristo

O fundador da Igreja de Cristo foi Thomas Campbell (1763-1854 D.C.). Os membros da Igreja de Cristo crêem que a primeira Igreja de Cristo foi estabelecida no Dia de Pentecostes, depois da ressurreição e ascensão de Jesus Cristo. Eles dizem que a igreja se espalhou através do mundo Romano, mas decaiu até o ano de 1800. Então Thomas Campbell, seu filho Alexander, e seus associados a restauraram. Thomas Campbell era Irlandês de nascimento, um clérigo Presbiteriano que se estabeleceu na Pennsylvania em 1807.

Os convertidos à fé eram chamados "Discípulos de Cristo" enquanto outros os chamavam de Campbellitas. Alexander Campbell, que era filho de Thomas

Campbell, no ano de 1840 fundou o Bethany College, no estado de West Virginia, onde serviu como presidente por vinte anos.

Em 1832, os "Discípulos de Cristo" uniram-se com "Os Cristãos" para formar a Igreja Cristã.

A Igreja de Cristo, aceita o Novo Testamento como sendo o único guia de fé e prática. A igreja considera toda a Bíblia como sendo inspirada por Deus, mas acredita que o Antigo Testamento foi só para os tempos antigos. A Igreja de Cristo crê e sustenta que o Novo Testamento estabelece a fé, arrependimento, confissão e batismo, como condições a salvação.

Esta igreja prega contra a música na igreja, contudo, em relação a isso, é digno de ser notado que São João o Divino, com a permissão de Deus, testemunhou os redimidos (os santificados, os lavados pelo sangue, os santos) louvando a Deus com instrumentos, enquanto cantavam um novo cântico. Podemos ler sobre essa visão, no livro do Apocalipse.

"E, quando tomou o livro, os quatro seres viventes e os vinte e quatro anciãos prostraram-se diante do Cordeiro, tendo cada um deles uma harpa e taças de ouro cheia de incenso, que são as orações dos santos, e entoavam um novo cântico, dizendo:
Digno és de tomar o livro e de abrir-lhe os selos, porque foste morto e com o teu sangue compraste para Deus os que procedem de toda tribo, língua, povo e nação;"

Apocalipse 5:8-9

A Igreja dos Mórmons

O Mormonismo foi estabelecido aproximadamente na mesma época da Igreja de Cristo. O Mormonismo consiste das doutrinas e práticas da Igreja de Jesus Cristo dos Santos dos Últimos Dias. Hoje, os Mórmons são divididos em dois grupos principais: Os que são da Igreja de Jesus Cristo dos Santos dos Últimos Dias, organizada em Salt Lake City, Utah, E.U.A., e a Igreja Reorganizada de Jesus Cristo dos Santos dos Últimos Dias, com sua sede em Independence, Missouri, E.U.A.

A Igreja de Jesus Cristo dos Santos dos Últimos Dias, foi primeiro organizada no dia 6 de abril de 1830, em Fayette, New York, E.U.A., por Joseph Smith (1805-1844 D.C.)

No ano de 1843, Smith instituiu a doutrina de poligamia em Nauvoo. Poligamia é claro, é a prática de um homem ter mais que uma esposa, assim como é praticado no Islam. Muitos Mórmons não concordaram com essa doutrina e por isso se afastaram. Esta doutrina foi finalmente banida em 1890. Os que haviam saído da Igreja dos Mórmons no ano de 1844, montaram um jornal criticando Smith. O jornal foi destruído e Joseph Smith foi acusado pelo acontecido. Joseph e seu irmão, Hyrum, foram presos em Carthage, Illinois, sendo acusados por traição e desordem. No dia 27 de junho de 1844, um ajuntamento de pessoas invadiu a prisão e mataram Joseph Smith e seu irmão.

O Mormonismo tem duas funções. O primeiro é a alegação de que Joseph Smith tenha recebido pratos de ouro, nos quais antigas escrituras haviam sido escritas. (Essas tábuas de ouro puro teriam menos de 200 anos. Onde eles estão hoje?)

Smith alega que havia traduzido esses pratos e subsequentemente publicado no ano de 1830, como o Livro dos Mórmons.

A segunda função é a alegação de Smith de ter tido um encontro com o vivo Jesus, e subsequentemente ter recebido contínua revelação de Deus. A substância dessas revelações contínuas é encontrada nas publicações mórmons, "A Doutrina e Pactos". Mormonismo alega que é a única igreja verdadeira, porque seus líderes continuam recebendo as revelações de Deus.

Quanto ao assunto da trindade, John Smith fez a seguinte afirmação, "Eu sempre declarei que Deus é um personagem distinto, Jesus Cristo é um personagem separado e distinto de Deus Pai, e o Espírito Santo era um personagem distinto e um espírito: e estes três constituem três personagens distintos e três Deuses". (Ensinos de Joseph Smith, p. 370)

Adventista do Sétimo Dia

Os Adventistas do Sétimo Dia, foram estabelecidos em Battle Creek, Michigan, E.U.A. em 1863, por um grupo de pessoas que descobriram que os ensinos de William Miller (1782-1849 D.C.) um ministro Batista, eram incorretos.

Os Adventistas se originaram no início de 1800, quando muitas pessoas na Europa e na América, ficaram absorvidas com a doutrina da segunda vinda de Cristo; quanto ao dia e hora da Sua volta.

Os ensinamentos do Sr. W. Miller ficou aquém, e na sequência de muitas decepções, muitos, incluindo Miller, abandonaram a igreja.

Os Adventistas do Sétimo Dia, conhecidos especialmente pelo seu ministério de cuidados de saúde, observam o sétimo dia, no sábado, e a sua sede é em Washington, D.C., E.U.A.

A Igreja Cientista de Cristo

A Associação Cristã Cientista, foi fundada por Mary Baker Eddy em 1876, e três anos depois foi registrada pelo título "Igreja Cientista de Cristo". A primeira Igreja Cientista de Cristo situada em Boston, é conhecida como a "igreja mãe" e todas as outras igrejas ou filiais, são governadas independentemente.

Teologicamente, a Igreja Cientista de Cristo concorda com alguns inquilinos da cristandade Ortodoxa. Não há clero ou sacerdócio, nem pregação. Os leitores recitam versos selecionados da Bíblia. Para eles, Deus é um Espírito monista, e não houve encarnação. Toda matéria da carne é uma ilusão, assim como toda doença, pecado e morte. Céu e inferno são estados mentais, e não lugares de moradia futura. A fonte de autoridade, são os documentos de Mary Baker Eddy, os quais são considerados revelações Divinas.

Testemunhas de Jeová

Charles Taze Russell (1852-1916 A.D.) iniciou a moderna Igreja das Testemunhas de Jeová em Pennsylvania, no ano de 1870. A bíblia Torre de Vigília e os folhetos da sociedade, são usados como o seu corpo corporativo. A bíblia Torre de Vigília e os folhetos da sociedade foram incorporados em 1884, com Russell como o presidente. "A Sentinela", foi primeiramente publicada em 1879.

Os Testemunhas de Jeová crêem que há um Deus chamado Jeová. Eles consideram Jesus como sendo segundo depois de Jeová, mas não lhe consideram divino.

Seus membros consideram Abel, o filho de Adão, como sendo o primeiro Testemunha de Jeová, e citam o capítulo da fé no livro de Hebreus. Juntamente com o capítulo onze de Hebreus, eles citam Hebreus 12:1 como sendo a sua fundação.

"Portanto, também nós, visto que temos a rodear-nos tão grande nuvem de testemunhas, desembaraçando-nos de todo o peso, e do pecado que tenazmente nos assedia, corramos com perseverança a carreira que nos está proposta".

Eles têm uma extensa rede missionária pelo mundo e opera na maior parte dos países do mundo.

Sobre a doutrina da trindade, os Testemunha de Jeová declaram:

"Nunca houve uma doutrina tão enganosa quanto a doutrina da trindade. Só pode ter sido originada em uma mente, e essa foi a de Satanás, o Diabo". (Reconciliação, 1928, p. 101)

A Igreja Nazarena

A Igreja Nazarena é uma denominação Protestante. Este grupo segue os ensinamentos dos primeiros Metodistas. A sua sede internacional situa-se em "The Paseo", em Kansas City, Missouri, E.U.A., e foi estabelecida em Pilot Point, Texas, no ano de 1908.

A Igreja Nazarena, foi o resultado da união de três grupos independentes que criam na santidade. A editora Nazarena central produz muitos livros religiosos e periódicos, incluindo o jornal oficial da igreja, "Herald of Holiness", (o Arauto da Santidade).

Igreja Carismática

O movimento carismático ocorreu dentro de igrejas históricas estabelecidas no final dos anos 50 e início dos anos 1960. A palavra carismática vem da palavra Grega "Charisma" que quer dizer "o presente da graça".

Nos Estados Unidos da América, um notável reavivamento carismático foi notado quando o ministério de Dennis Bennett, um reitor episcopal de Van Nuys, Califórnia, ganhou publicidade nacional.

O movimento Carismático denominado "Neo-Pentecostal" e às vezes chamado "Renovação Carismática", se espalhou entre as Igrejas Luteranas e Presbiterianas nos anos de 1960, para a Igreja Católica em 1967, e depois para a Igreja Grega Ortodoxa em 1971.

Este movimento afetou quase todas as igrejas Cristãs, produzindo uma grande variedade de literatura questionando doutrina e trazendo muitas questões teológicas, tanto dentro, como fora do movimento.

A maior parte dos Carismáticos mantiveram a crença tradicional da doutrina da trindade, mesmo depois de deixar as igrejas principais.

Por causa de tão distinta ênfase no falar em línguas estranhas (glossolalia) e da validade contínua dos dons espirituais (Charismata), os Carismáticos não encontram lugar nas igrejas históricas. Ou eles saíram livremente ou foram forçados, organizando as suas próprias igrejas. Ainda que o movimento Carismático tenha certo relacionamento histórico e doutrinal com o Pentecostalismo, tem se espalhado entre igrejas e comunidades inter-denominacionais.

Concílio Mundial de Igrejas

Este Concílio não é uma denominação em si própria, mas é a multiplicidade de várias denominações. No mesmo ano que Israel se tornou uma nação, no dia 14 de maio de 1948, as 4 horas da tarde, quando David Ben-Gurion leu a declaração da Independência de Israel, e que foi transmitida através do Museu de Tel Aviv, nesta mesma época, houve também um Concílio entre as igrejas inter-denominacionais. O "Concílio Mundial de Igrejas" foi fundado em Amsterdam, Holanda, em 1948. As igrejas que faziam parte deste Concílio elegeram seis presidentes e uma comitê central de 120 membros. Este Concílio tem a sua sede em Genebra, na Suíça, e tem mais ou menos duzentos e noventa Protestantes, Anglicanos, Antigos Católicos, e Ortodoxos, compondo a organização.

A igrejas que compõem este concílio, tem mais ou menos quatrocentos milhões de membros em mais de cem países através do mundo. Apesar da Igreja Católica não ser membra deste concílio, ela trabalha com esta organização em vários programas.

Algumas atividades deste concílio incluem educação, trabalho missionário, ajuda aos refugiados, ajuda aos doentes e não privilegiados; junto com a promoção de paz no mundo em um esforço de erradicar a pobreza nas comunidades do mundo.

Nós faremos bem, notando que a doutrina da verdadeira igreja Apostólica não é derivada de conhecimentos humanos e mortais, e sim instituída Divinamente.

De acordo com a Enciclopédia Cristã Mundial (1982), no começo do século vinte, foi estimado um número de 1900 igrejas denominacionais. Hoje é estimado 22.000. Denominacionalismo não é bíblico. No livro de João podemos ler acerca da única igreja incomparável.

"Ainda tenho outras ovelhas, não deste aprisco; a mim me convém conduzi-las; elas ouvirão a minha voz; então haverá um rebanho e um pastor."

João 10:16

A Igreja Gloriosa de Cristo - Universal

A Igreja Universal, é um título que eu dei para a Igreja Gloriosa de Deus que foi introduzida ao homem, através do próprio Cristo no Dia de Pentecostes. É a mesma igreja singular que no livro de Efésios foi mencionada como sendo a que será apresentada ao Senhor.

"Para apresentar a si mesmo igreja gloriosa, sem mácula, nem ruga, nem cousa semelhante, porém santa e sem defeito."
Efésios 5:27

Os Pentecostais Apostólicos, desde o início não faziam parte de denominações. Nós somos Apostólicos porque nós cremos, vivemos e ensinamos a doutrina dos Apóstolos. Nós somos Pentecostais porque nós temos a experiência do batismo do Espírito Santo, que foi a força motriz por trás dos apóstolos nos primeiros dias da igreja. O zelo Apostólico, operava e ainda opera, no poder do Espírito. Desde as primeiras horas da igreja, as pessoas têm recebido o batismo do Espírito Santo e falado em línguas estranhas como o Espírito lhes concedia.

Enquanto eu estava no seminário, eu ouvi histórias de padres Católicos que tinham recebido o dom do Espírito Santo falando em línguas estranhas. Mas eu nunca fui envolvido numa missa onde o corpo e o sangue de Jesus Cristo estava sendo oferecido, enquanto o padre falava em línguas.

No início daquele século, houve um grande derramamento do Espírito Santo. A em Topeka, Kansas, E.U.A. fundada por Charles F. Parham, no ano de 1901, recebeu um grande avivamento do Espírito Santo, e outra vez na Azusa Street Mission em Los Angeles, Califórnia, no ano de 1906. Também, no começo dos anos de 1900, houve um derramamento similar, na Grã-Bretanha na Europa, Ásia e América Latina.

A Azusa Street Mission, era uma Igreja Metodista que estava abandonada, e situava-se no número 312 da Rua Azusa, em uma área industrial de Los Angeles. As reuniões ocorreram diariamente por três anos, marcadas pela oração espontânea e pela pregação da Palavra de Deus.

Sob a liderança de Charles Fox Parham, um ex-ministro Metodista, a doutrina Pentecostal básica com "evidência inicial" foi formulada, depois que um estudante da Escola Bíblica, por nome de Agnes Ozmen, recebeu a experiência do Espírito Santo, falando em línguas estranhas, em janeiro de 1901. Isso, no entanto, não era uma doutrina nova ou uma nova experiência, mas uma que havia acontecido desde o começo da Igreja Gloriosa de Cristo - Universal.

Os cultos na Azusa Street, eram liderados por William J. Seymour, fundador da Missão do Evangelho da Fé Apostólica na rua Azusa; ele era um ministro de Houston, Texas, que acreditava em santificação, e ex-aluno de Charles Parham. Entre os que passaram pela

Azusa Street, estava G. B. Cashwell (North Carolina), C. H. Mason (Tennesse), Glen Cook (Califórnia), A. G. Argue (Canadá), e W. H. Durham (Illinois).

O derramamento do Espírito Santo se espalhou rapidamente para a Europa, e a América do Sul. Mais tarde, no ano de 1910, com grande sucesso, as Missões Pentecostais chegaram na China, África e muitas outras nações através do mundo.

O maior crescimento deste derramamento em particular, foi no tempo da Segunda Guerra Mundial. Com mais mobilidade e grande prosperidade, aqueles que professavam o recebimento do Espírito Santo começaram a subir para a classe média, e a perder o estigma de ser membros deserdados da classe baixa.

Os puros Pentecostais Apostólicos, não traçam a sua herança à Escola Bíblica de Betel em Topeka, Kansas, ou à Missão do Evangelho da Fé Apostólica, da Azusa Street, em Los Angeles, na Califórnia. Ainda que o Espírito Santo deles foi real, e Deus guiou a muitos deles a entenderem o mistério da Divindade, esses dois eventos aconteceram entre os da trindade. A verdadeira herança Apostólica veio do Dia de Pentecostes, quando Deus derramou o Seu Espírito e deu à luz a Sua Igreja Monoteísta e Universal em Jerusalém.

Naquele dia maravilhoso, Pedro ficou em pé e falou línguas conforme o Espírito lhe concedia. O livro dos Atos dos Apóstolos, registra os eventos que ocorreram durante o nascimento desta Igreja Universal. Assim como Pedro ensinou naqueles dias, também é ensinado hoje na igreja de Deus. Ainda é arrependimento, batismo em Nome de Jesus Cristo e o recebimento do Espírito Santo com a evidência de falar em outras línguas, como o Espírito concede, junto com uma vida santa e separada na presença do Senhor.

Surgiram muitas igrejas e organizações, mas existe apenas uma igreja. Para que uma igreja venha a afirmar que é Apostólica, ela precisa reconhecer que a mensagem e a missão dos Apóstolos, como foi mencionado nas Escrituras, está no centro da crença fundamental da igreja. Devemos entender, no entanto, que para tudo que Deus tem a oferecer, Satanás tem uma falsificação.

Na década de 1980, havia muito dinheiro falsificado circulando na nação. Um grupo de banqueiros oficiais convocaram uma reunião para estudar a situação.

Na apresentação, centenas de banqueiros receberam notas de vinte dólares para estudá-las. Depois de estudar e fazer comparação do dinheiro, um banqueiro perguntou: "Qual é a diferença da nota de vinte dólares que você me deu para a que eu tenho?"

Você já se perguntou por quê Satanás não pode ficar na presença dos que dão verdadeiro louvor ao Rei dos reis e Senhor dos senhores? É porque Satanás costumava ser um adorador do Senhor dos senhores em tempos passados.

Satanás nem sempre foi o diabo. Nenhum mortal sabe mais acerca do louvor Divino do que o próprio diabo. Ele sabe o que é levantar as mãos a Deus e oferecer louvores das multidões celestiais. Ele sabe o que é escutar a sua própria voz ecoando através das câmaras do céu, clamando, "Santo, Santo, Santo ao Deus que é Santo".

Satanás vê quando o homem louva ao Senhor com sinceridade, então ele fica nervoso, e lembra do tempo em que ele louvava ao Senhor. Ele sabe que não há redenção para ele e para os anjos caídos. Ele também lembra que nunca mais vai ser capaz de dar louvores ao Senhor. Portanto, em qualquer situação, se você quiser livrar-se do tentador eterno, basta levantar as suas mãos em Nome de Jesus, e dar um verdadeiro louvor Apostólico a Deus. A Bíblia diz que devemos resistir ao diabo e ele fugirá.

"Sujeitai-vos, portanto, a Deus; mas resisti ao diabo, e ele fugirá de vós."

Tiago 4:7

Recentemente, um ministro Apostólico, falou a seu presbítero que ele não poderia levantar uma congregação pregando santidade. Este ministro e sua esposa, agora não seguem padrões de santidade, e em pouco tempo a sua congregação dobrou o tamanho. Muitas congregações imensas têm sido construídas a custas do Evangelho de Jesus Cristo.

Não é o Espírito Santo que dá o crescimento? Na história da igreja Apostólica, Deus nunca chamou ninguém para construir uma congregação. O Senhor chama pessoas para o ministério para "Pregar a Sua Palavra".

Se alguém só pensa em crescer e multiplicar, ao invés de confiar em Deus para a salvação das almas, pode ser porque este indivíduo está pensando só no sentido lucrativo, e deseja afirmar que é abençoado porque está na vontade de Deus.

Não se engane, porque os reis da terra têm os seus dias maus nos seus castelos. A nós foi confiada a "Verdade Absoluta". Será que devemos ignorar a possibilidade de prestação de contas ao Senhor?

Não foi como ontem que eu caminhei entre as tumbas dos mortos no mosteiro da Oka, pedindo a Deus orientação divina?

Num altar Apostólico, quando eu não seguia padrões de santidade, você me ensinou não somente a segui-los, mas a amá-los também. Me diga, nós ainda estamos seguindo o caminho estreito?

Satanás conhece o poder de Deus para nos manter. Além do mais ele sabe que quando a pessoa experimenta a verdadeira presença de Deus, aquela pessoa nunca mais será a mesma.

Alguém não precisa cometer algo que seja contrário à Palavra de Deus, para perder a confiança d'Ele. Existe, de fato, falsificações que são oferecidas no meio Apostólico, porém devemos entender que concessão nunca foi aceita aos olhos do Senhor. Se a pessoa tiver que ir num quarto escuro, depois de estar na claridade, tudo se tornará muito mais escuro. Contudo, quanto mais aquela pessoa fica na escuridão, mais a sua visão se ajusta à escuridão do quarto. De repente a pessoa começa a visualizar os objetos do quarto, as prateleiras na parede, ou a mesa e as cadeiras.

Tenha cautela, aquela pessoa não tem visto a luz, mas acostumou-se à escuridão. Assim também acontece com as pessoas que brincam continuamente com o espírito do denominacionalismo do mundo. De repente você escuta dizer, "Nós temos visto a luz." Aqueles que dizem, "Saia do cativeiro", eles próprios estão no cativeiro. Na verdade, eles não têm visto a luz sobre a qual testificaram, mas pelo contrário, eles se acostumaram com a escuridão do mundo religioso. Sem o Senhor não há esperança. Sem o completo Evangelho Apostólico, não há esperança. Para Deus, a santidade ainda está na moda. Satanás gostaria de batizar a Igreja do Senhor com uma ilusão, acreditando numa mentira e, finalmente, sendo cortada de Sua presença.

Deus não conta com o nosso poder físico para curar os doentes que estão entre nós, assim também como não conta com o nosso entusiasmo físico para encher alguém com o Seu Espírito. Quando um ministro põe a mão na cabeça de alguém declarando que ele está curado, os seguidores devem observar com cuidado, para determinar se o milagre proclamado é legítimo.

Emoção nunca curou ninguém. O que é necessário é o poder genuíno do Espírito Santo. Quando nós os ministros colocamos as mãos na cabeça de alguém, é imperativo que tenhamos compaixão por aquele indivíduo. A compaixão é essencial não apenas por quem eles são, mas por causa de quem somos.

Ninguém gosta de tiranos, especialmente os que foram amedrontados por eles. Os tiranos maltratam porque eles sabem que podem. Satanás deseja ser um tirano para com a Igreja Apostólica. Se nós como indivíduos na igreja, vivermos nossas vidas abaixo da expectativa e do padrão de santidade de Deus, então nos tornaremos vulneráveis às intimidações de Satanás e vítimas das nossas próprias inconsistências e procrastinações. Deus tem sido muito bom para nós, para oferecermos à Ele, menos do que o nosso melhor. Se nós ficarmos firmados àquilo que está claramente delineado na Palavra de Deus, e a cada dia buscar os "Caminhos estreitos", Satanás não terá como nos amedrontar.

Enquanto Satanás lança as suas flechas mortais nos vulneráveis, tenhamos certeza de que ele perdeu a batalha quando Jesus subiu a colina do Gólgota. Apocalipse fala acerca do seu futuro.

"Então vi descer do céu um anjo; tinha na mão a chave do abismo e uma grande corrente. Ele segurou o dragão, a antiga serpente, que é o diabo, Satanás, e o prendeu por mil anos; lançou-o no abismo, fechou-o, e pôs selo sobre ele, para que não mais enganasse as nações..."

Apocalipse 20:1-3

A Igreja Apostólica é advertida pelo Apóstolo Paulo, acerca das doutrinas estranhas que comprometem a Santa Palavra de Deus.

"Não vos deixeis envolver por doutrinas várias e estranhas, ..."

Hebreus 13:9

Não há indicação nenhuma de que as denominações irão desaparecer, mas também ninguém parece ansioso para justificá-los teologicamente.

Um mapa incompleto talvez ajude um pouco, mas não te levará ao seu destino. Quando comecei nesta jornada, eu coloquei o meu pé na rocha, e firmei os meus olhos naquela cidade que Deus esta construindo.

Deus não é autor de confusão, e Ele nunca vai comprometer a doutrina da Igreja de Cristo. A Bíblia diz para "retirarmos" do meio deles. Quando eu era católico, eu não era pentecostal. Hoje eu sou pentecostal, e não sou católico.

A doutrina que os Apóstolos pregaram é a que foi dada a eles pelo Messias, e esta doutrina é verdadeira. E tudo mais que tem surgido através dos séculos, das vaidades teológicas e filosofias dos homens mortais são erradas. Quantos de nós vamos nos desviar no fim dos tempos se escolhermos fazer concessão da doutrina. A decisão é nossa.

CAPÍTULO VINTE

Sinais dos Tempos

Os dias em que vivemos são dias extremamente excitantes para aqueles que estão prontos para encontrar-se com o Senhor nos ares. Neste capítulo nós faremos revisão de alguns eventos que ocorreram recentemente na história, sendo que eles se relacionam com a vinda do Messias que está próxima. A minha oração é para que estas páginas, venham inspirá-lo a desenvolver uma consciência e apreciação ao fim dos tempos em que estamos vivendo. É tempo de prestar atenção ao mundo ao nosso redor. Que aqueles que estão dispostos e que não têm vergonha do Evangelho de Cristo vá adiante, acenando na vitória a gloriosa bandeira da verdade de Deus para todos verem.

À medida que subimos no gráfico, gostaria de pausar, e falar acerca do pecado horrível que é o aborto, e a mancha que tem colocado nessa grande nação. O aborto exemplifica o versículo das Escrituras encontrado no livro de Mateus sobre os últimos dias.

"E, por se multiplicar a iniquidade, o amor se esfriará de quase todos."

Mateus 24:12

Não deve haver maior perda de amor ou insensibilidade do coração, do que uma mãe destruir a vida do seu bebê, que está para nascer, só porque lhe é conveniente.

Nos Estados Unidos da América o aborto é uma questão altamente carregada, envolvendo significante debate político e ético. Em termos médicos, a palavra aborto se refere a qualquer gravidez que não termina num nascimento vivo e, portanto, pode se referir a um aborto espontâneo ou parto prematuro que não resulta em um bebê vivo.

Estes eventos são frequentemente chamados de abortos espontâneos, se ocorrem antes das vinte semanas de gestação.

Contudo, em linguagem comum, aborto costuma significar "a indução do aborto" de qualquer embrião ou feto, não importando o ponto da gestação.

O relatório oficial do Comitê Judiciário do Senado dos Estados Unidos, publicado em 1983, após extensas audiências acerca da Emenda sobre a Vida Humana, declarou o que permanece substancialmente verdadeiro até hoje:

"Assim, o Comitê Judiciário observa que nenhuma barreira legal significante, de qualquer tipo, existe hoje nos Estados Unidos da América, para uma mulher obter um aborto, por qualquer motivo durante qualquer estágio de sua gravidez."

Quando o tribunal decidiu em 1973, a atual tecnologia médica sugeria que era possível abortar até vinte e quatro semanas. Os avanços medicinais nos últimos trinta anos permitiram que fetos com menos de vinte e quatro semanas sobrevivessem fora do útero da mãe.

A criança mais nova a sobreviver um parto prematuro nos Estados Unidos, foi uma menina nascida no Hospital Batista em Miami, Flórida, em 2006, com vinte e uma semanas e seis dias de idade gestacional.

Em comparação a outros países desenvolvidos, este procedimento está mais disponível nos Estados Unidos da América, em termos de como o aborto tardio pode ser legalmente realizado.

Na França, a menos que o feto seja severamente deformado ou a saúde da mãe esteja correndo risco, qualquer aborto depois das primeiras doze semanas é ilegal. O Canadá, meu país de nascimento, é mais permissivo, permitindo aborto durante toda a gestação, enquanto que a Austrália coloca restrições mais pesadas neste procedimento. Em muitos países, o direito ao aborto tem sido legalizado pelos respectivos parlamentos, enquanto que nos Estados Unidos o direito ao aborto foi considerado parte do direito constitucional à privacidade pelo Supremo Tribunal.

Como o relato de abortos não é obrigatório, as estatísticas são de confiabilidade variada. O Centro de Controle de Doenças recolhe regularmente essas estatísticas.

De acordo com o Centro de Controle à Doenças, no ano de 2003 foi estimado mais de 854.000 abortos legais nos Estados

Unidos da América. De 1973 a 2007, a estimativa de abortos nos Estados Unidos tem excedido 50.000.000. Uma pesquisa feita em 1998, revelou as seguintes razões dadas pelas mulheres para escolher um aborto:
25.5% querem adiar a gravidez
21.3% não têm condições de ter o nenê
12.2% são muito jovens e os pais se opuseram à gravidez
10.8% ter um bebê, atrapalha na educação ou oportunidade de emprego
7.9% não querem mais crianças
3.3% o feto estava correndo risco de saúde
2.8% a mãe corria risco de saúde
2.1% outras razões

Em 1973, a Corte Suprema dos Estados Unidos decidiu que as leis estaduais que tornavam ilegal uma mulher abortar nos primeiros três meses de gravidez eram inconstitucionais.

Em 1963 esta mesma corte concedeu a Madalyn Murray O'Hair, uma ateísta, e Ed Schempp o direito de declarar que a oração pública e a leitura da Bíblia em nossos sistemas escolares americanos eram inconstitucionais. Mais de quarenta e cinco anos depois, a decadência moral em nossos sistemas de escolas públicas deveria ser um indicador óbvio de que a Corte Suprema chegou a uma conclusão errada.

Uma pesquisa da agenda pública de julho de 2002 constatou que 44% dos homens e 42% das mulheres, achavam que "o aborto deveria estar geralmente disponível para aqueles que desejam".

Em janeiro de 2006, uma pesquisa da CBS News analisou em que circunstâncias os americanos acreditam que o aborto deveria ser permitido, fazendo a seguinte pergunta: "Qual é o seu sentimento pessoal sobre o aborto?" Apenas 5% dos americanos entrevistados disseram que isso nunca deveria acontecer.

Vários estatutos contra o aborto, começaram a aparecer em 1820. Em 1821, Connecticut aprovou um estatuto que visava os farmacêuticos que vendiam venenos para mulheres com o propósito de abortar, Nova York tornou o aborto pós-aceleração um crime e, oito anos depois, tornou o aborto pré-acelerado uma contravenção.

Abortos eram puníveis independentemente de ter ocorrido algum dano à gestante, e muitos dos primeiros estatutos puniam não só os médicos ou os que faziam os abortos, mas também puniam as mulheres que os contratavam. Muitas das primeiras feministas, incluindo Susan B. Anthony e Elizabeth Cady Stanton, fizeram argumentos contra o aborto por várias razões. A primeira escreveu:

"Culpada? Sim, não importa o motivo, o amor ao prazer, ou o desejo de salvar do sofrimento o inocente não nascido, a mulher é terrivelmente culpada que comete esta ação. Ela sobrecarregará sua consciência pelo resto da vida. Isso sobrecarregará sua alma na morte; mas ai! Três vezes culpado é aquele que, por gratificação egoísta, desatento às suas orações, independentemente do seu destino, leva-a ao desespero que a impele ao crime".

O movimento de criminalização acelerou durante a década de 1860 e, em 1900, o aborto era em grande parte ilegal em todos os estados do sindicato.

Contudo, alguns grupos ativistas desenvolveram a sua própria habilidade para performar abortos em mulheres que não podiam obter aborto em outros lugares. Por exemplo, em Chicago, um grupo conhecido como "Jane" operou uma clínica de aborto ambulante por boa parte de 1960. As mulheres que procuravam o procedimento, ligavam para um número designado, e recebiam instruções sobre como encontrar "Jane".

Em 1973 Doe V. Bolton, ampliou o direito ao aborto nos Estados Unidos até o momento do nascimento se o médico "em seu melhor julgamento clínico, à luz da idade do paciente, circunstâncias físicas, emocionais, psicológicas e familiares, acha necessário para sua saúde física ou mental. " (Roe vs. Wade)

Em 1960 um ex-diretor do Planned Parenthood disse:
"O aborto não é mais um procedimento perigoso. Isso se aplica não apenas aos abortos terapêuticos realizados em hospitais, mas também aos chamados abortos ilegais, feitos por médicos. Em 1957, havia apenas 260 mortes nos Estados Unidos atribuídas a abortos de qualquer tipo. Quaisquer que sejam os

problemas, geralmente surgem de abortos auto induzidos, que inclui aproximadamente oito por cento."

Organizações e indivíduos que se opõem ao aborto, tipicamente apresentam um dos dois argumentos gerais contra a disponibilidade geral do aborto. Alguns discutem que, por causa da complexidade e a dificuldade envolvida em determinar quando a vida começa, a lei deveria errar no lado de proteger o feto, e não os direitos de privacidade da mãe. Outras organizações e indivíduos que se opõem ao aborto, discutem que o feto é uma entidade viva e distinta, portanto é uma pessoa, e tem todo o direito de ser protegida pela lei dos Estados Unidos.

Enquanto eu estava estudando perto de Notre-Dame du Cap, na província de Quebec, no Canadá, eu entre outros era bem contra o aborto. A Igreja Católica é muito contra o aborto.

A posição do povo Apostólico, assim como foi desde o dia em que o Espírito Santo foi derramado, no dia da festa dos primeiros frutos (Pentecostes), é bem claro. Nós não matamos nossos nenéns. Nós os amamos.

"A justiça exalta as nações, mas o pecado é o opróbrio dos povos."

Provérbios 14:34

Deus tinha um plano na minha vida, e tem um plano Divino para a sua vida, desde que você foi concebido no ventre da sua mãe. A idade do feto, nunca deveria ser usada como fator para que as pessoas venham tirar uma vida humana.

"Assim diz o Senhor, que te redime, o mesmo que te formou desde o ventre materno: Eu sou o Senhor que faço todas as cousas, que sozinho estendi os céus, e sozinho espraiei a terra,"

Isaías 44:24

Eu me pergunto, quão verbal será a Suprema Corte da nossa grande nação em julgamento, quando Jesus reverte as cortinas do tempo e revela a eles 50.000.000 de pequenas cruzes brancas. Quão verbal serão os nossos juízes quando o Justo Juiz pedir a eles para explicar a inscrição na moeda dos EUA, "Em Deus Nós Confiamos?"

A contagem regressiva para a vinda do Senhor é iminente. É imperativo que nós, pentecostais apostólicos, retornemos aos velhos caminhos em que é o caminho bom e andemos nele. Deus deseja abençoar e ungir a cada líder, cada superintendente de distrito, cada missionário, cada presbítero, todos os membros no ministério apostólico, e cada santo de Deus no Seu rebanho apostólico.

"As suas casas passarão a outrem, os campos e também as mulheres, porque estenderei a minha mão contra os habitantes desta terra, diz o Senhor, porque desde o menor deles até o maior, cada um se dá a ganância, e tanto o profeta como o sacerdote usam de falsidade. Curam superficialmente a ferida do meu povo, dizendo: Paz, paz; quando não há paz. Serão envergonhados, porque cometem abominação sem sentir por isso vergonha; nem sabem que cousa é envergonhar-se. Portanto cairão com os que caem; quando eu os castigar, tropeçarão, diz o Senhor. Assim diz o Senhor: Ponde-vos à margem no caminho e vede, perguntai pelas veredas antigas, qual é o bom caminho; andai por ele e achareis descanso para as vossas almas; mas dizem: Não andaremos. [Esta foi a resposta do povo Hebreu. Porém não deve ser a nossa resposta. Não podemos entreter pessoas, e sim bendizer o Espírito Santo do Senhor]. Também pus atalaias sobre vós, dizendo: Estai atentos ao som da trombeta; [Para os redimidos hoje, a trombeta está soando no Monte de Sião]. Mas eles dizem: Não escutaremos. Portanto ouvi, ó nações, e informa-te, ó congregação, do que se fará entre eles! Ouve tu, ó terra! Eis que eu trarei mal sobre este povo, o próprio fruto dos seus pensamentos; porque não estão atentos às minhas palavras, e rejeitam a minha lei."

Jeremias 6:12-19

Está na hora de reconstruir os altares que têm sido quebrados nas nossas igrejas pelos cuidados desta vida, e clamar ao Senhor, com grande clamor, enquanto nós, juntos, sacudimos as próprias portas do inferno. O sangue dos mártires unicistas na idade das trevas não deve ser esquecido. Ele é a nossa herança. A medida que caminhamos em direção ao Armagedom, iremos testemunhar sinais em cada canto das ruas da vida, anunciando a

Igreja de Cristo que a besta do livro de Apocalipse está se aproximando rapidamente, se já não estiver aqui.

Durante a grande tribulação, ninguém vai testemunhar uma festa. Jesus disse que enquanto os redimidos da terra estão desfrutando a presença que o céu oferece, um maior horror virá sobre a terra, um horror que nunca foi visto antes pela humanidade.

"Logo em seguida à tribulação daqueles dias, o sol escurecerá, a lua não dará a sua claridade, as estrelas cairão do firmamento e os poderes dos céus serão abalados. Então aparecerá no céu o sinal do Filho do Homem: e verão o Filho do Homem vindo sobre as nuvens do céu com poder e muita glória. Ele enviará os seus anjos, com grande clamor e trombeta, os quais reunirão os seus escolhidos, dos quatro ventos, de uma a outra extremidade dos céus."

Mateus 24:29-31

A Igreja Apostólica procede como tem desde o seu nascimento em Jerusalém. O palco está sendo estabelecido para o anticristo, enquanto muitos são encontrados dormindo em Sião.

"Quando ouvirdes falar de guerras e revoluções, não vos assusteis, pois é necessário que primeiro aconteçam estas cousas, mas o fim não será logo. Então lhes disse: Levantar-se-á nação contra nação, e reino contra reino; haverá grandes terremotos, epidemias e fome em vários lugares, cousas espantosas e também grandes sinais do céu."

Lucas 21:9-11

No dia 26 de dezembro de 2004, manchetes de jornais em todo o mundo relataram o pior tsunami da história. Suas ondas tiraram a vida de 230.000 pessoas em doze nações do Oceano Índico.

Enquanto os entes queridos se esforçavam para compreender a profundidade e as devastações de suas perdas, houve uma manifestação global de simpatia, com governos, indivíduos, e corporações prometendo mais de treze bilhões de dólares em ajuda.

O povo de Deus está sendo alertado pelo Espírito Santo, sobre a falibilidade da natureza humana, enquanto a Sua vinda está às portas. Ele não tardará.

Infelizmente, muitas pessoas não estão bem informadas acerca do perigo da ira de Deus, que virá um dia sobre este mundo perverso e rebelde. Porque as pessoas se recusam a reconciliar-se com Deus, eles estão correndo o risco de serem deixados para trás, e assim sendo, serão catapultados à tribulação de sete anos que está por vir.

Em relação a marca da besta, as profecias dos fins dos tempos afirmam que o anticristo exigirá uma marca mundial.

"Se alguém tem ouvidos, ouça. Se alguém leva para cativeiro, para cativeiro vai. Se alguém matar à espada, necessário é que seja morto à espada. Aqui está a perseverança e a fidelidade dos santos. Vi ainda outra besta emergir da terra; possuía dois chifres, parecendo cordeiro, mas falava como dragão. Exerce toda a autoridade da primeira besta na sua presença. Faz com que a terra e os seus habitantes adorem a primeira besta, cuja a ferida mortal fora curada. Também opera grandes sinais, de maneira que até fogo do céu faz descer à terra, diante dos homens. Seduz os que habitam sobre a terra por causa dos sinais que lhe foi dado executar diante da besta, dizendo aos que habitam sobre a terra que façam uma imagem à besta, àquela que, ferida a espada, sobreviveu, e lhe foi dado comunicar fôlego à imagem da besta, para que, não só a imagem falasse, como ainda fizesse morrer quantos não adorassem a imagem da besta. A todos os pequenos e os grandes, os ricos e os pobres, os livres e os escravos, faz que lhe seja dada certa marca sobre a mão direita, ou sobre a fronte, para que ninguém possa comprar ou vender, senão aquele que tem a marca, o nome da besta ou o número do seu nome.

Aqui está a sabedoria. Aquele que tem entendimento calcule o número da besta, pois é número de homem. Ora, esse número é seiscentos e sessenta e seis."

Apocalipse 13:9-18

"Seguiu-se a estes outro anjo, o terceiro, dizendo, em grande voz: Se alguém adora a besta e a sua imagem, e recebe a sua marca na fronte, ou sobre a mão, também esse beberá do vinho da cólera de Deus, preparado, sem mistura, do cálice da sua ira, e será atormentado com fogo e enxofre, diante dos
santos anjos e na presença do Cordeiro."
Apocalipse 14:9-10

De acordo com as Escrituras, virá um dia quando todos os povos que rejeitaram ao Senhor, serão enganados a receber a marca da besta nos seus corpos, na mão direita, ou na testa. Este número representa o próprio anticristo. Um dia, o mundo dos incrédulos será unificado com a marca da besta; esta marca selará o seu destino à destruição eterna.

Parece que uma onda de pessoas, jovens e velhos, homens e mulheres, estão tatuando seus corpos. A humanidade está subconscientemente sendo preparada pelos poderes das trevas para receber a marca da besta?

A primeira maneira de sabermos que as pessoas logo receberão a marca da besta é porque a tecnologia para fazer isso já está aqui. Pela primeira vez na história da humanidade, a habilidade para monitorar e controlar cada pessoa na terra está agora disponível. Esta tecnologia agora é possível através de posicionamento de satélite. Os Estados Unidos da América lançou sessenta e seis satélites de baixa órbita que capitam sinais de certos tipos de microchips, e esta tecnologia já está sendo usada com militares no Iraque.

Graças à tecnologia moderna, agora temos o que chamamos de "internet no céu". Este é um sistema de 840 satélites de baixa altitude em vinte e uma órbitas com quarenta satélites em cada órbita, que cria uma coberta virtual eletrônica em volta do planeta terra. Com este equipamento, pode-se agora comunicar e monitorar pessoas em qualquer lugar, desde o topo do Himalaia até o fundo do Mar Morto.

Alguns dos maiores bancos de dados do mundo estão aqui nos Estados Unidos. Vinte e quatro horas por dia, eles recolhem e armazenam informações sobre nós; de transações com cartão de crédito, assinaturas de revistas, números de telefone, registros de imóveis e registros de carros apenas para citar algumas.

Por causa desta tecnologia, eles podem apresentar um perfil completo de cada um de nós, até se temos um cachorro ou um gato, gostamos de acampar ou jantar comida gourmet, qual é a sua ocupação, que carro dirigimos e até mesmo um local de férias favorito.

Na Bélgica, satélites, bancos de dados e dispositivos para identificação pessoal, estão sendo usados para monitorar estudantes. Cada estudante é obrigado a carregar um cartão com um chip. Tudo que os professores precisam fazer para saber se uma criança está atrasada ou ausente é entrar neste sistema e imediatamente eles podem descobrir exatamente onde está a criança desaparecida.

Muito disso aconteceu desde o ataque terrorista aos Estados Unidos em Nova York. Eu me pergunto se a Igreja Apostólica ignorou algo sobre o dia 11 de setembro.

Agora, você pode obter seu próprio implante biométrico. Um implante biométrico é um pequeno chip que é implantado logo abaixo da pele. Seu benefício é que não pode ser perdido ou roubado.

O que estamos discutindo não é um tipo de ficção científica que pode acontecer séculos por vir. Já está aqui. Quando isso deveria acontecer? Sua Bíblia diz: "no fim dos tempos".

"Muitos dos que dormem no pó da terra ressuscitarão, uns para a vida eterna, e outros para a vergonha e horror eterno. Os que forem sábios, pois, resplandecerão, como o fulgor do firmamento; e os que a muitos conduziram à justiça; como as estrelas sempre e eternamente. Tu, porém, Daniel, encerra as palavras e sela o livro, até ao tempo do fim; muitos o esquadrinharão, e o saber se multiplicará."

Daniel 12:2-4

Por falar em conhecimento, um novo dispositivo de implante chamado Anjo Digital tem a capacidade de não apenas identificar a localização de uma pessoa, mas também pode monitorar sinais vitais, como frequência cardíaca ou pressão sanguínea. Este dispositivo foi aprovado pelo FDA (Administração de Comida e Produtos Farmacêuticos) em 2002.

Me parece que alguém leva muito a sério a implementação de dispositivos.

A segunda maneira de sabermos que as pessoas logo receberão "a marca da besta" é porque a justificativa já está aqui. Se Satanás vai convencer as pessoas de que precisam receber o número da besta, ele deve ter pessoas convencidas de que isso é uma boa ideia.

A primeira maneira que as pessoas estão sendo preparadas para uma invasão de controle de microchip é que eles prometem tornar nossas vidas mais convenientes. Não é isso que o mundo está buscando, um estilo de vida conveniente e confortável?

Você pode ter roupas de bebê ou sapatos de tênis implantados com dispositivos de rastreamento. Você pode ter jaquetas implantadas que permitirão que você ligue seu CD favorito, verifique as mensagens do telefone ou até mesmo diga ao forno para começar a cozinhar sua refeição. Parece ser impossível. Será que é? Cinquenta anos atrás, pensar que alguém estaria andando por aí, falando num telefone sem fio, seria considerado absurdo.

A segunda maneira que as pessoas estão sendo preparadas para receber o controle de microchip é que eles prometem tornar nossas vidas mais produtivas.

Você pode ter pequenos implantes em todos os produtos fabricados para criar uma cadeia de suprimentos inteligentes, auto gerenciada que rastreará produtos da fábrica, até a residência e, sim, até o centro de reciclagem.

A terceira maneira que a sociedade está sendo preparada para receber o controle de microchip é que eles nos prometem tornar nossas vidas mais protegidas.

Você pode ter um implante para monitorar aqueles que estão com liberdade condicional e economizar dinheiro para os custos da prisão. Pode-se ter um implante colocado em dispositivos nucleares, máquinas, ou barragens, para avisar com antecedência sobre perigo iminente. Assim como poderá fazer um implante para identificar com precisão o gado perdido. Quem não quer sua propriedade, ou seus queridos protegidos, o tempo todo, na sociedade em que vivemos? Não seria mais fácil se tivesse um microchip implantado?

A quarta maneira que sabemos que o mundo está pronto para receber a "marca da besta" é porque estamos prontos para tentar. Se Satanás vai enganar as pessoas para receber a marca, ele precisa ter pessoas preparadas para tentar.

A primeira maneira que sabemos que o povo está preparado para receber o microchip, é porque eles já colocaram nos seus animais de estimação. Colocar microchips em animais de estimação não é apenas comum, mas agora está se tornando obrigatório.

Israel tornou-se recentemente a primeira nação a exigir que todos os seus animais de estimação recebam um microchip.

A segunda maneira que a sociedade tem sido preparada para receber o implante do microchip, é que eles já estão colocando em pessoas. Incluindo dignitários especiais (para sua proteção) e para rastrear soldados no exército.

O Senador Joseph Biden falou ao Juiz John Roberts durante sua audiência, pouco antes de se tornar Chefe da Justiça dos EUA no Supremo Tribunal:

"E nós seremos confrontados com decisões igualmente importantes no século XXI. Uma etiqueta microscópica pode ser implantada no corpo de uma pessoa para rastrear todos os seus movimentos? Já existem discussões sobre este assunto. Você vai decidir sobre isso, marque minhas palavras, antes do seu mandato acabar".

O senhor Joseph Biden é agora o Vice-Presidente dos Estados Unidos da América.

O arrebatamento da igreja é iminente. As profecias acerca dos fins dos tempos já se cumpriram, ao ponto que o arrebatamento pode acontecer a qualquer hora. A igreja será chamada pelo próprio Messias antes da grande tribulação.

Os que se converterão ao Cristianismo depois do arrebatamento, serão os mártires da tribulação.

A Igreja Apostólica que existiu antes deste período de sete anos não tem um papel vital durante a tribulação e, portanto, será removida. O Apóstolo João fala sobre o Senhor chamando aos céus aqueles que foram lavados pelo sangue.

"Depois destas coisas olhei, e eis não somente uma porta aberta no céu, como também a primeira voz que ouvi, como de trombeta ao falar comigo, dizendo: Sobe para aqui, e te mostrarei o que deve acontecer depois destas cousas. Imediatamente eu me achei em espírito, e eis armado no céu um trono, [singular] e no trono [singular] alguém sentado;"

Apocalipse 4:1-2

O palco para a grande tribulação está montado, e não envolve a Igreja Apostólica do Nome de Jesus. Nesse tempo crucial, a igreja deve ser cautelosa e dirigida pelo Espírito de Deus.

"Então se verá [a igreja verá] o Filho do homem vindo numa nuvem, com poder e grande glória. Ora, ao começarem estas cousas a suceder, exultai e erguei as vossas cabeças; porque a vossa redenção se aproxima."

Lucas 21:27-28

Por muitos anos, tanto teólogos, como alguns religiosos têm tentado predizer o dia da vinda do Senhor. As pessoas religiosas também predizem o dia da vinda do Senhor; o povo Apostólico lê suas Bíblias.

"Vigiai, pois, porque não sabeis o dia nem a hora, em que o Filho do homem virá."

Mateus 25:13

Nós já comentamos sobre William Miller que previu que Jesus Cristo viria arrebatar a Sua igreja entre o dia 21 de março de 1843 e o dia 21 de março de 1844. Quando o arrebatamento não aconteceu, ele então revisou sua previsão para o dia 22 de outubro de 1844, alegando ter calculado mal as Escrituras, porém, mais uma vez, Cristo não retornou. Muitos têm tentado identificar a segunda vinda de Cristo. Mas essas previsões ao longo dos anos não se materializaram.

1. 1975 - Willaim Branham profetizou que o arrebatamento seria em novembro de 1975.
2. 1981 - Chuck Smith predisse que Jesus certamente retornaria até o ano de 1981.
3. 1988 - Publicação de *88 Razões porque o arrebatamento seria em 1988*, por Edgar C. Whisenant.
4. 1989 – A publicação O Grito Final: Foi uma reportagem sobre o arrebatamento em 1989, por Edgar C. Whisenant. Entre 1992 – 1995, houve mais predições deste mesmo autor.
5. 1992 – O grupo Horean "Missões para os Dias Vindouros", predisseram que o arrebatamento seria no dia 28 de outubro de 1992.

6. 1993– Muitos sentiram que a volta do Senhor seria no começo do novo milênio. O arrebatamento teria que ser em 1993, para permitir os sete anos da tribulação, antes da volta de Jesus que seria no ano 2000.
7. 1994 - O Pastor John Hinkle da Igreja de Cristo em Los Angeles, predisse que seria no dia 9 de junho de 1994. E o evangelista Harold Camping predisse no rádio que seria no dia 27 de setembro de 1994.
8. 1997 - Stan Johnson do Clube de Profecias, predisse que seria no dia 12 de setembro de 1997.
9. 1998 - Marilyn Agee, no "O Fim dos Tempos", predisse que seria no dia 31 de maio de 1998.
10. 2011 - Por último, Harold Camping revisando sua predição, disse que a data do arrebatamento era 21 de maio de 2011.

A Igreja Pentecostal ensina e prega que a vinda do Senhor para arrebatar a Sua noiva não é tão importante quanto estar pronto para encontrá-Lo. Se uma pessoa pudesse saber o dia exato, qual o benefício que seria para ele, se a sua alma está indo em direção oposta? Quando alguém afirma, "Eu estou me aprontando para encontrar com o Senhor", simplesmente significa que aquela pessoa não está pronta ainda. Precisamos estar prontos, esperando na porta!

"Então ouvi uma voz de numerosa multidão, como de muitas águas, e como de fortes trovões dizendo:
Aleluia! pois reina o Senhor nosso Deus, o Todo-Poderoso. Alegremo-nos, exultemos, e demos-lhe a glória, porque são chegadas as bodas do Cordeiro, cuja esposa a si mesma já se ataviou."

Apocalipse 19:6-7

A procrastinação Apostólica nesse sentido é pecado. Nós que conhecemos à Ele no poder do Espírito Santo, permitimos colocar outras coisas diante d'Ele. O Senhor quer ensinar ao Seu povo que as coisas na vida que são mais importantes, não são coisas, de jeito nenhum. Não devemos esquecer a advertência registrada para posteridade por Martin Niemoeller, o ministro

Luterano que viveu na Alemanha durante o mandato de Hitler. Suas palavras ecoam para nós nas gerações seguintes.

"Na Alemanha, eles primeiro vieram para os Comunistas, e eu não falei nada porque não era comunista. Então eles vieram para os Judeus, e eu não falei nada porque não era judeu. Então eles vieram para os sindicalistas, e eu não falei nada porque não era sindicalista. Então eles vieram para os Católicos, e eu não falei nada porque eu era protestante. Então eles vieram para mim, mas não havia mais ninguém para falar por mim. "

Que nós apostólicos tenhamos consciência do que está acontecendo no mundo em que vivemos ou não, há uma coisa de que podemos ter certeza, a hora da meia-noite está sobre a igreja.

"Não temas, pois, porque sou contigo, trarei a tua descendência desde o oriente, e a ajuntarei desde o ocidente. Direi ao norte: Entrega; e ao sul: não retenhas; trazei meus filhos de longe, e minha filhas das extremidades da terra;"

Isaías 43:5-6

Os judeus vieram primeiro do Leste no início dos anos 1900 e se estabeleceram em Israel. Do Ocidente, em meados dos anos 1900, centenas de milhares de judeus retornaram a Israel. Do Sul, a Etiópia comunista não pôde segurá-los.

No ano de 1991, 14.500 judeus etíopes foram transportados por via aérea à Israel. Mais e mais judeus estão retornando à sua terra natal, de todo o mundo.

Isso aconteceu exatamente como a Bíblia disse. Quando? Nos últimos dias.

A segunda profecia acerca do povo judeu é que Israel seria uma nação de novo.

"Naquele dia recorrerão as nações à raiz de Jessé que está posta [a bandeira] por estandarte dos povos; a glória lhe será a morada. Naquele dia o Senhor tornará a estender a mão para resgatar o restante do seu povo, que for deixado, da Assíria, do Egito, de Patros, da Etiópia, de Elão, de Sinear, de Hamate e das terras do mar. Levantará um estandarte para as nações, ajuntará os desterrados de Israel, e os dispersos de Judá recolherá desde os quatro confins da terra."

Isaías 11:10-12

Desde 721 B.C., aproximadamente 14 povos diferentes possuíram a terra de Israel. Ainda assim, como a Bíblia diz, a nação de Israel renasceria. Um dia eles iam governar a sua própria independência.

Depois de esperar por séculos, o povo que estava espalhado por todo o mundo, não somente retornou a sua terra, mas também se tornou uma nação. No dia 14 de maio de 1948, do nada e contra todas as probabilidades, Israel renasceu. Em 1967 o povo judeu recapturou a cidade de Jerusalém.

Assim como a Bíblia disse. Quando? Nos últimos dias.

A terceira profecia dos últimos tempos, em relação ao povo Judeu, é que Israel iria renascer em um dia.

"Quem jamais ouviu tal cousa? Quem viu cousa semelhante? Pode, acaso, nascer uma terra num só dia? Ou nasce uma nação de uma só vez? Pois Sião, antes que lhe viessem as dores, deu à luz seus filhos."

Isaías 66:8

Acerca de 926 B.C., o povo Judeu tornou-se uma nação dividida. As dez tribos que ficaram para o norte, foram chamadas de Israel, e as duas tribos do Sul, foram chamadas Judá. Mas quando os Judeus reconquistaram a sua independência em 1948, pela primeira vez em 2900 anos, Israel foi unida novamente como uma nação única.

Mais uma vez, assim como a Bíblia diz. Quando? Nos últimos dias.

A quarta profecia dos últimos tempos, em relação ao povo Judeu, é que a moeda em Israel seria o siclo (shekel).

"O siclo será de vinte geras. Vinte siclos, mais vinte e cinco siclos, mais quinze siclos serão iguais a uma mina para vós".

Ezequiel 45:12

A Bíblia predisse que nos sacrifícios futuros do templo, o povo de Israel pagaria seus impostos em siclos. O problema era que a moeda corrente em Israel, não era siclo (shekel). Porém, em junho de 1980, o siclo voltou a existir como moeda oficial de Israel e está sendo usado em Israel hoje. O novo siclo israelense, é a moeda corrente em Israel. No dia 26 de maio de

2008, o Banco Internacional anunciou que iria liquidar as instruções de pagamento com o novo siclo de Israel, tornando assim, esta moeda totalmente conversível.

Também, assim como a Bíblia disse. Quando? Nos últimos tempos.

A quinta profecia em relação ao povo de Israel, é que o deserto em Israel floresceria.

"O deserto e a terra se alegrarão; o ermo exultará e florescerá como o narciso. Florescerá abundantemente, jubilará de alegria, e exultará; deu-se-lhes a glória do
Líbano, o esplendor do Carmelo e de Sarom; eles verão a glória do Senhor, o esplendor do nosso Deus."

Isaías 35:1-2

Mark Twain visitou Israel na década de 1860, ele relatou que Israel era um lugar estéril, sem árvores. Quase 2000 anos de conquistadores estrangeiros, tinham abusado da terra, deixando-a como um deserto.

Quando os Judeus começaram a retornar, eles construíram um sistema de rede de irrigação, desviaram água do mar da Galileia e canalizou através seções do deserto. Israel, o deserto anterior, é agora o celeiro do Oriente Médio, e está exportando frutas e plantas ornamentais para todo o mundo.

Assim como a Bíblia disse. Quando? Nos últimos dias.

A sexta profecia dos últimos tempos, em relação ao povo Judeu, é que Israel teria um exército militar poderoso.

"Naquele dia porei os chefes de Judá como um braseiro ardente debaixo da lenha, e como uma tocha entre a palha; eles devorarão à direita e à esquerda a todos os povos em redor, e Jerusalém será habitada outra vez no seu próprio lugar, em Jerusalém mesma."

Zacarias 12:6

Em menor número e contra todas as probabilidades, as forças israelenses surpreenderam o mundo por suas vitórias durante seis guerras.

Algumas horas depois de Israel ter declarado a sua independência no ano de 1948, o Egito, a Síria, o Jordão, o

Iraque, e o Líbano invadiram Israel. A população conjunta daqueles países, obscureciam a de Israel. Quando a guerra terminou, o povo Judeu, não só venceu a guerra, mas expandiu o seu território por cinquenta por cento. Hoje Israel é uma das maiores forças militares no mundo, com capacidades nucleares completas.

Assim como a Bíblia diz. Quando? Nos últimos dias.

A sétima profecia dos últimos tempos, em relação ao povo Judeu, é que Israel seria o centro de conflitos para o mundo inteiro.

"Eis que eu farei de Jerusalém um cálice de tontear para todos os povos em redor, e também para Judá, durante o sítio contra Jerusalém. Naquele dia farei de Jerusalém uma pedra pesada para todos os povos; todos os que a erguerem se ferirão gravemente; e, contra ela, se ajuntarão todas as nações da terra."
Zacarias 12:2-3

Desde 1948, a luta pelo controle de Israel no Oriente Médio nunca parou. A localização de Israel no coração das reservas de petróleo do mundo, faz com que ela seja de grande significado estratégico para todos os países do mundo. Além disso, as três maiores sedes religiosas do mundo estão localizadas em Jerusalém. Israel se tornou um problema internacional.

Assim como a Bíblia diz. Quando? Nos fins dos tempos.

Outra profecia acerca do povo judeu é que Israel reconstruiria o templo em Jerusalém.

"Foi me dado um caniço semelhante uma vara, e também me foi dito: Dispõe-te, e mede o santuário de Deus, o seu altar, e os que naquele adoram; mas deixa de parte o átrio exterior do santuário, e não o meças, porque foi ele dado aos gentios; estes por quarenta e dois meses calçarão aos pés a cidade santa."
Apocalipse 11:1-2

O livro de Apocalipse revela claramente que o templo judeu existirá durante a tribulação. Hoje existe contenda entre os judeus e os muçulmanos sobre a Cúpula da Rocha, onde muitos acreditam ser o local do antigo templo, e onde o novo templo será construído. Conflito ou não, o poder do homem não deterá a

Deus. A Bíblia é clara: nos fins dos tempos, o templo será construído.

"Ele fará firme aliança com muitos por uma semana; na metade da semana fará cessar o sacrifício e a oferta de manjares; sobre a asa das abominações virá o assolador, até que a destruição, que está determinada, se derrame sobre ele."
Daniel 9:27

Não vai levar cem anos para o povo Judeu reconstruir o seu templo. As plantas do templo já estão prontas hoje. Um grupo em Israel chamado Templo do Monte Fiel, já está treinando sacerdotes para servir no novo templo. A maioria das roupas tem sido reconstruídas, juntamente com os vasos que são necessários para a adoração.

O projeto está tão próximo em Jerusalém que o Menorá Dourado já foi reconstruído por dois milhões de dólares, e transferido para a área do templo. Ainda mais recentemente, a coroa de ouro do sumo sacerdote judaico foi concluída e está esperando para ser colocada na cabeça certa, na hora certa, para começar os serviços do templo. Quase tudo está pronto com exceção de uma novilha vermelha. As cinzas de uma novilha vermelha pura são necessárias para a purificação.

"Disse mais o Senhor a Moisés e a Arão: Esta é uma prescrição da lei, que o Senhor ordenou, dizendo: Dize aos filhos de Israel que vos tragam uma novilha vermelha, perfeita, sem defeito, que não tenha ainda levado jugo. Entregá-la-eis a Eleazar, o sacerdote; este a tirará para fora do arraial, e será imolada diante dele. Eleazar o sacerdote tomará do sangue com o dedo, e dele espargirá para a frente da tenda da congregação sete vezes e a vista dele será queimada a novilha."
Números 19:1-4

A pura novilha vermelha é necessária para realizar os rituais necessários de purificação ou limpeza que são partes do serviço do templo. Desde que os romanos destruíram o templo em Jerusalém em 70 D.C. as novilhas vermelhas foram extintas.

O que uma novilha vermelha tem a ver com a construção do templo? Nos círculos hebreus nós aprendemos que o futuro do mundo inteiro depende do sacrifício da novilha vermelha. As cinzas da novilha vermelha retificam a falha mais básica da humanidade: o desespero. A purificação com a novilha vermelha nos faz lembrar que o homem tem o potencial de se elevar acima de sua existência física transitória.

"Para o imundo, pois tomarão da cinza da oferta queimada pelo pecado, e sobre esta cinza porão água corrente, num vaso."
Números 19:17

Eu fui criado numa fazenda no leste do Canadá. Vacas hoje às vezes custam quatrocentos ou quinhentos dólares. No dia 31 de julho de 2008, uma vaca vermelha foi vendida em Litchfield, Connecticut, por $1,000,000.00 de dólares. Quando a vaca de quatro anos de idade desfilou na frente dos 800 espectadores, na estrada da Fazenda Arethusa, as ofertas começaram no valor de $200,000.00 dólares.

A razão de seu preço alto está em seus genes, seu potencial reprodutivo e sua rara cor vermelha. Seu pedigree, sua estrutura física e o fato dela ser vermelha, a tornam muito comercializável. Eu me pergunto, será que um membro da fé hebraica comprou ela.

A engenharia genética e a clonagem são agora aplicações práticas da ciência. Será que a composição genética dessa novilha vermelha já foi mapeada?

CAPÍTULO VINTE E UM
Estava Morto e Reviveu

O Sinédrio deve estar em vigor antes da construção do Templo Sagrado em Jerusalém. Depois de mil e seiscentos (1.600) anos sem existir, o Sinédrio renasceu.

A seguir estão citações recentes de jornais judaicos.

1. "O evento mais importante na era Messiânica será a reconstrução do Templo Sagrado. A reconstrução do templo estabelecerá a identidade do Messias sem qualquer sombra de dúvida. O Messias será um rei sobre Israel, e um rei só pode ser coroado pelo Sinédrio. O motivo dele vir a Jerusalém primeiro, é para ser reconhecido pelo Sinédrio.

2. O Rabino Chefe Berel Lazar acredita que a terra logo verá a vinda do Messias para julgar toda a humanidade. "Nós sabemos que a sua vinda está muito próxima. O Messias pode já ter nascido. O mundo hoje está em um estado descrito por nossos eruditos como 'hevley mashiah', que é, o trabalho que precede a vinda do Messias. Estamos vivendo à beira de um período de transição na história. Podemos sentir em todos os lugares".

3. O Rabino Yitzchak Kaduri convocou os judeus mundiais para retornar a Israel devido a desastres naturais que ameaçam atingir o mundo. "No futuro, o Santo, bendito seja Ele, vai trazer grandes desastres nos países do mundo, para amortizar o julgamento de Israel. Eu ordeno a publicação desta declaração como uma advertência, para que os Judeus de todos os países do mundo, estejam conscientes dos perigos que virão, e voltem para a terra de Israel para construir o Templo, e para testemunhar a revelação do nosso justo Mashiach [Messias]. O Mashiach já está em Israel."

Dentro do Judaísmo, o Sinédrio é visto como a última instituição que comandou a autoridade universal entre o povo judeu na longa cadeia de tradições de Moisés até os dias de hoje. Não houve nenhuma autoridade universalmente reconhecida dentro da lei judaica desde a sua dissolução em 358 D.C. Essa dissolução do Sinédrio monoteísta foi a resposta deles ao Império Romano com respeito a decisão do Imperador Constantino em relação a trindade, durante o Concílio de Nicéia, em 325 D.C., apenas trinta e três anos antes.

Durante a presidência de Gamaliel IV (270-290 D.C.), o nome Sinédrio foi descartado. Então, como reação à posição anti judaica do imperador Juliano (331-363 D.C.), Teodósio I (346-395 D.C.) proibiu o Sinédrio de se reunir e declarou a ordenação ilegal. A lei romana prescrevia a pena capital para qualquer rabino que recebesse ordenação, e destruição completa da cidade onde a ordenação ocorreu.

O Imperador Juliano nasceu em Constantinopla e era sobrinho do Imperador Constantino. O Imperador Constantino o Grande, supervisionou o Primeiro Concílio de Nicéia, que fez da doutrina da trindade o dogma da igreja. Contudo, o Imperador Juliano rejeitou o cristianismo em sua totalidade, e ficou conhecido como "o apóstata" (o infiel), o Imperador Juliano tentou impedir a adoração de Jesus Cristo no Império Romano.

Gamaliel VI (400-425 D.C.) foi o último presidente do Sinédrio. Com a morte deste patriarca judeu, que foi executado por Teodósio II, por construir sinagogas contrárias ao decreto imperial, o título Nasi, (o resto do Sinédrio antigo), tornou-se ilegal para ser usado depois de 425 D.C.

Maimônides, e outros comentaristas medievais sugeriram que, embora a linha de semicha (ordenação bíblica) de Moisés tenha sido quebrada em 425 D.C., se os eruditos na terra de Israel concordarem com um único candidato digno de semicha, aquele indivíduo receberá o semicha. Ele poderá então, conceder a outros, permitindo assim o restabelecimento do Sinédrio.

Maimônides foi um dos maiores estudiosos da Idade Média, e é sem dúvida um dos estudiosos mais amplamente aceitos entre o povo judeu desde o final do Talmude em 500 D.C. Para que o terceiro templo seja construído, o Sinédrio deve estar ativo.

Em outubro de 2004 (Tishrei 5765) um grupo de rabinos representando várias comunidades em Israel realizaram uma cerimônia em Tiberíades, onde o Sinédrio original foi dissolvido. Eles alegam que esses atos reestabelecem o corpo de acordo com a proposta de Maimônides e as decisões judiciais do rabino Yosef Karo. O Sinédrio tem sido restabelecido na nação de Israel. O povo Apostólico ao redor do mundo precisa saber que tão certo quanto o Sinédrio foi restabelecido em Israel, os cinco ministérios espirituais também estarão ativos em sua totalidade antes da Chuva Serôdia, e do arrebatamento da igreja.

Maimônides registra que é uma exigência absoluta e obrigatória, que o povo judeu estabeleça um Sinédrio e os tribunais de justiça. Confrontado com o fim da semicha clássica (ordenação bíblica), ele tentativamente propõe uma solução racionalista para alcançar o objetivo de restabelecer a mais alta corte na tradição Judaica, e reinvesti-la com a mesma autoridade que tinha nos anos passados.

Desde o restabelecimento do novo Sinédrio Judeu, várias coisas aconteceram em Israel:

1. O novo Sinédrio formou um comitê para recolher opiniões quanto à localização exata do templo no Monte do Templo.
2. Uma visita ao Monte do Templo, que foi adicionado por Herodes, culminou em uma declaração de que o povo judeu deveria começar a coletar suprimentos para a reconstrução do templo".
3. Laços com várias academias de eruditos, e instituições foram anunciados.
4. Eles se opuseram ao desfile do "Gay Pride" em Jerusalém, em setembro de 2006, declarando que a participação nas operações de segurança do desfile seria considerada um ato criminal. (O desfile foi cancelado.)
5. Eles tocaram o shofar no Rosh Hashanah, em setembro de 2006, que caiu num Shabat, ou Sábado. Isto foi essencialmente uma reivindicação aos direitos e autoridade de um verdadeiro Sinédrio.

6. Em outubro de 2007, muitos membros do novo Sinédrio foram ao Monte do Templo para orar, com o aparente apoio do governo israelense.

Desde o nascimento da igreja cristã, os cristãos pareciam encontrar consolo no fato de que Israel era seu aliado. Essa sensação de segurança foi recentemente abalada. A América virou as costas para Deus. Nossos altares foram destruídos pelos cuidados desta vida. Nós, como nação, erguemos outros altares para deuses que não podem ouvir nem responder a oração. Sobre esses altares nós, americanos, oferecemos a moralidade e os corpos de nossos nenês que foram abortados.

Deus está dando o seu suporte ao Sinédrio. Nem o governo israelense, nem os filhos de Ismael tem o poder de parar o Espírito de Deus. George W. Bush, quando era então o presidente dos Estados Unidos da América, fez uma declaração de que o povo judeu estava ocupando território palestino. Em resposta, o recém-eleito Sinédrio deu ao Presidente Bush, o soberano do Ocidente, um ultimato sobre sua visita a Jerusalém em janeiro de 2008.

O ultimato foi apresentado ao Presidente Bush por alguns dos rabinos mais respeitados em Israel. O "Pergaminho de Bush" afirma inequivocamente a posição firme da nação judaica. Segue:

No Nome do Senhor, Deus Eterno
Ao Honorável Sr. George W. Bush,
Presidente dos Estados Unidos da América,
Quem vem buscando a presença do
Deus Altíssimo, a Jerusalém, cidade de Deus, local Divinamente escolhido como local do Templo Sagrado, capital eterna de nossa terra, "a alegria de toda a terra" (Salmos 43: 3)", reconstruída e estabelecida rapidamente, e em nossos dias, Amém!

Estimado Sr. George W. Bush, o principal príncipe de Meseque e Tubal (Ezequiel 38: 1), líder do Ocidente!

Após a sua chegada em Jerusalém, você tem a capacidade de fazer uma declaração, como fez Ciro, rei da Pérsia - cuja memória é honrada - que no ano de 538 B.C. retornou as nações exiladas para as suas terras, e reconheceu os plenos direitos do povo judeu para restabelecer o seu Templo Sagrado, a "casa de oração para todas as nações" (Isaías 56: 7), e exortou-os a voltar para suas terras, e da mesma forma, o Senhor James Balfour da Inglaterra, em 1917, apelou ao Judeus para restabelecer uma pátria nacional na Terra de Israel.

Assim sendo, se você verdadeiramente deseja paz e benevolência, e deseja ser contado na companhia dos verdadeiramente justos, nós os convidamos a declarar a todo o mundo:

A terra de Israel foi legada à nação de Israel pelo Criador do mundo. Nem eu, como filho da minha fé, nem os muçulmanos, de acordo com a fé deles, jamais tira o menor grão do presente do Eterno, que Ele deu ao Seu povo Israel, o povo eternal. Assim eu convido todas as nações a se salvarem de certo julgamento, que retornem e reconheçam que esta terra é a exclusiva herança legítima do povo de Israel, como está escrito na Torá de Israel, que constitui o próprio fundamento de nossa fé, assim como o do Islã; e é a base para as decisões da comunidade das nações. Aquele que nega esta verdade, põe em perigo toda a vida na terra.

Vou dedicar toda a minha força e recursos para colonizar o povo judeu em toda a sua terra. Encorajarei e capacitarei grandemente os judeus de todo o mundo para que se levantem na Terra de Israel e façam dela a sua morada, para estabelecer o santuário de Deus em Jerusalém, para distanciar estranhos dela e, assim, creio, farei uma grande contribuição para a paz mundial.

Eu não posso dar suporte a qualquer estabelecimento de estado estrangeiro para uma nação de estrangeiros na terra de Israel, e eu não vou ajudar nesse erro.

Ou - Queira Deus que não aconteça - você pode escolher a segunda opção – que é: voluntariamente ajudar na destruição, sob o pretexto de paz:

Você certamente sabe o que o Deus de Israel fez ao Egito e à Assíria e a todos os inimigos de Israel desde os tempos imemoriais: Você imagina que será capaz de salvar a si mesmo se tiver implementado um plano para roubar a terra "daqueles que sobreviveram à espada" (Jeremias 31:1), e cortar aqueles que sobreviveram ao Holocausto, roubar a terra que lhes foi dada pelo Criador?

Todos os tratados e iniciativas de paz que foram baseados nas decisões do governo de Israel, na verdade, todo o processo de Oslo, e o Desengajamento, 'e o estabelecimento de um estado terrorista dentro da Terra de Israel, conhecido como Palestina' - lamentavelmente, todos esses acordos são resultados de uma falta de fé suficiente nas promessas divinas que o Senhor fez aos patriarcas de nossas nações, e tudo que está escrito no Torá de Israel. Entenda bem: as nações do mundo não podem desculpar as suas ações e as suas decisões por causa da fraqueza de Israel e seu governo. Deus ordenou que a função das nações do mundo seja fortalecer a nação de Israel. Isso beneficiaria toda a humanidade e traria paz ao mundo, como os profetas previram.

Você imagina que pode escapar das lutas em Irã, Paquistão, Arábia Saudita, Síria, Egito e Líbano, oferecendo sacrifícios dos judeus, que são abatidos diariamente por seus inimigos, que falam de paz, mas vivem pela espada?

Ao chegar a nossa terra, nós esperamos que você traga Jonathan Pollard para casa com você. Traga ele para casa, para Israel. Ele é um emissário do Estado de Israel, e ele age em nome do nosso povo. Autorize sua libertação imediata enquanto você está ainda em Jerusalém, antes de retornar aos Estados Unidos. Isto seria um passo positivo, que iria construir confiança.

Lembre-se do nosso antepassado Abraão, que perseguiu os quatro maiores reis do mundo, para resgatar seu sobrinho do cativeiro. Nós não podemos esquecer as obras dos nossos patriarcas, cujo exemplo nos guia através de cada geração.

Nós somos os representantes fiéis do povo judeu, o Novo Congresso Judeu, e seu tribunal de direito, o Sinédrio, bem como os movimentos do Templo e do Monte do Templo, mas meramente reiteramos aqui o que é conhecimento público.

Nenhum governo em Israel e nenhum representante do povo judeu tem o poder ou direito de modificar, o mínimo possível, nosso pacto com Deus, e as palavras da nossa sagrada Torá, que são eternas, conforme expressas pelos profetas de Israel e até mesmo pelo ímpio profeta, Balaão: "Viu Balaão a Amaleque, proferiu a sua palavra e disse: Amaleque é o primeiro das nações; porém o seu fim será destruição" (Números 24:20). Assim sendo, qualquer desejo, plano ou acordo que desafie a soberania eterna e a posse ativa da nação de Israel sobre toda a sua terra, é totalmente inútil e não é realístico.

Portanto, cabe a você declarar: "Eu, George W. Bush, comandante e chefe dos exércitos dos Estados Unidos da América, instruo todas as minhas tropas para proteger os direitos divinos da nação de Israel, e remover dela qualquer ameaça".

Você tem uma escolha: Você pode merecer a vida eterna, ou ser inscrito para a desgraça eterna. Seu destino e o de todos aqueles que estão com você estão na balança do destino de nossa terra.

"escolhes, pois, a vida!" (Deut. 30:19).
Em sincera súplica - Em nome do povo judeu
Rabino A Even Yisrael Steinzaltz
O Sinédrio
Dr. Gadi Eshel
O Novo Congresso Judeu
Rabino Chaim Richman
Os movimentos do Templo Santo e do Monte do Templo

Se Deus virar as costas para a América, esta grande nação não terá amanhã o que nós desfrutamos hoje.

O Rabino Steinzaltz, líder do Sinédrio Hebraico, tem sido chamado "um erudito que só encontramos de milênio em milênio". O Dr. Eshel é o cabeça do Novo Congresso Judeu, e o Rabino Richman representa o Instituto do Templo e o movimento do Monte do Templo.

O Pergaminho foi dirigido ao estimado Sr. George W. Bush, o príncipe chefe de Meseque e Tubal, (Ezequiel 38:1)

"Veio a mim a palavra do Senhor, dizendo: Filho do homem, volve o teu rosto contra Gogue, da terra de Magogue, príncipe de Rôs, de Meseque e Tubal; profetiza contra ele, e dize: Assim diz o Senhor Deus: Eis que eu sou contra ti, ó Gogue, príncipe de Rôs, de Meseque e Tubal."

Ezequiel 38:1-3

Ao incluir uma referência à Ezequiel na saudação, os autores identificaram o Presidente Bush com o Gogue daquele verso. Parece que o Sinédrio pretendia que o pergaminho fosse visto como uma carta de Deus ao seu adversário.

Se for assim, eles ofereceram ao Presidente Bush uma escolha. Dirigindo-se a ele como o principal príncipe de Meseque e Tubal, eles estavam dizendo que Bush estava cumprindo esse papel. Portanto, ele tinha duas escolhas:

1) Rejeitar o papel de Gogue e tomar uma posição contra os inimigos de Israel. Ser contado entre os verdadeiros justos, a par de Ciro da Pérsia, que autorizou o primeiro rejuntamento de Israel, e o Senhor Balfour da Inglaterra, que sua declaração (Declaração Balfour) abriu o caminho para o segundo, defendendo o direito de Israel à terra que Deus lhes deu,

2) Ou continuar a aceitar o papel de Gogue e voluntariamente ajudar na destruição de Israel. Sob a pretensão de paz, você se tornará o inimigo de Deus.

O Presidente George W. Bush, o quadragésimo terceiro presidente da nossa nação, deixou o escritório oval (oval office) sem assinar o "Pergaminho de Bush" apresentado pelo Sinédrio.

Nunca houve um tempo em que estudiosos hebreus de tal distinção tenham feito isso de forma tão pública e óbvia. O Sinédrio é descrito como a "Casa dos Eruditos". Este corpo representa as "obrigações e direitos" da Constituição do Tora.

Muitos homens e mulheres Apostólicos negam equivocadamente a possibilidade de que Deus possa falar através de qualquer pessoa fora da igreja. Eles esquecem que a própria existência da nação de Israel é cumprimento de profecia e que, sem a clara e direta intervenção de Deus nos assuntos do estado moderno, não existiria. A nação de Israel está seguindo um caminho que foi exposto pelos profetas da antiguidade. Nós na igreja, faríamos bem em ouvir o que esses rabinos estão dizendo sobre onde nossa nação está nesse caminho.

"Disse Jesus a seus discípulos: É inevitável que venham escândalos, mas ai do homem pelo qual eles vêm."

Lucas 17:1

A medida que nós pentecostais reconstruímos os altares nas nossas igrejas e nos nossos lares, precisamos começar a colocar os pedaços do quebra cabeça juntos.

O povo hebreu tem a sua visão firmada no Monte do Templo. O Sinédrio já renasceu, e o povo judeu acredita que o seu Messias está próximo. As vestes sacerdotais e a coroa do sumo sacerdote estão prontas e uma vaca vermelha foi vendida nos Estados Unidos por $1,000,000.00

Quando tudo isso deveria acontecer? A Bíblia diz que nos últimos dias.

As pessoas cheias do Espírito Santo não estão procurando o Messias, mas estão zelosamente antecipando o segundo retorno do Messias ressuscitado.

"Antes de tudo, tendo em conta que nos últimos dias, virão escarnecedores com os seus escárnios, andando segundo as próprias paixões, e dizendo: Onde está a promessa da sua vinda? Porque desde que os pais dormiram, todas as cousas permanecem como desde o princípio da criação."

II Pedro 3:3-4

Os apostólicos devem ser advertidos de que alguns dos escarnecedores que são referidos por Pedro ocuparão os púlpitos apostólicos, não em palavra, mas em espírito. A humanidade de Deus foi pendurada entre o homem mortal e a Divindade. Toda a humanidade observou como o nosso pecado esmagou o Divino. O Cordeiro de Deus um dia se tornará o Leão da tribo de Judá, colocando fogo que nunca se apagará, no seio de Sua noiva, quando nos aproximarmos da chuva serôdia.

O Apóstolo Paulo ensinou a Igreja do Novo Testamento que não permitissem separação entre os membros apostólicos. Ele falou em cultivar um espírito que traz união ao invés de divisão. Todo o povo apostólico deve sentir a vontade, louvando ao Senhor dos Senhores juntos, da mesma forma que sentirão a vontade louvando juntos ao redor do trono, vendo as mãos marcadas do criador e sustentador da vida.

Que efeito teria em nossos cultos, se os homens se encontrassem prostrados diante do Senhor em um espírito de quebrantamento humilde. Será que o mundo à nossa volta seria abalado e voltaria a ficar de cabeça para baixo se a verdadeira Igreja Apostólica tirasse os olhos das doutrinas dos homens e dos demônios, e começasse a clamar a Deus por união apostólica? Se o povo de Deus está disposto a se humilhar e orar fervorosamente, e buscar desesperadamente o Seu rosto; não há força na terra que possa cortar os laços divinos que nos unirão na santa unidade apostólica.

CAPÍTULO VINTE E DOIS
Parece Que Vai Chover

Agora, no gráfico, alcançamos o período da Chuva Serôdia. A Chuva Serôdia, é o grande derramamento do Espírito de Deus. Ela inclui a restituição da Igreja Apostólica ao seu lugar de direito. O enorme reavivamento dos últimos dias está à porta, acenando à uma colheita de almas, antes daquele grande e terrível dia do Senhor. Esta chuva é o derramamento do Espírito Santo sobre toda a carne, que nos foi prometido nos últimos dias, e a restauração dos dons proféticos.

"Não vos lembreis das cousas passadas, nem considereis as antigas. Eis que faço cousa nova, que está saindo à luz; porventura não o percebeis? Eis que porei um caminho no deserto, e rios no ermo. Os animais do campo me glorificarão, os chacais e os filhotes de avestruzes; porque porei águas no deserto, e rios no ermo, para dar de beber ao meu povo, ao meu escolhido, ao povo que formei para mim, para celebrar o meu louvor."

Isaías 43:18-20

Como na Idade das Trevas, os caçadores de heresias são ferozmente contra os pentecostais. Temos poder que eles nem imaginam, a menos que venham a fonte verdadeira, e a aceitem por fé em amor. Os caçadores de heresias precisam aprender com o Fariseu Gamaliel:

"Então Pedro e os demais apóstolos afirmaram: Antes importa obedecer a Deus do que aos homens. [não render-se à religiões Cristãs feitas por mãos de homens, mas render-se à pura Salvação Apostólica]. O Deus de nossos pais ressuscitou a Jesus, a que vós matastes, pendurando-o num madeiro. Deus, porém, com a sua destra, o exaltou a Príncipe e Salvador, a fim de conceder a Israel o arrependimento e a remissão de pecados. Ora, nós somos testemunhas destes fatos, e bem assim o Espírito

Santo, que Deus outorgou, aos que lhe obedecem. Eles, porém, ouvindo, se enfureceram e queriam matá-los. Mas, levantando-se no Sinédrio um fariseu, chamado Gamaliel, mestre da lei, acatado por todo o povo, mandou retirar os homens, por um pouco, e lhes disse: Israelitas, atentai bem no que ides fazer e estes homens. Porque antes destes dias se levantou Teudas, insinuando ser ele alguma cousa, ao qual se agregaram cerca de quatrocentos homens; mas ele foi morto, e todos quantos lhe prestaram obediência se desesperaram e deram em nada. Depois disso, levantou-se Judas, o galileu, nos dias do recenseamento, e levou muitos consigo; também este pereceu, e todos quantos lhe obedeciam foram dispersos. Agora vos digo; Dai de mão a estes homens, deixai-os; porque se este conselho ou esta obra vem de homens, perecerá; mas se é de Deus, não podereis destruí-los, para que não sejais, por ventura, achados lutando contra Deus."

Atos 5:29-39

Apostólicos, nós estamos entre o remanescente de Deus, que pode colocar todas as coisas sob o nosso controle. A nossa fidelidade a verdadeira fé Apostólica, em todos os aspectos, não é somente o nosso propósito no reino de Deus, mas é a expectativa do Senhor.

Antes do derramamento da Chuva Serôdia, eu vejo um reavivamento apostólico mundial, que começará quando os ministros de Deus se humilharem. Existem milhões de pessoas sinceras ao redor do mundo, que estão caindo com os rostos na terra em veneração a deuses que não podem ouvir, nem responder às suas orações. Eu lembro diariamente nesta minha jornada que fui absolutamente e inegavelmente salvo pela graça de Deus. Haviam muitos homens orando por mim, com os seus rostos em terra, quando o Senhor me encheu com o Espírito Santo. Como afetaríamos os céus, se os nossos ministros, mais uma vez colocassem os seus rostos em terra em veneração ao Único, e Verdadeiro Deus vivo? Não em adoração ritualística, mas através da submissão ao Deus Todo-Poderoso, oferecendo-lhe oblação espontânea.

"Pela fé Moisés, quando já homem feito, recusou ser chamado filho da filha de Faraó, preferindo ser maltratado junto com o povo de Deus, a usufruir prazeres transitórios do pecado;"
Hebreus 11:24-25

O derramamento da Chuva Serôdia cairá sobre o remanescente que foi chamado da Babilônia para a Unicidade de Deus.

Não há nada que possamos fazer, mas orar pelas pessoas que pensam que somos hereges. É mais provável que você os alcance através do amor do que confrontando-os. Religiões e denominacionalismo precisam estar cientes. É uma questão muito séria opor-se ativamente a um movimento genuíno do Espírito Santo.

"E, quando tomou o livro, os quatro seres viventes e os vinte e quatro anciões prostraram-se diante do Cordeiro, tendo cada um deles uma harpa e taças de ouro cheias de incenso, que são as orações dos santos, e entoavam novo cântico, dizendo: Digno és de tomar o livro e de abrir-lhe os selos, porque foste morto e com o teu sangue compraste para Deus os que procedem de toda tribo, língua, povo e nação, e para o nosso Deus reconstituíste reino e sacerdotes; e reinarão sobre a terra."
Apocalipse 5:8-10

As orações dos santos juntas com o poder de intercessão, vão unir os escolhidos para levantar o exército do Senhor dos Exércitos. As religiões cristãs feitas por mãos de homens vão diminuir ao seu tamanho original, permitindo assim que a pura Igreja Apostólica cresça. No final, Deus vai revelar Satanás como ele nunca foi visto durante todo o tempo mortal. O inimigo tem um reino espiritual e ele é o governante desse reino. Nos olhos da Cristandade, do Judaísmo e do Islamismo, Satanás será visto como sendo uma divindade muito real e muito adorado na terra.

Nós estamos numa guerra espiritual hoje, esta guerra está acontecendo na Igreja Apostólica, e é entre o povo carnal e os Filhos de Deus. O povo carnal nos lembra de como os Fariseus atacaram Jesus na sua primeira vinda; nós parecemos ridículos aos seus olhos, pois não agimos de acordo com sua maneira tradicional. Eles precisam ser advertidos de que suas posições exaltadas serão ameaçadas durante a chuva serôdia.

Não devemos nos envolver com calúnia, e ódio difamador de cristãos casuais. Os cristãos falsos estão guerreando contra os verdadeiros cristãos, mas Deus nos dar o poder para vencê-los.

Dentro das congregações apostólicas os santos casuais que enfraquecem a igreja, são aqueles que contaminam as coisas sagradas de Deus. Quando alguém se desvia, simplesmente significa que eles pararam de tentar; portanto, eles são excluídos da corrida, rejeitando vitória eterna. É uma coisa terrível, para um indivíduo entrar em um lugar sagrado, e então contaminar as coisas puras de Deus depois de receber o incrível batismo do Espírito Santo.

"Eu vos introduzi numa terra fértil, para que comêsseis o seu fruto e o seu bem; mas depois de terdes entrado nela, vós a contaminastes, e da minha herança fizestes abominação. Os sacerdotes não disseram: Onde está o Senhor? e os que tratavam da lei não me conheceram, os pastores prevaricaram contra mim, os profetas profetizaram por Baal e andaram atrás de cousas de nenhum proveito. Portanto ainda pleitearei convosco, diz o Senhor, e até com os filhos de vossos filhos pleitearei. Passai às terras do mar de Chipre, e vede; mandai mensageiros a Quedar, e atentai bem, e vede se jamais sucedeu cousa semelhante. Houve alguma nação que trocasse os seus deuses, posto que não eram deuses? Todavia o meu povo trocou a sua Glória por aquilo que é de nenhum proveito. Espantai-vos disto, ó céus, e horrorizai-vos! ficai estupefatos, diz o Senhor."

Jeremias 2:7-12

Devemos orar no Espírito Santo para que a ignorância seja substituída pela verdade e os olhos cegos sejam abertos e os ouvidos ouçam, como uma testemunha do poder de Deus para o mundo inteiro.

Por todo o Velho Testamento, Deus tem associado as bênçãos da Chuva Temporã e da Serôdia com a obediência ou desobediência do povo Hebreu. O Senhor falou através de Moisés a respeito da chuva serôdia.

"Se diligentemente obedeceres a meus mandamentos que hoje vos ordeno, de amar ao Senhor vosso Deus, e de o servir de todo o vosso coração e de toda a vossa alma, darei as chuvas da vossa terra a seu tempo, as primeiras e as últimas, para que recolhais o vosso grão, e o vosso vinho e o vosso azeite. Darei erva no vosso campo aos vossos gados, e comereis e vos fartareis. Guardai-vos para que não suceda que o vosso coração se engane, e vos desvieis e sirvais a outros deuses e vos prostreis perante eles; para que a ira do Senhor se acenda contra vós outros, e feche ele os céus e não haja chuva, e a terra não dê a sua messe, e cedo sejais eliminados da boa terra que o Senhor vos dá."

Deuteronômio 11:13-17

Para explicar a chuva serôdia, Jeremias usa uma alegoria acerca de um homem se separando de sua esposa, e depois cortejando-a de volta,

"Se um homem repudiar sua mulher, e ela o deixar e tomar outro marido, porventura, aquele tornará a ela? Não se poluiria com isso de todo aquela terra? Ora, tu te prostituíste com muitos amantes; mas ainda assim, torna para mim, diz o Senhor. Levanta os teus olhos aos altos desnudos, e vê; onde te prostituíste? Nos caminhos te assentava à espera deles como um arábio no deserto; assim poluíste a terra com a tua devassidão e com a tua malícia. Pelo que foram retiradas as chuvas, e não houve chuva serôdia; mas tu tens a fonte de prostituta, e não queres ter vergonha."

Jeremias 3:1-3

A consciência da chuva serôdia nos foi dada, e nós testemunhamos reavivamentos esporádicos como o da rua Azusa, mas mas nada, nem mesmo a chuva anterior de Pentecostes vai se comparar com a chuva serôdia que Deus tem preparado àqueles que foram lavados no Seu sangue.

A Igreja Apostólica ainda está flertando com apostasia, e a ridícula Babilônia continua se opondo ao poder do Espírito Santo. A medida que a noiva de Cristo se aproxima da chuva serôdia, a Babilônia vai diminuir e os filhos de Deus serão manifestados em grande poder. Os ventos desta chuva estão batendo às portas da igreja, e quando nós nos arrependermos dos nossos pecados e reconhecermos a Babilônia suficiente para sairmos dela, então virá a chuva serôdia. A chuva serôdia, por sua vez, trará o noivo.

O profeta Joel fala sobre os últimos dias como sendo o tempo do derramamento da chuva serôdia, e os dias da tribulação que seguem o arrebatamento da igreja.

"Alegrai-vos, filhos de Sião, regozijai-vos no Senhor vosso Deus, porque ele vos dará em justa medida a chuva; fará descer, como outrora, a chuva temporã e a serôdia."

"Sabereis que estou no meio de Israel, e que eu sou o Senhor vosso Deus, e não há outro; e o meu povo jamais será envergonhado. E, acontecerá depois que derramarei o meu Espírito sobre toda a carne; vossos filhos e vossas filhas profetizarão, e vossos jovens terão visões; até sobre os servos e sobre as servas derramarei o meu Espírito naqueles dias. Mostrarei prodígios no céu e na terra; sangue, fogo, e colunas de fumo. O sol se converterá em trevas, e a lua em sangue, antes que venha o grande e terrível dia do Senhor."

Joel 2:23, 27-31

No final da chuva, uma trombeta soará e a porta do noivo se abrirá e a noiva o contemplará como ele realmente é. O Judaísmo crê que quando o templo for construído em Jerusalém o Messias virá.

"Eis que vos digo um mistério; nem todos dormiremos, mas transformados seremos todos, num momento, num abrir e fechar de olhos, ao ressoar da última trombeta. A trombeta soará, os mortos ressuscitarão incorruptíveis, e nós seremos transformados. Porque é necessário que este corpo corruptível se revista da incorruptibilidade, e que o corpo mortal se revista da imortalidade. E quando este corpo corruptível se revestir da incorruptibilidade, e o que é mortal se revestir da imortalidade, então se cumprirá a palavra que está escrita: Tragada foi a morte pela vitória. Onde está ó morte, a tua vitória? Onde está ó morte o teu aguilhão?"

I Coríntios 15:51-55

"Porquanto o Senhor mesmo, dada a sua palavra de ordem, ouvida a voz do arcanjo, e ressoada a trombeta de Deus, descerá dos céus, e os mortos em Cristo ressuscitarão primeiro; depois nós, os vivos, os que ficarmos, seremos arrebatados juntamente com eles, entre nuvens, para o encontro do Senhor nos ares, e assim estaremos para sempre com o Senhor."
I Tessalonicenses 4:16-17

Desde o início da fé Apostólica, as pessoas têm adorado em nome de Jesus. Estes homens, mulheres e crianças levantavam suas mãos aos céus ao Deus monoteísta de Abraão.

Ovant é um gesto durante o louvor em que levantamos os braços com as palmas das mãos voltadas para cima. Esta prática era comum na igreja do primeiro século. Gestos ovants são retratados em catacumbas romanas como fotos em cofres do século 4, e antes.

Se apronte para o casamento com vestimentas de justiça, beba do novo vinho de Seu Espírito, esqueça a Babilônia, levante as mãos sagradas em Nome de Jesus e prepare-se para a chuva serôdia. Embora o novo templo em Jerusalém passe pela grande tribulação, não há suficiente anjos caídos no inferno para impedir o arrebatamento das pessoas que são chamadas pelo Seu Nome.

O Senhor quer que o Seu povo Unicista saiba que não é hora de ocupar nossas conversas com os reis e presidentes deste mundo, e suas festas carnais.

O Senhor quer que o Seu povo saiba que está na hora de se regozijar.

"Lembra-te, Senhor, entra no lugar do teu repouso, tu, e a arca de tua fortaleza. Vistam-se de justiça os teus sacerdotes, e exultem-se os teus fiéis."
Salmos 132:8-9

Depois do arrebatamento da igreja os líderes de toda a terra vão se ajuntar em Israel em preparação a guerra mãe de todas as guerras. Algumas destas nações vão lutar em favor do povo hebreu, enquanto outras vão lutar contra. O local da guerra é chamado Armagedom que fica geograficamente localizado no norte de Israel. Esta seção muito grande de terra plana nas colinas da Palestina central pode acomodar milhares de tropas. A batalha do Armagedom vai ter um efeito excepcionalmente destrutivo na raça humana. Esta guerra causará um grande transtorno à toda a civilização humana.

Aproximadamente 610 A.C., o Armagedom foi o local de uma outra guerra, que tomou a vida de Josias, rei de Judá. Esta guerra em particular aconteceu nos dias do profeta Jeremias.

"Porém Josias não tornou atrás, antes se disfarçou, para pelejar contra ele, e, não dando ouvidos às palavras que Neco lhe falara da parte de Deus, saiu a pelejar no vale de Megido."
II Crônicas 35:22

Armagedom vem da língua hebraica Har-Megido, e significa monte ou montanha de Megido. Este será o local da batalha final entre as forças do bem e do mal aqui na terra. Nestes dias, o diabo estará operando através da pessoa conhecida como a "besta" ou o "anticristo".

"Então se ajuntaram no lugar chamado Armagedom (e no hebraico se chama Har-Megido).
Apocalipse 16:16

"Ouvi, vinda do santuário uma grande voz, dizendo aos sete anjos: Ide, e derramai pela terra as sete taças da cólera de Deus.
Saiu, pois, o primeiro anjo e derramou a sua taça pela terra, e, aos homens portadores da marca da besta e adoradores da sua imagem, sobrevieram úlceras malignas e perniciosas."
Apocalipse 16:1-2

À medida que a batalha do Armagedom rapidamente se aproxima, muitos estão se perguntando quem estará orquestrando os poderes nestes dias de desolação. Tem havido muito debate acadêmico sobre a identidade do anticristo, e há muito tempo pensava-se que o papa da Igreja Católica poderia preencher este papel.

O papa será o anticristo sobre o qual está escrito no livro do Apocalipse? Esta pergunta tem sido feita repetidamente ao longo da história da cristandade. Assim como outros, eu também tenho uma opinião pessoal sobre o assunto, mas quem sabe? De acordo com os escritos de Miguel Servet, o mártir unicista do século XVI, ele acreditava que o papa em Roma seria o anticristo.

Muitos me perguntam sobre um papa do gênero feminino. A Papa Joana, também conhecida como *"La Papessa"* supostamente reinou dentro da Igreja Católica entre o papado do Papa Leão IV e o Papa Bento III no século IX.

Os documentos sobre a Papa Joanna variam. Um relato sobre a Papa foi escrito por Jean de Mailly na *"Chronica Universalis Mettensis"*. Ele escreveu que depois que ela deu à luz, ela foi apedrejada até a morte pelo povo, na rua "Via Sacra" em Roma, de acordo com a justiça romana. Naquela época, um jejum de quatro dias chamado "jejum do Papa do sexo feminino" foi estabelecido. Neste mesmo local também está escrito *"Petre, Pater Patrum, Papisse Prodito Partum"* (Ó Pedro, Pai dos Pais, denuncie a procriação da mulher Papa.)

Outro relato sobre ela se encontra nos documentos do cronista Martin de Opava, no século XIII. No *"Chronicon Pontificum et Imperatorum"*, está escrito:

"Afirma-se que Joana, na verdade uma mulher que, quando menina foi levada a Atenas, vestida em roupas de homem, por um certo amante dela. Ela se elevou na cidade, e era muito respeitada quanto a sua vida e aprendizado, e por isso ela foi escolhida para ser o papa.

A lenda afirma que, embora ela fosse a Romana Pontífice, ela ficou grávida do seu companheiro, Frumentius. Por causa da ignorância quanto ao momento exato em que o nenê nasceria, ela terminou dando à luz enquanto em procissão de São Pedro para o palácio Lantern; seu amante assistiu o nascimento as escondidas ".

Alguns historiadores e teólogos concordam que há evidências históricas que provam a sua existência como um Papa na Igreja Católica. Outros negam a sua existência por completo. Quando eu estava na fé Católica, eu descartei a possibilidade dela ter sido Papa, por causa da lista cronológica dos papas em toda a história. Eu questionei a natureza insustentável da lenda, embora não haja uma lista oficial de sucessão papal.

Eu pessoalmente não sei se a sua existência na história era real, mas agora que eu recebi o dom do Espírito Santo e fui batizado em Nome de Jesus, eu creio que se ela não foi uma Pontifícia no período de 855-858 D. C., alguém da Igreja Apostólica, estava definitivamente enviando uma mensagem.

Na contracapa deste livro, eu coloquei a foto da Papa Joana entre a foto do Papa Pio I e Papa Honório III, segurando o cálice das abominações. Essa foto da "Papisa" no século IX, foi criada muito antes da reforma pelo monge Católico, Martinho Lutero e da inquisição Papal pelo Papa Gregório IX. Se a Papa Joana existiu ou não, nós não sabemos, mas esta interpretação dela aparentemente representa um clamor desesperado da própria igreja. Alguém estava tentando alertar o povo monoteísta de Deus sobre a mulher, e o que ela realmente representa no livro de Apocalipse.

Deus está falando com a Sua Igreja, à medida que as nuvens da Chuva Serôdia se formam ao nosso redor. Hoje Ele está falando através dos ministros do Nome de Jesus, e não por instituições religiosas feitas por mãos de homens. Nesta hora da meia-noite, nós devemos estar vigilantes a cada movimento político do monarca mais influente na terra.

O Arcebispo de Reims, é uma arquidiocese do rito latino da Igreja Católica no país da França.

Com a intenção de trazer à luz os males que cercam o trono Papal, o Arcebispo Católico Arnuel de Rheims acusou o Papa João XV (985-996 D.C.) de ser o anticristo. Nos escritos do Arcebispo, ele fez a seguinte declaração:

"Tem alguém com coragem suficiente para sustentar que os padres do Senhor, por toda parte do mundo, têm que aceitar as leis de - Monstros Criminosos - como estes homens cheios de ignomínia [desonra], homens iletrados, e ignorantes acerca do que é divino e humano? Se Padre santos, somos obrigados a pesar na balança as vidas, a moral, e as realizações dos mais humildes candidatos ao ofício sacerdotal, quanto mais devemos olhar para a aptidão daquele que aspira a ser o Senhor e Mestre de todos os sacerdotes! No entanto, o que aconteceria, se o homem mais deficiente [inadequado] em todas essas virtudes, indigno do lugar mais baixo no sacerdócio, fosse escolhido para ocupar a posição mais alta de todas? O que você diria de tal pessoa, quando vê-lo sentado no trono, brilhando em roxo e dourado? Não deve ser o anticristo sentado no templo de Deus, mostrando-se como Deus?

O Arcebispo de alta estima, Arnulf de Rheims, foi aprisionado no dia 29 de março de 990 D.C. Este ministro da fé Católica, que num tempo passado era grandemente favorecido, foi deposto no Sínodo de Reims na Basílica de São Basílio em junho de 991 D.C.

Segue parte de uma carta escrita por Paulo ao povo da antiga Macedônia, cidade Tessalônica, a respeito do anticristo, ou o homem da perdição.

"Ninguém de nenhum modo vos engane, porque isto não acontecerá sem que primeiro venha a apostasia, e seja revelado o homem da iniquidade, o filho da perdição, o qual se opõe e se levanta contra tudo que se chama Deus, ou objeto de culto, a ponto de assentar-se no santuário de Deus, ostentando-se como se fosse o próprio Deus."

II Tessalonicenses 2:3-4

Embora, eu não esteja certo acerca do anticristo, eu sei que há milhões de pessoas Católicas e não Católicas, que não entendem a influência política do Vaticano. Este poder, quase invisível, flui diariamente do trono papal por toda a terra. Eu sei também, que por centenas de anos, pessoas dentro da cristandade têm igualado a Igreja Católica com os escritos proféticos de João sobre o tempo do fim.

"Veio um dos sete anjos que tem as sete taças, e falou comigo, dizendo: Vem, mostrar-te-ei o julgamento da grande meretriz que se acha sentada sobre muitas águas, e com quem se prostituíram os reis da terra; e com o vinho de sua devassidão foi que se embebedaram os que habitam na terra. Transportou-me o anjo, em espírito, a um deserto, e vi uma mulher montada numa besta escarlate, besta repleta de nomes de blasfêmia, com sete cabeças e dez chifres. Achava-se a mulher vestida de púrpura e de escarlate, adornada de ouro, de pedras preciosas e de pérolas, tendo na mão um cálice de ouro transbordante de abominações e com a imundícia da sua prostituição. Na sua fronte achava-se escrito um nome, mistério: BABILÔNIA, A GRANDE, A MÃE DAS MERETRIZES E DAS ABOMINAÇÕES DA TERRA. Então vi a mulher embriagada com o sangue dos santos e com o sangue das testemunhas de Jesus; ..."

Apocalipse 17:1-6

Se o papado e a igreja que representa vai cumprir esses papéis espetaculares, ainda está para ser determinado, mas nos últimos dias, antes do retorno iminente de Cristo para a Sua igreja monoteísta; o pontífice romano terá um papel de liderança no cenário político mundial. Uma simples declaração do papa provou ter a capacidade de inflamar a controvérsia em todo o Islã e no mundo. O papa um dia será o juiz entre os seguidores dos dois filhos de Abraão, Isaque e Ismael. Ele não vai ser a favor da unicidade do Islã, mas permanecerá em favor da religião cristã criada pelo homem que tem como doutrina a trindade, e atuará como um mediador perante os reis e presidentes do mundo. O Armagedom vai começar em Israel entre os Judeus e os Muçulmanos, a medida que os líderes mundiais se encontrarão rapidamente se envolvendo na *"mãe de todas as guerras"*.

A operação "Shock and Awe" como foi testemunhado no país do Iraque (antiga Babilônia) liderado pelos exércitos dos Estados Unidos da América, vai empalidecer em comparação com a realidade do Armagedom. Esta Guerra final será catastrófica. O povo do nome de Jesus, com sua convicção monoteísta, assim como o Judaísmo e Islã, não devem adormecer nestes dias finais, pois a última guerra entre o bem e o mal está prestes a acontecer.

Poderia a história um dia se repetir, como nos dias do Pontífice Romano Urbano II em 1095 D.C., quando ele ordenou o derramamento de sangue dos muçulmanos na cidade de Jerusalém, onde o Papa Bento XVI recentemente apareceu a nação judia de Israel? Será que a população do mundo ficará cega em nome da paz, achando que o papa, o monarca mais influente da terra, nunca poderia se desviar?

Nunca houve um rei ou presidente na terra em um dado momento da história, que tenha atraído plateias como os papas de Roma e Avinhão. Poderia a habitação de uma força satânica fazer a diferença na direção de um homem, mesmo que ele seja um monarca "religioso" que veio em nome da cristandade?

No dia 15 de janeiro de 1995, o Papa João Paulo II, se apresentou a um número de mais ou menos seis milhões de pessoas que quietas e reverentemente ficaram de pé diante dele na Praça Luneta, em Manila, Filipinas. Esse mar de humanidade, veio esperando ver, pelo menos de longe, este monarca real de Roma, enquanto ele professava beber o sangue de Jesus Cristo diante deles.

A Bíblia diz que depois que Satanás reivindicar a alma do anticristo, o homem da perdição vai ter a habilidade de trazer fogo do céu. O Apóstolo Paulo escreveu que ele estava absolutamente persuadido da sua fé. "Se nós que fomos confiados com a mesma pura fé Apostólica, não continuarmos enraizados nesta fé, sem dúvida nenhuma, muitos em toda a nossa categoria serão encontrados, por acaso, naquela hora devastadora, esticando os pescoços, na esperança de conseguir um vislumbre dele". naquele tempo muitos poderão fazer grande esforço, esticando o pescoço para vê-lo de relance".

Nos tempos modernos parece que os pontífices Romanos têm se tornado mais agressivos verbalmente, e muito mais envolvidos em políticas do mundo que não pertencem diretamente a Igreja mãe.

O Papa Bento XVI aparentemente desapontou muitas pessoas da fé judaica durante sua recente visita à cidade de Jerusalém. Eles alegaram que em seu discurso ele não pediu desculpas pelo papel da Igreja Católica ou a sua ausência em conexão ao Holocausto Judeu. Para muitos, foi uma oportunidade perdida, visto que o papa era um alemão, sob a liderança do ditador Adolf Hitler. Embora suas palavras parecessem suaves para muitos, para outros, especialmente para os sobreviventes do Holocausto, os gritos de mais de seis milhões de homens, mulheres e crianças monoteístas ainda podem ser ouvidos claramente.

No dia 13 de maio de 2009, o Papa Bento XVI fez a seguinte declaração ao lado do líder muçulmano Mahmoud Abbas:

"Sr. Presidente, A Santa Sé [o Vaticano] apoia o direito de seu povo a uma pátria soberana palestina na terra de seus antepassados, segura e em paz com seus vizinhos, dentro de fronteiras internacionalmente reconhecidas."

Em julho de 2009, o Papa Bento XVI apelou para uma "verdadeira autoridade política mundial" durante o summit G8 no país da Itália.

Numa segunda-feira, dia 24 de outubro de 2011, a Cidade do Vaticano pediu uma revisão dos sistemas financeiros mundiais, e novamente propuseram o estabelecimento de uma autoridade supranacional (uma autoridade independente fora da autoridade de qualquer governo nacional) para supervisionar a economia global. Uma autoridade política mundial no nosso amanhã? As pessoas do nome de Jesus devem se fazer uma pergunta muito séria nesta hora da meia-noite: quem controlará as rédeas desse iminente governo mundial?

A medida que as trevas da última hora reivindicam o tempo mortal, o Deus de Abraão que um dia percorreu as praias não apenas deseja que nos identifiquemos, e sejamos aconselhados sobre o cristianismo religioso criado pelo homem, mas também que levemos a sério o fato de que estamos às portas do Seu retorno. Será que o lindo anjo que um dia anunciará o fim do tempo mortal está atualmente em pé em nossas divisas?

"Então o anjo que vi em pé sobre o mar e sobre a terra levantou a mão direita para o céu, jurou por aquele que vive pelos séculos dos séculos, ... Já não haverá demora,"
Apocalipse 10:5-6

Como o papel do papa continua a se desenvolver politicamente, assim também o povo apostólico continua a se desenvolver espiritualmente. Se houve um tempo na história da cristandade para o povo de Deus se apegar à verdade de Sua Palavra, é agora. Enquanto a história de Apocalipse se revela diante dos nossos olhos, eu oro que a graça de Deus nos dê força para durar até o fim. Vamos nos apegar firmemente a nossa fé, abandonando todo o espírito de concessão, e toda doutrina de calamidade que será apresentada, à medida que o tempo mortal se cumpra.

Não há muito tempo que subi de joelhos numa escada de concreto enquanto rezava o rosário à Virgem Maria. Parece que foi ontem que me ajoelhei em frente a um confessionário, pedindo perdão a um padre pelas minhas transgressões. Eu sei de onde Deus me trouxe. Estou, no entanto, profundamente preocupado com aqueles Pentecostais que manejaram sua salvação de maneira tão descuidada. Temo que existam aqueles assentados em bancos apostólicos e em pé nos seus púlpitos que acabarão por receber a marca da besta por causa de seu amor pelo mundo. Isso se deve ao espírito que não deseja dedicar-se; este espírito se manifestou em nossa cultura acompanhado da sonolência dos santos que se acostumaram em Sião.

Eu voei minha família ao "ground zero" em Nova York, em 2001, para testemunhar a devastação causada pelos inimigos de Israel. Você acha que o ataque do dia 11 de setembro foi apenas algo que aconteceu na história? Com a tecnologia moderna, os filhos radicais de Ismael capturaram o olho do mundo inteiro. O mundo está preparado. O palco já está definido.

Depois que a poeira assentar no Armagedom, Israel, o Senhor dos Exércitos retornará nas nuvens de glória com Sua eterna noiva. Depois da destruição da besta, o reino prometido em que Jesus e Seus santos governarão por mil anos será estabelecido.

Então virá o julgamento final. Todos serão julgados e os ímpios serão lançados no lago de fogo. Este evento é também conhecido nas Escrituras como a segunda morte.

Depois de mais de 40 anos observando a Igreja Apostólica, eu tenho testemunhado o trabalho dos crentes carnais, parecido com o que tenho testemunhado anteriormente como membro da Igreja Católica, mas também tenho testemunhado o poderoso e glorioso espírito de Deus movendo, que nunca testemunhei na Igreja Católica. A carne continua a guerrear contra a igreja lavada no sangue de Jesus, enquanto que a igreja lavada no sangue continua a clamar vitória em nome de Jesus, sobre a natureza carnal. Onde posso ir e para quem irei? Depois que recebi a revelação de quem Jesus Cristo realmente é, e depois de aceitar a absoluta verdade, não há nenhum outro lugar que possa ir.

Portanto, nós os irmãos e irmãs no Senhor, devemos combater o bom combate da fé, colocando a nossa natureza carnal sob o sangue do Calvário, enquanto desenvolvemos uma identidade compartilhada como membros da igreja de Cristo. Como a instituição de Deus na terra foi uma no dia de Pentecostes, com os seus verdadeiros valores monoteístas, assim também a igreja de Deus será uma quando Ele retornar para reivindicá-la. O que faz o povo Apostólico ser único, e o que faz você ser tão especial, é o fato de estarmos dispostos a elevar os nossos valores e ideais na face da adversidade.

Jesus, no Seu estado monoteísta, está batendo nas portas das igrejas, com uma chama eterna que nunca vai se apagar. Se os nossos pastores reconstruírem os altares, que através dos anos têm sido desmoronados por causa dos nossos cuidados por esta vida presente, então o Senhor derramará fogo sobre eles. Vamos mais uma vez, pedir ao Senhor de Israel, que possamos caminhar no antigo e bom caminho, até que Ele venha. Não há tempo para dormir. É tempo de acordar! Deixe que o espírito de curiosidade dê espaço à fé, e deixe que o espírito da vanglória, dê lugar a salvação. Está vindo em nossa direção, algo maior do que o que aconteceu na Azusa Street. Enquanto Satanás está dizendo ao mundo para se preparar para o pior, o Senhor fala ao Seu povo, que é chamado pelo Seu nome, para erguer os olhos e se preparar para o melhor.

Eu encontrei o melhor jeito para as famílias Apostólicas escaparem do radar de Satanás, e isso é, colocar seus joelhos no chão, ou melhor ainda, suas faces no chão, na presença do Senhor. Na nossa igreja, o santuário é o lugar Santo, ainda assim, às vezes nós temos permitido que se torne um lugar para mero ajuntamentos sociais. Oh, eu gostaria de que nossos pastores, como nos dias passados, selassem o santuário. Que seja um lugar de clamor diante do Senhor. Que os santos de Deus possam andar de um lado para outro na preparação da mesa para que seja servida a boa Palavra do Senhor. Oh, que seja um lugar para os redimidos agarrarem os próprios chifres do altar, enquanto eles pleiteiam o sangue do Calvário sobre seus vizinhos e seus entes queridos perdidos. Que seja um lugar onde o povo de Deus possa invocar o nome que está acima de todos os nomes. As leis da vida são bem simples. Se concentrarmos nossa atenção no chat room, nos encontraremos no chat room, mas se concentrarmos nossa atenção no lugar de oração, nos encontraremos no lugar de oração.

"É assim que instrumentos inanimados, como a flauta, ou a cítara, quando emitem sons, se não os derem bem distintos, como se reconhecerá o que se toca na flauta, ou cítara? Pois também se a trombeta der som incerto, quem se preparará para a batalha?"

I Coríntios 14:7-8

Enquanto o povo do Nome de Jesus se prepara para a Chuva Serôdia, o Espírito Santo adverte que Deus não faz acepção de pessoas. Não há lugar para apostasia Apostólica, ou burocracia Pentecostal. Um conflito de interesses entre os remidos sempre surgirá quando a lealdade de alguém for dividida. Nestas últimas horas não devemos cair em complacência.

Em 1032 Alberico III, Conde de Tusculum, um homem extremamente influente no Império Romano, queria que a Santa Sé Romana permanecesse em sua família. Ele assegurou o trono papal para o seu filho, que se tornou o Papa Bento IX (1032 – 1044 D.C.). Este papa tinha onze anos de idade quando se tornou o cabeça da Igreja Católica. Ele supostamente levou uma vida extremamente dissoluta, e supostamente tinha poucas qualificações para o papado além de suas conexões com uma família socialmente poderosa.

O Cardeal Peter Damian (1007 – 1072 D.C.) descreveu o Pontífice no *"LiberGomarrhianus"* como "banqueteando em imoralidade" e "demônio do inferno disfarçado de sacerdote". Na nossa Enciclopédia Católica ele é chamado "uma vergonha a cadeira de Pedro".

Embora o Papa Bento IX tenha permanecido em Roma por quase dezesseis anos, ele não era o líder do povo Católico quando faleceu. Em maio de 1045, ele pediu demissão do seu cargo como o cabeça da igreja e vendeu o direito ao trono por uma quantia alta em ouro. O seu padrinho John Gratian, comprou o trono e se tornou seu sucessor, John tomou o nome de Papa Gregório VI.

Papa Bento IX
(1032-1044 A.D.)

A verdadeira Igreja Apostólica, não deve impedir a "Vontade de Deus". Embora muitas vezes o Senhor escolha membros de família para o pastorado, deve ser bem entendido que a chamada ao ministério vem através de uma divina chamada, e não por dinastia de família. Da mesma forma que Deus não tem nos chamado para estabelecer dinastia de família dentro do ministério, Ele também não nos chamou para sermos pregadores profissionais. Quando eu estava na fé Católica, eu não via o meu ministério como sendo uma profissão, mas eu sentia que estava a serviço da igreja mãe. Agora eu tenho o Espírito Santo e sou batizado em Nome de Jesus, eu não vejo o meu ministério como sendo uma profissão, mas um chamado Divino. Advertência e resolução devem ser equilibrados, porque Satanás está à espreita para destruir a visão eterna. Nestes últimos dias, a Pura Igreja Apostólica vai emergir do seu infortúnio, e pela graça de Deus, vai voltar a ser forte como foi no dia de Pentecostes.

Por mais contraditório que possa parecer, àqueles que representam a fé apostólica devem parar de "querer fazer algo para o Senhor". Simplesmente querer fazer algo para o Senhor pode ser convenientemente usado como uma desculpa por aqueles que não querem aceitar sua responsabilidade no reino de Deus. Querer fazer algo para o Senhor não nos oferece como voluntários para coisa alguma. Nos custa pouco e nos obriga a nada. Os requerimentos Bíblicos para a salvação não devem ser confundidos com o trabalho do Senhor. Quão vibrantes seriam nossos serviços se todos os que clamam o Seu nome colocassem uma mão incondicional no arado? Esta responsabilidade deve ser desejada, motivada, e implementada pela própria pessoa para a glória do Senhor.

Devemos ser advertidos que o espírito de Laodicéia está bem próximo. Seja qual for o custo, nós não devemos nos permitir a cair na tentação deste espírito como Sansão. Quando o Senhor me encheu com o dom do Espírito Santo, um ministro apostólico idoso, me disse que pentecostais eram no passado considerados por muitos como aqueles que vivem do outro lado dos trilhos. Com o nosso espirito moderno, rico e complacente, eu me pergunto se nós também não começamos a cruzar as trilhas do compromisso. Será que nos olhos de Deus nós estamos agora vivendo no lado errado das trilhas? Ainda é santidade ou inferno? Vamos atravessar essa grande divisão, e mais uma vez, coletivamente lembrar e abraçar as nossas raízes humildes, como fizeram os nossos antepassados, sem esperar nada em retorno nesta vida.

O mundo em que nós vivemos está dividido e sem Cristo. Na melhor das hipóteses está irremediavelmente dilacerado. Divisão entre o povo apostólico não trará unidade divina. Como pacificadores, Deus está chamando as pessoas do Nome de Jesus em todos os lugares para viver vidas consagradas. Essas vidas, por sua vez, trazem perdão, reconciliação, unidade, comunhão fraterna e relacionamentos harmoniosos.

"Revesti-vos de toda a armadura de Deus, para poderdes ficar firmes contra as ciladas do diabo; porque a nossa luta não é contra o sangue e a carne, e sim, contra os principados e potestades, contra os dominadores deste mundo tenebroso, contra as forças espirituais do mal, nas regiões celestes.

Portanto, tomai toda a armadura de Deus, para que possais resistir no dia mau, e, depois de terdes vencido tudo, permanecer inabaláveis.

Estais, pois, firmes, cingindo-vos com a verdade, e vestindo-vos a couraça da justiça. Calçai os pés com a preparação do evangelho da paz; embraçando sempre o escudo da fé, com o qual podereis apagar todos os dardos inflamados do maligno. Tomais também o capacete da salvação e a espada do Espírito, que é a palavra de Deus".

Efésios 6:11-17

Eu tive um sonho recentemente, neste sonho Deus me mostrou três igrejas. A primeira tinha uma placa de "vendida" na sua porta. Esta igreja representava o povo Apostólico que se desviou anos atrás. A outra igreja tinha uma placa na sua porta que dizia "para venda". Esta é a igreja apostólica que está em apostasia. A terceira igreja tinha uma placa na sua porta que dizia "não está à venda". Esta igreja representava o povo Apostólica puro que tem o seu pé firmado na rocha, eles já tomaram a sua decisão e os seus olhos estão sobre uma cidade cujo construtor e criador é Deus.

Quão iminentemente perigosos e frios são as sombras sempre ameaçadoras de Satanás que constantemente alcançam o povo do nome de Jesus que escolhem não somente seguirem os antigos caminhos da herança Apostólica, mas também escolhem guiar ao caminho certo os que cegamente estão indo para os caminhos errados, porque querem algo novo. Estes caminhos novos irão finalmente levar os que foram lavados com o sangue de Deus de volta para as prisões e algemas imortais que somente ontem fizeram com que eles e seus entes queridos fossem tão infelizes. Não nos deixemos enganar nesta hora tardia. Antes que alguém volte atrás, ele precisa olhar para trás como fez a esposa de Ló. Oh, por causa de um único clamor! O clamor do homem da Galiléia.

Satanás sabe que o povo do nome de Jesus representa a força mais poderosa na terra. Quando o Senhor retornar para a Sua noiva, todo cristão vivo e morto vai ser arrebatado para encontra-Lo nos ares. Portanto, Satanás fica pacientemente esperando nas sombras, pronto para estender sua mão àqueles que estão dispostos a abrir seus punhos inquietos. Se não guardamos nossas almas do mal nesta era da igreja atual, nós nos veremos caindo no sono da perdição. Deus não permita que Ele diga à Sua igreja nestes últimos dias o que Ele disse aos Seus discípulos no Jardim do Getsêmani: "Durma".

O ciclo pode ser caro:
1. *Da escravidão à fé espiritual*
2. *Da fé spiritual à uma grande coragem.*
3. *De uma grande coragem à liberdade.*
4. *Da liberdade à abundância.*
5. *Da abundância à complacência.*
6. *De complacência à falta de interesse.*
7. *Da falta de interesse à dependência.*
8. *Da dependência de volta ao cativeiro.*

Nos dias do Rei Acabe, a sua esposa Jezabel foi confrontada por Elias, o profeta santo. Apesar do altar estar construído e pronto para ser usado, o Senhor não se sentiu obrigado a mandar o fogo até que o sacrifício fosse oferecido nele. O Senhor não muda. Se o povo do nome de Jesus ao redor do mundo se unisse em uma só mente e um só acordo, e colocasse o seu melhor sacrifício de louvor sobre os altares das suas igrejas, o Senhor fará o mesmo que fez nos dias de Elias, Ele enviara o Seu fogo consumidor.

No dia 10 de abril de 1912, o RMS Titânico deixou Southampton na Inglaterra, com destino a Cidade de Nova York, em Nova York. O Titânico era o maior navio de passageiros na terra. Os engenheiros em Belfast, Irlanda do Norte, que desenharam e acompanharam a construção do navio, estavam certos de que ele era inafundável. Havia definitivamente uma sensação de segurança quando os passageiros embarcaram no navio oceânico em Southampton. No entanto, no meio da noite, os vinte botes salva-vidas que só poderiam acomodar 1.178 das 2.223 pessoas provaram ser grosseiramente inadequado.

Um pouco antes da meia noite no dia 14 de abril de 1912, um alarme soou. O aviso desesperado foi ignorado pela grande maioria das pessoas enquanto o navio rugiu adiante. O vaso era tão imenso e as festividades tão grande que quando o icebergue penetrou o lado do navio, poucos perceberam. As luzes se apagaram. Cerca de 3 horas da manhã do dia 15 de abril de 1912, o inafundável vaso afundou duas milhas e meia, e parou no fundo do Oceano Atlântico, afogando assim 1.517 homens, mulheres e crianças na água gelada do oceano. Somente 706 pessoas sobreviveram o desastre. As vítimas não sabiam da verdade. O Titânico na verdade era afundável.

Nós estamos presentemente vivendo como nos dias de Noé. Antes da meia noite uma advertência deve ser enviada. Não se deixe enganar pelas afirmações seguras da orgulhosa embarcação, enquanto ela navega pelas amplas águas do tempo mortal. Algumas pessoas irão rir e se divertir com as advertências como fizeram nos dias do profeta Noé, mas com o tempo, os seus navios irão provar ser afundáveis.

Aos meus irmãos e irmãs na Igreja Apostólica e para todos os meus irmãos e irmãs que amam esta mensagem Apostólica, um alarme soou em Sião. Enquanto que a Igreja Apostólica está sentindo uma urgência para redimir o tempo, pecadores em todos os países do mundo estão experimentando um espírito inquieto. A linha de chegada está à vista! Poderia ser este o último chamado do altar de Deus antes de seu retorno iminente?

Nós que conhecemos a Ele, no poder da Sua ressurreição, precisamos lembrar que Jesus não voltará para buscar a noiva que Ele preparou; e sim, voltará para buscar a noiva que se preparou para Ele.

Este é o nosso tempo! O tempo da Chuva Serôdia está sobre a Igreja Apostólica. Enquanto as nuvens de chuva estão se formando ao nosso redor, a noiva de Cristo se levantará com gritos de louvor espontâneos. Depois de ter sofrido séculos de ritualismo e louvores formais criados pelas doutrinas de homens, tradições, dogmas, e teologias, aqueles famintos destas religiões sairão da Babilônia e de suas filhas. Os famintos abandonarão a justiça dos homens e abraçarão entusiasticamente a justiça de Deus.

"Alegremo-nos, exultemos, e demos-lhe a glória, porque são chegadas as bodas do Cordeiro, cuja a esposa a si mesmo já se ataviou, pois lhe foi dado vestir-se de linho finíssimo, resplandecente e puro. Porque o linho finíssimo são os atos de justiça dos santos."

Apocalipse 19:7-8

Santos do Senhor, devemos ficar firmados na nossa fé Apostólica. Antes da Chuva Serôdia, haverá uma grande apostasia. A mãe da Babilônia virá em nome da Cristandade, e as suas filhas cairão na devastação, enquanto a Igreja Apostólica de Jesus Cristo vai se levantar como ouro puro. Agora não é tempo de fazer concessão com a nossa doutrina monoteística. Nem é hora de abrigar a segregação entre os redimidos do Senhor, ou o tempo para se comprometer com os espíritos do mundo cristão religioso ao nosso redor. Se você for abençoado a ser um cristão verdadeiro, você é abençoado.

Eu tenho um amigo que era um Arcebispo Católico independente. Ele não era afiliado com o Vaticano em Roma como eu era, mas o Espírito de Deus também o guiou ao arrependimento num altar Apostólico. Nos seus 71 anos de idade, Deus guiou o seu coração faminto a uma igreja Apostólica, onde ele se arrependeu, foi batizado em nome de Jesus, e recebeu o dom do Espírito Santo. Desde então ele deixou sua tradição Católica, e está hoje servindo ao Senhor na beleza da Sua santidade. Pode tal coisa acontecer? Já aconteceu!

Enquanto eu estudava na Igreja Católica, vagarosamente me tornei uma criatura de uma instituição religiosa Cristã, feita por mãos de homens. As pessoas por todo o mundo, estão absolutamente cansadas das hipócritas confissões cristãs do homem.

O atual pontífice de Roma parece ter um espírito sincero e humilde. Deus responde à sinceridade. Se ele deixar de lado as tradições da igreja, e seguir a mensagem pregada por Pedro em Atos 2:38, o Senhor o encherá com o Espírito Santo. Se o Senhor deu para o ex-Arcebispo, e o deu para mim, Ele pode dar ao Pontífice. Aí então, e somente então, o Papa poderia ficar em pé na presença do povo e declarar que ele é um dos sucessores do Apóstolo Pedro.

Minha jornada me levou das sombras expansivas do cativeiro religioso para o alvorecer radiante da esperança em Jesus Cristo. Meus olhos não estão mais fixos no Vaticano em Roma, mas na cidade de Deus. Com os meus irmãos e irmãs no Senhor, cheios do Espírito Santo, eu estou agora ansioso pela minha destinação final – a Nova Jerusalém. Santos, é hora de ir pra casa.

"Fidelis usque ad mortem"
Fiel até a morte

Glossário Da Terminologia Católica

Eu senti desejo de oferecer a lista da terminologia Católica, que será de grande benefício ao povo do Nome de Jesus, que desejam conversar com pessoas da fé Católica em seus próprios termos.

1. *Assunção*—o corpo e a alma de Maria, tomado por Deus e levado para a glória. A doutrina Católica ensina que a mãe de Jesus, foi assunta ao céu, em corpo e alma. Esta crença foi feita doutrina pelo Papa Pio XII no ano de 1950, enquanto executava ex-cathedra.
2. *Anunciação*— quando o anjo Gabriel disse a Maria que ela seria a mãe biológica do Messias.
3. *Absolvição*—quando Deus libera alguém de seus pecados, através da mediação de um padre.
4. *Graça Real*—a intervenção de Deus, seja no começo da conversão, ou durante o período de santificação.
5. *Pecado Real*—qualquer pecado que a pessoa comete, seja venial ou mortal.
6. *Bispo*—é o cabeça da diocese, e é considerado o sucessor dos Apóstolos.
7. *Sacramento Abençoado*—são os elementos da comunhão, pão e vinho, que os católicos acreditam que se tornam literalmente o corpo e o sangue de Jesus Cristo.
8. *Batismo*—é um dos sete sacramentos que elimina o pecado original e real. O batismo é administrado em bebês, mas não é limitado somente a eles.
9. *Confissão*—é contar os pecados ao padre, atraves de quem Deus perdoa.
10. *Confessionário*—um pequeno compartimento privado, onde o padre entra para ouvir a confissao dos pecadores.
11. *Pecado Capital*—são as sete causa de todo pecado: orgulho, cobiça, luxúria, ira, glutonaria, inveja, e preguiça.

12. *Consagração*—é um momento durante a missa, que se crê que Deus através do padre, torna o pão e o vinho no corpo e o sangue de Jesus.
13. *Convento*—é o lugar onde as freiras religiosas vivem e se reúnem para serviços religiosos da fé Católica, e realizam asceta (ato de negar a si mesmo).
14. *Contrição*—Extrema tristeza por ter pecado com um profundo espírito de arrependimento por esse pecado.
15. *Confirmação*—é a cerimonia feita pelo bispo (o príncipe da igreja) para dar forças a uma pessoa, para que possa resistir o pecado. Esta cerimonia normalmente é feita quando a criança completa doze anos de idade. O Bispo molha o seu dedo direito no óleo santo e unge a pessoa na testa, fazendo o sinal da cruz. Enquanto o Bispo faz o sinal da cruz ele diz: "Seja selado com o dom do Espírito Santo".
16. *Diocese*—esta é uma área com muitas paróquias que são prescritas pelo bispo.
17. *Dulia*—a honra dada aos santos (pessoas falecidas) e anjos.
18. *Encíclica*—é uma carta escrita pelo papa que é aderecada aos bispos.
19. *Eucaristia*—são os elementos usados para a comunhão, onde se acredita que o pão e o vinho são o corpo e o sangue de Jesus Cristo. O ato de transubstanciação (mudança dos elementos) é o destaque da massa. Em 1215 D.C. o Papa Inocente III, fez uma doutrina deste ato.
20. *Adoração a Eucaristia*—Esta é a prática em que o "sacramento abençoado" da Eucaristia é exibido em um ostensório (um receptáculo para exibir a Hóstia consagrada, o corpo de Cristo).
21. *Excomungação*—é a punição que impede que uma pessoa receba os sacramentos e a exclusão da mesma pessoa da igreja.
22. *Extrema Unção*—é o sacramento dado à pessoa que está para morrer. Este é um dos sete sacramentos da igreja, e destina-se a fortalecer a alma da pessoa e ajudar seu amor a ser puro para que eles possam entrar no céu. Este sacramento é administrado através da oração e a unção com óleo. Esse sacramento também é conhecido pelo Sacramento do Enfermo ou a Unção do Enfermo.

23. *Anjo da Guarda*—é um anjo pessoal dado por Deus a cada pessoa, para protege-la e guia-la até a sua chegada no céu. O anjo é designado por Deus.
24. *Graça Habitual*—é a disposição permanente para viver e agir dentro do chamado de Deus.
25. *Heresia*—negar a verdade que é ensinada na igreja.
26. *Hóstia*—é o pão transformado no corpo de Cristo.
27. *Santa Sé*—a sede da autoridade final para toda a fé católica. Está localizado no Vaticano, em Roma, sob a liderança do papa.
28. *Chism Santo*—é o óleo especial usado no sacramento do batismo, confirmação e ordens santas.
29. *Santas Ordens*—é um dos sete sacramentos. É a autoridade dada aos ministros, pelos bispos, para que possam oferecer sacrifícios e perdoar pecados.
30. *Água Santa*—a água que foi abençoada por um dos membros do ministério. É usada para abençoar a pessoa em que esta for aplicada.
31. *Hiperdulia*—honra e louvor dado somente a Abençoada Virgem Maria.
32. *Imprimatur*—é a permissão necessária para imprimir certos tipos de livros.
33. *Imaculada Concepção*—é o ensina de que a Virgem Maria foi concebida sem pecado original.
34. *Indulgências*—As indulgências refletem os meios pelos quais a Igreja Católica retira parte ou a totalidade da punição devida ao cristão nesta vida ou no purgatório por causa de seu pecado, embora esses pecados tenham sido perdoados pelo ministério.
35. *Inquisição*—Foi a corte estabelecida pela Igreja Católica, durante o papado do Papa Gregório IX, no século XIII. A corte foi preparada para eliminar hereges.
36. *Leigos*—são os membros da Igreja Católica que não estão no clero.
37. *Latria*—honra e louvor dados somente a Deus.
38. *Legados*—é um oficial que representa o papa. O legado pode ser um embaixador para o papa, mas este individuo e normalmente conhecido como um núncio. O núncio papal é oficialmente conhecido como um "Núncio Apostólico".

39. *Quaresma*—é um periodo de quarenta dias entre a quarta-feira de cinzas (as cinzas são colocadas na testa dos membros da igreja representando o fato de que somos feitos de barro) e a Páscoa. Oração e jejum faz parte da Quaresma.
40. *Limbo*—é o lugar para os que não merecem céu ou inferno. Limbo não e doutrina da igreja.
41. *Monges*—é uma pessoa que pratica um estilo de vida religioso e ascético estrito. Este estilo de vida é geralmente praticado em um mosteiro com outros monges.
42. *Missa*—é simplesmente uma reencenação do sacrifício de Cristo no Calvário em uma cerimônia realizada pelo clero. Este serviço envolve consagração.
43. *Madona*—outro título dado à Virgem Maria.
44. *Magistério*—é a autoridade divinamente designada na fé católica que consiste no papa e nos bispos cujo propósito é ensinar e estabelecer a verdadeira fé apostólica sem erro. Só o magistério, segundo o catolicismo, tem o direito de interpretar a Palavra de Deus.
45. *Ostensório*—é uma peça de ouro ou prata que contem uma janela redonda cercada em raios do sol. Dentro da janela circular é colocada uma bolacha que é a Eucaristia ou corpo de Cristo. O Ostensório é usado para venerar a Eucaristia.
46. *Pecado Mortal*—é uma transgressão séria e voluntária das leis de Deus. Envolve pleno conhecimento e intenção de cometer o pecado. Se a pessoa nao se arrepender, sua alma pode ser condenada ao inferno.
47. *Freira*—é uma pessoa Católica, do sexo feminino, que voluntariamente toma os votos de pobreza, castidade e obediência, e vive no convento.
48. *Ordenação*—é receber o sacramento das ordens santas.
49. *Pecado Original*—é a natureza pecaminosa herdada de Adão no Jardim do Éden.
50. *Paroquia*—é a área na diocese onde o padre é o cabeça.
51. *Indulgência Parcial*—é uma indulgência que remete parte da punição temporal devida a um pecador.
52. *Paixão*—O sofrimento de Cristo da Última Ceia até a Sua crucificação.
53. *Penitência*—meio pelo qual todos os pecados cometidos após o batismo são removidos. As penitências são

determinadas pelos padres e geralmente consistem em orações ou ações especiais.
54. *Pedro*—é considerado como o primeiro papa da igreja por pessoas católicas.
55. *Plenário*—inteiro ou completo.
56. *Plenário de Indulgências*—uma indulgência que remete toda a punição temporal devida a um pecador.
57. *Papa*—de acordo com a fé Católica ele é o sucessor visível de Pedro.
58. *Padre*—E o mediador entre a humanidade e a Divindade, e é o que administra o sacramento e gracas do senhor. Ele recebeu o sacramento das Ordens Santa.
59. *Presunção*—é o ensino de que uma pessoa pode se salvar da obra de Deus e/ou que as obras de uma pessoa não são necessárias para a salvação.
60. *Purgatório*—é um lugar de castigo temporal onde o cristão é purificado do pecado, antes de poder entrar no céu. Este ensinamento foi feito dogma da igreja pelo papa Eugênio IV no século XV.
61. *Relíquia*—é uma parte do corpo do santo incluindo roupas, joias, ou fragmentos humanos. Estas relíquias são consideradas santas e são venerados.
62. *Remissão dos Pecados*—é o perdão dos pecados através dos sacramentos do batismo e penitência.
63. *Reparação*—é reparar o estrago feito à outra pessoa ou à sua propriedade.
64. *Ritual*—as palavras e ações realizadas durante uma cerimônia religiosa. Um exemplo seria durante a missa.
65. *Rosário*—é uma série de contas contendo cinco conjuntos com dez cabeças pequenas em cada. Cada conjunto de dez contas é separado por outra conta maior. Tem um crucifixo e é usado para rezar à Virgem Maria.
66. *Sacramento*—um sinal exterior instituído por Cristo para dar graça de acordo com o ensinamento católico.
67. *Sacramentados*—orações especiais, ações ou objetos usados para obter benefícios espirituais de Deus.
68. *Santo*—é uma pessoa que é considerada muito santa. Em geral, o santo é alguém que já está morto a muito tempo, e

tem sido canonizado pela igreja. O santo nunca sofre as dores do purgatório.
69. *Graça Santificadora*—uma disposição estável e sobrenatural que aperfeiçoa a própria alma para capacitá-la a viver com Deus e a agir pelo Seu amor.
70. *Escapulário*—dois quadrados de pano pequenos unidos por uma corda. As indulgências estão ligadas a elas.
71. *Sinal da Cruz*—é um sacramento. É o movimento com a mão direita, da testa ao peito, e do ombro esquerdo para o direito.
72. *Pontifíco Soberano*—é o papa, que também é o monarca da cidade do Vaticano.
73. *As Estações da Cruz*—são as representações de catorze eventos durante a paixão e morte de Jesus que geralmente aparecem nas paredes das Igrejas Católicas.
74. *Punição Temporária*—É o sofrimento recebido aqui nesta terra ou no purgatório, que remove a punição do pecado que já foi perdoado.
75. *Tradição*—passar os ensinos de Jesus através das gerações. Começou com os Apóstolos, e continua inquebrável até hoje pelo bispado da fé Católica.
76. *Transubistânciação*—é o ensino que o pão e o vinho da comunhão, se torna literalmente o corpo e o sangue do Senhor Jesus na hora da consagração, durante a missa.
77. *Pecado Venial*—este pecado não é tão mau quanto o pecado mortal o qual coloca a alma no inferno. O pecado venial diminui a graça de Deus na alma da pessoa.
78. *Veneração*—é honra, admiração e respeito.
79. *Viático*—é a comunhão dada aos que estão à morte.
80. *Vigário de Cristo*—o papa.

Livros de referência

1. A Enciclopédia Wikipédia
2. O Dicionário Evangélico Conciso de Teologia – Walter A. Elwell
3. Os Dois Tratados de Servet Sobre a Trindade. Um Estudo Teológico de Harvard. Imprensa da Universidade de Oxford em 1932.
4. O Direito à Heresia – Stefan Zweig
5. A Bíblia – Versão King James
6. A Enciclopédia Católica
7. A Nova Enciclopédia Católica
8. A Cronografia de 354
9. Discursos Sobre o Credo dos Apóstolos – Rev. Clement H. Crock
10. O Dicionário da Bíblia – John L. McKenzie, S. J.

A Mãe de Todas as Gerras

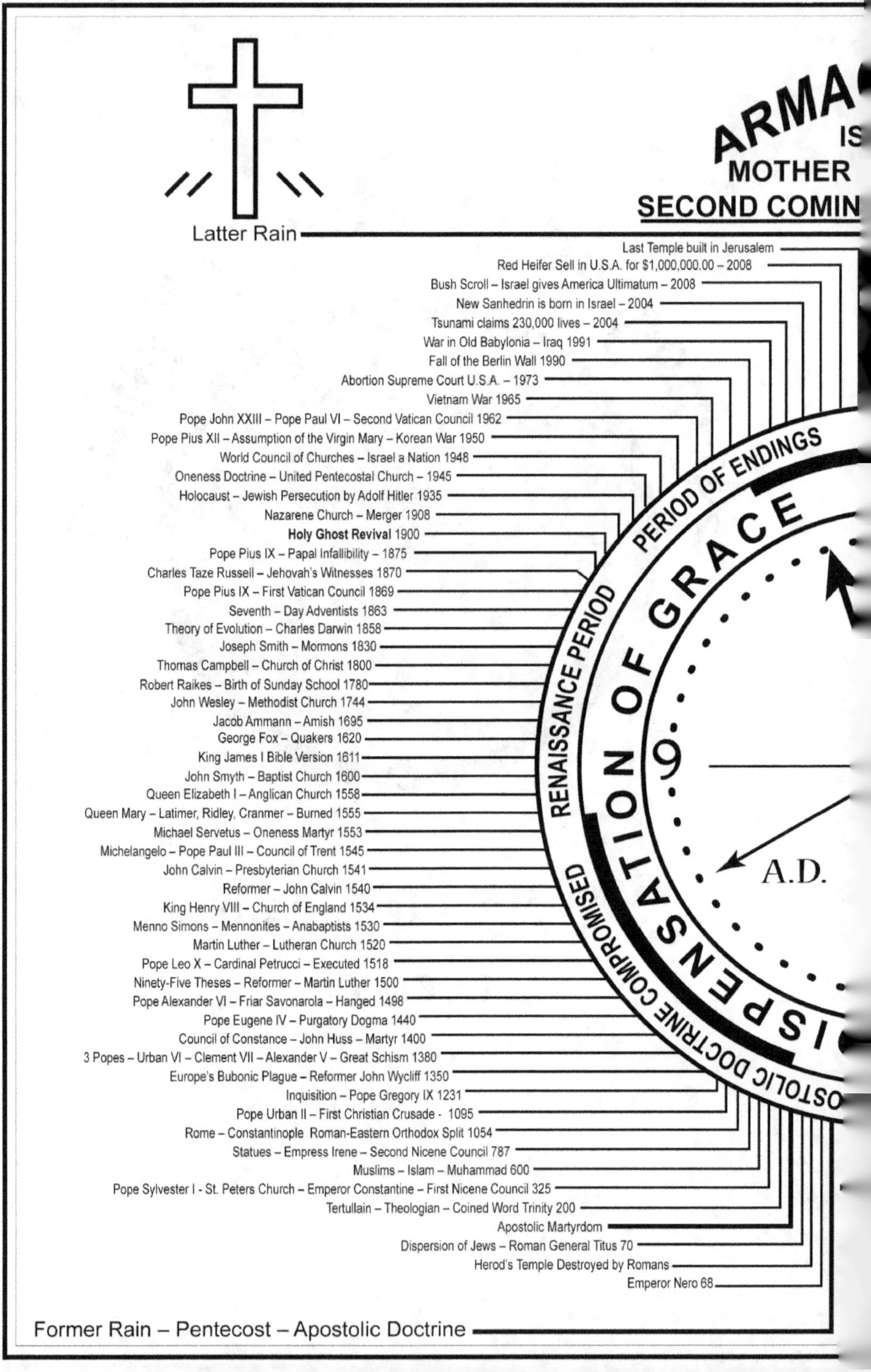

Latter Rain

ARMA...
IS
MOTHER
SECOND COMIN...

Last Temple built in Jerusalem
Red Heifer Sell in U.S.A. for $1,000,000.00 – 2008
Bush Scroll – Israel gives America Ultimatum – 2008
New Sanhedrin is born in Israel – 2004
Tsunami claims 230,000 lives – 2004
War in Old Babylonia – Iraq 1991
Fall of the Berlin Wall 1990
Abortion Supreme Court U.S.A. – 1973
Vietnam War 1965
Pope John XXIII – Pope Paul VI – Second Vatican Council 1962
Pope Pius XII – Assumption of the Virgin Mary – Korean War 1950
World Council of Churches – Israel a Nation 1948
Oneness Doctrine – United Pentecostal Church – 1945
Holocaust – Jewish Persecution by Adolf Hitler 1935
Nazarene Church – Merger 1908
Holy Ghost Revival 1900
Pope Pius IX – Papal Infallibility – 1875
Charles Taze Russell – Jehovah's Witnesses 1870
Pope Pius IX – First Vatican Council 1869
Seventh – Day Adventists 1863
Theory of Evolution – Charles Darwin 1858
Joseph Smith – Mormons 1830
Thomas Campbell – Church of Christ 1800
Robert Raikes – Birth of Sunday School 1780
John Wesley – Methodist Church 1744
Jacob Ammann – Amish 1695
George Fox – Quakers 1620
King James I Bible Version 1611
John Smyth – Baptist Church 1600
Queen Elizabeth I – Anglican Church 1558
Queen Mary – Latimer, Ridley, Cranmer – Burned 1555
Michael Servetus – Oneness Martyr 1553
Michelangelo – Pope Paul III – Council of Trent 1545
John Calvin – Presbyterian Church 1541
Reformer – John Calvin 1540
King Henry VIII – Church of England 1534
Menno Simons – Mennonites – Anabaptists 1530
Martin Luther – Lutheran Church 1520
Pope Leo X – Cardinal Petrucci – Executed 1518
Ninety-Five Theses – Reformer – Martin Luther 1500
Pope Alexander VI – Friar Savonarola – Hanged 1498
Pope Eugene IV – Purgatory Dogma 1440
Council of Constance – John Huss – Martyr 1400
3 Popes – Urban VI – Clement VII – Alexander V – Great Schism 1380
Europe's Bubonic Plague – Reformer John Wycliff 1350
Inquisition – Pope Gregory IX 1231
Pope Urban II – First Christian Crusade - 1095
Rome – Constantinople Roman-Eastern Orthodox Split 1054
Statues – Empress Irene – Second Nicene Council 787
Muslims – Islam – Muhammad 600
Pope Sylvester I - St. Peters Church – Emperor Constantine – First Nicene Council 325
Tertullain – Theologian – Coined Word Trinity 200
Apostolic Martyrdom
Dispersion of Jews – Roman General Titus 70
Herod's Temple Destroyed by Romans
Emperor Nero 68

PERIOD OF ENDINGS
RENAISSANCE PERIOD
DISPENSATION OF GRACE
APOSTOLIC DOCTRINE COMPROMISED

A.D.

Former Rain – Pentecost – Apostolic Doctrine

DDON
L
LL WARS
MIDNIGHT HOUR

MONOTHEISM

PERIOD OF BEGINNINGS
PATRIARCHAL PERIOD
THE HOLY LAWS OF GOD
MONARCHIAL PERIOD
FOREIGN RULE

B.C.

- Creation – Through Divine Guidance
- Adam – Eve Original Sin
- Cain Slew Abel
- Enoch Translated – Methuselah's Father
- Methuselah – Noah's Grandfather
- Noah – God's Wrath – Flood
- Tower of Babel – Gate of God
- Patriarch Abraham's Divine Calling
- God's Destruction of Sodom
- Patriarch Isaac – Jews Ishmael – Arabs
- Patriarch Jacob – Israel
- Joseph – Sold Into Slavery
- Babylon – Al Hillah Iraq
- Hinduism – Hindus Multi-Armed goddess Durga
- Birth of Prophet Moses – Theocratic Period
- Exodus of Hebrews From Egypt
- God's Ten Commandments – Mount Sinai
- Moses Buried – Mount Nebo
- Joshua Leads Jacob's Children – Sun Stands Still
- Hebrews Enter Canaan – Jordan River Divides
- Judge Gideon – Period of Judges
- Israel's Hero – Samson
- Prophet Samuel 1150 – Iron Age
- King Saul 1020 – First Monarch in Israel
- King David – Bathsheba 1000
- King Solomon – Builds Temple 960 – Prov 3:5 – 6
- King Rehoboam – Empire Divided Israel – Judah
- King Jehoshaphat 870
- King Ahab – Queen Jezebel 860
- Prophet Elijah – Translated 850
- Prophet Elisha 820
- Prophet Micah 780
- Prophet Jonah 750
- Prophet Hosea 745
- Prophet Amos 743
- Prophet Isaiah 740 – Messianic Prophecies
- Captivity of Israel – Assyrians – Ten Lost Tribes 700
- King Hezekiah 650
- King Josiah 639
- Prophet Zephaniah 3:9 630
- Prophet Jeremiah   Weeping Prophet 620
- King Nebuchadnezzar 605
- Prophet Ezekiel 600
- Prophet Habakkuk 595
- Prophet Nahum 590
- Solomon's Temple Destroyed 587
- Captivity of Judah – Babylonian Exile
- Prophet Daniel 580
- Prophet Obadiah 540
- Prophet Zechariah 12:10 520
- Prophet Haggai 518
- Buddhism – Siddhartha Gautama 500
- Confucius – K'ung Ch'iu 475
- Priest Ezra 458
- Prophet Malachi 450
- Nehemiah – Cup Bearer 440
- Prophet Joel prophecies of Holy Ghost Outpouring 400

Centro da página
Armagedon
Israel
A Mãe de Todas as Guerras
Segunda Vinda – Meia Noite

Página esquerda
Chuva Sardônica

O Último Templo construído em Jerusalém
Uma Novilha Vermelha e vendida nos EUA por US $ 1,000,000.00 – 2008
Pergaminho de Bush - Israel dá o ultimato à América – 2008
O Novo Sinédrio nasce em Israel – 2004
Tsunami tira a vida de 230,000 pessoas
Guerra na Antiga Babilônia – Iraque 1991
A Queda do Muro de Berlim 1990
Abortos na Corte Suprema dos EUA – 1973
Guerra do Vietnam 1965
Papa Joao XXIII-Papa VI – O Segundo Concilio Vaticano 1962
Papa Pio XII - Assunção da Virgem Maria - Guerra da Coreia 1950
Conselho Mundial de Igrejas - Israel uma nação 1948
Doutrina da Unicidade – Igreja Pentecostal Unida – 1945
Holocausto – Perseguição aos Judeus por Adolf Hitler 1935
Igreja Nazarena – Fusão 1908
Reavivamento do Espírito Santo 1900
Papa Pio IX – Infalibilidade Papal 1875
Charles Taze Russell – Testemunhas de Jeová 1870
Papa Pio IX – O Primeiro Concilio Vaticano 1869
A Igreja do Sétimo Dia – Adventista 1863
A Teoria da Evolução – Charles Darwin 1858
Joseph Smith – Mórmons 1830
Thomas Campbell – A Igreja de Cristo 1800
Robert Raikes - Nascimento da Escola Dominical 1780
John Wesley – Igreja Metodista 1744
Jacob Ammann – Amish 1695
George Fox – Quakers 1620
Versão Bíblica King James I 1611

John Smyth – Igreja Batista 1600
Rainha Elizabete I – Igreja Anglicana 1558
Rainha Maria – Latimer, Ridley, Cranmer – Queimados 1555
Miguel Servet – Martir Unicista 1553
Michelangelo – Papa Paulo III – Concilio de Trent 1545
Joao Calvino – Igreja Presbiteriana 1541
Reformador - Joao Calvino 1540
Rei Henrique VIII – Igreja da Inglaterra 1534
Menno Simons – Menonitas – Anabatistas 1530
Martinho Lutero – Igreja Luterana 1520
Papa Leão X – Cardeal Petrucci – Executado 1518
Noventa e cinco Teses – Reformador – Martinho Lutero 1500
Papa Alexandre VI – Frade Savonarola – Enforcado 1498
Papa Eugenio IV – Doutrina do Purgatório 1440
Concilio de Constança – Joao Huss – Martir 1400
3 Papas - Urbano VI, Clemente VII, Alexandre V – A Grande
   Separação 1380
Praga Bubônica da Europa – Reformador Joao Wycliff 1350
Inquisição – Papa Gregório IX 1231
Papa Urbano II – Primeira Cruzada Crista 1095
Roma – Divisão Ortodoxa Romana-Oriental de Constantinopla
   1054
Estatuas – Imperadora Irene – Segundo Concilio de Niceia 787
Muçulmanos – Islamismo – Maomé 600
Papa Silvestre I - Igreja de São Pedro - Imperador Constantino -
   Primeiro Conselho de Nicéia 325
Tertuliano - Teólogo – A palavra Trindade criada 200
Martírio Apostólico
Dispersão dos Judeus – General Romano Tito 70
O Templo de Herodes destruído pelos Romanos
Imperador Nero 68
Chuva temporã – O Dia de Pentecostes – Doutrina Apostólica

Dentro do círculo
Doutrina Apostólica Comprometida
Período da Renascença
Período do Fim

Dentro do circulo interior
Dispensação da Graça

Nascimento de Cristo

Abaixo da Estrela de Davi
Monoteismo

De cima à baixo da página direita
Criação – Através da Orientação Divina
Adão – Eva Pecado Original
Caim mata Abel
Enoque transladado – Pai de Matusalém
Matusalém – Avô de Noé
Noé – A Ira de Deus – Dilúvio
Torre de Babel – Portão de Deus
Chamado Divino do Patriarca Abraão
Deus destrói Sodoma
Patriarca Isaque – Judeus Ismael – Árabes
Patriarca Jacó – Israel
Jose – Vendido como escravo
Babilônia – Al Hillah Iraq
Hinduismo - Hindus Deusa com Múltiplos Braços Durga
Nascimento do profeta Moises – Período Teocrático
Êxodos - Os Hebreus deixam o Egito
Os Dez Mandamentos – Monte Sinai
Moises enterrado – Monte Nebo
Josué guia os filhos de Jacó – O sol fica parado
Os Hebreus entram Canaã – O Rio Jordao e dividido
O Juiz Guidão – Período dos Juízes
Herói de Israel – Sansão
O Profeta Samuel 1150 - Era do Aço
Rei Saul 1020 – Primeiro Monarca em Israel
Rei Davi - Bate-Seba 1000
Rei Salomão – Templo construído 960 – Prov. 3:5-6
Rei Reoboão – O império de Israel e dividido – Judá
Rei Josafá 870
Rei Acabe - Rainha Jezabel 860
Profeta Elias – Transladado 850

Profeta Elizeu 820
Profeta Miquéias 780
Profeta Jonas 750
Profeta Oseias 745
Profeta Amos 743
Profeta Isaias 740 – Profecias Messiânicas
Cativeiro de Israel - Assírios - Dez Tribos Perdidas 700
Rei Ezequias 650
Rei Josias 639
Profeta Sofonias 3:9 630
Profeta Jeremias – Profeta lamentador 620
Rei Nabucodonosor 605
Profeta Ezequiel 600
Profeta Habacuque 595
Profeta Naum 590
Templo de Salomão destruído 587
Cativeiro de Judá – Exilo Babilônico
Profeta Daniel 580
Profeta Obadias 540
Profeta Zacarias 12:10 520
Profeta Ageu 518
Budismo – Siddhartha Gautama 500
Confúcio – K'ung Ch'iu 475
Sacerdote Esdras 458
Profeta Malaquias 450
Neemias – copeiro 440
Profecias do profeta Joel sobre o derramamento do Espirito Santo 400

ANOTAÇÕES

ANOTAÇÕES

ANOTAÇÕES

ANOTAÇÕES

www.ingramcontent.com/pod-product-compliance
Lightning Source LLC
Chambersburg PA
CBHW070043080526
44586CB00013B/896